HARTMUT PALMER
VERRAT AM RHEIN

HARTMUT PALMER
VERRAT AM RHEIN

KURT ZINKS ERSTER FALL

GMEINER

Immer informiert

Spannung pur – mit unserem Newsletter informieren wir Sie
regelmäßig über Wissenswertes aus unserer Bücherwelt.

Gefällt mir!

Facebook: @Gmeiner.Verlag
Instagram: @gmeinerverlag
Twitter: @GmeinerVerlag

Besuchen Sie uns im Internet:
www.gmeiner-verlag.de

© 2022 – Gmeiner-Verlag GmbH
Im Ehnried 5, 88605 Meßkirch
Telefon 07575 / 2095-0
info@gmeiner-verlag.de
Alle Rechte vorbehalten
5. Auflage 2023

Lektorat: Sven Lang
Herstellung: Mirjam Hecht
Umschlaggestaltung: U.O.R.G. Lutz Eberle, Stuttgart
unter Verwendung eines Fotos von: © ullstein bild – AP
Druck: CPI books GmbH, Leck
Printed in Germany
ISBN 978-3-8392-0205-0

Die meisten Romanfiguren und auch die Handlung sind frei erfunden. Die fiktive Geschichte spielt allerdings vor einem realen politisch-historischen Hintergrund. Ähnlichkeiten mit einigen nicht mehr lebenden Personen sind deshalb keineswegs zufällig, sondern gewollt.

TEIL I: DER MAULWURF

PROLOG: BERLIN 1944/1945

Am Nachmittag des 31. Dezember 1944 macht sich die fünfundzwanzigjährige Verkäuferin Annemarie Schmidt aus Berlin-Pankow hochschwanger auf den Weg in das alte, ausgebrannte Reichstagsgebäude, um dort ihre Zwillinge zur Welt zu bringen. Sie hat einen leeren Wäschekorb und eine Wolldecke dabei, weil der Zwillingskinderwagen, den sie bestellt hat, kriegsbedingt noch nicht geliefert worden ist.

Es ist bitterkalt. Der Atem gefriert und bildet kleine weiße Rauchwolken vor ihrem Gesicht. Sie trägt warme Wollsocken, Handschuhe und einen dicken Wintermantel. Das letzte Stück am Spreeufer entlang – vom Bahnhof Friedrichstraße zum Osteingang des Reichstags, höchstens vierhundert oder fünfhundert Meter – muss sie zu Fuß gehen. Ihr kommt es endlos vor.

Immer wieder muss sie ausweichen, in Deckung gehen und in Luftschutzkellern Zuflucht suchen, weil auch am letzten Tag des Jahres, einem Sonntag, der Krieg keine Pause macht. Obwohl kaum noch ein Gebäude heil ist, weil nahezu alle Häuser in der Mitte Berlins bereits zerstört sind, kommen immer wieder neue Bomber, um ihre Sprengladungen über der Reichshauptstadt abzuwerfen.

Das letzte Flakgeschütz, das auf einem der vier Türme des Reichstagsgebäudes steht und unaufhörlich Salven in die Luft schießt, kann nichts mehr ausrichten. In einer Feuerpause gelingt es Annemarie, das von Soldaten bewachte und mit Sandsäcken verbarrikadierte Portal des Gebäudes zu erreichen. Sie zeigt einen Passierschein vor und wird von einem Sanitäter in den Keller geführt.

Dort herrscht Hochbetrieb. Vor einem Jahr hat die Charité ihre Entbindungsstation in das historische Gemäuer im ehemaligen Alsenviertel verlegt, weil das massive Fundament des alten Parlamentsgebäudes Schutz und Sicherheit verspricht. Trotzdem wackeln die Wände, wenn draußen die Bomben detonieren.

Das elektrische Licht flackert und geht schließlich ganz aus. Kerzen werden angezündet. Warmes Wasser wird in einem mit Brennholz befeuerten Kessel zubereitet, der zugleich den kahlen Raum heizt, den man als Kreißsaal hergerichtet hatte. Die Hygieneverhältnisse lassen zu wünschen übrig. Leinentücher und Binden werden knapp.

In diesem Chaos bringt Annemarie Schmidt ihre Zwillinge zur Welt – zuerst, zehn Minuten vor Mitternacht, Alexander, und eine Dreiviertelstunde später Bruno. Er ist der erste Säugling im neuen, sein Bruder Alexander der letzte im alten Jahr. Und genau das bringt wenige Tage später einen deutschen Bürokraten zur Verzweiflung.

Hermann Meyer ist stellvertretender Leiter des für das Reichstagsgebäude zuständigen Standesamtes Tiergarten und am Vormittag des 4. Januar 1945 gekommen, um die Geburten der letzten Tage zu beurkunden.

Vor ihm auf dem Tisch liegt wie immer das in marmorierte schwarze Pappe gebundene Geburtenbuch der Charité, eine große Kladde, die von außen aussieht wie ein altes Klassenbuch und von innen wie das Kassenbuch eines Buchhalters. Penibel sind in ihm alle Entbindungen seit 1925 dokumentiert. Vorne links in der ersten Spalte stehen Datum und genaue Uhrzeit der Geburt, dann von links nach rechts Name und Vorname des Säuglings, Name, Vorname und Anschrift der Mutter und, soweit bekannt und vorhanden, des Vaters. In einer weiteren Rubrik steht, welcher Arzt und welche Hebamme anwesend waren, wie viel Pfund der oder die Neugeborene auf die Waage brachte und schließlich, unter der Rubrik: »Besondere Merkmale«, ob und wenn ja, welche Besonderheiten es festzustellen gibt. Es ist das Logbuch der Entbindungsstation.

Der Standesbeamte Meyer ist ein Hundertfuffziger. So nennen die Berliner die Unentwegten, die auch im Angesicht der unabwendbaren Niederlage immer noch zu hundertfünfzig Prozent an den Endsieg glauben. Er trägt das runde Parteiabzeichen mit dem Hakenkreuz am Revers und sieht mit seinem angeklatschten dunklen Haar, dem scharfen Scheitel und dem rechteckigen Oberlippenbart sogar ein bisschen aus wie der Führer.

Weil er ein wenig zu zackig die Tür aufgerissen und den Arm zum Deutschen Gruß hochgerissen hat, ist das Hitler-Bild, das neben der Tür hängt, verrutscht. Meyer versucht vergeblich, es wieder geradezurücken. Es gelingt ihm nicht. So oft er es auch justiert, das Bild rutscht immer wieder in die Schieflage.

Wegen seines Namens muss Meyer in den letzten Kriegsjahren manchen bösen Spott ertragen. Seit der Ober-Nazi Hermann Göring verkündet hat, er wolle Meyer heißen, wenn es einem feindlichen Bomber je gelänge, Bomben auf deutsche Städte zu werfen, heißt der Reichsmarschall im Volksmund nur noch Hermann Meyer. Deshalb wird, wenn der Standesbeamte Hermann Meyer sich irgendwo mit seinem Namen vorstellt, immer geraunt und gekichert. »Meyer wie Göring?«, tuscheln die Leute und lachen hinter vorgehaltener Hand. Er erträgt es mannhaft, ein deutscher Beamter darf sich nichts anmerken lassen. Innerlich aber kocht er.

Auch heute ist ihm nicht entgangen, dass die Schwestern und Ärzte in der Entbindungsstation zu grinsen begannen, als sie seiner ansichtig wurden. Er hat also bereits eine etwas erhöhte Betriebstemperatur, und als die Oberschwester das vor ihm liegende Geburtenbuch nun lediglich geraderückt, nicht aber aufschlägt, wie sie es sonst immer tut, damit er die aktuelle Seite nicht suchen muss, spürt Meyer, dass irgendetwas nicht stimmt.

Misstrauisch öffnet er die Kladde, und als er die Stelle schließlich findet, schnappt er erst einmal nach Luft. Es dauert ein paar Sekunden, bis er – das ganze Ausmaß des Frevels begreifend, den er vor sich sieht – »Wer hat das geschrieben?« brüllt und mit dem Zeigefinger anklagend auf den schwarzen Doppelstrich deutet, der den Übergang des Jahres 1944 in das Jahr 1945 markiert. Über dem Strich steht »Prost Neujahr!« und darunter hat ein Witzbold geschrieben: »Führer befiehl, wir tragen die Folgen.«

Meyer weiß natürlich, dass das die Verballhornung eines Nazi-Slogans ist, den Joseph Goebbels ersonnen hat, um die Deutschen auf den totalen Krieg einzustimmen. Er wird rhythmisch gebrüllt, er steht millionenfach auf Transparenten und Spruchbändern, an Hauswänden und Bunkern, manchmal sogar auf Tassen und Tellern: »Führer befiehl, wir folgen!« Und nun hat jemand sich getraut, genau das ins Geburtenbuch zu schreiben, was der Volksmund aus der großen Propagandalüge gemacht hat: »Führer befiehl, wir tragen die Folgen.«

Meyer zitiert den diensthabenden Oberarzt herbei und fragt erneut mit bebender Stimme: »Wer hat das geschrieben?« Der Oberarzt zuckt bedauernd die Schultern. Er hatte am Jahreswechsel frei. Nun lässt Meyer alle antreten, die in der Silvesternacht Dienst hatten. Jeder wird einzeln befragt. Ohne Ergebnis.

Meyer droht damit, das Geburtenbuch beschlagnahmen und grafologische Gutachten anfertigen zu lassen. Jeder weiß, die Drohung geht ins Leere. Ohne Kladde kann der Standesbeamte keine Geburt beurkunden. Aber beurkunden muss er nun mal, dafür ist er schließlich da.

Zum Schluss kommt Meyer auf die Idee, selbst den Gutachter zu spielen. Noch einmal lässt er alle antreten, die in der fraglichen Nacht Dienst hatten. Sie müssen unter seiner Aufsicht mit der Hand den frechen Satz aufschreiben, der Meyer so erbost hat.

Doch es gibt keine Übereinstimmungen. Meyer tobt, und je mehr er tobt, desto ohnmächtiger wirkt er. Solange er keinen Namen hat, zerplatzen die von ihm angedrohten Konsequenzen – Polizei, Gestapo, Untersuchungshaft, Volksgerichtshof – wie Knallerbsen.

Es dauert etwa eine Stunde, bis er die Untersuchung entnervt und ergebnislos abbricht. Danach aber kommt er erst recht ins Schwitzen. Es ist schon schlimm genug, dass er nicht herausgefunden hat, wer der Übeltäter war, der den Führer schmähte. Noch schlimmer ist das, was jetzt auf ihn zukommt: Er soll die Geburt von zwei Brüdern beurkunden, die nicht am gleichen Tag und noch nicht einmal im gleichen Jahr zur Welt gekommen, aber unzweifelhaft Zwillinge sind.

Im Geburtenbuch steht der eine, Alexander, über und der andere, Bruno, unter dem Doppelstrich. Meyer nimmt sich die Kindsmutter vor. Das Fräulein Anna Maria Magdalena Schmidt, genannt Annemarie, soll ihm erklären, wie es dazu kommen konnte. Aber Annemarie Schmidt kann es ihm nicht erklären. Es hat sich einfach so ergeben. Erst kam Alexander, dann Bruno. Dazwischen war der Jahreswechsel.

Das Problem lässt sich nur lösen, indem man entweder die Eintragung im Geburtenbuch ignoriert oder den gesunden Menschenverstand. An den appelliert jetzt die Kindsmutter. Sie kniet vor dem Standesbeamten Meyer nieder und fleht ihn an, das Geburtsdatum ihrer beiden Söhne einheitlich entweder auf den 31. Dezember 44 oder auf den 1. Januar 45 zu legen. Sonst könnten die beiden doch nie am gleichen Tag Geburtstag feiern.

Meyer versucht, die Verantwortung abzuwälzen und bei seiner vorgesetzten Dienststelle eine Weisung einzuholen. Es funktioniert nicht. Die Telefonleitungen sind tot. Er muss selbst entscheiden. Und deshalb entscheidet er, wie sollte es anders sein, gegen den gesunden Menschenverstand: Was im Geburtenbuch steht, ist amtlich und muss dementsprechend auch vom Standesamt Tiergarten beurkundet werden.

Ordnung muss sein im Deutschen Reich. Auch und vor allem im Krieg. Immerhin wird den beiden Neugeborenen in ihren Geburtsurkunden ausdrücklich bescheinigt, dass sie im Reichstagsgebäude geboren worden sind. In der Spalte »Besondere Merkmale« hat der Arzt Dr. Eberhard Maus, der Bruno nach der Geburt untersuchte, in sauberer Sütterlinschrift etwas eingetragen, was nur Mediziner verstehen: »Naevus caeruleus infra venter felis«.

Die Verkäuferin Annemarie Schmidt kann kein Latein. Trotzdem überträgt sie, als die Oberschwester ihr das Geburtenbuch am 1. Januar für eine Viertelstunde überlässt, die Notiz des Arztes Dr. Maus säuberlich in ihr Tagebuch, in das sie seit ihrem vierzehnten Lebensjahr alles hineinzuschreiben pflegt, was ihr wichtig erscheint.

DER LOCKVOGEL

Naevus caeruleus infra venter felis. Anita Bock schien keine Mühe mit dem lateinischen Zungenbrecher zu haben. Sie wiederholte ihn leise, während sie den Text Wort für Wort auf die Rückseite ihrer Visitenkarte schrieb. Dann beugte sie sich vor, reichte Zink die Karte und gewährte ihm einen tiefen Einblick in ihre Bluse.

»Wie finden Sie die Geschichte?«, fragte sie.

Es war ein warmer Sommertag und sie saßen schon seit anderthalb Stunden auf der Terrasse einer Bonner Südstadt-Kneipe. Kurt Zink hatte ein alkoholfreies Weizenbier vor sich, sie ihren zweiten oder dritten Grauburgunder.

Vor zwei Tagen hatte sie ihn angerufen und gefragt, ob er Lust und Zeit habe, die Lebensgeschichte ihres Mannes Alexander aufzuschreiben. Man wisse ja inzwischen, dass die Stasi 1972 den Sturz des SPD-Bundeskanzlers Willy Brandt in Bonn vereitelt hat, allerdings wüssten nur wenige, wie das genau gelaufen sei. Ihr Mann sei einer von ihnen. Er habe die Stasi-Operation mit dem Decknamen »Doppelkopf« damals geleitet. Deshalb könne sie ihm auch jetzt noch, fast ein halbes Jahrhundert später, alles haargenau erzählen.

Zink hatte eigentlich keine Lust. Er war früher ein ziemlich bekannter Journalist, hatte sich aber schon lange aus dem aktuellen Tagesgeschäft zurückgezogen und verfolgte nur noch mäßig interessiert, was seine jüngeren Kollegen tagtäglich produzierten. Die Stichworte »Stasi« und »Misstrauensvotum« hatten ihn jedoch neugierig gemacht, noch mehr allerdings Anita Bocks dunkle, rauchige Stimme.

Nun saß sie vor ihm. Sie war nur etwas jünger als er, aber sah aus wie Ende vierzig. Eine attraktive Frau, nach der die Männer sich immer noch umschauten. Hennarotes Haar, dunkle

Augen mit langen schwarzen Wimpern, dezent geschminkte volle Lippen, kleine feste Brüste, schmale Taille und ein immer noch knackiger Po.

Sie trug zu ihren blauen, eng anliegenden Jeans eine dünne, pinkfarbene Bluse, die ihre Figur zur Geltung brachte. Die beiden oberen Knöpfe hatte sie offen gelassen. Ihre Stimme klang in natura noch besser als am Telefon. Aber die Geschichte, die sie ihm erzählt hatte, war enttäuschend. Nach ihrer Ankündigung hatte er erwartet, dass sie ihm Details zum Stasi-Einsatz beim Misstrauensvotum verraten würde. Stattdessen hatte sie ihm die Story einer Verkäuferin aufgetischt, die in der Silvesternacht 1944/45 im alten Reichstagsgebäude zwei Knaben zur Welt bringt und sich hinterher mit einem Nazi-Standesbeamten zankt.

»Also?«, wiederholte sie. »Wie finden Sie die Geschichte?«

»Sehr witzig«, sagte er höflich und lehnte sich zurück. »Dieser Standesbeamte Meyer könnte auch in ›Schtonk‹ auftreten.« Und weil sie ihn jetzt mit hochgezogenen Augenbrauen ansah, als verstünde sie ihn nicht, fügte er hinzu: »Ich meine diese Filmkomödie um die gefälschten Hitler-Tagebücher und um den verrückten Fälscher, der immer neue Alltagsbeschwerden des Führers erfinden muss, damit man ihm seine Fälschungen abkauft. In diesem Film laufen auch solche Typen rum wie der Standesbeamte Meyer in Ihrer Geschichte, er hätte gut da hineingepasst. Sehr komisch. Was wird aus ihm?«

»Es ist aber keine Komödie, was ich Ihnen erzählt habe, sondern eine todernste Geschichte«, unterbrach ihn Anita. »Und Sie sollen sie aufschreiben.«

»Ja, aber was hat der Standesbeamte Meyer mit dem Misstrauensvotum 1972 zu tun?«, fragte er.

»Vergessen Sie den Standesbeamten Meyer«, sagte sie mit einer wegwerfenden Handbewegung. »Dem können Sie meinetwegen in den letzten Kriegstagen einen Balken auf den Kopf fallen oder ihn nach dem Krieg Karriere bei der CDU machen lassen. Es ist mir egal, was aus ihm wird. Nein: Sie sollen die

Familien- und Lebensgeschichte meines Mannes aufschreiben. Er ist einer der beiden Zwillinge, die meine Schwiegermutter Annemarie Bock in der Silvesternacht 1944/45 auf die Welt brachte. Und er war es, der 1972 den Bundeskanzler Willy Brandt vor dem Sturz gerettet hat. Bekanntlich ging das nicht ohne Bestechung.«

Sie muss gewusst haben, was das Stichwort »Misstrauensvotum« bei mir auslöst, dachte er. Sonst hätte sie sich nicht an mich gewandt.

Kurt Zink war 1972 als Bonner Korrespondent einer Kölner Tageszeitung dabei, als der CDU-Vorsitzende Rainer Barzel versuchte, Brandt zu stürzen. Er saß damals auf der Pressetribüne im Bundeshaus. Dem Mann fehlten zwei Stimmen zum Sieg, und diese zwei Stimmen waren gekauft worden. Allerdings nicht von der SPD, wie Julius Steiner ein Jahr danach behauptete, sondern von der Stasi. Aber das erfuhr man erst Anfang der Neunziger, also zwanzig Jahre später.

Und nun saß ihm diese attraktive Frau gegenüber und bot ihm die Geschichte des Mannes an, der 1972 hinter den Kulissen die Bestechung eingefädelt und den SPD-Kanzler vor dem Sturz bewahrt hatte.

»Soll das heißen, Ihr Gatte Alexander Bock hat damals die beiden Abgeordneten der Union geschmiert?«

Sie nickte und nippte an ihrem Wein.

»Julius Steiner von der CDU und Leo Wagner von der CSU?«

Sie nickte wieder.

»Und ich soll jetzt das Loblied Ihres Mannes singen, der damals die Entscheidung eines demokratisch gewählten Parlaments mittels Korruption manipuliert hat?«

»Es war doch eine große Tat«, sagte sie pikiert. »Sie, Herr Zink, fanden das doch auch richtig.«

Stimmt, dachte Zink. Er hatte Kahlenbach auf der Tribüne im Bundeshaus umarmt und sie hatten vor Freude getanzt, als das Ergebnis der Abstimmung verkündet wurde. Damals wusste

er noch nicht, dass die Entscheidung gekauft worden war, und war begeistert.
»Trotzdem«, beharrte er. »Korruption bleibt Korruption.«
»Aber ich bitte Sie: Ohne diese Korruption wäre Brandt gestürzt und die Ostverträge wären nicht ratifiziert worden. Und ohne diese Verträge, ohne die Entspannungspolitik der Siebzigerjahre hätte es 1990 keine Wiedervereinigung gegeben. Man könnte fast sagen: Mein Mann hat mit dafür gesorgt, dass Helmut Kohl Kanzler der Einheit werden konnte.«
Zink überlegte, ob er aufstehen und gehen sollte. Er sah sie an und blieb sitzen.
»Bisher hat niemand die Rolle gewürdigt, die er dabei spielte«, fuhr sie fort. »Das sollen Sie jetzt tun. Deshalb möchten wir Sie als Ghostwriter engagieren. Sie sollen sein Leben beschreiben. Was ich Ihnen gerade erzählt habe, ist bereits der Anfang. Sie haben genügend Zeit, den Rest zu recherchieren und aufzuschreiben. In drei Jahren feiert seine Firma ihr dreißigjähriges Bestehen. Aus diesem Anlass soll die Biografie erscheinen.« Sie nahm noch einen Schluck und sah ihn an.
»Waren Sie damals in Bonn auch dabei?«, fragte er.
»Ich war auch dabei, klar. Alexander war mein Führungsoffizier, ich eine blutjunge Agentin, seine Gehilfin sozusagen. Wir waren damals noch kein Paar. Wir hatten nur beruflich miteinander zu tun. Meine große Liebe war ein anderer. Ich glaube, Sie kannten ihn. Er hieß Heinrich Sauerborn, alle nannten ihn Heinz, und ich habe ihn hier in dieser Kneipe kennengelernt, die damals Schumannklause hieß. Er war die Liebe meines Lebens.«
Zink hatte in seinem Reporterdasein schon einige Überraschungen erlebt mit Leuten, die in die Zeitung kommen und ihm deshalb ihre Geschichten andienen wollten. Selten allerdings hatte jemand dies so raffiniert eingefädelt wie Anita Bock.
Wenn es stimmte, was sie sagte, spielte die Geschichte, die er aufschreiben sollte, auch in seinem früheren Leben und Umfeld. Er war doppelt und dreifach involviert, weil er erstens damals

als Journalist den Kampf um die Ostverträge aus nächster Nähe beobachtet und beschrieben hatte. Zweitens kannte er Heinz Sauerborn, von dem sie sagte, er sei die Liebe ihres Lebens gewesen, und drittens war die alte Schumannklause damals sein Stammlokal. Sie hieß heute anders. Aus der versifften Eckkneipe war ein Restaurant geworden. Bei schönem Wetter konnte man sogar draußen auf der Terrasse sitzen.

Sauerborn war zwar nur eine eher flüchtige Thekenbekanntschaft. Aber wenn aus der Musikbox die Lieder der »Bläck Fööss« tönten, hatten sie beide immer mitgesungen. A8, B8, C8, D8, das waren die Tasten, die man an der Musikbox drücken musste, um die »Bläck Fööss« zu hören. Die Tasten wurden sehr oft gedrückt. Drei Titel kosteten fünfzig Pfennige.

Heinz war besonders textsicher.

Und jetzt saß ihm Sauerborns frühere Geliebte gegenüber und wollte, dass er seine, ihre und die Geschichte ihres Mannes aufschriebe, den sie viel später erst geheiratet hatte. Merkwürdig. Aber reizvoll: eine Ex-Agentin der Stasi, die angeblich dabei war und verhindert hatte, dass Willy Brandt im April 1972 gestürzt wurde. Eine Zeitzeugin der besonderen Art. Und so, wie sie mit ihm redete und ihn anschaute, hatte er das Gefühl, dass er gar keine Wahl mehr hatte. Es erschien ihm unabweisbar. Das verwirrte ihn. Er nahm einen tiefen Schluck aus seinem Glas und schaute angestrengt ins Leere.

Sie wartete.

»Ich bin Journalist«, antwortete er schließlich. »Ich schreibe keine Drehbücher und auch keine Romane. Was Sie mir eben über die Verkäuferin Annemarie Schmidt erzählt haben, die im Bombenhagel durch das zerstörte Berlin irrt, um im Reichstag Zwillinge zur Welt zu bringen, ist großes Kino, wirklich: sehr dramatisch. Andererseits jedoch, wie ich schon sagte, ziemlich komisch. Mit erfundenen Geschichten aber kann ich nicht dienen.«

»Es ist keine erfundene Geschichte«, sagte sie. »Es hat sich alles genau so zugetragen.«

»Im Reichstag geboren? Ich bitte Sie!«, protestierte er. »Damit fängt es doch schon an. Wenn ich das schreibe, steigt doch jeder Leser gleich aus. Wieso sollen im Reichstagsgebäude Kinder zur Welt gekommen sein? Das glaubt keiner. Vergessen Sie es.«

Sie setzte wieder ihr unglaubliches Lächeln auf. Und während sie ihn anschaute, zog sie ein iPad aus ihrer Handtasche. Sie stellte es an, wartete kurz, bis sie im Internet war, und gab dann bei Google »Reichstag«, »Entbindungsstation« und »Schauplätze« ein.

Die Suchmaschine präsentierte auf einen Schlag zweihundertdreiundfünfzig Einträge. Und bereits der erste war ein Volltreffer: Unter der Überschrift »Parlamentarische Schauplätze« stand auf der offiziellen Seite des Deutschen Bundestages eine Kurzfassung der langen Geschichte des Bauwerks, das seit 1999 wieder Sitz des Parlaments geworden war, nachdem der britische Stararchitekt Sir Norman Foster es auf geniale Weise umgebaut hatte. Weiter hieß es, das ehemalige Parlamentsgebäude sei während des Krieges unterschiedlich genutzt worden. Man habe dort sogar Funkröhren gebaut, ein Lazarett eingerichtet und im Keller die Entbindungsstation der Berliner Charité untergebracht.

»Sehen Sie?«, sagte sie.

Dann kramte sie ein Stück Papier aus der Handtasche. Es sah aus wie die Kopie einer Geburtsurkunde. Das Original war offenbar irgendwann einmal mehrfach gefaltet und später wieder glatt gebügelt worden, die Falzspuren waren geblieben. Sie lagen wie ein Gitternetz über dem Blatt. Daneben legte sie einen alten Hausausweis des Deutschen Bundestages und zwei weiße Umschläge von der Größe einer halben Postkarte.

»Das ist die Geburtsurkunde meines Mannes Alexander Bock«, erläuterte sie. »Damals hieß er noch Alexander Schmidt, weil der Standesbeamte Meyer dafür gesorgt hatte, dass er unter dem Mädchennamen seiner ledigen Mutter registriert wurde. Und hier steht es: ›Im Reichstagsgebäude geboren‹.« Dann deutete sie auf den Ausweis: »Der gehörte Heinrich Sauerborn.

Auf den kommen wir gleich noch. Und das hier,« sagte sie und zog mit Daumen und Zeigefinger aus einem der Umschläge eine weiße Karte aus dünner Pappe hervor, »das sind die beiden Stimmkarten, die am 27. April 1972 beim Misstrauensvotum gegen den SPD-Kanzler Willy Brandt aus dem Verkehr gezogen und gegen zwei vorher markierte Dubletten ausgetauscht wurden.«

Zink war fassungslos. »Sie meinen: Das sind genau die beiden Stimmen, die Barzel ...«

»Gefehlt haben«, bestätigte sie. »Weil sie nicht bei den Ja-Stimmen landeten, sondern bei uns.«

Zink nahm eine der Stimmkarten in die Hand. Sie war halb so groß wie eine Postkarte und genauso glatt und dünn. Auf der einen Seite war sie weiß. Auf der anderen standen die Worte »RÜCKSEITE« und »Wahl nach Artikel 67 des Grundgesetzes« neben dem Stempel des Bundestagspräsidenten.

Zink wusste, was »Wahl nach Artikel 67 des Grundgesetzes« bedeutete: Misstrauensvotum. Und: Ein Bundeskanzler konnte nur gestürzt werden, indem das Parlament mit absoluter Mehrheit einen Nachfolger wählte. Die Stimmkarten waren also für ein konstruktives Misstrauensvotum hergestellt worden, entweder für das erste, im April 1972, als CDU und CSU versuchten, den SPD-Kanzler Brandt durch Rainer Barzel zu ersetzen; oder für das zweite im September 1982, als Helmut Kohl Nachfolger von Helmut Schmidt wurde. Nach allem, was Anita erzählt hatte, kam nur das erste infrage.

Ehrfürchtig betrachtete er die dünne Pappe in seiner Hand. Das gehörte eigentlich in das Haus der Geschichte, dachte Zink.

»Wo haben Sie die her?«, fragte er.

»Das wissen Sie doch«, erwiderte sie und fixierte ihn. »Sie wissen es, weil Sie der einzige Journalist in Bonn waren, der unseren Kartentrick durchschaute. Damals hat Ihnen keiner geglaubt. Jetzt haben Sie endlich die Gelegenheit, es zu beweisen, wenn Sie die Geschichte meines Mannes aufschreiben.«

Und wieder beugte sie sich so weit vor, dass ihre Köpfe sich fast berührten. Obwohl er keinen Tropfen Alkohol getrunken hatte, fühlte Zink sich plötzlich wie benebelt. Er starrte abwechselnd auf die Stimmkarte in seiner Hand und in ihre pinkfarbene Bluse, er sah die weiße Pappe, blickte auf die Rundungen ihrer Brüste und wusste, dass er ihr nicht würde entkommen können.

Sie hatte ihn am Haken.

Sie hatte die Beweise, nach denen er so lange gesucht hatte.

AUSSER KONTROLLE

Alexander Bock sah missmutig aus dem großen Fenster seiner Firmenzentrale in Potsdam. Der Gründer und Inhaber von Bocks Bau- und Hobbymarkt hatte schlechte Laune.

Seine dreiundsiebzig Jahre sah man ihm nicht an. Man schätzte ihn allgemein zehn Jahre jünger. Er war gut trainiert, braun gebrannt, eine durchaus sportliche Erscheinung mit leicht südländischem Teint, einst schwarzem, inzwischen leicht ergrautem Haar, buschigen Augenbrauen und großen braunen Augen, die er allerdings hinter einer getönten Brille verbarg; selbst in geschlossenen Räumen und auch wenn die Sonne gar nicht schien.

Altes Augenleiden, pflegte er zu sagen. Er habe das wohl von seiner Mutter Annemarie, die 1991 nach einer Netzhautablösung an beiden Augen vollständig erblindet war. Die Ärzte in der Charité hatten es nicht aufhalten können.

Seit sie vor vier Wochen im Alter von achtundneunzig Jahren gestorben war, hing der Haussegen schief. Seine Frau Anita verstummte, wenn er das Zimmer betrat, und wenn sie überhaupt etwas sagte, dann nörgelte sie nur an ihm herum. Er ahnte den Grund. Aber er hütete sich, sie zu fragen. Er hatte auch nicht gefragt, als sie vor ein paar Tagen wortlos ihr Bettzeug genommen hatte und aus dem gemeinsamen Schlafzimmer ausgezogen war.

Alexander seufzte. Vor ihm saß Klaus Krombach, sein engster Vertrauter und Kollege. Er war fast zwei Meter groß, ein dürrer, ausgemergelter Typ mit einer scharfkantigen Hakennase und langen, spitzen Spinnenfingern, die vom Rauchen gelb waren. Sein hellblondes, fast weißes Haar war straff nach hinten gekämmt und am Hinterkopf zu einem kurzen Pferdeschwanz gebunden, der aber nicht herunterhing, sondern wie ein Rasierpinsel waagerecht vom Hinterkopf abstand. Es sah bizarr aus und ließ ihn noch älter erscheinen, als er tatsächlich war. Seine Haut war alt, faltig und rissig. In der Firma und im Freundeskreis nannten ihn alle »KK«.

Bock kam er manchmal vor wie ein vertrockneter Indianer, weswegen er gelegentlich auch »Lederstrumpf« zu ihm sagte.

Allerdings war das ein Privileg, das nur er hatte. Kein anderer durfte zu KK Lederstrumpf sagen. Lederstrumpf war seit vielen Jahren Bocks Mann fürs Grobe, einer der Wenigen, denen der stets misstrauische Firmenboss wirklich vertraute. Er hatte schon manche Drecksarbeit für ihn erledigt und war inzwischen selbst, was nicht einmal Bocks Gattin wusste, mit zehn Prozent stiller Teilhaber der Firma. Er war immer zur Stelle, wenn Bock ihn brauchte. Und heute brauchte er ihn ganz besonders. Anita war außer Kontrolle geraten.

Vor zwei Tagen hatte sie ihr Schweigen gebrochen und ihm beim Frühstück den Grund genannt. Sie hatte herausgefunden, dass er seit mindestens einem Jahr eine Affäre mit Liliane de Roche hatte, der kleinen schwarzhaarigen Portugiesin aus der Einkaufsabteilung. Lilli, wie alle sie nannten, war neunundzwanzig Jahre alt und hatte einen sechsjährigen Jungen, den sie allein erzog.

Bock hatte anfangs alles geleugnet. Aber dann hatte sie ihm die Hotelrechnungen unter die Nase gehalten, weiß der Teufel, wie sie drangekommen war. Fünfmal Doppelzimmer mit Frühstück, jeweils für zwei Personen, dreimal in Köln und zweimal in Frankfurt. Immer donnerstags. Und jedes Mal, das hatte man ihr wohl in der Reisestelle bestätigt, war Lilli zufällig an denselben Tagen auch geschäftlich in Köln und in Frankfurt unterwegs gewesen.

Bock hatte es schließlich zugegeben und sich gleichzeitig darüber beschwert, dass sie hinter ihm her spioniert habe wie eine alte Stasi-Agentin. Da war sie ausgerastet. Das hätte er nicht sagen dürfen. Es stimmte ja: Früher war sie bei der Stasi gewesen, genau wie er. Sie war eine gut ausgebildete Kundschafterin. Mit neunzehn hatte sie als Lockvogel angefangen und jede Menge Erfahrungen mit Männern gesammelt. Aber seit sie ihn kannte, war das vorbei. Und er? Er vögelte mit seinen dreiundsiebzig Jahren immer noch in der Gegend rum! Und ihr, die ihn mit der Portugiesin Lilli erwischt hat, wirft er Stasi-Methoden vor. Eine Frechheit war das.

Der Streit war eskaliert. Alles, was die beiden seit ein paar Jahren mit sich herumgetragen, aber nie zur Sprache gebracht hatten, weil auch nie Zeit zum Reden gewesen war, alle Versäumnisse ihrer längst in Routine erstarrten Ehe hatten sie hervorgekramt und sich wechselseitig an den Kopf geworfen. Zum Schluss war sie türenknallend gegangen und hatte ihn ziemlich ratlos vor dem Scherbenhaufen zurückgelassen, der von ihrer Beziehung übrig geblieben war.

Dabei lief der Laden gerade so gut, Bocks Bau- und Hobbymarkt expandierte. Er hatte Filialen in fast allen Bundesländern, und die Bilanzen versprachen ordentliche Gewinne.

Ein paar Tage vor dem großen Krach hatten sie noch darüber gesprochen, was er sich zum bevorstehenden Jubiläum in drei Jahren wünsche. Er hatte gesagt, er wolle, dass endlich mal jemand die historische Rolle beleuchte, die er damals beim Misstrauensvotum gespielt hatte.

»Ich denke, dieser Journalist Zink kann das am besten«, hatte er gesagt. »Zink hat diese ganze aufregende Zeit, 1972, und auch ein Jahr später die Steiner-Wienand-Affäre aus nächster Nähe erlebt und beschrieben. Und er hat damals, erinnere dich, als Einziger den Kartentrick durchschaut.«

Das stimmte tatsächlich. Zink war irgendwie darauf gekommen, wie sie es angestellt hatten, die geheime Abstimmung über das Misstrauensvotum so zu kontrollieren, dass sie genau wussten, wie die von ihnen bezahlten Abgeordneten der CDU/CSU-Fraktion abgestimmt hatten. Der Trick war ganz einfach. Und ziemlich genial.

»Zum Glück hat ihm damals niemand geglaubt«, sagte sie.

»Eben«, antwortete er. »Es hat ihm niemand geglaubt. Das wird ihn mächtig geärgert haben. Aber du hast ja immer noch die Beweise, und damit kannst du ihn ködern.«

»Ich werde es versuchen«, hatte sie gesagt.

Jetzt aber wusste er nicht, ob das nach ihrem Ehekrach noch galt. Er wusste nicht, ob seine Frau bereits Kontakt zu Zink aufgenommen hatte. Schlimmer noch: Er war sich plötzlich nicht mehr sicher, ob es überhaupt noch opportun war, das Firmenjubiläum zu planen und einen Autor für seine Biografie zu suchen.

Sie war vor zwei Tagen weggefahren und seitdem nicht mehr nach Hause gekommen. Bock hatte keine Ahnung, wo sie sich aufhielt und was sie vorhatte. Das machte ihn nervös. Deshalb brauchte er Krombach.

Von seinem Schreibtisch im ersten Stock blickte er direkt auf den Potsdamer Jungfernsee. Dahinter am anderen Ufer ragte ein Fabrikschlot in den verhangenen Himmel. Er gehörte zur Alten Meierei, einem inzwischen sehr beliebten Ausflugslokal.

Zum See hin fiel das Gelände leicht ab. Der Rasen war gepflegt und so kurz geschnitten, dass man Golf darauf hätte spielen können. Das Areal, mittlerweile eines der teuersten Grundstücke der Stadt, hatte er Anfang der Neunzigerjahre von der Treuhand gekauft – »für 'n Appel und 'n Ei«, wie er zu sagen pflegte, und zwar zusammen mit dem ehemals volkseigenen Betrieb VEB Garten- und Gerätebau Potsdam. Das war eine kleine Klitsche, die zu DDR-Zeiten Gartenbaugeräte hergestellt und vertrieben hatte, die aber nach der Wende niemand mehr haben wollte. Ein alter Bekannter aus Stasi-Zeiten, der nach dem Mauerfall bei der Treuhand gelandet war, hatte ihm beim Kauf der Klitsche, wie Bock es ausdrückte, »geholfen«.

Das Grundstück lag nicht weit weg vom Stadtzentrum und doch mitten im Grünen. Und hier hatte er, vor fünf Jahren, seine neue Firmenzentrale errichten lassen – ein helles, modernes Bauwerk aus Glas, Holz und Edelstahl.

Die kleine Klitsche hatte gerade mal fünfzehn Mitarbeiter beschäftigt, als sie in seinen Besitz überging und Bocks Bau- und Hobbymarkt wurde. Heute arbeiteten in der Firma bundesweit fünfundzwanzigtausend Leute. Sie war mittlerweile eine der größten Bau- und Hobbymarkt-Ketten in Deutschland, mit Filialen in fast allen Bundesländern und größeren Städten.

Und ihm gehörte der Laden. Darauf war er stolz.

Jahr für Jahr spendete er ordentliche Summen – vorsichtshalber allen politischen Parteien, die im Brandenburger Landtag und im Deutschen Bundestag saßen. Auch als Kunstmäzen hatte er einen guten Ruf. Immer wieder las man Lobeshymnen über ihn in der Zeitung. Dass er früher einen ziemlich einflussreichen Posten bei der Stasi hatte und dass beim Kauf der Klitsche nicht alles sauber gelaufen war, interessierte heute keinen mehr.

Wenn aber seine Frau Anita auspacken und erzählen würde, was sie alles wusste, wären Ruf und Lebenswerk in Gefahr.

»Ich weiß nicht, was sie jetzt vorhat«, sagte er. »Du kennst sie ja. Sie ist unberechenbar.«

Krombach murmelte etwas Unverständliches.

Er war zwar Bocks treuer Gefolgsmann, fand allerdings nicht alles toll, was dieser machte. Seine Frauengeschichten zum Beispiel lehnte er ab. Nicht aus moralischen, sondern in erster Linie aus praktischen Gründen. Die Damen, die Bock verführte, machten meist schon nach kurzer Zeit großen Ärger und jede Menge Arbeit. Krombach hatte dann immer dafür sorgen müssen, dass sie nicht zu irgendeinem Schmierfinken der Boulevardpresse liefen und auspackten.

Er lehnte Bocks Seitensprünge aber auch ab, weil er Anita mochte. Sie kam aus dem gleichen Stall wie er und Bock, war eine gute Kameradin und hatte immer zu ihm gehalten.

Dass sie erst jetzt auf die Affäre ihres Mannes mit Lilli gestoßen war, wunderte Krombach einerseits. Andererseits aber auch wiederum nicht. Denn anders als sonst hatte Bock das Abenteuer mit der jungen Portugiesin strikt geheim gehalten, selbst vor ihm, seinem engsten Vertrauten. Es sei ihm ernst, sagte er, als Krombach ihn zur Rede stellte, nachdem er eines Tages durch Zufall dahintergekommen war. Anita sei ahnungslos und dürfe nichts davon erfahren. Diesen Seitensprung würde sie ihm nicht vergeben, weil es eben keineswegs nur ein Seitensprung war. Lilli bedeute ihm mehr als die vielen anderen davor.

Vermutlich war es das, was Anita so aufgebracht hatte. Wenn er doch endlich mal die Finger von fremden Weibern lassen könnte, dachte Krombach. Laut sagte er: »Sie ist eine von uns. Sie war in Belzig. Wie du und ich. Sie weiß, wie man sich tarnt und Spuren legt oder verwischt. Sie ist eine alte Tschekistin.«

»Ich weiß«, seufzte Bock. »Das ist es ja. Sie weiß zu viel. Ich muss wissen, was sie vorhat.«

»Ich glaube nicht, dass sie dich in die Pfanne hauen wird«, sagte Krombach. »Sie hängt doch selbst mit drin und wird sich nicht ins eigene Fleisch schneiden. Aber vielleicht solltest du die Sache mit Lilli wirklich beenden.«

Bock spürte, wie er wütend wurde. »Vielleicht solltest du die Sache mit Lilli wirklich beenden«, äffte er Krombach nach. »Das geht nicht so einfach. Und ich will es auch nicht. Außerdem ist sie schwanger. Punkt!«

Jetzt starrte Krombach ihn an, als sähe er ein Gespenst. »Ach du große Scheiße«, murmelte er. Dann schwiegen die beiden.

Sie waren seit vielen Jahren ein eingespieltes Team. Auf der Agentenschule in Belzig, achtzig Kilometer südwestlich von Berlin, hatten sie vor mehr als vierzig Jahren gemeinsam das zweitälteste Gewerbe der Welt gelernt. Damals bewohnten sie zusammen ein Zimmer und waren sehr eng, obwohl Alexander es, zu Krombachs Leidwesen, ablehnte, mit ihm auch das Bett zu teilen. Er war einfach hoffnungslos hetero. Sie blieben aber trotzdem Freunde, und seit KK wusste, dass sein Zimmergenosse um ein paar Ecken mit Markus Wolf verwandt war, tat er alles, um diese Freundschaft nicht zu verlieren. Sein Instinkt sagte ihm, dass sich das irgendwann einmal auszahlen würde.

In der von der Außenwelt abgeschirmten Kaderschmiede der Hauptverwaltung Aufklärung waren sie, damals beide noch jung und voller Idealismus, zu Spionen ausgebildet worden. »Kundschafter des Friedens« nannten sie sich.

»Schild und Schwert der Partei« wollten sie sein, die künftige Elite des Landes.

Nichts davon war geblieben.

Die Deutsche Demokratische Republik, die zu beschützen sie einst geschworen hatten, war 1989 fast über Nacht zu Staub zerfallen. Die klirrende Ordensherrlichkeit ihrer Generäle erwies sich als das, was sie immer war: reines Blech.

Aus und vorbei.

Krombach konnte froh sein, dass seine Akte nach dem Mauerfall gerade noch rechtzeitig gesäubert worden war und niemand ihn mehr vor Gericht bringen konnte. Jahrelang hatte er unter dem Namen Konrad Köhler für das MfS die CDU-Parteizentrale in der damaligen Bundeshauptstadt Bonn und den Freundeskreis eines rechtsradikalen Bonner Waffenhändlers namens Martini ausspioniert.

Nach einem fast zweijährigen Aufenthalt in Moskau war er Anfang Dezember 1991 nach Deutschland zurückgekehrt, wenige Tage vor dem endgültigen Zusammenbruch der Sowjetunion. In Moskau hatte er bei seinem alten Freund und Lover Michail Solokov gewohnt, einem als Killer ausgebildeten schwulen KGB-Agenten, den er Ende der Siebzigerjahre auf einem Lehrgang kennengelernt und mit dem er oft gemeinsam Urlaub auf der Krim gemacht hatte.

Michail, nach einer unglücklichen Liebschaft gerade wieder solo, hatte ihn gern bei sich aufgenommen. Und die beiden waren, wenn auch nur heimlich, weil Homosexualität in der Sowjetunion verpönt war, ein glückliches Paar; bis Michail eines Tages einen zwanzig Jahre jüngeren Stricher anschleppte, in den er sich verknallt hatte.

Noch magerer und hagerer als früher und mit nur zwanzig Mark in der Tasche seiner Jeans hatte Krombach sich nach Deutschland durchgeschlagen und auf dem Potsdamer Weihnachtsmarkt zufällig Anita getroffen. Sie hatte ihn zu Bock gebracht, der gerade erst seinen Baumarkt aufgemacht hatte. Seitdem waren die beiden alten Stasi-Kumpel unzertrennlich. Kein Blatt Papier passte zwischen die beiden, hieß es in der Firma.

Und das stimmte auch. Sie wussten fast alles voneinander, und gemeinsam hüteten sie ein Geheimnis, das außer Anita niemand kannte. Deshalb konnten sie sich aufeinander verlassen.

Ohne die Hilfe seines Getreuen hätte Bock es nicht geschafft, die vielen Konkurrenten und Hindernisse aus dem Weg zu räumen und den eigenen Laden so groß zu machen, wie er inzwischen war.

Ohne die Rückendeckung seines Chefs und dessen Verbindungen zu wichtigen Leuten in Politik und Justiz wäre Lederstrumpf vermutlich längst im Knast gelandet. Ein paarmal hätten sie ihn fast verknackt. Aber er hatte immer die teuersten Anwälte, und am Ende reichten die Beweise nicht.

Krombach sei eben sein bester Mann, sagte Bock. Für Bock, sagte Krombach, gehe er durchs Feuer. Er seufzte tief. »Wo steckt sie jetzt eigentlich?«

»Ich weiß es nicht«, sagte Bock. »Vielleicht ist sie in Hannover. Dort wohnt eine alte Freundin von ihr. Es ist aber auch möglich, dass sie nach Bonn gefahren ist, um Zink zu treffen. Wir hatten das mal ins Auge gefasst, aber ich weiß nicht, ob sie das wirklich noch vorhat.«

»Zink treffen?«, fragte Krombach ungläubig. »Den Journalisten Kurt Zink?«

»Kennst du ihn?«

»Und ob ich den kenne. Das war immer ein großer Wühler. Vor dem musste man sich in Acht nehmen. Was will sie denn von ihm?«

»Er soll meine Biografie schreiben.«

Wieder starrte Krombach seinen Chef an, als habe er sich verhört.

»Deine Biografie schreiben? Bist du wahnsinnig? Du kannst dir doch so einen ...« Er suchte stammelnd nach dem richtigen Wort. »Du kannst dir doch nicht so einen gottverdammten Schnüffler ins Haus holen.«

Bock verstand nur zu gut, was Krombach meinte. Es könnte in der Tat gefährlich für ihn werden, wenn der Journalist anfinge, in seinem Leben herumzuschnüffeln. Klar, vor ein paar Wochen waren Anita und er noch der Meinung, Zink sei der einzig Richtige, dem man den Auftrag erteilen könnte, seine Lebensgeschichte aufzuschreiben. Aber damals war alles noch gut zwischen Anita und ihm. Doch jetzt, wo sie ihn verlassen hatte, könnte es tatsächlich gefährlich für ihn werden, Zink an sich heranzulassen. Da hatte Krombach schon recht. Trotzdem wollte er nicht gleich zugeben, dass er Mist gebaut hatte.

»Versteh mich doch«, sagte er. »Der Mann ist clever, hat als Einziger durchschaut, wie wir das damals mit den Stimmkarten gedeichselt haben. Er kennt die Akteure, er war immer dabei. Und er kann am besten einschätzen, welche Rolle ich gespielt habe.«

»Eben«, sagte KK trocken. »Das ist es ja.«

»Aber es geht doch nur darum, was damals war. Das soll er beschreiben, sonst gar nichts.«

»Und was ist, wenn er herauskriegt, wie das mit dir und der Treuhand gelaufen ist?«

»Alles längst verjährt«, antwortete Bock.

»Oder 1992 mit Sauerborn?«

»Da kräht kein Hahn mehr nach. Die Akte ist geschlossen. Das weißt du doch. Es gibt keine Beweise.«

»Da wäre ich nicht so sicher«, sagte Krombach. »Dieser Zink lässt nicht locker. Wenn der einmal einen kleinen Zipfel in der Hand hat, dann hört der nicht mehr auf. Du bist wahnsinnig, diesen Mann als Ghostwriter zu engagieren.«

Bock wusste, dass Krombach recht hatte. »Also gut«, sagte er. »Wir machen es anders. Zink kommt uns nicht ins Haus. Aber zuerst musst du Anita finden und in Erfahrung bringen, was sie vorhat. Wenn sie tatsächlich Zink engagiert, müssen wir aktiv werden. Mach dich also auf die Socken und suche sie. Sobald du mehr weißt, melde dich bei mir. Dann können wir überlegen, was wir als Nächstes tun. Wahrscheinlich hast du recht. Deshalb müssen wir uns auf das Schlimmste gefasst machen. Und jetzt sieh zu, dass du Land gewinnst.« Mit einem herrischen Kopfnicken bedeutete er ihm, dass die Unterredung beendet sei.

Krombach ging. Er wollte ohnehin eine rauchen. Das durfte man in Bocks Büro nicht mehr. Es war alles nicht mehr wie früher. Aber er wusste jetzt, was er zu tun hatte.

DER AUFTRAG

Zink starrte immer noch auf die Stimmkarten. Alles stand ihm wieder vor Augen: der Kanzler Willy Brandt, das Misstrauensvotum, ein Jahr später der Korruptionsskandal, in den der CDU-Abgeordnete Julius Steiner und der Manager der SPD-Fraktion, Karl Wienand, verwickelt waren. Die vielen, immer noch ungeklärten Fragen. Und mittendrin er, der damals noch junge und unerfahrene Journalist Kurt Zink, der einen Verdacht geschöpft hatte, an den keiner glauben wollte.

Im Mai 1973, als der Korruptionsskandal publik wurde, redeten alle nur darüber, dass beim Misstrauensvotum Bestechung im Spiel war. Aber niemand hatte sich darum gekümmert, wie man den Betrug organisiert und sichergestellt hatte, dass trotz der geheimen Abstimmung diejenigen, die man bezahlte, auch tatsächlich so abstimmen würden, wie es vereinbart worden war.

Zink war darauf gekommen. Er hatte den Trick mit den doppelten Stimmkarten durchschaut. Aber es war eine Vermutung, die er nicht beweisen konnte und die man ihm deshalb auch nie geglaubt hatte.

Und jetzt, sechsundvierzig Jahre später, hielt ihm diese Frau endlich die Beweise unter die Nase, nach denen er damals vergeblich gesucht hatte. Die beiden unbenutzten Stimmkarten waren der Beleg, dass seine Theorie tatsächlich stimmte.

»Was verlangen Sie?«, fragte Zink. »Was soll ich tun?«

Sie griff nach ihrem Glas, lehnte sich entspannt zurück, nahm einen tiefen Schluck und wiederholte sachlich die Geschäftsbedingungen, die sie ihm schon am Telefon genannt hatte: Ihr Mann, Alexander Bock, einst Adjutant des DDR-Spionagechefs Markus Wolf, inzwischen Inhaber und Chef der bekannten Baumarktkette Bocks Baumarkt GmbH & Co. KG, fürchte, dass die Rolle in Vergessenheit gerate, die er 1972 hinter den Bonner Kulissen gespielt habe. Damals habe er, mit ihr zusammen, die geheime Stasi-Operation »Doppelkopf« zur Rettung des Bundeskanzlers Brandt geleitet. Aber in den Geschichtsbüchern werde dies bis heute hartnäckig ignoriert. Ihr Mann werde zum Jahresende vierundsiebzig, und seine Firma feiere in drei Jahren silbernes Jubiläum, deshalb suche sie einen Ghostwriter, der die ganze Geschichte aufschreibe. Dies könne nach Lage der Dinge nur Zink sein. Das klang nicht nach einer Bitte, sondern eher wie ein Befehl.

Dann zählte sie die Gründe auf: Erstens kenne Zink alle Akteure und Ereignisse von damals noch aus eigenem Erleben. Zweitens habe er seinerzeit schon bewiesen, dass er genauer hingucken könne und nicht nur abschriebe, was andere vor ihm geschrieben hätten. Drittens, und das sei für sie ausschlaggebend, genieße er immer noch einen guten Ruf in der Branche: »Was Sie schreiben, wird für bare Münze genommen, so unglaublich manches auch klingen mag.«

»Was aber ist«, fragte Zink, »wenn ich gar keine Lust habe, die alten Geschichten aufzuwärmen? Wen interessiert es heute noch, wer in grauer Vorzeit wen bestochen hat, damit Brandt Bundeskanzler bleiben konnte?« Es war sein letzter Versuch, sich herauszuwinden.

Sie musterte ihn spöttisch und setzte ihre Aufzählung an der Stelle fort, an der er sie unterbrochen hatte: »Viertens wird Sie das Honorar, das wir Ihnen bieten, überzeugen. Es ist ein Angebot, das Sie nicht ablehnen können.«

Und dann nannte sie die atemberaubende Summe von hunderttausend Euro plus Umsatzsteuer und Reisespesen.

Als er sie ungläubig anstarrte, ergänzte sie: »Ich persönlich biete Ihnen darüber hinaus noch einmal fünfzigtausend extra, wenn es Ihnen gelingt, das alte Geburtenbuch der Charité aufzutreiben. Es ist seit dem Krieg verschollen, soll aber angeblich irgendwann wiederaufgetaucht sein. Wenn Sie das finden und mir eine Kopie dieser einen Seite, Sie wissen schon: die mit dem Doppelstrich in der Mitte ...«

»Und dem Spruch ›Führer befiel, wir tragen die Folgen‹?«

»Ja, genau, diese eine Seite mit den Geburten der Silvesternacht 1944/45 und«, sie deutete auf die immer noch vor ihm liegende Visitenkarte, »mit diesem ›Naevus caeruleus infra venter felis‹, wenn Sie mir das beschaffen könnten, wäre mir das viel wert.«

»Und warum dieser Aufwand?«

Sie erklärte es so: In jeder Familie gebe es bestimmte Legenden, die von Generation zu Generation getragen und immer aufs Neue erzählt würden. Und diese eine Seite aus dem Geburtenbuch der Charité sei für die Familie ihres Mannes so eine Legende. Ihre Schwiegermutter Annemarie habe so oft davon gesprochen und den frechen Anti-Hitler-Spruch zitiert, dass Alexander sich immer gewünscht habe, ihr irgendwann einmal dieses Dokument, zumindest aber eine Kopie, schenken zu können.

»Nun ist sie tot«, sagte Anita. »Vor ein paar Wochen ist sie gestorben. Und jetzt versuche eben ich, ihr nachträglich diesen Wunsch zu erfüllen und ihrem Sohn diese eine Seite für die Familienchronik zu beschaffen. Verstehen Sie? Es wäre für meinen Mann eine ganz große Überraschung und das schönste Geschenk zum Firmenjubiläum.«

Zink betrachtete die Kopie der Geburtsurkunde. Die Falzspuren hatten einige Buchstaben des mit einer alten Schreibmaschine getippten Textes unleserlich gemacht. Weil außerdem einige Drucktypen verschmutzt waren, hatte zum Beispiel das kleine »a« einen schwarzen Bauch und das kleine »e« einen schwarzen Kopf.

»Meine Schwiegermutter Annemarie wollte auf Nummer sicher gehen«, erläuterte Anita. »Sie hat die Geburtsurkunden so oft gefaltet, bis sie die Größe einer etwas größeren Briefmarke hatten.«

Und weil Zink sie mit gerunzelter Stirn fragend anguckte: »Es war Krieg. Sie war ausgebombt worden, als sie mit den beiden Neugeborenen nach Hause kam. Ihre Mutter lag tot unter den Trümmern des Wohnhauses in Pankow, der Kindsvater Kuno Bock war im Krieg. Sie war ganz allein und wollte sichergehen, dass man ihre Kinder identifizieren könne, falls ihr etwas passieren sollte. Deshalb hat sie die Geburtsurkunden ihrer Söhne klein gefaltet, in eine Zellophanhülle gesteckt und jedem seine auf den Bauch geklebt.«

»Verstehe«, sagte Zink. »Und später, als sie das Papier wieder ausbreitete, um es zu kopieren, blieben die Falzspuren?«

»Genau so war es«, bestätigte Anita. »Doch nach dem Krieg hatte sie nur noch diese eine Urkunde. Die andere war mit ihrem jüngeren Zwillingssohn unter den Trümmern eines Hauses in Dresden geblieben.«

Zink runzelte fragend die Stirn.

»Wieso in Dresden?«

»Sie war dorthin gefahren«, sagte Anita, »weil Tante Mia dort wohnte, eine Schwester der Mutter des Kindsvaters Kuno Bock. Und weil die Stadt im Januar 1945 noch ziemlich heil war. Aber dann geriet sie, in der Nacht vom 13. auf den 14. Februar, in dieses entsetzliche Bombeninferno und verlor Bruno, den jüngeren der beiden Zwillinge.«

Zink überlegte. Worauf wollte die Frau hinaus?

»Meine Schwiegermutter hat sich das nie verziehen«, sagte Anita.

»Was hat sie sich nie verziehen?«

»Sie hat sich nie verziehen, dass sie Bruno in dieser Bombennacht ganz kurz aus den Augen gelassen hat. Sie saßen stundenlang im Keller, als es losging. Bruno lag schlafend in einem Schuhkarton, Alexander war wach und brüllte unablässig. Die Tante zitterte in Todesangst. Dann kamen die Bomben. Weltuntergang! Es donnerte, es krachte, die Wände wackelten, Putz rieselte. Irgendwann gab es einen dumpfen Schlag, und sie wussten, das Haus war getroffen. Aber es stand noch. Annemarie dachte, hier werde sie niemals mehr lebend rauskommen.«

»Sie hat es aber trotzdem geschafft.«

»Ja, sie hat es geschafft.«

»Und warum Bruno nicht?«

»Weil Annemarie zum Tragen nur zwei Arme und Hände hatte. Zwei Säuglinge, eine gehbehinderte Tante und einen Koffer voller Familienpapiere. Alles auf einmal ging einfach nicht. Sie brachte erst die Tante, den Koffer und Alexander in Sicherheit, und als sie sich umdrehte und Bruno holen wollte, sah sie von Weitem, dass das Haus zusammenkrachte.«

Anita schwieg und nahm einen tiefen Schluck. Zink wusste nicht, was er sagen sollte. Auch er schwieg.

Er hätte jetzt gerne eine geraucht. Aber das Rauchen hatte er sich schon seit vielen Jahren abgewöhnt. In solchen Momenten der äußersten emotionalen Anspannung kam das Verlangen zurück. Wenn sie ihm jetzt das Weinglas rübergeschoben hätte, hätte er wahrscheinlich getrunken.

Zum Glück ließ sie es sein.

Schließlich räusperte er sich und nahm die Sachen in die Hand, die sie vor ihm auf dem Tisch ausgebreitet hatte. Er studierte stumm die Geburtsurkunde, die Stimmkarten und den alten Bundestagshausausweis.

»Und dann?«, hörte er sich fragen.

»Na ja, sie ist dann noch ein paar Wochen jeden Tag zum Roten Kreuz gelaufen und hat gefragt, ob ein Säugling mit einem roten Wollfaden am linken Arm abgeliefert worden sei und einer Geburtsurkunde auf dem Bauch. Aber niemand hatte etwas gesehen, und sie war nicht die Einzige, die nach Vermissten suchte.«

»Okay«, sagte Zink. »Aber Alexander hat sie wenigstens gesund nach Berlin gebracht.«

»Ja klar. Irgendwann kam sie dort an und traf die Nachbarstochter Isolde Deichmann. Die war ebenfalls ausgebombt worden und hatte nur deshalb überlebt, weil sie nicht in den Luftschutzkeller gegangen war wie alle anderen. Mit Isolde hat sie sich dann angefreundet. Ich glaube, sie hatten Kontakt bis ins hohe Alter.«

Vorsichtig brachte Zink das Gespräch wieder auf die Urkunden, die vor ihm lagen. Die von Alexander brauchte er, um die Entbindung im Reichstagsgebäude belegen zu können. Und die beiden Stimmkarten stützten seine alte Kartentricktheorie.

»Aber was hat Heinz Sauerborn mit der ganzen Geschichte zu tun, außer dass er damals Ihr Geliebter war?«

»Er hat uns die Stimmkarten besorgt«, sagte sie trocken. »Er saß im Bonner Bundeshaus, und zwar in dem Referat Parlamentarische Dienste, abgekürzt PD, wo zum Beispiel die Wortprotokolle der Bundestagsreden aus dem Stenogramm in Reinschrift übertragen und gedruckt werden. Zu den Aufgaben dieses Referates gehörte es auch, vor geheimen Abstimmungen die dazu benötigten Stimmkarten herzustellen.«

Zink hatte immer schon gewusst, dass seine Theorie von den doppelten Stimmkarten nur aufging, wenn es einen Helfer in der Bundestagsverwaltung gab. Aber dass Heinz Sauerborn, seine Thekenbekanntschaft, dieser Helfer war, darauf wäre er nie gekommen.

»Habe ich Sie richtig verstanden? Heinz Sauerborn hat damals Ihnen, also der Stasi, geholfen? Er hat Ihnen die Duplikate beschafft?«

»Ja. Er saß an der Quelle. Da bei der Herstellung und dem Druck dieser Karten in der Bundestagsdruckerei immer ein paar Exemplare übrig blieben, konnte er zwei davon problemlos abzweigen und mir geben.«

Zink betrachtete das Foto in dem Hausausweis. Genau so hatte er Heinz in Erinnerung. Ein großes, offenes, freundliches Gesicht, lange Haare, sehr buschige Augenbrauen und, wie es in den Siebzigerjahren Mode war, lange Koteletten. Dazu eine große Brille. Ja, so sah er aus. Er erinnerte sich genau.

»Und was macht er heute?«, fragte er.
»Sie werden es herausfinden«, sagte sie.
Zink sah auf die Uhr. »Ich muss«, sagte er. »Vielen Dank für die Einladung.«
»Wir hören voneinander.«
Und Zink, als er auf dem Fahrrad nach Hause fuhr, wusste nicht, ob das jetzt eine Drohung oder eine Verheißung war.

LEHRMEISTER

Seit er vor sieben Jahren beim Blatt aufgehört hatte, schlug Kurt Zink sich als Freiberufler ohne festes Einkommen durch. Er schrieb politische Kommentare für einen Online-Dienst, die aber saumäßig schlecht bezahlt wurden. Ab und zu verfasste er Nachrufe auf Politiker, die er während seines langen Berufslebens kennengelernt hatte. Und manchmal wurde er von ehemaligen Kollegen gebeten, seine alten Quellen anzuzapfen, wenn irgendwelche tatsächlichen oder vermeintlichen Skandale auftauchten. Denn als Enthüller hatte Zink immer noch einen guten Ruf. Er hatte so viele Skandale aufgedeckt wie kaum ein anderer in seiner Branche. Man wusste zwar nie, aus welchen Quellen er schöpfte, wer die Informanten waren und welche Interessen sie verfolgten. Aber die Informationen stimmten nahezu immer. Er musste selten etwas korrigieren oder zurücknehmen.

Allerdings umgab ihn auch etwas Halbseidenes. Zink hatte sich auf Geheimdienste und deren Affären spezialisiert. In diesem Zwielicht bewegte er sich wie ein Blinder im Dunkeln, so sicher, dass man ihn selbst für einen Agenten halten konnte.

Dabei sah er keineswegs so aus. Kein Regisseur wäre je auf die Idee gekommen, die Hauptrolle in einem Agententhriller mit ihm zu besetzen. Er fiel nie auf. Wenn er ein Café oder ein Restaurant betrat, sah sich niemand nach ihm um. Selbst die Kellner übersahen ihn.

Mit einem Meter siebenundsiebzig war er nie der Größte, aber auch nur selten der Kleinste. Er war nicht besonders schlank, aber auch nicht dick, sein restliches Haupthaar war im Laufe der Jahre grau geworden und umrandete eine inzwischen veritable Glatze. Er trug meistens graue Jeans und dünne, schwarze Rollkragenpullover.

Das einzig wirklich Auffällige an ihm waren die Lesebrille,

die er ständig auf- und absetzte und um Daumen und Zeigefinger der rechten Hand kreisen ließ, und seine Augen, die wachsam hin- und herwanderten und alles in der näheren Umgebung erfassten, auch wenn er in ein Gespräch vertieft schien.

Sein unauffälliges Äußeres täuschte. Ihn bemerkte man nicht immer gleich, er jedoch hatte alles im Auge, wenn er einen Raum betrat. Mit geübtem Blick scannte er die Personen, die um ihn herumstanden, und sortierte sie in die Schubladen »bekannt« und »unbekannt«. Er hatte ein fantastisches Personengedächtnis und konnte sich Gesichter merken. Erst in den letzten Jahren hatte er festgestellt, dass ihm die dazugehörenden Namen manchmal entfallen waren.

Er war ein Nachrichtenhändler, der keine Berührungsängste kannte. Wenn es darum ging, eine Story wasserdicht zu machen, hatte er keine Skrupel. Er tauschte sich dann zum Beispiel nicht nur mit den jeweils ermittelnden Staatsanwälten aus, sondern auch mit der Gegenseite: mit Anwälten, Betrügern und Kriminellen. Und nicht selten floss dabei Geld.

Außerdem hatte er einen guten Riecher. Er fand schnell heraus, wer ihm im politischen Betrieb als Informant von Nutzen sein könnte. Diese Leute förderte er, indem er sie häufiger, als es eigentlich nötig war, in seinen Geschichten erwähnte. Dafür steckten sie ihm Interna aus ihren Sitzungen zu, gelegentlich ganze Protokolle, manchmal nur ein paar Zitate, die er dann irgendwann, wenn es passte, in einen seiner Texte einbaute. Manchmal ließ er sich auch von ihnen benutzen, um einen politischen Rivalen durch gezielte Indiskretionen zu beschädigen.

Er war nie ein besonders guter Schreiber gewesen, keine Edelfeder, aber ein hartnäckiger Rechercheur. Schon als Lokalreporter hatte er sich immer dort herumgetrieben, wo es stank und krachte. Anfangs war der Boulevard sein Revier. Wenn ein Mord passiert war oder wenn es gebrannt hatte, oder wenn die Polizei einen lange gesuchten Verbrecher festgenommen hatte – Zink war meistens in der Nähe.

Denn er hatte bereits damals ein kleines Netzwerk von Informanten geknüpft. Peter Pütz, seinerzeit Chef der örtlichen Mordkommission, war einer seiner engsten Kumpel. Sie kannten sich noch aus der Volksschule. Wenn Pütz zu einem Tatort ausrückte, rief er Zink an, sodass der sich in ein Taxi setzen und gleichzeitig losfahren konnte. Dafür kam Pütz immer prominent in den Klatschspalten vor, die Zink ebenfalls mit Namen und Nachrichten füllte.

Wenn er einmal Witterung aufgenommen hatte, blieb er hartnäckig an den Sachen dran. Aber es wäre ihm nie in den Sinn gekommen, sich einen investigativen Journalisten zu nennen. Journalismus, so wie er ihn verstand, war immer investigativ. Was denn sonst? Herausfinden, was ist, das war seine Maxime. Nicht erfinden, was sein könnte.

»Haste noch nie etwas erfunden?«, hatte ihn sein Freund und Kollege Werner Stuhl einmal gefragt. Sie saßen vor einem Café in der Berliner Friedrichstraße und tranken Kaffee.

»Nein, nie!«

»Glaub ich nicht. Jeder erfindet mal was dazu. Sei doch mal ehrlich.«

»Ich bin ehrlich«, sagte Zink. »Ich kann einfach nichts erfinden, weil ich viel zu fantasielos bin.«

Das stimmte. Er hatte nicht die Fantasie, sich Geschichten auszudenken. Stuhl konnte das. Stuhl konnte ganze Lügengeschichten aus dem Stegreif erfinden: Aus sicherer Quelle habe er erfahren, dass der Pressesprecher des Gesundheitsministeriums mit der Ministerin ein Verhältnis habe. Die beiden seien gesehen und sogar fotografiert worden, als sie auf Rügen Hand in Hand spazieren gingen. Oder: Der ehemalige CDU-Ministerpräsident eines großen Flächenlandes habe ein heimliches Verhältnis mit einer Bundesministerin. Er, Stuhl, habe aus sicherer Quelle, dass sich die beiden in Schottland nach einem Wochenendhaus umgesehen hätten. Alles erfunden. Alles gelogen.

Zink konnte nichts erfinden. Er hatte sich im Gegenteil schon manche Geschichte dadurch kaputt recherchiert, dass er es nicht fertigbrachte, Fakten oder Argumente unter den Tisch fallen zu lassen, die nicht zum Tenor oder, wie sie es beim Blatt nannten, »in den Striemel« passten. Die Recherche war für ihn das Schönste und Wichtigste in seinem Beruf. Das Aufschreiben zum Schluss war das Schwierigste.

Wie oft hatte er früher vor der Schreibmaschine und später dem Bildschirm gesessen und das weiße Blatt, den leeren Bildschirm angestarrt? Es war wie verhext. Die Zeit lief. Der Redaktionsschluss rückte unerbittlich näher. Er hatte alle Fakten in der Hand, aber er fand keinen Anfang.

»Zink!«, hörte er Grabowski brüllen. »Wo bleibt der Aufmacher?«

»Bin gleich fertig.«

»Watt heiss gleich, getz!«

Das war Ende der Sechzigerjahre. Ferdinand Grabowski war damals sein erster Chef. Er sah aus wie ein irischer Bauer: ein großer, vierschrötiger, grober Kerl mit Sommersprossen und rötlichem Haar, aber ausgestattet mit einer feinen Spürnase für gute Geschichten. Er kam aus Brilon im Sauerland und leitete in Bonn die Lokalredaktion der Zeitung, bei der Zink vor einem halben Jahrhundert angefangen hatte. Bevor er nach Bonn kam, hatte Grabowski ein paar Jahre als Polizeireporter in Unna für die Westdeutsche Allgemeine Zeitung gearbeitet. Das Kamener Kreuz war sein Revier, dort, wo es dauernd Staus, Baustellen und Unfälle gab.

In einer Zigarrenkiste bewahrte er Fotos aus dieser Zeit auf. Eine Sammlung der grässlichsten Unfälle, die er als Polizeireporter aufgenommen hatte. Er zeigte sie manchmal abends, wenn die Zeitung fertig war und man in seinem kleinen Büro noch bei einer Flasche Bier zusammensaß. Es hatte den Anschein, als könne er sich, auch nach so vielen Jahren, nicht sattsehen an den grauenhaft ineinander verkeilten Blechklumpen, vor denen oft zugedeckte Leichen lagen.

Trotz dieser befremdlichen Leidenschaft hatte Grabowski ihm ein paar Grundregeln beigebracht, die ihm in seinem Berufsleben von Nutzen waren. Zum Beispiel, dass man immer eine zweite Quelle brauchte, bevor man der ersten glaubte. Oder dass man sich stets im Klaren darüber sein musste, welche Interessen Informanten hatten, wenn sie dir etwas steckten. Cui bono, wem nützte es? Das musste man immer im Hinterkopf haben.

Schließlich, dass man Haushaltspläne lesen können musste, wenn man verstehen wollte, wie eine Stadtverwaltung oder eine Regierung mit dem Geld der Steuerzahler umging. Nur so konnte man wissen, welche Projekte in der Pipeline waren, über die noch nicht öffentlich geredet wurde.

Außerdem hatte Grabowski ihm beigebracht, wie man Geschichten so anfängt, dass die Leute weiterlesen und nicht weiterblättern oder ganz aussteigen.

»Lasso-Sätze schreiben«, nannte er das.

»Der ärsse Satz muss sein wie ein Lasso, mit dem du die Leser einfängst und fesselst, woll?«

Auch hatte er ihm ein Geheimnis verraten, das Zink oft bestätigt fand: »Ein guter Anfang ist meistens auch ein guter Schluss.«

Sie nannten ihn Ferdinand Graskarpfen, weil er, wenn er sich aufregte, den Mund auf- und zuklappte. Dabei sah er aus wie ein Karpfen auf dem Trockenen, der nach Luft schnappte. Und wenn der Redaktionsschluss näher rückte, regte er sich immer auf.

»Verdammt, Zink, in zwanzig Minuten iss Umbruch!«, schrie Grabowski. Er hatte die Tür zu dem gläsernen Kabuff aufgerissen, in dem Zink, umnebelt von Zigarettenqualm, wie gelähmt an der Schreibmaschine saß. Grabowski sah den vollen Aschenbecher und das leere Blatt in Zinks Maschine, er klappte den Mund auf und zu, schnappte nach Luft und verstummte. Und dann passierte es. Sobald der Graskarpfen Luft schnappend hinter ihm stand, war die Blockade vorbei. Dann konnte Zink alles, was sich in seinem Kopf verhakt und verknäult hatte, binnen kürzester Zeit aufschreiben. Dann flossen die Sätze heraus wie aufgestautes Wasser aus einem plötzlich geöffneten Wehr. Nach zwanzig Minuten war er fertig, und Grabowski musste nur noch sein Häkchen an den Text machen.

Werner Kahlenbach, sein zweiter Chef, war ganz anders. Nicht robust und dröhnend wie der Graskarpfen. Eher still und zierlich, fast zerbrechlich. Er war dreizehn Jahre älter, einen Kopf kleiner als Zink und ein großartiger Journalist, der alle Formen und Formate des Metiers anscheinend mühelos beherrschte: Einen politischen Leitartikel brachte er mit der gleichen Leichtigkeit zustande wie einen kurzen Kommentar. Aus belanglosen Meldungen konnte er – wenn er die Hintergründe kannte, und er kannte sie meistens – spannende Aufmacher zaubern. Sperrige und schwer lesbare Gesetzestexte erklärte er mit leichter Feder so, dass jeder juristische Laie sie verstand. Seine Porträts waren Kunstwerke. Er hatte die Gabe, Menschen anhand ihrer typischen Gesten so zu beschreiben, dass sie einem leibhaftig vor Augen standen. Die Puffmutter aus Köln zum Beispiel, die er vor vielen Jahren einmal für die Wochenendausgabe seiner Zeitung porträtiert hatte, prägte er seiner Leserschaft dadurch ein, dass er beschrieb, wie die Frau beim Erzählen ständig die Tischdecke glatt strich, obwohl diese längst glatt war und auch keine Krümel darauf lagen.

Und er konnte sich selbst zurücknehmen. Er ging mit fremden Texten so sorgsam um, als wären es die eigenen. Er wusste, wie man sie durch kleine, kaum wahrnehmbare Veränderungen veredeln konnte, ohne dass sie ihren Charakter verloren. Er war einfach ein Meister seines Fachs. Von ihm hatte Zink viel gelernt.

Kahlenbach war ein wunderbarer Chef, weil er keine Allüren und keine Probleme mit der Selbstdarstellung hatte. Er hatte sich 1969 dafür eingesetzt, dass Zink aus der Lokalredaktion direkt in das Bonner Korrespondentenbüro der Zeitung wechseln durfte. Er hatte einige von Zinks Rathausreportagen gelesen und war der Meinung, dass er genau so einen jungen Wühler in seinem Hauptstadtbüro brauchte.

Die Chefredakteure hatten Bedenken. Sie zitierten Zink in die Zentrale und examinierten ihn. Wie er denn in der Bundespolitik zu agieren gedenke, wo er doch dort überhaupt keinen kenne, wollten sie wissen. Zinks Antwort missfiel ihnen. Er hatte unbekümmert erwidert, er glaube nicht, dass die Arbeit eines guten Rathausreporters eine wesentlich andere sei als die eines bundespolitischen Korrespondenten. Es komme in beiden Fällen darauf an, auf fremde Leute zuzugehen, sie kennenzulernen und ihr Vertrauen zu gewinnen. Dies habe er in der Lokalredaktion gelernt. Und das traue er sich auch in der Bundespolitik zu.

Das aber fanden die hochmögenden Mitglieder der Chefredaktion anmaßend. Sie behandelten ihn wie einen frechen Schuljungen. Es waren allseits geschätzte Publizisten darunter, bekannt für scharfsinnige Leitartikel und Kommentare. Man konnte sie häufig in irgendwelchen Fernsehrunden sehen. Sie zogen elegant von oben über die große Politik her. Aber sie wussten nicht, wen sie mitten in der Nacht anrufen sollten, wenn plötzlich so etwas wie ein Kanzlerrücktritt in der Luft lag.

Zink wusste das. Er hatte schon als Lokalreporter gelernt, dass es sich auszahlte, wenn man die privaten Telefonnummern von persönlichen Referenten, Chauffeuren, Pförtnern oder Sekretärinnen kannte. Als im Mai 1974 in Bonn das Gerücht umlief, Willy Brandt wolle wegen der Guillaume-Affäre seinen Hut nehmen, rief er nicht den Regierungssprecher an, dessen Telefon ohnehin besetzt war, sondern den Pförtner im Kanzleramt, den er aus seiner Dorfkneipe kannte. Und der bestätige ihm, am frühen Abend seien plötzlich der SPD-Fraktionschef Herbert Wehner, der FDP-Außenminister Walter Scheel und der Finanzminister Helmut Schmidt nacheinander vorgefahren und mit finsterer Miene ins Kanzlerbüro geeilt.

Zink hatte daraufhin versucht, andere Quellen anzuzapfen, die normalerweise immer sprudelten. An diesem Abend aber waren sie verstopft. Wo immer er anrief, bekam er nur ausweichende oder gar keine Antworten. Das machte ihn misstrauisch. Als er dann hörte, Bundespräsident Gustav Heinemann, der gerade in Hamburg weilte, sei am späten Nachmittag per Telex aufgefordert worden, unverzüglich nach Bonn zurückzukehren, alarmierte er seine Redaktion.

Der Informant, der ihm das erzählt hatte, arbeitete in der Fernschreibstelle der Villa Hammerschmidt. Zink kannte ihn, weil er über den begeisterten Kleingärtner vor Jahren im Lokalteil eine Reportage geschrieben hatte. Am Abend des Kanzlerrücktritts waren sie sich im Regierungsviertel zufällig über den Weg gelaufen, und der Mann hatte ihm von dem Telex erzählt, das er nach Hamburg geschickt hatte. So kam es, dass Zink die Meldung vom vermutlich bevorstehenden Kanzlerrücktritt ein paar Stunden eher hatte als die Deutsche Presseagentur.

Dass im politischen Bonn private Telefonnummern von Chauffeuren, Pförtnern, Sekretärinnen oder Mitarbeitern der Fernschreibstellen wichtiger sein könnten als die Büronummer des Regierungssprechers, leuchtete den Chefredakteuren nicht ein. Sie waren, als Zink dies durchblicken ließ, sichtlich befremdet, dass er, der kleine Lokalfuzzi, die Frechheit hatte, sich auf eine Stufe mit ihnen und den Hauptstadtkorrespondenten zu stellen. Sie hatten den Daumen gesenkt, und er wusste, als er nach Hause fuhr, dass sie ihn nicht nehmen würden.

Kahlenbach aber hatte nicht lockergelassen und sich noch einmal mit ihm getroffen. »Was machen Sie eigentlich, wenn im Sommer, in der Saure-Gurken-Zeit, nichts los ist und Sie einen Aufmacher für den Lokalteil brauchen?«, fragte er.

Sie saßen im Bundestags-Restaurant, im obersten Stockwerk des Langen Eugen mit Blick auf Rhein und Siebengebirge. Es gab Eintopf.

»Wenn nichts los ist, gucke ich in den Haushaltsplan der Stadt und schaue nach, welche größeren Bauprojekte dort geplant sind. Und meistens kommt dabei immer eine Geschichte raus.«

»Sie können Haushaltspläne lesen?«

»Ja, natürlich. Wenn Sie das nicht können, sind Sie als Rathausreporter aufgeschmissen.«

Kahlenbach hatte daraufhin noch einmal in der Chefredaktion interveniert und darauf bestanden, dass sie Zink eine Chance gaben. Zink fand es selbstverständlich, dass ein Journalist den Etat seiner Kommune lesen und auswerten konnte.

Das Misstrauensvotum 1972 und ein Jahr später die Aufdeckung des Korruptionsskandals hatte er aus nächster Nähe erlebt und beschrieben. Er gehörte damals zu den jungen Linken in der Bundespressekonferenz, die sich mit offiziellen Verlautbarungen selten zufriedengaben und stattdessen immer weiterbohrten. Kahlenbach ließ ihn gewähren und förderte ihn. Anfangs waren sie noch beim förmlichen Sie. Seit sie am Tag des Misstrauensvotums auf der Pressetribüne im Bonner Bundeshaus vor Freude getanzt und sich umarmt hatten, duzten sie sich.

Ein paar Plätze weiter saß der ZDF-Moderator Gerhard Rehberg, einer der erbittertsten Gegner der Ost- und Entspannungspolitik. Nach der Verkündung des Abstimmungsergebnisses war er in sich zusammengefallen. Nun aber, als sich Plenum und Pressetribüne langsam leerten, erhob er sich. Drohend reckte er die Faust in Richtung Regierungsbank, auf der Willy Brandt wieder Platz genommen hatte.

»Wir kriegen dich noch«, rief Rehberg. »Wir kriegen dich!« Hasserfüllt stand er da, die Faust gereckt, mit hängendem Schmerbauch. Er war außer sich, ein wütendes, geiferndes, ohnmächtiges Denkmal des Kalten Krieges.

Neben ihm saß Konrad Köhler, ein hagerer, dürrer Mann mit bereits stark gelichtetem, aber straff zurückgekämmten Haupthaar, einer Adlernase und stechenden dunklen Augen. Er versuchte vergeblich, den Tobenden zu beruhigen.

Zink kannte ihn aus der Schumannklause. Dem Kerl fehlten mehrere Zähne und er hatte die unangenehme Eigenschaft, seinen in der Regel kleineren Gesprächspartnern so nahezukommen, dass sie keine Chance hatten, seinem Mundgeruch zu entkommen und den Speichelfetzen auszuweichen, die er ihnen beim Sprechen aus seinem zerklüfteten Gebiss entgegenschleuderte. Er war wesentlich jünger als Rehberg, sah aber schon damals aus wie fünfzig und hatte die Eigenart, sich mit seinen Initialen anreden zu lassen. Alle nannten ihn »KK«.

Als der Fernsehmoderator aufgesprungen war, hatte KK noch versucht, ihn zu besänftigen. Er hatte seine rechte Hand auf Rehbergs linken Unterarm gelegt und wollte ihn herunterziehen. Auch er schüttelte immer wieder den Kopf, als könne er es nicht fassen. Aber er wollte keinen Skandal.

»Hör auf!«, zischelte er seinem Nachbarn zu. »Hör auf!« Es half nichts. Rehberg stieß ihn wütend von sich.

KK vergrub seinen fast schon kahlen Schädel in beiden Händen und sank in seinem Sitz zusammen. Wie er dasaß in seinem viel zu groß geratenen, gelb-braunen Straßenanzug, den er zur Feier des Tages angezogen hatte, sah er aus wie eine Vogelscheuche, der man den Besenstiel weggenommen und nur den Stock für die schlaffen Ärmel gelassen hatte.

Zink hatte die Szene genau vor Augen. Er erinnerte sich vor allem an KKs Finger. Sie waren vom Nikotin so eingefärbt wie sein seltsamer Anzug.

Ein Jahr später hatte genau dieser lange, dürre Rechtsradikale, der in Bonn in aller Öffentlichkeit Hassreden auf die Regierung hielt, die Korruptionsaffäre ausgelöst, in die der CDU-Abgeordnete Steiner und der SPD-Politiker Karl Wienand verwickelt waren. Er sei es gewesen, prahlte er damals, der Steiner ermuntert habe, an die Öffentlichkeit zu gehen. Er habe ihn auch zum SPIEGEL geschleppt.

Monatelang hatten Journalisten und Politiker im Sommer 1973 versucht, das Dickicht von Lügen, Gerüchten und Halbwahrheiten zu durchdringen. Jahre später noch rätselten sie darüber, wer hinter der dritten Stimmenthaltung stecken könnte, wer also, außer Steiner und Leo Wagner, dem CDU-Kandidaten Barzel die Stimme verweigert hatte.

Es gab viele waghalsige und verrückte Spekulationen. Aber keine war so verrückt wie die, an die Barzel selbst glaubte. Er meinte nämlich allen Ernstes, Franz Josef Strauß sei es gewesen! Zwei Jahre vor seinem Tod, im Sommer 2004, hatte er dies dem Journalisten Zink anvertraut, der ihn in München besuchte. Zink hatte damals gedacht: Jetzt spinnt er! Er konnte sich nicht vorstellen, dass Strauß, dieser bayerische Machtmensch, bloß um Barzel als Kanzler zu verhindern, dem CDU-Chef und damit der gesamten Union die schon halb geöffnete Tür zur Macht vor der Nase zugeschlagen haben sollte. Ausgerechnet Strauß, der die Vertreibung der Konservativen aus der Regierung immer als den größtmöglichen Betriebsunfall der Geschichte beklagt hatte, sollte die Möglichkeit ausgeschlagen haben, wieder über Ämter und Pfründen verfügen zu können? Undenkbar.

Eine wirklich total verrückte Idee. Kein Chefredakteur würde ihm so etwas abnehmen. Als sie auf das Thema Misstrauensvotum kamen, war Barzel plötzlich aufgestanden und hatte einen Umschlag aus einer Schublade geholt. »Das hat mir jemand geschickt, der genau weiß, wie es damals wirklich gelaufen ist.«

Den Inhalt des Umschlags, etwa sechzig bis siebzig lose, mit Schreibmaschine beschriebene Seiten einer ursprünglich gehefteten Akte, hatte der damals fast Achtzigjährige nur kurz vorgezeigt, aber Zink nicht lesen lassen. Der hatte nur das Deckblatt sehen können. Es sah aus wie eine Stasi-Akte. Die ursprüngliche Überschrift war durchgestrichen worden, und jemand hatte mit der Hand ein Wort wie »Maskenball« oder »Maskensaal« draufgeschrieben. Zink konnte es auf die Schnelle nicht genau entziffern.

»Sie meinen also, die dritte Enthaltung kam von der CSU?«

»Das meine ich nicht nur, das weiß ich«, antwortete Barzel und schlug mit der Oberfläche der rechten Hand auf den Papierstapel. Offenbar steckten da die Beweise für seine Behauptung drin.

»Aber wer soll das denn gewesen sein?«

»Denken Sie doch einmal nach: Wer wollte denn zuerst mich und später Helmut Kohl als Bundeskanzler unbedingt verhindern?«

»Sie meinen Franz Josef Strauß?«

»Das meine ich nicht nur, das weiß ich inzwischen.«

Zinks Bitte, das Dokument lesen zu dürfen, lehnte er ab. »Das bringt nur Unfrieden«, sagte er und schob den Papierstapel wieder in den braunen Umschlag zurück. »Und wenn Sie darüber irgendetwas zu meinen Lebzeiten schreiben, werde ich alles dementieren und Sie durch alle Instanzen verklagen.«

Vierzehn Jahre war das nun her. Und jetzt verlangte diese Frau aus Potsdam, dass er sich erneut mit dem alten Kram beschäftigen, noch einmal zurück in die eigene Geschichte steigen und die Biografie ihres Mannes aufschreiben solle, weil der 1972 Willy Brandt vor dem Sturz bewahrt hatte.

Zink hatte wirklich keine große Lust. Er war zwar einst einer der Großen der Branche, aber schon in den letzten Jahren war er langsam an den Rand gedrückt worden. Jüngere Kollegen waren nachgerückt, die anders arbeiteten, als er es gewohnt war. Und spätestens seit im Oktober 2011 der Unfall passierte, war er draußen.

Helga war tot. Und er war schuld.

Sie hatten ihm Zeit gegeben, sich von dem Schock zu erholen. Nach einem halben Jahr hatte er die Redaktion jedoch mit einer kleinen Abfindung verlassen. Seitdem arbeitete er nur noch allein.

Inzwischen kam er ganz gut über die Runden. Es war jedoch absehbar, wann seine finanziellen Reserven erschöpft sein würden. Hunderttausend Euro! Damit wäre er erst mal wieder aus dem Schneider. Und weitere fünfzigtausend für das Geburtenbuch. Dann hätte er wieder etwas auf der Kante.

Er sah auf die Uhr.

Es war schon spät, zwanzig Minuten nach zehn.

Zink wählte die Handynummer, die Anita ihm gegeben hatte.

WANNENGEFLÜSTER

Als das Handy summte, lag sie in der Badewanne und genoss das heiße Wasser. Sie hatte es griffbereit neben der Wanne auf einen Schemel gelegt. Denn auch zu dieser späten Stunde rechnete sie fest damit, dass er sich melden würde. Dem Display entnahm sie, dass sie sich nicht getäuscht hatte.

»Na?«, fragte sie. Dabei zog sie das A erst in die Länge und dann in die Höhe, sodass es sich für ihn so anhören musste, als hätte sie »Na, mein Lieber?« gesagt. Genau das war ihre Absicht. Sie hatte das Funkeln in seinen Augen gesehen. Sie wusste, dass er angebissen hatte.

»Entschuldigen Sie die späte Störung«, sagte Zink.

»Das macht nichts, ich bin ja noch wach und liege in der Badewanne«, erwiderte sie.

»Soll ich lieber morgen anrufen?«

Sie bemerkte es an seiner Stimme. Der Gedanke, dass sie nackt in der Wanne lag, irritierte und erregte ihn anscheinend.

»Nein, warum? Wenn es Sie nicht stört, dass ich – nun ja, in der Wanne liege. Oder wollen Sie lieber vorbeikommen? Das Hotel liegt im Musikerviertel, nicht weit von Ihnen.«

»Nein, nein!«, stammelte er. »Ich wollte nur ...« Er schwieg und wusste nicht weiter.

»Was wollten Sie nur?«

»Ich wollte Ihnen nur sagen, dass ich Ihr Angebot ...« Wieder schwieg er.

Sie ließ Wasser nachlaufen, sodass er hören konnte, wie es gluckerte.

»Ich wollte Ihnen sagen, dass ich im Prinzip bereit bin, den Auftrag anzunehmen.« Wieder Stille.

Dann fragte sie: »Was heißt: im Prinzip bereit?«

»Es heißt, dass ich grundsätzlich bereit bin, für Sie zu arbeiten.

Ich gehöre aber zu der etwas altmodischen Sorte von Journalisten, die nur dann ein größeres Stück über jemanden schreiben, wenn sie vorher ausführlich mit der betreffenden Person geredet haben.« Und da sie schwieg, präzisierte er: »Das bedeutet, dass ich natürlich zuallererst ganz ausführlich mit Ihrem Mann reden muss. Aber nicht nur mit ihm. Sondern auch mit allen noch lebenden Zeitgenossen, Weggefährten und eventuell mit Konkurrenten, denen er im Laufe seines Berufslebens vielleicht in die Quere gekommen ist, sodass sie ihn nicht unbedingt in guter Erinnerung behalten haben.«

»Muss das wirklich sein?«, fragte sie.

»Unbedingt«, erwiderte er.

Sie ließ das Wasser wieder plätschern, schwieg vorerst. »Ich will sehen, was sich machen lässt. Ich hoffe, er wird damit einverstanden sein«, sagte sie schließlich.

»Wenn nicht«, antwortete Zink, »brauchen wir gar nicht erst anzufangen und können das Projekt gleich beerdigen.«

Sie schwieg und dachte nach. Sie dachte an den Ehekrach. Sie dachte an Annemarie, die vor vier Wochen gestorben war. Sie dachte an die Hotelrechnungen ihres Mannes, die sie eine Woche vor Annemaries Tod gesehen hatte und aus denen hervorging, dass die Affäre mit Lilli schon fast ein Jahr dauerte, länger als jeder andere Seitensprung, von dem sie wusste.

Der plötzliche Tod der Schwiegermutter und die Affäre ihres Mannes waren der Grund, weswegen sie den Kontakt zu Zink gesucht hatte. Sie brauchte diesen Wühler, der nie lockerließ, wenn er einmal Witterung aufgenommen hatte. Er musste ihr die Beweise beschaffen, die sie jetzt benötigte, um ihren Plan zu realisieren. Nach Annemaries Tod war dies nötiger denn je. Es war ein Fehler, dass sie mit ihrer Schwiegermutter nie zum Notar gegangen war. Sie hatte es immer vorgehabt und immer wieder vor sich hergeschoben. Und jetzt war es zu spät.

»Sind Sie noch dran?«, fragte sie.

»Ja, natürlich.«

»Passen Sie auf! Die Überraschung, die ich meinem Mann mit dem Geburtenbuch machen will, ist mir mindestens genauso wichtig wie die Biografie, die Sie schreiben sollen. Mein Mann hat, als wir darüber sprachen, selbst Ihren Namen genannt. Sie wären der Richtige, hat er gesagt, weil Sie damals immer mittendrin waren und alles aus nächster Nähe erlebt haben. Aber wenn er jetzt einen Rückzieher machen sollte, was ich nicht glaube, aber gesetzt den Fall, er sagt jetzt, er habe keine Lust oder keine Zeit, mit Ihnen zu reden, dann müssten wir die Biografie sein lassen. Richtig?«

»Richtig«, bestätigte Zink. »Ich schreibe prinzipiell keine Porträts über Leute, mit denen ich nicht geredet habe, davon gehe ich nicht ab.«

»Okay«, sagte sie. »Aber dann würden Sie trotzdem nach dem Geburtenbuch suchen?«

»Ja, wenn es Ihnen so wichtig ist.«

»Es ist mir sehr wichtig. Und ich würde dann auch das Honorar für das Geburtenbuch auf einhunderttausend verdoppeln.«

»Einverstanden«, sagte Zink. »Sie reden mit ihm und geben mir dann Bescheid.«

»So machen wir es«, sagte sie und zog den Stöpsel aus der Wanne. Das Wasser war inzwischen lauwarm geworden. »Ich habe verstanden und melde mich.«

Dann drückte sie das Gespräch weg. Sie stieg aus der Wanne, schlüpfte in den weißen, flauschigen Hotel-Bademantel und nahm in dem kleinen Sessel vor dem Fernseher Platz. Der Apparat war ausgeschaltet. Auf dem Tischchen neben dem Sessel standen eine fast geleerte Flasche Grauburgunder und ein leeres Weinglas. Sie schenkte den Rest ein, lehnte sich zurück und dachte nach.

Das kleine Hotel im Musikerviertel war ihr vertraut, seit sie im November 1971 das erste Mal hier abgestiegen war. Selbst die Rezeption befand sich noch an derselben Stelle.

Sie war neunzehn damals, und Herzklopfen hatte sie auch, als sie den Meldezettel ausfüllte, weil es ihr erster Einsatz im

NSW, im »nichtsozialistischen Wirtschaftsgebiet«, war, wie das im DDR-Jargon hieß. Sie war Agentin, eine der attraktivsten und intelligentesten Lockvögel der HVA, unterwegs im Auftrag von Markus Wolf. Der Adjutant des Spionagechefs persönlich, so hatte man ihr gesagt, habe sie in Marsch gesetzt. Sie durfte ihn nicht enttäuschen.

Auch damals hatte sie einen gefälschten Ausweis bei sich, den die Spezialisten der Abteilung VIII – Operative Technik, Funk – für sie angefertigt hatten.

Anita Bauer, geboren 1952 in Hamburg, mit Passfoto und Stempel der Freien und Hansestadt, dazu eine ausgefeilte, perfekte Legende: die Mutter geschieden und alleinerziehend, Verkäuferin von Beruf. Der Vater Kapitän auf einem Handelsschiff, ständig unterwegs. Sie selbst mit Mittlerer Reife abgegangen und von Beruf Sekretärin bei der Hafenbehörde.

Tatsächlich war sie in Schwerin geboren und unter dem Namen Petra Cramer dort aufgewachsen. Ihr Vater hatte sich früh Richtung Westen aus dem Staub gemacht, ihre Mutter war Verkäuferin in einem HO-Laden. Da sie aus Schwerin kam, fiel es ihr nicht schwer, so zu sprechen, dass man sie für eine Hamburgerin halten konnte.

Ihren alten Deck- und Kampfnamen Anita Bauer hatte sie nach dem Fall der Mauer und dem Zusammenbruch des Stasi-Imperiums einfach in ihr Zivilleben mitgenommen. Und seit sie 1992 Alexander Bock geheiratet hatte, hieß sie Anita Bock.

Jetzt reiste sie allerdings wieder unter falschem Namen. Eva Körber, geborene Hauser, unterwegs diesmal nicht im Auftrag der Stasi, sondern auf eigene Faust. Die gefälschten Ausweise hatte sie sich vorsorglich vor ein paar Jahren besorgt. Einmal Agentin, immer Agentin. Es war einfach praktisch, für alle Fälle stets ein paar erstklassige Ersatzpapiere zu haben.

Sie betrachtete das Gemälde in ihrem Zimmer. Irgendetwas undefinierbar Abstraktes. Ein Gewirr von blauen und roten Röhren, so sah es jedenfalls aus.

Das Hotel war in Ordnung. Sie war fest davon überzeugt, dass niemand, auch nicht ihr Mann, wusste, dass es bereits früher ihr Versteck gewesen war, in dem sie verschwand, wenn sie in Bonn einmal untertauchen musste. Selbst Krombach würde sie hier nicht finden, hoffte sie. Sie hatte spontan angerufen und gefragt, ob es Zimmer gebe, sie wisse noch nicht genau, wie lange sie bleibe, aber mindestens eine Woche. Zum Glück war noch etwas frei.

»Eva Körber« schrieb sie in das Formular, das die junge Frau an der Rezeption ihr auf die Theke gelegt hatte. Geboren: »23. Mai 1952 in Magdeburg«. Beruf: »Journalistin«. Wohnort: »Berlin, Mommsenstraße 25«.

»Möchten Sie morgen früh hier frühstücken, Frau Körber?«

»Wie bitte?« Anita war verwirrt. Sie hatte sich an den neuen Decknamen noch nicht gewöhnt. Es dauerte ein paar Sekunden, bis sie begriff, dass sie gemeint war. »Ja, vielleicht, vielleicht«, stotterte sie. »Ich kann mich doch auch später entscheiden, oder?«

»Selbstverständlich!« Die junge Frau reichte ihr lächelnd die Plastikkarte mit dem Magnetstreifen, den elektronischen Schlüssel für das Zimmer vierhundertacht im vierten Stock.

Anita schaute in den Spiegel, der die ganze Rückseite der Rezeption bedeckte. Sie fand, dass sie eigentlich immer noch ganz passabel aussah mit ihren inzwischen sechsundsechzig Jahren. Klar: nicht mehr so jung und knackig wie im November 1971, als sie das erste Mal in diesen Spiegel geblickt hatte. Sie sah immer noch gut aus.

Aber es ging ihr nicht gut.

Er hatte sie verletzt, gedemütigt, um ihr Leben betrogen. Sie musste weg, raus aus der gemeinsamen Wohnung, raus, nur raus und dann weg, egal wohin. Erst einmal Luft holen. Erst einmal ganz tief ausatmen, nach diesem Schock.

Wie viele Jahre hatte sie dieser Liebe alles untergeordnet, was ihr sonst im Leben wichtig war? Immer hatte sie zu ihm gehalten, selbst als andere in Mielkes Firma ihn abschalten wollten. Und erst recht nach dem Mauerfall, als das ganze Stasi-Spitzelsystem zusammengekracht war. Da hatte sie dafür gesorgt, dass die Justiz ihn nicht belangen konnte.

Und jetzt hatte er sich mit dieser Lilli eingelassen. Es tat weh.

Sollte er tatsächlich vorhaben, sie wegen Lilli zu verlassen, würde sie ihn bluten lassen. Sie hatte ja das alte Vermächtnis noch, sie hatte die Urkunde aus ihrem privaten Safe geholt und mit auf die Reise genommen. Vielleicht war es ja ein Versehen, dass er ihr damals alles vermacht hatte.

Er hatte den Text gleich nach dem Kauf des VEB Geräte- und Gartenbau in ihrem Beisein dem Notar diktiert. Es war vielleicht nur ein Jux oder eine sentimentale Geste. Sie waren noch kein Paar, sondern nur ein seit Langem eingespieltes Team, aber er verehrte sie und machte ihr den Hof.

Und der Laden war damals auch noch nichts wert.

»Warum?«, hatte sie gefragt.

»Warum nicht?«, hatte er geantwortet. Er wolle, hatte er hinzugefügt, nur zum Ausdruck bringen, wie sehr er sie schätzte. Dann hatte er unterschrieben.

Und sein Name stand immer noch da, schwarz auf weiß: Alexander Bock.

Sie würde ihn damit konfrontieren, wenn es so weit war. Sie lachte bitter. Niemand konnte damals ahnen und es war auch überhaupt nicht absehbar, dass der Laden, den er gerade gekauft hatte, irgendwann einmal Geld abwerfen würde.

Wahrscheinlich würde er jetzt versuchen, das Testament zu ändern, dachte sie. Vielleicht wollte er Kinder mit dieser Lilli machen oder hatte sie bereits geschwängert und wollte das Erbe zurück, damit seine Kinder alles bekämen. Eine halbe Milliarde war es wert, aber er würde es nicht kriegen.

Wieder nahm sie einen großen Schluck und sah in den Spiegel an der gegenüberliegenden Wand. Sie lächelte ihr Spiegelbild an und erhob das Glas. Prost, Anita! Prost, Heinrich! Prost, Alexander!

Sie spürte, dass sie betrunken war.

Sie würde nicht darauf warten, bis er angekrochen kam, um das Testament zu ändern, dachte sie. Nein, ganz bestimmt nicht! Sie würde den Spieß umdrehen, und er würde in die Röhre gucken. Der Laden gehörte ihr.

»Hörst du«, lallte sie plötzlich laut. »Der Laden gehört mir!«

Sie verstummte erschrocken und versuchte, ihre Gedanken zu ordnen. Das Geburtenbuch! Sie wusste, dass sie es brauchte, um ihren Trumpf ausspielen zu können. Erst wenn sie es hatte, konnte sie beweisen, was außer ihr nur noch ihre Schwiegermutter Annemarie gewusst hatte.

Wäre sie doch bloß mit Annemarie zum Notar gegangen, um es beurkunden zu lassen. Jetzt war es zu spät. Annemarie war tot. Aber sie kannte die Adresse von Isolde Hahn, der alten Freundin aus der Wollankstraße, die 1945 mit Annemarie ausgebombt worden war. Die Adresse stand auf dem Umschlag, in dem Isolde ihrer Freundin Annemarie diese CD geschickt hatte. Das steinerne Brautbett, ein Hörbuch nach einem Roman von Harry Mulisch.

Anita hatte beides mitgenommen.

Sie hatte bisher nur den Text auf der Hülle gelesen und nicht so richtig verstanden, warum Isolde ihrer alten Freundin Annemarie ausgerechnet dieses Hörbuch geschenkt hatte, das von Dresden handelte, von der Zerstörung der Stadt und von den seelischen Verwüstungen, die diese Katastrophe bei den überlebenden Opfern und Tätern ausgelöst hatte.

Sie musste Isolde besuchen. Auch deshalb musste sie nach Bonn.

Warum ausgerechnet Dresden? Und dann als Geschenk für Annemarie, die im Krieg in Dresden ihren sechs Wochen alten Sohn Bruno verloren hatte? Sie hätte doch wissen müssen, dass sie damit alte Wunden aufriss.

Vielleicht musste sie Isolde auch nicht besuchen. Vielleicht genügte das Geburtenbuch. Aber nein, dachte sie. Das war zu unsicher. Sie musste zu Isolde. Sicher war sicher.

Sie hatte keinem verraten, was sie vorhatte. Selbst Zink wusste es nicht.

Sie lachte laut.

Sie würde es ihm erst erklären, wenn er ihr das Geburtenbuch brachte. Und ihr Mann hatte erst recht keine Ahnung, was in dem Buch stand, das Annemarie immer die »alte schwarze Kladde« genannt hatte.

»Alte schwarze Kladde«, wiederholte sie.

Eine Überraschung für Alexander sollte es werden, hatte sie dem Journalisten gesagt. Das war nicht einmal gelogen. Es würde eine Überraschung für ihn sein, eine böse Überraschung.

Wieder lachte sie.

Es war inzwischen halb eins.

Anita trank das Glas aus und legte sich ins Bett. Sie zog die Decke über den Kopf und schlief sofort ein.

DER KARTENTRICK

Zink saß noch lange wach. Der Kartentrick, dachte er. Endlich hatte er den Beweis, dass es genau so gelaufen war. Anita hatte ihm die leeren Stimmkarten gezeigt. Und er wusste, wie sie drangekommen war. Er hatte es immer schon gewusst, aber nie beweisen können.

Dabei war es nicht einmal auf seinem Mist gewachsen. Es war Krull, der ihn damals auf die Idee gebracht hatte, sich den Film im WDR noch einmal genau anzuschauen.

Kurz nachdem Julius Steiner Anfang Juni 1973 mit seiner Lügengeschichte an die Öffentlichkeit gegangen war, hatte Krull am Tresen lauthals darüber räsoniert, wie man es wohl am besten schaffen könnte, eine geheime Abstimmung zu manipulieren und gleichzeitig das Abstimmungsverhalten der bestochenen Abgeordneten zu kontrollieren. Zink erinnerte sich an jede Einzelheit.

»Wenn du einen Abgeordneten bestechen und sicherstellen willst, dass er wirklich so abstimmt, wie du es willst«, krähte Krull, »dann gibt es nur eine Methode, die hundertprozentig sicher ist.«

»Da bin ich jetzt aber gespannt!« Zink bestellte mit einem Handzeichen für sich und Krull zwei weitere Biere.

Krull nahm das Bier und trank das Glas in einem Zug fast leer. Dann stellte er sich auf die Fußleiste vor der Theke, richtete sich kerzengerade auf, hielt sich am Handlauf fest, rülpste laut und lallte: »Ganz einfach, du besorgst ihm vorher eine … ssweite Stimmkarte, eine Dublette, die genau so aussieht wie die Originalkarte. Und die lässt du ihn ausfüllen … Diese ssweite Stimmkarte muss er am nächsten Tag in die Urne werfen … und die andere … die unbenutzte … die er morgens zu Beginn des Wahlaktes bekommen hat, die muss er dir hinterher geben. Das ist

dann der Beweis, dass er so und nicht anders ... abgestimmt ...«
Die Stimme verkleckerte.

»Donnerwetter«, staunte Zink. »Und du meinst, so ist es voriges Jahr beim Misstrauensvotum gelaufen?«

Aber Krull antwortete nicht. Er war wieder auf seinen Hocker geklettert, hatte den Kopf auf den Tresen gebettet und war eingeschlafen.

Als Zink ihn wenige Tage später noch einmal auf seine Theken-Predigt ansprach, kanzelte er ihn mürrisch ab. Zink solle ihn mit seinen blöden Spekulationen und Verschwörungstheorien in Ruhe lassen. Er habe so einen Blödsinn noch nie gehört, geschweige denn selbst erzählt.

Zink war trotzdem ins Bonner WDR-Studio gegangen und hatte gefragt, ob er den Film noch einmal sehen könne, den sie nach Steiners spektakulärem Geständnis im »Bericht aus Bonn« gezeigt hatten.

Der Film war ein Zusammenschnitt aller Aufnahmen, die am 27. April 1972 von den Kameraleuten des Fernsehens von der mittleren Tribüne aus gemacht worden waren. Nach Steiners Bekenntnis, er habe Barzel die Stimme verweigert, hatten die Redakteure daraufhin das Filmmaterial untersucht, ob irgendwo Steiner zu sehen war. Und tatsächlich war er zufällig dabei gefilmt worden, wie er im Plenarsaal von der Stimmkartenausgabe zur Abstimmungskabine gegangen war.

Man sah die Stimmkarte, die er gerade bekommen hatte. Er trug den weißen Umschlag in der rechten Hand. Kurz bevor er die Kabine betrat, versenkte er den Umschlag in der linken Innentasche seines Sakkos. Dann fuhr die rechte Hand in die rechte Außentasche und zog dort etwas weißes Längliches heraus, das aussah wie ein zweiter Umschlag.

Das Ganze passierte schnell und unauffällig, und ohne Krull wäre Zink nie auf die Idee gekommen, sich Steiners Handbewegungen noch einmal genau anzuschauen. Krull hatte ihn auf den Stimmkartentrick gebracht.

Erst viele Jahre später hatte Zink durch Zufall in einer wissenschaftlichen Studie der Konrad-Adenauer-Stiftung den Beleg für seine These gefunden: Zwei der drei Stimmkarten, die man beim Auszählen als Enthaltungen gewertet hatte, seien tatsächlich markiert gewesen, las er dort. Den Auftrag, dies zu überprüfen, hatte der Untersuchungsausschuss allerdings einfach ignoriert.

Die beiden Berichterstatter – für die CDU/CSU war dies der junge Abgeordnete Wolfgang Schäuble, für die Koalition der FDP-Abgeordnete Detlef Kleinert – hatten sich darauf verständigt, dem nicht nachzugehen. Offizielle Begründung: Man könne die handschriftlich beschriebenen Karten nicht überprüfen, ohne die Geheimhaltung der Wahl nachträglich zu verletzen.

Dass SPD und Liberale wenig Neigung hatten, die Affäre aufzuklären, war nicht verwunderlich. Schließlich hatte in Gestalt von Karl Wienand einer der ihren auf der Anklagebank gesessen. Dass aber auch bei der CDU/CSU der Wunsch, die wahren Hintergründe für Barzels Scheitern zu enthüllen, erlahmt war, fand Zink durchaus erstaunlich.

Er setzte sich an seinen Laptop. In seinem Berufsleben hatte er sich angewöhnt, bei größeren Recherchen jeden Abend eine Art Logbuch zu führen und, bevor er sich schlafen legte, alles aufzuschreiben, was er tagsüber mit wem beredet und welche Schritte er sich als Nächstes vorgenommen hatte. Die Methode hatte sich bewährt. Da er auch sein elektronisches Adressbuch dazu benutzte – er fasste die Leute, die er während einer Recherche angesprochen hatte, mithilfe von Stichworten in Gruppen zusammen –, konnte er später immer auf einen Blick sehen, wen er wozu befragt oder kontaktiert hatte. Das erleichterte hinterher die Rekonstruktion der Recherche.

Zuerst legte er im Ordner »Recherchen« unter der Jahreszahl 2018 einen neuen Unterordner an, dem er den Namen »Bock« und ein, wie er glaubte, kompliziertes Passwort gab. Er spiegelte Bock und machte »Kcob« daraus.

Dann schrieb er auf, was er im Gespräch mit Anita über sie, ihren Geliebten Sauerborn und ihren Ehemann erfahren hatte:

Alexander Bock, geboren in der Silvesternacht 1944/45 im Reichstagsgebäude, Adjutant des DDR-Spionagechefs Markus »Mischa« Wolf, in dessen Auftrag er im April 1972 die geheime Stasi-Operation »Doppelkopf« zur Rettung der Regierung Brandt leitete. Seine wichtigsten Helfer: die Agentin Anita Bock, seine heutige Ehefrau, und Heinz Sauerborn, damals deren Geliebter, der manchmal in der Schumannklause war und im Bundestag im Referat PD arbeitete.
Sauerborn hat den Stasi-Leuten zwei überzählige Stimmkarten aus der Bundestagsdruckerei besorgt. Diese beiden Duplikate wurden markiert und am Abend vor der Abstimmung den Abgeordneten Julius Steiner von der CDU und Leo Wagner von der CSU übergeben.
Dies geschah an verschiedenen Orten und zu unterschiedlichen Uhrzeiten, sodass die beiden nichts voneinander wussten. Jedem waren 50.000 D-Mark versprochen worden, wenn sie Barzel nicht wählten. Fünfundzwanzigtausend bekamen sie gleich, die andere Hälfte nach der Wahl.
Steiner und Wagner mussten sich am nächsten Morgen im Plenarsaal, wie alle anderen Abgeordneten auch, ihre offizielle Stimmkarte abholen, die von den Schriftführern ausgegeben wurden. Sie hatten also, als sie zur Stimmkabine gingen, zwei Umschläge und zwei Karten dabei: eine markierte und eine unbenutzte weiße. Die markierte mussten sie in die gläserne Wahlurne werfen, die unbenutzte später den Stasi-Leuten zurückgeben, zum Beweis, dass sie im Sinne ihrer Auftraggeber abgestimmt hatten.

So einfach funktionierte der Kartentrick. Beweis: WDR-Film im Bericht aus Bonn.
Misstrauensvotum 1972. Alexander Bock bewahrte Willy Brandt vor dem Sturz. Jetzt sorgt er sich um seinen Platz im Geschichtsbuch. Deshalb will Anita Bock, dass ich seine Biografie schreibe. Außerdem soll ich das Geburtenbuch der Charité besorgen. (Fünfzigtausend Euro). Überraschung für Alexander.

Zum Schluss schrieb er in Stichworten auf, was er als Nächstes klären, wen er treffen und befragen müsste:

Naevus caeruleus infra venter felis? Geburtenbuch: Warum ist es für A. Bock so wichtig, dass sie notfalls sogar hunderttausend dafür zahlen will?
Wo hält sich Sauerborn heute auf?
Jochen Krull 1973 besoffen in der Kneipe.
WDR-Archiv nachfragen, ob es den Film noch gibt.
Krull könnte Sauerborn kennen. Arbeitete auch im Bundestag. Wo lebt Krull jetzt? Schäuble kontaktieren und nachhaken: Warum wurden die Stimmkarten nicht mehr auf Markierungen überprüft?

»NAEVUS CAERULEUS«

Dr. Antonius Frey machte ein bekümmertes Gesicht. Vor drei Wochen hatte man Zink in seiner Praxis Blut abgezapft. Nun lagen die Werte vor, die der Doktor mit gerunzelter Stirn studierte.

Zink saß mit nacktem Oberkörper vor ihm auf der Kante der Liege neben dem Ultraschallmessgerät, und Frey sagte, er könne sich wieder anziehen. Er hatte Zinks Oberkörper abgetastet und nachgeschaut, ob mit den Halsschlagadern alles in Ordnung war. Zwischendurch hatte er den Lautsprecher des Gerätes eingeschaltet, sodass Zink hören konnte, wie sein Herz schlug und sein Blut rauschte. Es hörte sich an, als habe jemand ein Mikrofon in ein unterirdisches Gewölbe gehalten, durch das in regelmäßigen Abständen gewaltige Wassermassen schossen.

Zink erinnerte das an einen Science-Fiction-Film, den er mal gesehen hatte: Um den inoperablen Tumor im Hirn eines Patienten zu entfernen, ließen sich ein Medizinprofessor und zwei Assistentinnen samt ihren medizinischen Gerätschaften und einem Motorboot in einer Verkleinerungsmaschine so lange schrumpfen, bis sie nur noch unter dem Mikroskop sichtbar waren. Durch das Auge drangen sie in den Kopf des Patienten ein und arbeiteten sich mühsam zum Gehirn vor, bis sie den Tumor erreichten und mit ihrem Laser unschädlich machen konnten. Unterwegs lauerten tödliche Gefahren. Riesige weiße Blutkörper, die aussahen wie behaarte Kugeln, stürzten sich auf die Eindringlinge und versuchten, sie abzudrängen und zu zerdrücken. Je näher sie auf dem Rückweg dem Herzen kamen, desto lauter wurde das Rauschen des Blutflusses, auf dem das kleine Motorboot durch die riesigen Arterienröhren schoss. Genau so hatte eben im Ultraschallgerät das Rauschen seines Blutes geklungen.

Draußen schien die Sonne. Es war eigentlich ein schöner Tag.
»Ihre Blutwerte gefallen mir nicht«, sagte der Doktor.
»Was ist mit den Blutwerten?«
»Irgendetwas ist entzündet. Um es genauer zu beurteilen, müssten Sie eigentlich ein MRT machten. Es kann sein, dass mit der Bauchspeicheldrüse etwas nicht in Ordnung ist.«
»Sie meinen Krebs?«
»Das habe ich nicht gesagt. Aber aufpassen müssen Sie in jedem Fall.«
Zink schnaubte unwillig.
»Ich empfehle leichte Kost«, sagte der Arzt. »Keine strenge Diät. Aber etwas weniger Kohlenhydrate. Bier und Wein, das sind auch Kohlenhydrate. Ein paar Kilo weniger, das wäre nicht schlecht.«
»Aber ich trinke doch kaum noch etwas«, sagte Zink.
Das stimmte. Seit Helgas Unfalltod hatte er seinen Alkoholkonsum drastisch eingeschränkt. Früher hatte er leicht mal eine Flasche Wein am Abend weggetrunken, oder anderthalb. Es hatte ihm nie etwas ausgemacht. Jetzt trank er meistens Wasser oder alkoholfreies Bier.
Der Doktor schrieb ihm nun eine Überweisung für eine MRT-Untersuchung.
Zink wollte sich schon verabschieden, als ihm etwas einfiel. Er zog die Visitenkarte aus der Tasche, die Anita ihm bei ihrem Treffen über den Tisch geschoben hatte.
Naevus caeruleus infra venter felis.
»Können Sie mir sagen, was das heißt?«, fragte Zink.
Der Doktor musterte die Karte. Dann holte er ein Buch, wahrscheinlich ein Lexikon, aus dem Bücherregal hinter seinem Schreibtisch und blätterte darin, bis er das Stichwort gefunden hatte.
»*Naevus caeruleus,* hier haben wir es: Das ist ein blaues Muttermal. Medizinisch gesehen harmlos. Eine Pigmentverfärbung der Haut, die meistens gutartig bleibt. Wozu brauchen Sie das?«

»Weiß ich auch nicht so genau. Vielleicht suche ich jemanden, der das hat.«

Der Doktor lachte. »Sehen Sie zu, dass Sie das möglichst im Sommer erledigen, solange die Schwimmbäder und Strände noch geöffnet sind. Sie können natürlich auch in alle Saunabäder der Stadt gehen und sich dort umgucken.«

»Und warum?«

»Weil dieses Muttermal ganz offensichtlich unter dem Bauchnabel der betreffenden Person liegt, so jedenfalls würde ich *infra venter felis* übersetzen.« Und damit entließ er ihn.

»LEDERSTRUMPF«

Es war nicht schwer, Zinks Computer ausfindig zu machen und seinen Mail-Account zu hacken. Klaus Krombach war ein Profi. Er hatte das schon Hunderte Male für die Firma gemacht. Jetzt las er interessiert, was Zink zuletzt seinem Laptop anvertraut hatte:

> »*Naevus caeruleus infra venter felis? Geburtenbuch: Warum ist es für A. Bock so wichtig, dass sie notfalls sogar hunderttausend dafür zahlen will?*
> *Wo hält sich Sauerborn heute auf?*
> *Jochen Krull 1973 besoffen in der Kneipe.*
> *WDR-Archiv nachfragen, ob es den Film noch gibt.*
> *Krull könnte Sauerborn kennen. Arbeitete auch im Bundestag. Wo lebt Krull jetzt? Schäuble kontaktieren und nachhaken: Warum wurden die Stimmkarten nicht mehr auf Markierungen überprüft?*«

Krombach war mit sich zufrieden. Er hatte den Wühler Zink unter Kontrolle. Und Anita gleich mit. Offenbar hatte sie ihn in Bonn getroffen und damit beauftragt, eine große Geschichte über Alexander zu schreiben.

Das fand Krombach überaus leichtfertig. Er kannte Zink nur zu gut aus den alten Bonner Tagen. Er wusste, wie hartnäckig der damals schon recherchieren konnte. Vor dem Mann musste man sich in Acht nehmen. Sogar den Kartentrick hatte er durchschaut. Und jetzt wollten sie diesen Schnüffler in das Leben seines Chefs eindringen lassen. Warum nur? Alexander schien es nichts auszumachen, dachte Krombach.

Er hatte dafür nur eine Erklärung. Der Chef sorgt sich so sehr um seinen Platz im Geschichtsbuch, dass er die einfachsten Vorsichtsregeln außer Acht ließ. »Lächerlich!«, murmelte Krombach. »Es gibt Dinge, die müssen einfach geheim bleiben. Sein Leben ganz bestimmt, aber auch meins und das von Anita. Wieso soll das alles jetzt ans Tageslicht gezerrt werden? Will Anita sich vielleicht an ihm rächen?«

Krombach war alarmiert und ratlos zugleich.

Was zum Teufel, beispielsweise, hatte es mit diesem Geburtenbuch auf sich, das Zink suchen sollte und für das Anita angeblich bis zu hunderttausend Euro zahlen wollte?

Krombach schaute bei Wikipedia nach. Was dort stand, half ihm nicht viel weiter. Krombach beschloss, Zink nicht aus den Augen zu lassen. Er fühlte sich, auch aus Eigennutz, für die Sicherheit der Firma verantwortlich. Das war sein Job. Zink war gefährlich, und wenn der Chef das nicht sah, musste er, sein alter Kumpel und Sicherheitsbeauftragter, umso wachsamer sein.

Früher war er immer erst aktiv geworden, wenn Alexander zu ihm kam und ihn bat, einen möglichen Konkurrenten, auf dessen Laden er scharf war oder der ihm in die Quere zu kommen drohte, so lange zu piesacken und zu schädigen, bis er aufgab oder unter Preis verkaufte. Bock sagte übrigens nie Konkurrent. Er sprach bei diesen Unterredungen immer nur von Mitbewerbern. Das klang harmloser und netter.

Manchmal brannte nach solchen Unterredungen eine Lagerhalle des Mitbewerbers, oder ein Wasserrohrbruch vernichtete dessen Warenbestände für das nächste halbe Jahr. Oder der Lkw, der wichtige Ersatzteile liefern musste, blieb mit einer Panne liegen und wurde nachts leer geräumt.

Und wenn dann der Konkurrent, der bisher nicht verkaufen wollte, zu Bock kam, bot der ihm großzügig finanzielle Hilfe in Form von Krediten an, für die man anfangs gar nichts, hinterher aber umso höhere Zinsen zahlen musste. Oder er erwarb den Laden gleich zu Vorzugspreisen.

»Geht doch«, sagte der Chef dann zu seinem Gehilfen. Oder er nickte ihm einfach nur aufmunternd zu.

Bock war ein erfolgreicher, ein gerissener Geschäftsmann. Das Betriebsklima war zwar nicht mehr so familiär und gemütlich wie früher. Aber dafür wuchs und gedieh der Laden von Jahr zu Jahr schneller. So war aus der kleinen gemütlichen Klitsche in Potsdam im Laufe der Jahre Bocks Bau- und Hobbymarkt geworden, inzwischen einer der größten in der Bundesrepublik.

Krombach hatte früher meistens allein gearbeitet. 1995 hatte er Peter Meyerling getroffen, mit dem er bei der Stasi schon zusammen war. Nach dem Untergang der DDR hatte Meyerling seine alten Kenntnisse und Fertigkeiten verfeinert und ausgebaut. Er war jetzt auf Einbrüche spezialisiert. Und auf das Öffnen fremder Safes.

Bock war einverstanden, dass Krombach und Meyerling sich zusammentaten. Die beiden waren als Duo unschlagbar. Kein Schloss war vor ihnen sicher. Bock nannte sie »meine Klempner«, er bezahlte sie gut.

Denn sie beschafften ihm jede gewünschte Information aus den Büros der »Mitbewerber«: Bilanzen, Personal, Verkaufsstrategien, Korrespondenzen, Übernahmepläne. Bock wusste immer, was in der Branche lief, und dank seiner »Klempner« konnte er rechtzeitig agieren.

Bald war Krombachs Truppe um ein paar exzellente Computerfachkräfte erweitert worden. Die arbeiteten nicht mit dem Schweißgerät und brauchten auch keinen Dietrich, um fremde Türen zu öffnen. Sie waren darauf spezialisiert, die Rechner der Konkurrenz auszuspähen.

Krombach war ihr Anführer. Offiziell war er inzwischen Chef der großen EDV-Abteilung der Firma Bocks Bau- und Hobbymarkt. Tatsächlich aber war er für Alexander ständig als elektronischer Spürhund in fremden Rechnern unterwegs. Er hatte sein eigenes Büro, direkt neben dem des Chefs, und gehörte zur Geschäftsleitung – mit eigenem Vorzimmer, Sekretärinnen und Assistenten. Für seine Cyber-Ausflüge hatte er ein Team von zehn erstklassigen Experten, einige davon hatten ihren Job beim

Chaos Computer Club gelernt. Er konnte eigentlich zufrieden sein. Dass jetzt aber Zink zu ihnen nach Potsdam kommen und Alexanders Heldenrolle beim Misstrauensvotum beschreiben sollte, fand Krombach gar nicht lustig. Zum Misstrauensvotum gehörte nun einmal leider auch die Steiner-Wienand-Affäre, und an die hatte er immer noch höchst unerfreuliche Erinnerungen. Markus Wolf, sein Adjutant Bock und Anita waren damals für die Operation »Doppelkopf« mit Orden behängt worden. Er aber, der Kundschafter vor Ort, der jahrelang getarnt als DDR-Flüchtling Konrad Köhler in Bonn die Drecksarbeit gemacht hatte, war leer ausgegangen.

Wolf hatte ihn sogar wegen der Steiner-Wienand-Affäre degradieren und aus dem Dienst schmeißen wollen. Und wenn Erich Mielke nicht eingegriffen und ihn beschützt hätte, wäre dies auch fast gelungen.

Noch heute wurde Krombach wütend, wenn er an die hochnotpeinlichen Verhöre im Büro des Generals dachte. Wolf tobte, weil er aus den West-Medien erfahren hatte, dass es KK gewesen sei, der Steiner im Mai 1973 ins Rampenlicht geschubst und damit die Affäre erst ausgelöst hatte. Er habe ihm doch strikt verboten, weiter mit Steiner und dessen BND-Freunden zu kungeln, schimpfte der General. Jetzt habe man den Salat. Es werde nicht mehr lange dauern, und dann wisse jeder in Bonn, dass die Stasi beim Misstrauensvotum aktiv geworden war.

Damals hatte sein Freund Alexander zwar versucht, seinen Nenn-Onkel Mischa zu beruhigen und ihn, Krombach, zu verteidigen. Aber gerettet hatte ihn letztendlich Mielke, und dies auch nur, weil es KK gelungen war, unter einem fadenscheinigen Vorwand in den streng abgeschirmten Cheftrakt des Ministeriums einzudringen, wo er Mielke auf dem Herrenklo beim Pinkeln etwas zuraunen konnte.

Was genau er ihm gesagt hatte, wusste er gar nicht mehr. Sinngemäß lautete die knappe Botschaft: Er, Krombach, wisse als ehemaliger Kundschafter vor Ort besser als jeder andere im MfS, wer 1972 in Bonn beim Misstrauensvotum und ein Jahr später bei der Aufdeckung der sogenannten Steiner-Wienand-Affäre wirklich Regie geführt habe. Markus Wolf, der sich dafür habe feiern lassen, sei es jedenfalls nicht gewesen.

Krombach wusste, dass der Minister seinen Spionagechef hasste und empfänglich für alles war, was dem ungeliebten Stellvertreter schaden könnte. Und sein Kalkül war aufgegangen.

Drei Tage nach dem Klo-Gespräch war er zum Rapport beim Minister einbestellt worden. Unter vier Augen musste er Mielke haarklein erklären, was 1972 und 1973 wirklich hinter den Kulissen in Bonn gelaufen war. Danach hatte der Minister ihn beauftragt, alles aufzuschreiben, und drohend hinzugefügt: »Gnade dir Gott, wenn irgendwas davon nicht stimmt.«

Später wurde eine geheime Kommission eingesetzt, die auf der Grundlage von Krombachers Bericht alle MfS-Aktivitäten vor und nach dem Misstrauensvotum genau unter die Lupe nahm. Sie ermittelte verdeckt, hatte aber Zugang zu allen Abteilungen des Hauses und Zugriff auf alle Akten, Unterlagen, Spitzelberichte und Protokolle, die einen Bezug zu den Bonner Vorgängen hatten. Auch alle Telefongespräche, die im Umfeld des Misstrauensvotums und ein Jahr später von führenden West-Politikern geführt und abgehört worden waren, wurden ausgewertet. Der Bericht, den die Kommission schließlich dem Minister übergab, umfasste mehr als sechzig Seiten, hatte aber nur die nichtssagende Überschrift »OV Bonn 72«.

Mielke hatte eine bessere Idee. Nachdem er in der Akte geblättert und aufmerksam die Zusammenfassung im hinteren Teil gelesen hatte, strich er den langweiligen Arbeitstitel durch und schrieb mit grüner Tinte »OV Maskerade« auf das Deckblatt. Dann verschloss er den Report in seinem Panzerschrank. Irgendwann würde er das Material gegen den verhassten Rivalen verwenden können.

Ein paar Monate später, im Mai 1974, als Wolf nach dem Rücktritt des Bonner Kanzlers Brandt schwer in die Kritik geraten war, versuchte Mielke, ihm mit dem Dossier den Rest zu geben. Es misslang. Der sowjetische KGB-Chef Juri Andropow intervenierte und rettete den Kollegen in Ostberlin vor dem Sturz. Er war mit Wolf seit vielen Jahren befreundet und teilte dessen Abneigung gegen Mielke. Erst im Sommer 1986 warf Wolf das Handtuch. Und an dem Tag, als er ging, wurde Krombach zu Mielke gerufen.

Der Minister saß grinsend an seinem Schreibtisch und hatte die Akte vor sich, als Krombach vor ihm strammstand und salutierte.

»Gute Arbeit!«, murmelte Mielke. »Sehr gute Arbeit!« Dann reichte er ihm das brisante Dossier.

»Kannste behalten«, sagte der Minister.

Die Akte Maskerade hatte ihren Zweck erfüllt. Mielke brauchte sie nicht mehr. Krombach nahm die gehefteten Dokumente. Dann knallte er die Hacken zusammen und ging. Er wusste, was man mit dem alten Kram anfangen und wer sich für den Inhalt immer noch interessieren könnte. Er machte zwei Kopien. Eine schickte er, einen Tag nach der großen Demonstration auf dem Berliner Alexanderplatz, Anfang November 1989 an Rainer Barzel. Eine andere, kurz nachdem die Stasi-Zentrale im Januar 1990 gestürmt worden war, ins Bonner Kanzleramt, zu Händen von Bodo Simmerling, mit dem er vor vielen Jahren in Bonn eine Affäre und den er seither nie aus den Augen verloren hatte. Bodo gehörte damals, als sie sich in der Bonner Mensa kennenlernten, zu den wenigen Jura-Studenten, die sich, obwohl Mitglied einer schlagenden Verbindung und bekennender Christdemokrat, in die linke Schumannklause trauten.

DER KLEINE KÖNIG

Jochen Krull sah noch genauso aus wie vor zwanzig Jahren, als Zink ihn das letzte Mal getroffen hatte. Er war nur ein wenig grauer geworden und etwas mürrischer, als er immer schon war.

Sie hatten ihn den »kleinen König« genannt, weil er, damals jedenfalls, ein bisschen der gleichnamigen Comic-Figur des Amerikaners Otto Soglow aus den Dreißigerjahren ähnelte. Er trug zwar weder eine spitze Krone noch einen gezwirbelten Säbelbart, und sein beigefarbener Mantel hatte auch keinen Saum aus Hermelin. Aber sein Spitzname rührte unter anderem daher, dass er, obwohl klein und rundlich von Gestalt, seinerzeit im politischen Bonn der unumschränkte Herrscher in seinem Fachgebiet war.

Er hatte jahrzehntelang für die SPD-Bundestagsfraktion gearbeitet und wusste früher, als das Parlament noch in Bonn saß, über alle innenpolitischen Projekte Bescheid, denn er arbeitete den SPD-Bundestagsabgeordneten zu, die für die Innenpolitik zuständig waren. Und es hatte immer schon etwas seltsam Majestätisches, wenn er sich, so hoch wie breit, dazu herabließ, einem seiner wechselnden Vorgesetzten oder einem Journalisten die komplizierten Feinheiten eines Gesetzentwurfs zu erklären, der gerade im Innenausschuss beraten wurde.

In seinem Büro, einem winzigen Zimmer im alten Hochhaus des Bonner Parlaments, konnte man sich kaum umdrehen, ohne einen der meterhohen Papierstapel einzureißen, die im Laufe der Jahre rund um seinen Schreibtisch in die Höhe gewachsen waren. Nur in der Mitte war der Papierwall etwas niedriger, sodass eintretende Besucher den Inhaber der Büros sehen konnten – und dieser sie.

Trotzdem hatte der kleine König sich immer gerühmt, er könne jede Bundestagsdrucksache, jeden Vermerk, jede Akte, die er einmal in Händen gehabt, bearbeitet und in einem der Stapel abgelegt habe, zielgenau orten und mit einem schnellen Griff herausziehen, ohne sich zu vertun und ohne einen einzigen Stapel zum Einsturz zu bringen.

Und meistens war das auch so. Zink hatte allerdings schon ein paar Male erlebt, dass er mit großer Gebärde schwungvoll das falsche Blatt hervorzog.

Wenn der kleine König gut gelaunt war, was allerdings selten vorkam, stellte er sich mit den Worten vor: »Krull, wie Felix, aber nicht verwandt und nicht verschwägert.«

Als Zink ihn anrief, war er sofort bereit, sich mit ihm auf ein Bier zu treffen. Allerdings hatte er darauf bestanden, dass dies in Königswinter geschehen müsse. Er schien nicht verwundert, dass Zink ihn ausfindig gemacht und seine Telefonnummer herausbekommen hatte, obwohl diese nicht im Telefonbuch stand.

Jetzt aber wollte er es wissen: »Wie hast du mich gefunden?«, fragte er misstrauisch.

»Berufsgeheimnis! Du weißt ja, was ich rauskriegen will, kriege ich raus.«

»Ja, ja«, brummte der kleine König, »so wart ihr Journalisten immer schon. Wusstet immer alles, und vor allem immer alles besser.«

»Dankert hat mir erzählt, dass du jetzt hier wohnst. Hatte keine Ahnung, wo du abgeblieben bist. Ich war ja auch schon mehr als fünfundzwanzig Jahre nur an Wochenenden in Bonn und sonst in Berlin.«

»Berlin!« Krull schnaubte verächtlich. Er mochte Berlin nicht. Er fühlte sich allein und im Stich gelassen, weil die meisten seiner Arbeitskollegen und Saufkumpane mit fliegenden Fahnen die kleine Stadt am Rhein verlassen hatten und mit der Regierung und dem Parlament an die Spree gezogen waren. Bereits vor Jahren hatte er sich bei Zink darüber beschwert, dass jetzt alle von Bonn weg und nach Berlin wollten. Und als Zink scherzhaft einwarf: »So ist das eben. Die Ratten verlassen das sinkende Schiff«, hatte er gallig gekontert: »Eine kluge Ratte betritt kein Schiff.«

Die Antwort gefiel Zink. Er hatte sie gleich in sein Repertoire aufgenommen und benutzte sie seitdem gern, manchmal auch ohne ihren Urheber zu erwähnen. Er wusste, dass man nur das Stichwort »Berlin« bringen musste, um den kleinen König aus der Reserve zu locken. Und es klappte offenbar immer noch.

Krull lief rot an vor Ärger. »Berlin! Wenn man sich abends im Fernsehen ansieht, was die da für einen Quatsch verzapfen …«

Es musste bitter sein, dachte Zink. Wenn man früher immer mittendrin im politischen Betrieb steckte und jetzt nur noch im Fernsehen verfolgen konnte, was die früheren Kollegen heute im Reichstag trieben. Ihm ging es ähnlich.

»Deine Genossen bilden da ja leider auch keine Ausnahme«, stichelte er. Aber das brachte Krull erst recht in Rage.

»Die hatten noch nie eine Ahnung«, polterte er los. »Immerhin gab es zu meiner Zeit noch ein paar Gestalten, die sich auskannten. Aber guck dir doch die Scheiße an, die sie seit Jahren am laufenden Band produzieren. Anti-Terror-Gesetze, Telefonüberwachung, Schleierfahndung, ich frage mich manchmal wirklich, wie man als ausgewachsener Sozialdemokrat so einen Mist mitmachen kann. Und dann wundern sie sich noch, wenn ihnen die Wähler weglaufen.«

Sie saßen nebeneinander auf Barhockern in einer kleinen dunklen Kneipe in Königswinter, die mit allerlei Kram vom Flohmarkt ausstaffiert war: alte Kupferkessel, ein Spinnrad, Waffeleisen, bemalte Tonkrüge. Der kleine König wie immer in seinem dünnen beigen Staubmantel, den er sommers wie winters zu tragen und in Kneipen nie abzulegen pflegte.

Außer den beiden waren um diese Zeit – es war nachmittags kurz vor sechs, und das Lokal hatte erst vor einer Stunde aufgemacht – nur noch zwei verliebte junge Leute in der Gaststube. Seit sie vor ein paar Minuten reingekommen waren, saßen sie am Fenster bei einer Cola und hielten Händchen.

Krull sah ungepflegt aus. Sein Bart, früher immer penibel gestutzt, umrahmte jetzt den unteren Teil seines Gesichts wie ein schlohweißes, zotteliges U. Und da er sich das immer noch dichte Haar auf Borstenlänge hatte schneiden lassen, erinnerte sein Kopf eher an eine Klobürste als an ein gekröntes Haupt. Seine Gesichtshaut war bleich, von kleinen rot-blauen Äderchen durchzogen, seine Augen rot gerändert und wässrig. Sein Mantel, fleckig und verknautscht, sah aus, als läge die letzte Reinigung Monate, wenn nicht Jahre zurück.

Er hatte die Unterarme ineinander verschränkt und auf dem Handlauf vor dem Tresen abgelegt. Sein quadratischer Kopf hing leicht vornüber, seine Mundwinkel wiesen steil nach unten. Manchmal schien es, als würde er im Sitzen schlafen.

Aber das täuschte. Krull konnte blitzschnell wie eine Eidechse aus seiner Starre erwachen und verbal um sich schlagen, wenn ihm ein Stichwort in die Quere kam, das ihn erregte. »Berlin« war so ein Stichwort.

Zink bestellte für sich ein zweites und für Krull das vierte Pils, »mit Umdrehungen«, wie er ausdrücklich hinzufügte, um es von seinem alkoholfreien zu unterscheiden. Außerdem eines für den Wirt, den er noch aus alten Bonner Zeiten kannte. Jupp hatte ganz früher auch in der Schumannklause gekellnert.

»Prost«, sagte Zink und hob sein Glas.

»Prost«, sagte der Wirt.

Der kleine König war wieder in sich zusammengefallen. Wortlos nahm er sein Glas und trank gierig. Er verschluckte sich und bekam einen heftigen Hustenanfall.

»Gottverdammte Scheiße«, schimpfte er, als er endlich wieder Luft bekam. »Scheiß Raucherei!«

Er nestelte ein großes fleckiges Taschentuch aus seiner Hose, entfaltete es, nahm es zwischen beide Hände, steckte den Kopf hinein, holte gurgelnd Luft und spie den Schleim aus, der von der Hustenattacke übrig geblieben war. Es war ekelhaft. Zink, der versuchte, sich nichts anmerken zu lassen, guckte angestrengt weg.

»Bin gleich wieder da«, murmelte der kleine König mit hochrotem Kopf. Dann rutschte er mit einer erstaunlichen Geschwindigkeit von seinem Hocker und verschwand mit wehendem Mantel auf die Toilette. Obwohl die Tür geschlossen war, hörte man ihn dort weiter husten, röcheln und ausspucken.

Jupp, der gerade Gläser spülte, hob die Augenbrauen und zuckte mit den Achseln. »Es wird immer schlimmer mit ihm«, sagte er und deutete mit dem Kopf in Krulls Richtung.

»Ist er oft hier?«

»Früher kam er jeden Abend, dann nur noch ein- oder zweimal die Woche. Seit seine Frau gestorben ist, kommt er höchstens ein- oder zweimal im Monat.«

»Seine Frau?«

Zink konnte sich nicht erinnern, den kleinen König je in Begleitung einer Frau gesehen zu haben, wenn er sich in einer der Bonner Südstadt-Kneipen herumtrieb.

»Wann ist die denn gestorben?«

»Vor einem halben Jahr. War furchtbar. Lungenkrebs. Hat ja genauso viel gequalmt wie er.«

»Und?«, fragte Zink. »Er raucht ja wohl immer noch?«

»Wie ein Schlot.«

Krull erschien wieder im Schankraum. Er wischte sich das Gesicht ab und nahm mürrisch auf seinem Hocker Platz.

»Reich mal einen Schnaps rüber!«, befahl er. »Muss durchspülen.« Er nahm das Glas, hob es kurz in die Höhe, sah Zink und den Wirt an und leerte es in einem Zug.

Schnaps, das ist neu, dachte Zink. Schnaps hatte er früher nie getrunken. Unmengen Bier, jeden Abend. Aber keinen Kurzen.

»Und?«, fragte der kleine König plötzlich.

»Gut«, sagte Zink. »Alles in Ordnung. Und bei dir?«

Krull murmelte etwas Unverständliches. Es klang wie: »Na ja, wie man's nimmt. War schon mal besser.«

Er schwieg und schien nicht geneigt, mehr von sich preiszugeben.

Zink wusste, dass es immer eine Zeit dauerte, bis der kleine König gesprächig wurde. Man durfte nicht mit der Tür ins Haus fallen, wenn man etwas von ihm erfahren wollte. Informationen oder politische Einschätzungen bekam man von ihm abends am Tresen immer erst nach einigen Bieren. Vorher war der kleine König selten geneigt, Fragen entgegenzunehmen, geschweige denn, sie zu beantworten. Deshalb wartete Zink auch jetzt ab, bis Krull das fünfte Bier getrunken und sich den zweiten Schnaps reingezogen hatte. Anschließend nahm er einen neuen Anlauf.

»Was treibst du so?«

»Was soll ich treiben?«, antwortete Krull grantig. »In meinem Alter treibt man es nicht mehr. Man kann froh sein, wenn es einem getrieben wird.« Er schwieg erbittert.

Auch Zink hielt jetzt den Mund. Die Audienz war offenbar noch nicht eröffnet. Zink hatte noch zu warten.

Es war gar nicht so einfach gewesen herauszufinden, wo Krull abgeblieben war. Die meisten alten Freunde und Kumpane, die sich in der Bonner Kneipenszene auskannten, hatten ihn aus den Augen verloren. Nur Fritz Dankert hatte gehört, er sei aus Bonn weg und nach Königswinter gezogen. Und dort hatte Zink ihn schließlich tatsächlich aufgestöbert.

Er hatte gehofft, dass Krull, der eine Menge alter Mitarbeiter aus der Bundestagsverwaltung kennen musste und, früher jedenfalls, ein sehr gutes Gedächtnis hatte, etwas Genaueres über Heinrich Sauerborn wusste. Das war der Grund, weshalb er ihn angerufen und gefragt hatte, ob man nicht mal wieder zusammen einen trinken gehen könne.

Er hatte nicht gesagt, worum es ihm wirklich ging, sondern so getan, als sei ihm nur daran gelegen, einen alten Kumpan nach so vielen Jahren einfach mal wieder zu treffen. Aber der kleine König kannte Zink. Er wusste, dass der ihn nie ohne einen Hintergedanken aufgesucht hätte.

»Also: Was willst du?«, fragte er plötzlich. »Du bist doch

nicht hergekommen, um mit mir über das Wetter oder die Arschlöcher in Berlin zu reden.«

»Wie lange warst du eigentlich bei der Fraktion?«, fragte Zink.

»Fünfunddreißig Jahre, von 1964 bis 1999.«

Im Sommer 1999 war der gesamte Bundestag nach Berlin umgezogen. Krull war in Bonn geblieben.

»Warst du es, der nicht mitwollte, oder wollten sie dich nicht mitnehmen?«, hakte der Journalist nach. Der kleine König musterte ihn von oben bis unten. Seine Augen blitzten angriffslustig.

»Dämliche Frage: Ich wollte nicht, und sie erst recht nicht. Sie waren froh, mich loszuwerden, aber sie haben mir auch eine ordentliche Abfindung gezahlt.«

»Kennst du zufällig einen Sauerborn, der in der Verwaltung des Bundestags gearbeitet hat?«

»Sauerborn?«, wiederholte der kleine König und nahm einen tiefen Schluck aus seinem Glas.

»Heinrich Sauerborn«, präzisierte Zink.

Der kleine König schaute ihn aus müden Augen an, aber plötzlich veränderte sich sein Gesichtsausdruck. Er lächelte sogar. »Heinz Sauerborn, die Kellerassel, ja, den kannte ich.«

»Kellerassel?«

»Ja, weil der im Souterrain saß. Hinter dem Haupteingang an der Pförtnerloge rechts vorbei und dann die halbe Treppe runter. Da saß der. Ist aber schon verdammt lange her. Was ist denn mit dem?«

»Nichts Besonderes«, log Zink. »Ich habe nur vor Kurzem jemand getroffen, der mich fragte, ob ich ihn kenne. Und ich musste passen.«

»Den kannten alle damals. War ein kluges Kerlchen. War einer der wenigen Sozis in der tiefschwarzen Verwaltung, weiß auch nicht, wie er das geschafft hat.«

»Hattest du mal mit ihm zu tun?«

»Weiß ich nicht mehr. Ich weiß nur, dass er Genosse war, und deshalb duzten wir uns.«

»Und? Was war das für ein Typ?«

»Ziemlich clever, glaube ich. Er war zwar Jurist, aber er hatte politischen Verstand. Wir haben manchmal auch miteinander gesoffen, wenn es sich ergab. Einmal hat er mir erzählt, dass er wegwill vom Bundestag und sich beworben hat bei der Ständigen Vertretung in Ostberlin.«

»Ach ja? Er wollte nach Ostberlin?«

»Ja, an die westdeutsche Botschaft, die ja bekanntlich nicht Botschaft, sondern Ständige Vertretung hieß, abgekürzt StäV«, belehrte ihn Krull.

»Und? Hat das geklappt?«

»Ich glaube schon. Eines Tages kam er zu mir ins Büro und sagte, er werde bald abhauen, und wenn ich mal nach Berlin käme, könnte ich ihn besuchen, es habe geklappt mit der Ständigen Vertretung.«

»Wann war das?«

»Das muss Anfang der Siebziger gewesen sein, nein, ich weiß es genau: Es war Anfang 1974, denn da wurde gerade die Ständige Vertretung installiert, und er war einer der Ersten, die dort anfangen sollten. Danach habe ich nichts mehr von ihm gehört. Wir haben uns aus den Augen verloren.«

»Hast du eine Ahnung, wo der wohnte in Bonn?«

»In der Südstadt. Da wohnte er in so einer WG; wenn ich mich recht entsinne, war das in der Schumannstraße, Nähe Elisabethkirche. Seine Eltern wohnten, glaube ich, auch in der Südstadt, auf der anderen Seite der Bahn. Ich glaube, sein Vater war früher Professor an der Uni. Wir sind einmal auf dem Heimweg aus der Schumannklause bei Heinz in der Küche versackt.« Der kleine König unterbrach seine Erzählung und schaute Zink forschend an. »Warum willst du das denn alles wissen, Zink? Da steckt doch mehr dahinter, raus mit der Sprache.«

Der eben noch scheinbar so träge Mensch war auf einmal hellwach. Er brannte vor Neugier. Zink sah ein, dass er ihn wenigstens ein bisschen in die Karten schauen lassen musste.

»Also, da hat mir jemand eine Geschichte gesteckt, von der ich nicht weiß, ob sie stimmt, und da spielt dieser Sauerborn offenbar eine Rolle, ich weiß nur noch nicht, welche.«

»Was für eine Geschichte?« Der kleine König ließ nicht locker.

»Hängt vielleicht mit dem Misstrauensvotum von 1972 zusammen. Aber ich kann mir selbst noch keinen Reim darauf machen.«

»Das Misstrauensvotum war im April 1972«, referierte Krull aus dem Stand, »genauer: Es fand am 27. April statt, und es scheiterte, weil der verehrte Herr Oppositionsführer, Dr. Rainer Barzel, nicht genug Stimmen zusammenbrachte.«

»Stimmt«, bestätigte Zink. »Er bekam nur zweihundertsiebenundvierzig, und zweihundertneunundvierzig hätte er für die absolute Mehrheit gebraucht.«

»Aber was zum Teufel hatte Sauerborn damit zu tun?«

»Das weiß ich eben auch nicht«, sagte Zink. »Wo, sagtest du eben, hatte der sein Büro, Haupteingang hinter der Pförtnerloge rechts, eine Treppe tiefer?«

»Ja«, bestätigte der kleine König.

»Und welches Referat oder welche Abteilung saß dort?«

»Meines Wissens war das damals das Referat PD, Parlamentarische Dienste. Die mussten immer dafür sorgen, dass der Betrieb läuft. Ich glaube, dort unten im Keller wurden auch die stenografischen Redeprotokolle hergestellt, damit die Abgeordneten noch am gleichen Tag nachlesen konnten, welchen Stuss sie wenige Stunden zuvor im Plenarsaal von sich gegeben hatten. Danach erst wurden die Protokolle gedruckt.«

»Wurden denn dort im Keller auch die Stimmkarten hergestellt?«

»Ich glaube schon«, antwortete Krull, »aber wieso ist das wichtig?«

»Na ja, es ist schon wichtig. Du bist jetzt der Zweite, der das sagt. Ich dachte bisher immer, dass die Stimmkarten in der Bundesdruckerei gedruckt wurden.«

»Nee«, sagte der Krull. »Ich bin mir ziemlich sicher, dass

dafür das Referat PD zuständig war. Aber das kannst du leicht rauskriegen.«

»Hat denn dieser Sauerborn mit dir mal darüber gesprochen?«

»Nie. Ich hatte allerdings das Gefühl, dass er sich unterfordert fühlte. Er war ein erstklassiger Jurist, und wenn man dann in einem Souterrain sitzen, den Druck von Rede-Protokollen und von Stimmkarten beaufsichtigen und dafür sorgen muss, dass bei namentlichen Abstimmungen die Wahlkabinen bereitstehen, da könnte ich mir schon vorstellen, dass man sich als Jurist unterfordert fühlt.«

Sie schwiegen und tranken.

Der kleine König erhob sich plötzlich von seinem Hocker und ging wortlos nach draußen. Zink sah durchs Fenster, dass er auf dem Bürgersteig stand und rauchte. Er bestellte noch ein alkoholfreies Bier und wartete, bis Krull wieder reinkam und seinen Barhocker erklomm.

»Rauchste immer noch?«, fragte er.

»Ja, ich weiß«, knurrte der kleine König, »aber in meinem Alter ist es egal, ob ich rauche oder nicht.«

»Wie alt bist du jetzt eigentlich?«

»Gerade neunundsiebzig geworden.«

Sie schwiegen wieder eine Weile, jeder mit sich beschäftigt. Dann sagte Krull: »Er hatte damals übrigens eine Freundin, die kam, als wir in seiner Küche saßen, plötzlich rein. Eine tolle Frau. Ich glaub, wegen der wollte er auch nach Berlin. Die kam von dort.«

»Zwei nehmen wir noch«, sagte Zink zum Wirt. »Zwei wie gehabt!« Und zu Krull gewandt, eher beiläufig: »Hältst du es für möglich, dass dieser Sauerborn für die Stasi gearbeitet hat?«

Jetzt blickte Krull ihn an, als hätte man ihn des Mordes beschuldigt. »Wie kommste denn auf die Idee?«

»Na ja, wenn er die Druckerei unter sich hatte, muss es ihm doch ein Leichtes gewesen sein, vor der Abstimmung über das Misstrauensvotum zwei Stimmkarten abzuzweigen.«

»Wozu sollte das denn gut sein?«, fragte der kleine König und blickte Zink lauernd an.

»Du selbst hast mich damals auf die Idee gebracht«, sagte Zink und erinnerte Krull an das Thekengespräch aus dem Sommer 1973.

»Du warst zwar besoffen. Aber Besoffene sagen bekanntlich oft die Wahrheit. Jedenfalls frage ich mich heute, wie du damals auf die Idee kamst, dass man ein Stimmkartenduplikat braucht, wenn man Abgeordnete bestechen und hundertprozentig sicher sein will, dass sie bei einer geheimen Wahl genau so abstimmen, wie es vereinbart war.«

»Liegt ja eigentlich auf der Hand«, sagte Krull und kicherte. Er schien Gefallen an der Idee zu finden, noch mehr gefiel ihm anscheinend, dass, wenn es stimmte, was Zink ihm erzählte, damals offenbar er selbst darauf gekommen war.

»Ist doch eine wunderbare Methode, geheime Abstimmungen zu manipulieren und gleichzeitig das Stimmverhalten der von dir bestochenen Abgeordneten zu kontrollieren.«

»Jochen, versteh doch: Ich muss wissen, ob du das damals in deinem besoffenen Kopf erfunden hast oder ob es dir jemand gesteckt hat, zum Beispiel dein Freund Heinz Sauerborn.«

Der kleine König murmelte etwas, das er nicht verstand.

»Wie meinen, Majestät?«, fragte Zink.

»Ich sagte: Lass mich mit deinen Spekulationen in Ruhe.«

Und nach einer Pause, in der er sich erneut umständlich mit seinem Taschentuch beschäftigte, und einem weiteren Schnaps, den er wortlos in sich hineingekippt hatte, fuhr er fort: »Natürlich ist das theoretisch vorstellbar. Theoretisch ist alles vorstellbar. Vielleicht haben sie auf diese Weise noch ganz andere Abstimmungen manipuliert, denk doch nur an Heide Simonis, da weiß man bis heute nicht, wer damals gegen ihre Wiederwahl gestimmt hat und ob der oder die bestochen worden ist.«

»Eben, und genau deshalb möchte ich von dir wissen, ob du's damals vom Sauerborn hattest. Es ist wirklich wichtig! Hat Sauerborn es dir damals gesagt?«

»Und wenn schon«, sagte der kleine König mit großer, wegwerfender Geste. »Und wenn schon. Wen interessiert das denn heute noch, wer damals wen bestochen oder beim Bestechen geholfen hat und warum? Ist doch alles längst vergeben und vergessen, und außerdem«, fügte er triumphierend hinzu, »außerdem wäre das alles längst verjährt.«

»Es geht nicht um Verjährung«, antwortete Zink, »es geht darum, wie es damals war, was wirklich passiert ist. Um die historische Wahrheit geht's, wenn du verstehst, was ich meine.« Aber er spürte, dass Krull natürlich genau den wunden Punkt getroffen hatte: Wen sollte das heute überhaupt noch interessieren, was vor mehr als vierzig Jahren hinter den Bonner Kulissen gelaufen ist?

Sie redeten noch eine Weile über die SPD und über die Koalition in Berlin, und ein Wort gab das andere. Am Ende waren sie wieder bei den alten Zeiten in Bonn.

»Warst du eigentlich für oder gegen den Umzug nach Berlin?«, fragte Zink.

»Blöde Frage, natürlich dagegen«, knurrte der kleine König.

»Ich war dafür«, sagte Zink, »man konnte doch nicht vierzig Jahre sagen, Berlin ist Hauptstadt und Bonn nur ein Provisorium, und dann am Rhein hocken bleiben, nachdem die Mauer gefallen war.«

Krull schwieg und bestellte zwei Biere. Eines schob er Zink zu. Das andere trank er zur Hälfte aus und kletterte erneut von seinem Hocker. Wieder verschwand er hinter der Toilettentür. Zink nutzte seine Abwesenheit, um dem Wirt das Glas zurückzureichen, sich die Rechnung geben zu lassen und zu bezahlen. Es ging auf sieben zu. Er hatte genug gehört.

»Und du glaubst also tatsächlich, die Kellerassel habe für die Stasi gearbeitet?«

Zink erschrak. Er hatte nicht gehört und noch weniger damit gerechnet, dass der kleine König so schnell zurückkehren würde. Jetzt fühlte er sich ertappt und durchschaut. Denn während

Krull auf der Toilette war, hatte er genau darüber nachgedacht, wie wahrscheinlich es war, dass Heinrich Sauerborn der Stasi nicht nur während seiner Bonner Zeit zu Diensten war, sondern erst recht später, als er bei der Ständigen Vertretung in Ostberlin arbeitete.

War er vielleicht der nie entdeckte Spion, der bis zum Mauerfall die DDR ständig mit intimsten Details aus dem Innenleben der Botschaft versorgt hatte? Zink wusste, dass damals in Bonn ständig darüber gerätselt wurde, warum die DDR-Oberen bestens über Interna aus dem Bonner Kanzleramt Bescheid wussten und immer genau die finanzielle Grenze kannten, bis zu der zu gehen die westdeutsche Seite in den Verhandlungen über Reiseerleichterungen oder den Austausch von Häftlingen autorisiert war. Vergeblich hatten die westdeutschen Geheimdienste jahrelang versucht, den Maulwurf zu orten. Wenn es tatsächlich Sauerborn gewesen sein sollte, dann wäre er einer der erfolgreichsten Kundschafter der DDR gewesen.

Zink drehte sich um und sah den kleinen König vor sich stehen, der offenbar genau dasselbe dachte wie er.

»Wenn die Kellerassel tatsächlich für die Stasi gearbeitet haben sollte«, sagte Krull, »dann wäre das wirklich ein dicker Hund.«

Bislang galten der Kanzler-Spion Günter Guillaume oder Topas, der die Brüsseler NATO-Zentrale ausgespäht hatte, und Kulick, der langjährige Vorsitzende des SPD-Unterbezirks Bonn, als die ergiebigsten Quellen. Von Heinrich Sauerborn war nie die Rede gewesen.

»Seine frühere Freundin hat mich auf die Idee gebracht.«

»Anita? Die mit den roten Haaren?«

»Du kanntest sie?«

»Habe ich dir doch erzählt. Das war die Frau, die einmal in die Küche kam, als wir nachts dort saßen und einen Absacker nahmen. Woher kennst du die?«

Zink überlegte kurz, was er ihm erzählen könnte. »Die lebt jetzt in Potsdam, und ihrem Mann, Alexander Bock, gehört dieser riesige Bau- und Hobbymarkt. Und sie will, dass ich über den etwas schreiben soll, eine Art Biografie.«

Krull sah ihn spöttisch an. »Und? War der Mann etwa auch bei der Stasi?«

»Warte es ab«, sagte Zink und wischte dem kleinen König ein paar Schuppen von der Schulter.

Dann verabschiedete er sich und ging zur Tür.

»Pass auf dich auf!«, rief Krull hinter ihm her. »Und nie vergessen: Eine kluge Ratte betritt kein Schiff.«

RHEINLAND

Zink hatte kurz überlegt, ob er sein Fahrrad in die Bahn hieven und sich nach Bonn fahren lassen sollte. Doch dann hatte er sich entschieden, die ganze Strecke selbst zu fahren. Gutes Training, dachte er.

Er setzte mit der Autofähre über den Rhein. Vom Landeplatz in Mehlem aus hatte man einen schönen Blick auf die andere Rheinseite: auf das satte Grün der Wälder am Siebengebirge und der Dollendorfer Hardt. Über Königswinter hing der Drachenfels mit der bizarren Burgruine, die wie ein kaputter Backenzahn in den Himmel ragte. Direkt unter dem steilen Felsen lagen einige der letzten Weinberge des nördlichen Mittelrheintals, die wahrscheinlich schon von den Römern angelegt worden waren.

Zink liebte das Rheintal.

Er war hier zwar nicht geboren, aber aufgewachsen. Seine Familie kam aus der Uckermark, aus einem winzigen Kaff nordöstlich von Berlin. Im Sommer 1948 waren sie über die grüne Grenze in den Westen gelangt. Obwohl er da erst drei Jahre alt war, erinnerte Zink sich genau an die Geschichte. Sie begleitete ihn sein ganzes Leben, auch wenn Sabine und Johanna, seine älteren Schwestern, immer behaupteten, es könne gar nicht sein, dass er das wüsste. Er sei viel zu klein gewesen und habe fast die ganze Zeit geschlafen.

Aber das stimmte nicht. Er wusste genau, was damals passiert war.

Sie saßen in einem Lastwagen, riesengroß kam er ihm vor. Noch riesiger waren die Überseekoffer, in denen alles steckte, was sie besaßen. Man hatte sie vorn, hinter dem Fahrerhaus, gestapelt. Davor saßen alte Männer und weinende Frauen. Ganz genau sah er das Bild vor sich.

Er selbst saß auf einem Holzbrett, neben seiner Mutter. Das Holzbrett hatte man quer zur Fahrtrichtung über Kisten gelegt, weil es sonst keine Sitzgelegenheit auf der Pritsche des Lastwagens gegeben hätte. Das Brett, auf dem er saß, hatte ein paar Astlöcher. Und er probierte dauernd aus, ob nur sein Daumen in die Astlöcher passte oder mehrere Finger. Seine Mutter sagte, er solle bloß aufpassen und sich nicht wehtun. Es hatte geregnet, und er sah, wie die vom Mond beschienene regennasse Straße unter dem fahrenden Lkw hervorquoll wie ein glänzendes schwarzes Band.

Plötzlich war der Wagen in einem Wald zum Stehen gekommen, in dem es entsetzlich roch. Heute würde er sagen: Es roch nach Karbid und Kanal. Damals kannte er die Begriffe noch nicht, erst als er älter wurde, wusste er, dass so Karbid und Kanal rochen. Ein Zug näherte sich. Die Lokomotive pfiff lang, laut und gellend. Es klang gruselig, und er fürchtete sich. Nachdem der Zug vorbeigefahren war und das klackende Geräusch der rollenden Räder sich in der Finsternis des Waldes verloren hatte, fuhr das schwer beladene Auto ächzend und polternd wieder an. Dabei drohten die großen Koffer, die an der Rückseite der Fahrerkabine gestapelt waren, auf die davorsitzenden Menschen zu rutschen. Es entstand ein großes Geschrei. Der Wagen hielt ebenso plötzlich an, wie er angefahren war, Türen knallten, und dann passierte es: Einige Männer und Frauen schrien seine Mutter an und schleppten die beiden Koffer, die verrutscht waren, nach hinten. Dann kippten sie sie über die hintere, hochgestellte Ladeklappe einfach auf die Straße.

Seine Mutter hatte vergeblich versucht, die erregten Menschen zu beruhigen. Sie hatte sie angefleht, die Koffer auf dem Wagen zu lassen. Es hatte nichts genutzt.

Zwei Koffer lagen auf der Straße, einer war beim Aufprall kaputtgegangen und aufgesprungen, und Zink sah im Mondlicht, zwischen Büchern und zerborstenem Geschirr seinen geliebten Teddybären, den er nicht auf die Ladefläche des Lastwagens hatte mitnehmen dürfen.

Dieses Bild würde er nie vergessen.

Schreiend und gestikulierend hatte er seine Mutter angefleht, den Wagen, der inzwischen wieder Fahrt aufgenommen hatte und bereits um die nächste Kurve gebogen war, anzuhalten, um seinen Teddy zu retten.

Doch das Stofftier war auf Nimmerwiedersehen verschwunden. Er lag verloren in dem Waldstück, in dem es entsetzlich nach Karbid und Kanal roch. Sabine und Johanna sagten zwar, er habe gar keinen Teddy gehabt. Also habe auch keiner im Mondschein auf der Straße liegen können. Das müsse er geträumt haben. Aber er schwor, dass es so war. Und jedes Mal, wenn er später als Jugendlicher und Heranwachsender nachts eine Lokomotive pfeifen und das harte Klacken von Eisenbahnrädern hörte, hatte ihn eine unendliche Traurigkeit beschlichen.

Auf der anderen Rheinseite fuhr gerade ein Güterzug. Er sah aus wie die Spielzeugeisenbahn, die jedes Jahr zu Weihnachten beim Puppenkönig neben dem Bonner Münster im Schaufenster aufgebaut wurde. Zink sah den Zug, aber er hörte nur ein gleichförmiges Rauschen. Das Klacken, das früher zu jedem fahrenden Güterzug gehörte – dieses kurze harte Schlagen der Räder in den Schienenfugen –, war weg. Wahrscheinlich sind die Schienen heute besser verfugt, dachte Zink.

Bei leichtem Rückenwind kam er zügig voran. Um diese Abendzeit war nicht viel los. Immer wenn er hier entlangfuhr und auf der anderen Rheinseite den Petersberg mit dem großen Hotel sah, fielen ihm die Namen und Geschichten berühmter Hotelgäste ein, die hier einst ein und aus gegangen waren – von Adolf Hitler bis zum abessinischen Kaiser Haile Selassi, von der britischen Königin Elizabeth II. und dem Schah von Persien bis zum Kreml-Herrscher Leonid Breschnew.

Nach dem Krieg hatten sich hier, hoch über dem Rheintal und mit direktem Blick auf die kleine provisorische Hauptstadt Bonn, zunächst die Vertreter der drei westlichen Siegermächte einquartiert. Sie empfingen Konrad Adenauer, den ersten Bundeskanzler, regelmäßig zum Rapport. Wobei der Alte aus Rhöndorf, von Anfang an bewusst die protokollarische Mahnung missachtete, er müsse Abstand zu den Generälen aus den USA, Großbritannien und Frankreich halten und dürfe deshalb nicht zu ihnen auf den Teppich. Er ging auf sie zu, begrüßte jeden mit Handschlag und redete mit ihnen als Gleicher unter Gleichen.

Die Teppich-Geschichte wurde gern erzählt. Sie trug ihm viel Respekt ein, nicht nur beim Volk, sondern auch bei den Generälen.

Als Lokalreporter, in dessen Revier auch das Siebengebirge lag, hatte Zink häufig die bewegte Historie des neubarocken Kurhotels beschrieben. Es gehörte einst dem Kölner Duftfabrikanten Ferdinand Mülhens und war Ende der Siebzigerjahre für viele Millionen von der Bonner Regierung gekauft und zum Gästehaus umgebaut worden, nachdem es viele Jahre leer gestanden hatte. Dann aber kam die Wiedervereinigung. Regierung und Parlament zogen an die Spree, und der Bund blieb auf der Immobilie im Siebengebirge sitzen. Neues Gästehaus wurde ein kleines Schloss in Zinks alter Heimat. Es lag im brandenburgischen Meseberg, nicht weit von Berlin. Eine internationale Hotelkette übernahm das prächtig renovierte Hotel auf dem Petersberg, das wegen seiner Lage und seiner Ausblicke auf das Rheintal wieder ein begehrtes Ausflugsziel wurde.

An der Godesberger Bastei, vor der Rampe zur Autofähre nach Niederdollendorf, musste Zink seine Fahrt unterbrechen. Aus zwei Reisebussen quollen Japaner, die sich und den Rhein ständig fotografierten und den Verkehr lahmlegten. Da zur gleichen Zeit auch die Fähre angelegt hatte, entstand auf der Straße ein heilloses Durcheinander.

Zink stieg vom Fahrrad und betrachtete amüsiert das Gedränge. Als Schüler war er manchmal mit dieser Autofähre über den Rhein zur Schule gefahren, wenn das kleine Fährboot zwischen Oberkassel und Plittersdorf, mit dem er normalerweise den Rhein überquerte, wegen Volltrunkenheit oder Krankheit des Fährmanns ausgefallen war.

Manchmal rollte der schwarze Mercedes des Kanzlers Adenauer auf das breite Fährschiff. Er kam von Rhöndorf und war auf dem Weg zur Arbeit in das kleine, mit einem Türmchen besetzte Palais Schaumburg am Rhein, in das damals noch das gesamte Kanzleramt passte.

Und dann sah man, wie der greise Kanzler, im Fond des Autos sitzend, die Kölnische Rundschau las. Manchmal guckte er auch von der Zeitung auf, und wenn er die Jugendlichen sah, Schuljungen, die respektvoll seine Limousine umringten, lächelte und grüßte er huldvoll.

Begleitet und bewacht wurde der Bundeskanzler damals immer nur von einem einzigen Polizisten, der vor seinem Auto herfuhr und ihm, falls es nötig war, mit Blaulicht den Weg freimachte. Der Mann trug die Montur der berühmten »Weißen Mäuse«, deren Aufgabe es war, auf ihren Motorrädern Präsidenten, Fürsten, Königinnen und andere Staatsgäste in V-Formation sicher durch die engen Straßen der kleinen Hauptstadt am Rhein zu eskortieren.

Adenauers Mercedes stand inzwischen im Bonner Haus der Geschichte. Und jedes Mal, wenn Zink an der Autofähre vorbeikam, dachte er an die Zeiten, als ein Bundeskanzler ohne das heute übliche Brimborium, ohne schwer bewaffnete Bodyguards, gemütlich mit der Autofähre über den Rhein schippern konnte, ohne dass diese für den normalen Verkehr gesperrt werden musste.

Ja, das hatte er wirklich erlebt. Genauso wie er die Fahrt auf dem Lastwagen erlebt und nicht geträumt hatte, bei dem sein Teddy abhandenkam.

JAGDFIEBER

Seit er mit Krull geredet hatte, spürte Zink, wie das Jagdfieber, diese alte Berufskrankheit, wieder Besitz von ihm ergriff. Die Sache ließ ihm keine Ruhe.

Er hatte endlich die Bestätigung, dass der Trick mit den doppelten Stimmkarten genau so gelaufen war, wie er es damals schon beschrieben hatte. Und er wusste mittlerweile sogar, wer der Stasi geholfen hatte, die Duplikate zu besorgen.

Diese Details fehlten in allen bisher geschriebenen Abhandlungen über das missglückte Misstrauensvotum vom 27. April 1972. Sie fehlten, weil die Historiker sie nicht kannten oder für zu unbedeutend hielten, scheinbar keiner Erwähnung wert. Ihm hingegen waren sie nicht nur geläufig. Er hatte sie entdeckt. Darauf war er ein wenig stolz.

Zugleich aber war er bei dem Versuch, Anitas Angaben zu verifizieren und weitere Informationen über ihren damaligen Geliebten Heinrich Sauerborn zu sammeln, möglicherweise auf eine noch viel interessantere Story gestoßen, auf die Geschichte hinter der Geschichte. Er war dem nie entdeckten Maulwurf auf die Spur gekommen, dem Mann, der anderthalb Jahrzehnte in der Bonner Botschaft in Ostberlin saß und den DDR-Oberen verraten konnte, wie weit die Unterhändler aus Bonn bei den Verhandlungen gehen und welche Grenzen sie auf keinen Fall überschreiten durften. So einer war für die DDR von unschätzbarem Wert, und so einen dem Publikum jetzt vorzustellen, vielleicht sogar zur besten Sendezeit im Fernsehen, das verspräche bestimmt hohe Einschaltquoten und ihm, dem Entdecker, im Alter späten Ruhm. Ganz abgesehen von der finanziellen Seite.

Wenn Zink mit Sauerborn durch die Fernsehanstalten und Zeitungsredaktionen tingeln könnte, würde sich der Auftrag aus Potsdam für ihn doppelt und dreifach lohnen. Er hätte dann nämlich, neben der üppig honorierten Geschichte über den Hobbymarkt-König Alexander Bock, noch einen echten Spionagethriller, um den sich alle Fernsehsender und Zeitungen reißen müssten. Ein Stück vergessener und jetzt neu entdeckter Zeitgeschichte, einen Knüller, den alle nachdrucken würden, den man vielleicht sogar verfilmen könnte. Was für ein toller Stoff!

Warum aber hatte Anita es ihm verschwiegen? Auch sie müsste doch eigentlich stolz auf ihn sein, den einstigen Geliebten, den sie, wie es Zink schien, sich erst gefügig gemacht und dann zum Verrat verführt hatte. Warum wollte sie ihm nicht sagen, wo er Sauerborn heute finden konnte? »Sie werden es herausfinden«, hatte sie ihm zugerufen, als er danach fragte. Warum machte sie ein solches Geheimnis daraus?

Anita hatte keinen Zweifel daran gelassen, dass sie nichts dagegen gehabt hätte, wenn er zu ihr ins Hotel gekommen wäre. Er hatte die Offerte ausgeschlagen, obwohl er in dem Augenblick nichts lieber gemacht hätte, als der Verlockung nachzugeben. Sie hatte ja recht: Er hätte in fünf Minuten bei ihr sein können.

Es war aber immer und blieb auch jetzt vernünftig, Geschäftliches und Privates zu trennen. Zink musste sich allerdings auch eingestehen, dass dies nicht der eigentliche Grund für seine Zurückhaltung war. Er hatte Angst gehabt, sich mit ihr einzulassen. Nichts Heroisches war an seinem Verzicht, sondern nur die kleine, hässliche Angst, von ihr vereinnahmt, verschluckt, erdrückt zu werden.

Am nächsten Morgen rief er seinen alten Kollegen Werner Stuhl in Berlin an, der sich bestens auskannte in der alten Stasi-Szene. Stuhl hörte sich an, was Zink ihm zu erzählen hatte, und versprach, sich zu kümmern. Er werde sofort über seine Kanäle herauszufinden versuchen, ob es in den Dokumenten der Stasi-Unterlagen-Behörde einen Hinweis auf einen Kundschafter namens Sauerborn gab, der in der Ständigen Vertretung in Ostberlin saß. Gleich am nächsten Morgen rief er zurück.

»Fehlanzeige!«

Vermutungen gebe es viele, sagte er. Aber in den übrig gebliebenen Akten des MfS keine konkrete Spur.

Auch die Datei »Rosenholz«, in der die Klarnamen der meisten West-Spione verzeichnet waren, die bis zum Mauerfall für die DDR gearbeitet hatten, half nicht weiter. Stuhl hatte sie auf den Namen Sauerborn durchsuchen lassen, ohne Ergebnis.

Er habe da vielleicht noch einen weiteren Gewährsmann, sagte Stuhl. Den habe er leider noch nicht angetroffen. Wenn der auch nichts wisse, müsse man die Suche wohl aufgeben.

Zink hatte daraufhin den Chef des Kanzleramts angerufen, dem er vor einigen Jahren einmal aus einer brenzligen Situation geholfen hatte. Als Grund hatte er im Vorzimmer nur seinen Namen hinterlassen und das Stichwort »Sauerborn«.

Es war Montag. Der Minister hatte nicht viel Zeit. Aber er hatte zurückgerufen.

»Wo brennt's denn?«, fragte er.

Zink teilte ihm in groben Zügen seinen Verdacht mit. Bei der Aufarbeitung des konstruktiven Misstrauensvotums von 1972 sei er auf einen Mitarbeiter der Bundestagsverwaltung namens Sauerborn gestoßen. Er sei ziemlich sicher, dass dies der Mann gewesen sei, der 1972 der Stasi beim Misstrauensvotum Duplikate der Stimmkarten besorgte.

»Was für Stimmkarten?«, fragte der Minister. Und nachdem Zink es ihm erklärt hatte, winkte er ab. »Ja und wenn schon. Selbst wenn es so gewesen wäre, dann hätte sich das doch inzwischen durch Zeitablauf erledigt. Die Sache wäre in jedem Fall verjährt.«

»Verjährt schon«, entgegnete Zink. »Ich habe aber herausgefunden, dass derselbe Mann sich später an die Bonner Botschaft in Ostberlin versetzen ließ. Und ich habe den Verdacht, dass er der Maulwurf war, nach dem man jahrelang vergeblich gesucht hat. Der Top-Spion, der in den Jahren von 1974 bis zum Mauerfall 1989 die DDR mit Top-Informationen aus dem Bonner Kanzleramt versorgte.«

Der Minister schwieg.

»Sind Sie noch dran?«

»Moment«, murmelte der Kanzleramts-Chef.

Zink hörte, wie er mit einem Mitarbeiter redete, der als stummer Zeuge das Telefongespräch offenbar mitangehört hatte.

»Wie war doch gleich der Name des Mannes?«

»Sauerborn, Heinrich Sauerborn.« Wieder hörte Zink Gemurmel im Hintergrund.

»Lieber Herr Zink«, meldete sich der Minister schließlich zurück. »Ich kann das jetzt auf die Schnelle nicht bestätigen. Aber Sie können sicher sein, wir gehen der Sache nach.«

»Gab es denn einen Sauerborn in der Ständigen Vertretung?«, fragte der Journalist.

»Wie gesagt, auf die Schnelle kann ich das nicht bestätigen.«

Zink hatte das Gefühl, dass der Chef des Kanzleramts mehr wusste, als er ihm verraten wollte. Und dieses Gefühl verstärkte sich noch, als der CDU-Politiker hinzufügte: »Seien Sie bitte vorsichtig, Herr Zink. Machen Sie um Himmels willen nicht auf eigene Faust weiter. Es ist zu gefährlich. Wir werden der Sache hier nachgehen, und sobald ich Näheres weiß, werde ich mich melden.«

»Ich wollte demnächst ohnehin wieder mal nach Berlin kommen«, sagte Zink. »Haben Sie vielleicht Zeit, mit mir einen Kaffee zu trinken?«

»Gerne! Ich sage meinem Vorzimmer Bescheid. Wir rufen Sie an. Ich würde mich freuen, Sie wieder einmal zu sehen. Aber bis dahin bitte keine Ermittlungen auf eigene Faust.«

Nur eine halbe Stunde später rief das Vorzimmer des Ministers an und machte Terminvorschläge. Der Minister, sagte seine Sekretärin, habe eine halbe Stunde Zeit für ihn, und zwar schon am Montag, um sechzehn Uhr.

Zink notierte alles in seinem Computer. Es hatte zwar nichts mit Alexander Bock zu tun, dessen Lebensgeschichte er recherchieren und aufschreiben sollte, aber er spürte, dass er plötzlich hinter eine viel interessantere Story gekommen war: hinter die Geschichte des nie entdeckten DDR-Spions Heinrich Sauerborn, der von 1974 bis zum Mauerfall im Jahr 1989 nahezu alles verraten konnte, das in dieser Zeit aus dem Bonner Kanzleramt in die Ständige Vertretung nach Ostberlin gelangte.

Ein Super-Knüller wäre das, der auch ihn, den einst berühmten Enthüllungsjournalisten Kurt Zink, wieder zurück ins Geschäft bringen würde.

Zink wusste jetzt, was er zu tun hatte: Er musste diesen Mann unbedingt finden, um ihn zu interviewen und der Öffentlichkeit präsentieren zu können.

Wenn er ihn erst einmal gefunden hatte, würde der Mann bestimmt mit ihm reden. Er müsste nicht mehr befürchten, eingesperrt zu werden. Alle Straftaten, derentwegen er verknackt werden könnte, da hatte der kleine König recht, waren inzwischen längst verjährt.

TEIL II: DER ADJUTANT

PROLOG: BERLIN/DRESDEN 1945

Als Annemarie Schmidt am 5. Januar 1945 aus der Entbindungsstation nach Hause kommt, steht sie vor einem Trümmerhaufen. Das Mietshaus in Pankow, in dessen drittem Stockwerk sie sich mit ihrer Mutter eine Wohnung geteilt hat, ist in der Nacht zuvor getroffen worden.

Es ist immer noch eisig kalt in Berlin. Annemarie hat ihren dicken Wintermantel und Wollsocken an, ihre beiden Säuglinge liegen dick verpackt und in eine warme Wolldecke gewickelt in ihrem Wäschekorb.

Bereits an der Ecke zur Wollankstraße sieht sie, dass der kleine Tante-Emma-Laden, den sie mit ihrer Mutter allein betreiben, anscheinend unversehrt ist. Aber von den Häusern daneben, darunter auch dem Mietshaus, in dem sie gewohnt haben, stehen nur noch ein paar Schornsteine und Mauerreste.

Die Szene wirkt seltsam irreal. Sie traut ihren Augen nicht und weiß zugleich, dass das, was sie sieht, keine Einbildung ist, sondern echt. Sie ist ausgebombt worden. Sie hat kein Zuhause mehr. Sie ist plötzlich eines der vielen Millionen ziviler Opfer des Krieges, über die zwar wenig bis nichts in den Zeitungen steht, die es aber, wie jeder weiß, trotzdem gibt.

Unter den Suchenden, die durch die Ruinen irren, sieht Annemarie einen alten gebückten Mann mit struppigen Haaren. Er trägt einen dicken Pelzmantel und stochert mit einem dünnen Spazierstock in den Steinen herum.

Erst als er sich umdreht und sie anschaut, erkennt Annemarie, dass es kein Mann ist, sondern die Nachbarstochter Isolde Deichmann aus dem Erdgeschoss. Sie ist wesentlich jünger als Annemarie, aber nun sieht sie aus wie fünfzig. Der Schock der Bombennacht und der Staub haben sie um Jahre altern lassen:

graues Haar, graues Gesicht, graue Arme und Hände, alles ist grau, bis auf das Weiße ihrer Augen.

Ihr Vater war in den Zwanzigerjahren ein berühmter Dirigent, gefeiert nicht nur in Deutschland, sondern auch in London, Paris und New York. Weil er ein großer Bewunderer Richard Wagners war, hatte er seine einzige Tochter Isolde genannt. 1935 war er in Bayreuth, wo er den »Ring« dirigierte, in der Pause vom Führer persönlich empfangen worden. Das machte ihn unangreifbar.

Er hatte in der Güntzelstraße in Wilmersdorf gewohnt, in einer zweihundert Quadratmeter großen Wohnung. Die Nazis hatten ihn in Ruhe gelassen, obwohl er eine zwanzig Jahre jüngere Frau geheiratet hatte, die nach den Nürnberger Rassegesetzen Vierteljüdin war.

Ein Jahr zuvor war er bei einer Orchesterprobe am Pult tot zusammengebrochen. Seine Frau Edeltraud, einst eine bekannte Sopranistin, war mit ihrer Tochter aus Wilmersdorf weggezogen. Sie hatte durch Vermittlung von Freunden in der Wollankstraße in Pankow eine neue, allerdings nur siebzig Quadratmeter große Wohnung gefunden, in die nur ein Bruchteil ihrer Möbel passte.

Edeltraud Deichmann hatte panische Angst, von der Gestapo abgeholt zu werden. Diese Angst hatte sie wahnsinnig gemacht. Vor einem halben Jahr hatte Isolde sie tot in der Badewanne gefunden. Ihre Mutter hatte Tabletten genommen und sich die Pulsadern aufgeschnitten.

Isolde, damals gerade fünfzehn, war bei den Eltern ihres an die Front kommandierten achtzehnjährigen Freundes Hubertus Hahn in Schöneweide untergekommen. Nur gelegentlich war sie nach dem Tod der Mutter in deren Wohnung zurückgekehrt, so ausgerechnet auch in der vergangenen Nacht. Und jetzt stocherte sie mit einem Spazierstock in dem umherliegenden Geröll. Sie versuchte, mit diesem lächerlich kleinen Stock die schweren Brocken beiseitezurollen, die den Eingang zu einer in den Keller führenden Treppe versperrten.

»Was ist passiert, Isolde?«, ruft Annemarie.

»Was ist passiert? Was ist passiert?«, schreit Isolde und deutet verzweifelt auf die zugeschüttete Kellertreppe. »Das ist passiert. Heute früh sind sie gekommen und haben alles kaputt gebombt.«

»Hast du meine Mutter gesehen?«, fragt Annemarie.

»Da unten irgendwo wird sie liegen«, antwortet Isolde und richtet ihren Stock wieder in Richtung des Schutts. »Ich bin oben geblieben, als die Sirenen gingen. Ich bin rausgelaufen und habe mich da drüben versteckt. Mir ist nichts passiert. Alle anderen sind im Keller.«

Sie weint. Die Tränen hinterlassen schwarze Spuren auf ihrem vom Schutt grauen Gesicht. Annemarie rennt mit dem Wäschekorb zu ihrem Ladenlokal, das unbeschädigt geblieben ist. Sie schließt auf und schiebt den Korb mit den Zwillingen hinein. Hinter der Ladentheke hängt ein Telefon an der Wand. Sie nimmt den Hörer ab und lauscht. Es scheint zu funktionieren.

Annemarie überlegt. Am 3. Januar hatte ihre Mutter sie in der Entbindungsstation besucht und die beiden Zwillinge in Augenschein genommen. Sie wollte die Schindlers in Hellersdorf besuchen, hatte sie noch gesagt, als sie sich verabschiedeten. »Aber wenn du am Wochenende aus dem Krankenhaus kommst, bin ich wieder da.«

Am Wochenende?

Ja, genau so hatte sie es gesagt. Am Wochenende. Und heute war erst Freitag. Vielleicht war die Mutter in der Nacht zum Freitag ja gar nicht in der Wohnung, weil sie Annemarie und die Zwillinge erst am Samstag oder Sonntag erwartete. Dann hätte sie Glück gehabt und wäre noch am Leben.

Sie kramt in ihrer Tasche und holt ihr kleines Adressbuch hervor. In dem Adressbuch findet sie die Adresse der Schindlers, aber keine Telefonnummer. Vielleicht haben sie gar kein Telefon? Und wenn doch?

Aus dem Hörer des schwarzen Telefons tönt das Freizeichen. Annemarie ruft bei der Auskunft an und fragt nach der Nummer von Andreas Schindler in Hellersdorf.

»Ham wa nich«, sagt das Fräulein vom Amt und beendet das Gespräch.

Jetzt fällt Annemarie ein, dass die Nachbarn der Schindlers, sie heißen Eduard und Barbara Nolden, ein Telefon haben. Wieder ruft sie die Auskunft an, und diesmal hat sie Glück. Mit zitternden Händen wählt sie die Nummer, die ihr das Fräulein vom Amt übermittelt hat: 24281.

»Nolden!«, meldet sich eine Frauenstimme.

»Hier ist Annemarie Schmidt«, sagt sie. »Entschuldigen Sie bitte die Störung. Ich muss herausbekommen, ob meine Mutter Clara Schmidt nebenan bei Ihren Nachbarn, den Schindlers, ist.«

»Ja«, sagt Barbara Nolden, »gestern habe ich sie jedenfalls dort noch gesehen. Ich glaube aber, sie ist schon wieder fort.«

»Wann ist sie weggefahren?«

»Das weiß ich nicht genau. Ich habe schließlich nicht den ganzen Tag am Fenster gelegen und aufgepasst.«

Sie wirkt genervt. Aber Annemarie gibt nicht auf. »Es ist wirklich wichtig«, sagt sie. »Ich bin gerade mit meinen neugeborenen Zwillingen aus dem Krankenhaus nach Hause gekommen und mache mir Sorgen, weil meine Mutter nicht da ist.«

Barbara Nolden schweigt. Schließlich sagt sie: »Vielleicht ist sie gerade nur um die Ecke, etwas einkaufen.«

»Das glaube ich nicht«, antwortet Annemarie. »Hier gibt es weit und breit nichts mehr, wo man etwas einkaufen könnte. Und heute früh wurde auch unser Haus getroffen. Deshalb flehe ich Sie an: Gehen Sie bitte rüber zu den Schindlers und sagen Sie denen, dass ich hier sitze, in unserem Ladenlokal, das zum Glück heil geblieben ist, und dass ich unbedingt wissen muss, ob meine Mutter bei den Schindlers ist oder ob sie unter den Trümmern unseres Hauses liegt.«

»Oh Gott, Kindchen. Sagen Sie das doch gleich«, erwidert Barbara Nolden gekränkt. »Ich muss mich aber erst noch herrichten, es kann etwas dauern.«

»Alles gut, alles gut«, sagt Annemarie. »Lassen Sie sich Zeit.

Aber wenn Sie meine Mutter dort antreffen, sagen Sie ihr bitte, ich sei schon einen Tag früher als geplant aus dem Krankenhaus gekommen, und sie soll mich hier im Ladenlokal anrufen.«

»Und wenn Ihre Mutter nicht da ist?«

»Dann soll bitte Frau Schindler mich hier anrufen. Können Sie das für mich tun?«

Barbara Nolden schnauft unwillig. »Wie ist denn Ihre Telefonnummer?«, fragt sie ungnädig.

Annemarie gibt sie ihr. Dann rennt sie zurück und holt Isolde aus den Trümmern ins Ladenlokal. In dem Vorratsraum hinter der Verkaufstheke findet sie eine Flasche mit Mineralwasser. Isolde trinkt gierig. Sie ist völlig dehydriert und zittert am ganzen Leib.

»Alle tot!«, wimmert sie. »Alle tot.«

Es dauert eine ganze Weile, bis sie erzählen kann, was sie in den frühen Morgenstunden des 5. Januar erlebt hat.

Zum Glück hing der dicke Pelzmantel ihrer Mutter noch an der Garderobe, als morgens um fünf Uhr die Sirenen heulten. Sie zog ihn an, ging aber nicht in den Luftschutzkeller, wohin alle Nachbarn liefen, sondern versteckte sich draußen, auf der anderen Straßenseite, hinter einem umgestürzten Baum. Dann ging es los.

Sie hörte zuerst das tiefe Brummen der Flugzeuge und dann ein leises, immer lauter werdendes Pfeifen, das mit einem ohrenbetäubenden Knall endete. Da wusste sie, diesmal waren nicht die Straßen und Häuser in Mitte gemeint, diesmal war Pankow an der Reihe. Sie kroch, soweit es ging, unter den dicken Baumstamm, drückte sich flach auf den Boden, um nicht weggerissen zu werden. Sie schnappte nach Luft und hatte das Gefühl zu ersticken. Die Erde bebte. Es brannte. Steine und Äste flogen durch die Luft.

»Es war die Hölle, und ich dachte, das wirst du nicht überleben. Aber dann war es plötzlich totenstill. Und ich lebte.«

Bruno beginnt zu schreien. Annemarie nimmt den Säugling aus dem Wäschekorb, riecht an ihm und legt ihn auf die Ladentheke. Vorsichtig packt sie ihn aus der Windel. Da der Wasserhahn nichts mehr hergibt, holt sie eine zweite Flasche Mineralwasser und beginnt, ihn zu säubern.

Isolde ist entzückt. Was für ein süßes Baby. Ihr Blick fällt auf den blauen Wollfaden am linken Handgelenk.

»Damit ich ihn von Alexander unterscheiden kann, auch wenn beide schlafen«, sagt Annemarie. »Er hat einen blauen. Alexander einen roten.«

»Was hast du ihm denn da auf den Bauch geklebt?«, fragt Isolde, als sie sich den kleinen nackten Bruno ansieht.

»Das ist seine Geburtsurkunde«, erklärt Annemarie. »Ich habe seine und die von Alexander ein paarmal gefaltet, bis sie in diese kleinen Tüten aus Zellophan passten. Und dann habe ich jedem seine auf den Bauch geklebt.«

Isolde sieht sie staunend an.

»Man weiß ja nie, wie es weitergeht in diesen unruhigen Zeiten«, erläutert Annemarie. »Wenn mir etwas passiert und ich plötzlich tot bin, was wird dann aus den beiden? Kuno ist an der Front, und woher sollen die Leute wissen, wer Alexander ist und wer Bruno?«

»Und was hat er da für einen blauen Fleck?«

»Das ist ein Muttermal«, sagt Annemarie. »Das hat nur Bruno. Alexander hat das nicht.«

Bruno hört erst auf zu schreien, als Annemarie ihm die Brust gibt. Bald darauf macht auch Alexander die Augen auf und fängt an zu greinen. Er wird ebenfalls auf der Ladentheke fachgerecht versorgt und anschließend gestillt. Jetzt liegen beide nebeneinander und strahlen.

»Die beiden gleichen sich ja wirklich wie ein Ei dem anderen«, sagt Isolde.

»Ja«, sagt Annemarie. »Aber ich kann sie unterscheiden. Und du jetzt auch.«

Isolde seufzt. Sie hat noch keine Kinder. Sie will mit Hubertus eine Familie gründen, wenn der aus dem Krieg zurückkehrt. Er ist an die Ostfront kommandiert worden, und niemand weiß, ob er noch lebt.

Annemarie inspiziert die Warenbestände im Laden. Sie dreht an dem Lichtschalter und stellt erleichtert fest, dass das Licht im Laden und im angrenzenden Vorratsraum noch funktioniert. Der Zugang zum Keller liegt hinter der Ladentheke, unter einer Luke, die in den Fußboden eingelassen ist. Wenn sie die schwere Klappe an einem Eisenring hochzieht, kommt eine kleine Treppe in Sicht, und sie kann in einen Raum steigen, der so groß ist wie der Verkaufsraum und der Vorratsraum zusammen. Gleich neben der Einstiegsluke befindet sich der Schalter für den Strom. Sie dreht den Knopf, und tatsächlich geht auch im Keller das Licht an.

Ihre Mutter Clara hat gut vorgesorgt.

Obwohl es immer schwieriger geworden ist, Nachschub zu besorgen, sind die Regale einigermaßen gefüllt. Es gibt einige Konservendosen, verschiedene Bohnensorten und gekochte Tomaten. Außerdem Eintopf in Dosen und Nudeln. Schließlich auch noch Kartoffeln und Äpfel, die Clara Schmidt von früheren Besuchen aus Hellersdorf mitgebracht hat.

Zwischen den Regalen findet Annemarie zwei zusammengeklappte Feldbetten und zwei Schlafsäcke, die ihre Mutter in alten Kartoffelsäcken versteckt hat. In einer Truhe, die vor Urzeiten einmal dort abgestellt worden ist, entdeckt sie ausrangierte Töpfe, eine Pfanne, Teller, Tassen und Besteck. Und in der anderen Ecke, mit einer Plane abgedeckt, einen großen Stapel Holz und mehrere Reihen Briketts.

Zum Überleben wird es reichen. Sie kann im Ladenlokal oder im Keller mit ihren beiden Süßen erst einmal unterkommen, denkt sie, während sie oben im Vorratsraum in dem kleinen Kanonenofen Feuer macht.

Aber was ist mit der Mutter?

Liegt sie wirklich, wie Isolde meint, unter den Trümmern im Keller des eingestürzten Wohnhauses?

Von draußen hört sie Motorenlärm und ein seltsam schleifendes Geräusch, als ob Eisen über Eisen schabt. Annemarie schaut zur Tür hinaus. Ein Bagger hat damit begonnen, ein paar Eisenträger und den Schutt vor der Kellertreppe des zusammengestürzten Wohnhauses zur Seite zu räumen. Zwei behelmte Feuerwehrleute, die das Fahrzeug zu der Treppe dirigiert haben, gestikulieren heftig und schreien »Halt!«

Das Fahrzeug stoppt.

Der Fahrer klettert heraus und diskutiert mit den Feuerwehrleuten, die aufgeregt nach oben deuten. Einer der beiden hat einen Hund dabei, der winselnd an den Steinen schnüffelt.

»Wenn du anfängst, da unten zu räumen, fällt dir die ganze Wand auf den Kopf!«

»Aber es geht nicht anders«, beharrt der Fahrer. »Wir müssen die Treppe freischaufeln. Da unten sitzen vielleicht noch Leute.«

»Das kannst du vergessen«, sagt der mit dem Hund. »Da unten lebt nichts und niemand mehr.«

»Wie kommst du darauf?«, fragt der Fahrer.

»Der Hund«, antwortet der Mann und deutet auf das winselnde Tier. Der Baggerfahrer scheint nicht zu verstehen.

Er kramt eine Zigarette aus der Tasche und zündet sie an. Der Hund beginnt zu bellen.

»Bist du wahnsinnig?«, schreit der Feuerwehrmann. »Hier wird nicht geraucht. Willst du in die Luft fliegen?«

Der Baggerführer wirft erschrocken die brennende Kippe weg. Und dann passiert es.

Annemarie sieht, wie eine kleine blaue Stichflamme aus den Steinen schießt, und sie hört den Knall. Alles, was danach kommt, vollzieht sich nahezu lautlos und wie in Zeitlupe. Erst neigen sich die letzten Wände ihrer zerbombten Wohnung zur Seite. Dann fliegt das Klo nach unten, gefolgt von dem schweren Küchenschrank, der die letzten Reste der gekachelten Wand und das Waschbecken mit sich zu ziehen scheint. Alles rutscht, staubt, stürzt und verschwindet in einer riesigen grauen Wolke.

Auch der Bagger steckt nun mitten im Geröll. Der Fahrer und die beiden Feuerwehrmänner sind geistesgegenwärtig im letzten Moment nach hinten gesprungen und haben sich in Sicherheit gebracht. Jetzt wird Annemarie bewusst, was sie lange verdrängt hat: Der Krieg ist brutal in ihr privates Leben eingedrungen. Unter den zwanzig vom Frost tiefgefrorenen und nach der Explosion hochgewirbelten Toten, die im Keller eingeschlossen waren, befindet sich auch ihre Mutter Clara.

Eine Gasleitung war bei der Bombardierung geborsten. Das ausströmende Gas hat in der Nacht alle Menschen getötet, die in dem Luftschutzkeller Zuflucht gesucht hatten. Der Rest des explosiven Gemischs hat sich dann am nächsten Tag an der Kippe des Baggerführers entzündet. Zum Glück ist um diese Zeit schon das meiste Gas aus den Ritzen zwischen den Steinen entwichen, sodass die Wirkung der Explosion sich in Grenzen hält.

Am 7. Februar 1945, nachdem sie die Formalitäten erledigt und ihre Mutter beerdigt hat, fährt Annemarie in einem hoffnungslos überfüllten Zug mit ihren Zwillingen von Berlin nach Dresden. In ihrem kleinen Adressbuch hat sie die Telefonnummer von Maria Hansen gefunden, genannt Mia. Es ist eine Tante von Kuno Bock, dem Vater der Zwillinge.

Als sie in Dresden ankommt, fühlt sie sich wie auf einer Zeitreise. Sie ist der Hölle entkommen und im Paradies gelandet. In Berlin ist kaum noch ein Haus heil, es gibt zwar noch Straßen, aber rechts und links nur noch Schuttberge. In Dresden spürt man kaum etwas vom Krieg. Die Stadt ist nahezu unbeschädigt. Auch die Blochmannstraße und das große Haus, das Tante Mia dort bewohnt, sehen aus wie im tiefsten Frieden.

Nur an den vielen Flüchtlingen, die in die Barockmetropole an der Elbe drängen, merkt man, dass immer noch Krieg ist. Sie kommen nicht nur aus dem zerbombten Berlin, sondern auch aus Ostpreußen, dem Sudetenland und Schlesien. Sie sind froh, dem Inferno von Flucht, Hunger und Zerstörung für wenigstens einen Tag entronnen zu sein. Länger nämlich dürfen die Geflüchteten sich nicht in der Stadt aufhalten. Der Gauleiter hat verfügt, bleiben dürfe nur, wer Verwandte oder Freunde in der Stadt hat. Alle anderen müssen nach einem Tag und einer Nacht, die sie meist unter freiem Himmel oder in provisorischen Zelten im Großen Garten verbringen, weiterziehen.

Am 12. Februar 1945 schreibt Annemarie in ihr Tagebuch:

Hier herrscht immer noch tiefer Frieden. Trotzdem habe ich vorsichtshalber die Geburtsurkunden meiner beiden Süßen wieder gefaltet und so lange mit dem Bügeleisen bearbeitet, bis sie wieder so groß waren wie ein Fünfmarkstück und in die durchsichtigen Hüllen passten. Man weiß nie, was kommt. Jetzt tragen beide wieder ihr Familienstammbuch auf dem Bauch. Tante Mia hat furchtbar gelacht, als ich ihr erklärte, wie ich A. und B. auseinanderhalte.
Aber sie weiß jetzt auch, dass A. einen roten und B. einen blauen Wollfaden am Arm trägt. Wer weiß, wozu es gut ist! Man mag überhaupt nicht glauben, dass wenige Kilometer von hier entfernt an der Ostfront unsere Männer gegen die Russen kämpfen müssen. Wann endlich hört das Bomben und Töten auf?

In der Nacht vom 13. auf den 14. Februar beginnt das Inferno. Stundenlang sitzen Annemarie und Tante Mia mit den beiden Säuglingen im Keller. Bis zum Bunker haben sie es nicht mehr geschafft. Es kracht, es donnert, die Welt scheint unterzugehen. Bruno schläft in einem Schuhkarton. Alexander schreit die ganze Zeit wie am Spieß.

Irgendwann beginnt es, brenzlig zu riechen. Das Haus ist getroffen worden, aber noch kann man nicht auf die Straße; bis endlich die Sirenen Entwarnung anzeigen. Da schnappt Annemarie sich den schreienden Alexander und die verängstigte Tante, greift den Koffer und rennt auf die Straße. Das Haus gegenüber ist unversehrt, der Dachstuhl von Mias Haus steht in Flammen. Den schreienden Alexander hält sie in dem einen, die gehbehinderte Tante am anderen Arm, und in der linken Hand versucht sie, den Koffer mit den Familienpapieren und ihren Tagebüchern festzuhalten. So läuft, geht, stolpert sie, bis sie das Nachbarhaus erreicht.

Nur fünf Minuten, sagt sie später immer wieder, nur fünf Minuten habe sie ihren Jüngsten im Keller zurückgelassen. Als sie zurückkommt, um ihn zu holen, stürzt Tante Mias Haus vor ihren Augen krachend ein. Nie hat sie sich verziehen, dass ihr der Koffer mit den Papieren und Tagebüchern wichtiger war als Bruno, den sie friedlich schlafend allein zurückgelassen hatte.

KÖNIG, KAISER, KAPITÄN

Heinrich Sauerborn, den alle Heinz nannten, bearbeitete im Souterrain des Bundeshauses gerade eine Namensliste, als im Radio die Nachricht aus Oslo kam, dass dem Bundeskanzler Willy Brandt der Friedensnobelpreis zuerkannt worden war.

Sofort unterbrach er seine Arbeit und rief Peter und Felix an. Das Trio aus dem Bonner Juso-Vorstand beschloss, für den frühen Abend einen Fackelzug zu organisieren.

Wegen Willy Brandt war Sauerborn 1970 in die SPD eingetreten. Nun sollte Brandt, dessen Ost- und Entspannungspolitik von der CDU/CSU erbittert bekämpft wurde, den Friedensnobelpreis bekommen. Die drei Jungsozialisten fanden, das müsse gefeiert werden. Heinz war nicht nur ein versierter Jurist, der alle Examina mit summa cum laude bestanden hatte, sondern auch ein großes Organisationstalent. Er hatte ein Verfahren ersonnen, wie man innerhalb kürzester Zeit mithilfe des Telefons Demonstrationen und Kundgebungen auf die Beine stellte.

Die drei trafen sich im Büro des Unterbezirks und durchforsteten die Mitgliederkartei. Jeder nahm sich zwanzig Telefonnummern vor und fing an zu telefonieren. Jeden, den sie erreichten, verpflichteten sie, jeweils zehn weitere Genossinnen oder Genossen anzurufen, die ihrerseits weitere anwerben sollten. Mit diesem Schneeballverfahren schafften sie es tatsächlich, fast dreihundert Leute zu mobilisieren. Gegen achtzehn Uhr marschierte der Zug vom Clemens-August-Platz in Poppelsdorf Richtung Venusberg, das Trio Heinz, Felix und Peter vornweg. Die Polizei war informiert und schirmte den Fackelzug als spontane Demonstration ab.

Bereits als Kind auf dem Spielplatz, später beim Fußball und überhaupt immer, wenn er mit anderen Kindern spielte, hatte Heinrich Führungsqualitäten bewiesen. Als er sechs war, hatte er bereits angefangen, Geschichten zu erfinden und zu erzählen. Später war er mal Ali Baba, mal Robin Hood, und wenn er mit seinen Freunden Abenteuer suchend durch den Wald auf dem nahe gelegenen Venusberg streifte, sah er sich auch schon mal in der Gestalt des jungen Siegfried, der den Drachen besiegte. Jedenfalls war er immer Anführer, König, Kaiser oder Kapitän.

Er las, nein, er verschlang Bücher. Und zwar nicht nur die Märchen der Gebrüder Grimm, sondern auch »Die schönsten Sagen des klassischen Altertums« von Gustav Schwab oder »Märchen aus tausendundeine Nacht«, die er im Bücherschrank seines Vaters Gustav Sauerborn gefunden hatte. Dort standen zudem einige historische Romane, die er schon als Kind eingesogen hatte, manchmal sogar ohne sie zu verstehen. »Ein Kampf um Rom« oder »Ivanhoe«.

Früh begeisterte er sich für Wolfgang Borchert, aber auch für Heinrich Böll, und 1959, da war er gerade vierzehn Jahre alt, für die »Blechtrommel« von Günter Grass.

Er hatte die unglaubliche Fähigkeit, alle Geschichten, die er las, fotografisch zu erfassen, sodass er sie sich jederzeit ins Gedächtnis rufen konnte. Danach konnte er sie rezitieren, nicht etwa, weil er sie auswendig gelernt hätte, sondern weil er sie in solchen Momenten gedruckt vor sich sah und ablesen konnte.

Als er vier Jahre alt war, entdeckte er den Zusammenhang zwischen einem gedruckten und einem vorgelesenen Text. Fortan passte er auf wie ein Luchs. Wenn seine Mutter ihm ein Märchen vorlas, hörte er nicht nur zu, sondern fotografierte zugleich mit den Augen die Buchseite, die sie vor sich aufgeschlagen hatte. Hinterher holte er sich den geschriebenen und den gesprochenen Text ins Gedächtnis zurück, verglich das Gehörte und das Gesehene und zog seine Schlüsse daraus. So lernte er lesen.

Er konnte bereits als dreijähriger Knirps komplizierte Bilderpuzzles, an denen Erwachsene tagelang saßen, innerhalb kürzester Zeit zusammenbauen. Beim Memory-Spiel war er unschlagbar. Mit fünf Jahren lernte er Schach. Auch hier immer der Erste, spielte er anscheinend mühelos ganze Partien nach, die er sich vor dem Turnier in einem Schachbuch eingeprägt hatte. Er kannte alle gängigen Eröffnungen und wusste deshalb nach den ersten Spielzügen, nach welchem Muster sein Gegenüber das Spiel aufzubauen plante.

Seiner Mutter Carola war die Begabung des Sohnes unheimlich. Sie suchte den Rat von Neurologen und Psychologen und erfuhr, dass es für Heinrichs enorme Gedächtnisleistungen ein Fremdwort gab. Sie sprachen von einer Inselbegabung und von einem eidetischen Gedächtnis.

Man sagte ihr, in den meisten bisher bekannten Fällen ginge die enorme Gedächtnisleistung einher mit einem ebenso enormen Verlust an Empathie und sozialer Kompetenz. Es gebe Menschen, die könnten zwar zwölftausend Bücher in ihrem Kopf speichern, zugleich aber seien sie außerstande, sich selbst die Schuhe zuzubinden. Sehr oft seien diese einseitig hochbegabten Menschen seelische Krüppel, bindungsunfähig, autistisch, nur um sich selbst kreisend.

Zu Carolas Erleichterung traf dies allerdings auf Heinrich Sauerborn nicht zu. In jungen Jahren zeigte er jedenfalls keins der befürchteten Anzeichen. Im Gegenteil, er war ein äußerst geselliger, im Freundeskreis beliebter junger Mann, der nicht nur den Drang verspürte, die erste Geige zu spielen, sondern auch früh erkannte, dass er mit seiner Gedächtnisleistung gute Geschäfte machen konnte.

In den ersten Schuljahren ließ er seine Mitschüler noch kostenlos davon profitieren. Später fing er an, sein Wissen erfolgreich gegen Geld loszuschlagen. Er spezialisierte sich darauf, alles über das Lehrerkollegium an seiner Schule zu erfahren. Zunächst beschränkte er sich auf die Lehrer, bei denen er selbst Unterricht hatte. Er verwickelte sie geschickt in scheinbar harmlose Gespräche, in denen sie ihm, ohne dass sie es bemerkten, Dinge anvertrauten, über die ein Lehrer mit seinen Schülern normalerweise nicht sprach. Auf diese Weise prägte er sich ihre

Eigenheiten und Eigentümlichkeiten, ihre Vorlieben und Abneigungen, ihre Stärken und Schwächen ein. Er bastelte Persönlichkeitsprofile, die es ihm erlaubten, sie richtig einzuschätzen. Er verstand nicht nur, warum sie gerade dieses oder jenes Thema besonders intensiv im Unterricht behandelten, sondern konnte bald ziemlich genau vorhersehen, welche Aufgaben und Fragen sie der Klasse demnächst stellen würden.

Von seinem Deutschlehrer, einem gemütlichen, rundlichen Herrn namens Schwanitz, wusste er zum Beispiel, dass er Thomas Mann, neben Goethe und Schiller, für den größten deutschen Dichter hielt, Heinrich Böll, Bertolt Brecht und Günter Grass hingegen verachtete. Er schloss daraus, dass bei der nächsten Deutschklausur vermutlich eher ein Text von Thomas Mann zu analysieren sein würde.

Und da der Deutschlehrer nicht nur im Unterricht, sondern auch im persönlichen Gespräch auffällig häufig auf Tonio Kröger zu sprechen kam, las oder besser scannte er in seinem Kopf alles, was er über diese Novelle in der germanistischen Sekundärliteratur auftreiben konnte. Dies fiel ihm nicht sonderlich schwer, da er selbst dicke Bände schnell zu erfassen imstande war.

Vor der nächsten Deutschklausur wettete Heinrich mit Klassenkameraden, dass Schwanitz bestimmt eine Textstelle aus Tonio Kröger zum Thema der Klausur machen werde. Keiner glaubte ihm. Hinterher wunderten sich alle, und Heinrich hatte eine Menge Geld gewonnen.

Sein Mathematiklehrer Koch, ein ansonsten trockener Junggeselle, bei dem die Klasse auch Physik hatte, geriet bei Gleichungen mit mehreren Unbekannten regelmäßig ins Schwärmen. Er fand Formeln erotisch, so hatte er sich Heinrich gegenüber ausgedrückt. Wenn er eine solche Gleichung und zugleich deren Lösung an die Schultafel schrieb, wobei er übrigens jeden Schritt auf eine eigentümliche Weise mehr singend als sprechend kommentierte, begeisterte er sich so sehr an sich selbst und an der Mathematik, dass er nicht mehr merkte, was hinter ihm im Klassenzimmer vor sich ging. Es schien ihm auch gleichgültig zu sein, ob seine Schüler ihm folgen konnten. Während die meisten in der Klasse hinter dem Rücken des Lehrers allerlei Unsinn trieben, achtete Heinrich genau darauf, was vorne geschah. Er prägte sich Schritt für Schritt die Entstehung der arithmetischen Wunderwerke ein, filmte sie mit seinen Augen und konnte hinterher alles fehlerlos reproduzieren. Seine Klassenkameraden waren beeindruckt.

Einmal gelang ihm ein besonders dreister Coup, der ihn endgültig zum Helden machte. Wieder einmal warf Koch, mit dem Rücken zur Klasse, seine Gleichungen an die Tafel. Er hatte seine speckige Aktentasche auf der ersten Tischreihe abgelegt, direkt vor Heinrich Sauerborn.

Während der Mathematiklehrer an der Tafel beschäftigt war, inspizierte Heinrich unbemerkt den Inhalt der Tasche. Es waren etwa zehn eng beschriebene Seiten, auf denen Koch mit seiner klaren Handschrift notiert hatte, welche Aufgaben er wann und in welcher Klasse zum Klausurthema machen wollte. Heinrich genügte pro Blatt ein schneller Blick, um sich den Inhalt mit allen Zahlen, Gleichungen und Daten zu merken. Hinterher konnte er nicht nur alle Aufgaben auswendig wiedergeben, sondern auch die vom Lehrer gewünschten Lösungen.

Seine Betrügereien waren ein einträgliches Geschäft. Denn er versorgte, anfangs noch zu erträglichen Preisen, keineswegs nur die eigene Klasse mit seinen Informationen, sondern dehnte den Handel bald auf alle Klassen der Schule aus, in denen Koch oder Schwanitz unterrichteten. Die Lehrer wunderten sich darüber, wie überdurchschnittlich gut sogar diejenigen Schüler bei ihren Klausuren abschnitten, die im Mündlichen eher schwache Leistungen zeigten. Sie kamen aber nie dahinter, wie sie das geschafft hatten.

Denn Heinrich ging immer äußerst umsichtig vor. Seine Mitschüler bestaunten und bewunderten die emotionslose Kälte, die er dabei an den Tag legte. Je riskanter der Coup, den er plante, desto kaltschnäuziger wirkte er dabei. Er schaffte es einmal sogar, das kleine Notizbuch ihres Klassenlehrer Schwanitz zu entwenden, in dem alle Beurteilungen und Noten standen.

Nach der Stunde gab er dem verdutzten Lehrer das Büchlein mit der Behauptung zurück, es habe neben dem Papierkorb vor der Tafel gelegen und er habe es dort gefunden. Schwanitz bedankte sich überschwänglich. Er ahnte nicht, dass Heinrich hinter seinem Rücken den gesamten Inhalt des Notizbuches erfasst hatte.

Heinrich Sauerborn verstand es, Leute für sich einzunehmen. Wenn sie ihm nützlich erschienen, gab er ihnen das Gefühl, er sei ihr Freund. Aber das war ein Irrtum. Er brauchte keine Freunde, nur Anhänger, um zum Beispiel Klassen- oder Schulsprecher und später Vorsitzender bei den Bonner Jungsozialisten zu werden. Einige, die darauf hereingefallen waren, merkten meist erst sehr viel später, dass sie mit ihm nie wirklich befreundet, sondern allenfalls verbündet waren, und dies auch nur so lange, wie es Heinrich nützlich schien.

Die Familie Sauerborn wohnte in der Bonner Südstadt im großbürgerlichen Ambiente eines Altbaus aus der Gründerzeit. Sein Vater, Gustav Sauerborn, war Professor der Romanistik an der Universität Bonn. Heinrichs Mutter Carola, fünfzehn Jahre jünger als Gustav, war erst 1945 mit ihrem auf der Flucht geborenen Sohn ins Rheinland gekommen. Gustav und Carola hatten sich im Romanistischen Seminar der Bonner Universität kennengelernt. Als sie 1950 heirateten, adoptierte der Professor den Fünfjährigen, der fortan Heinrich Sauerborn hieß.

Gustav und Carola Sauerborn führten ein großes und gastliches Haus. Wissenschaftler und Schauspieler, Maler und Musiker verkehrten darin, gelegentlich auch Politiker der oppositionellen SPD und der mit Adenauer regierenden FDP. Gustav Sauerborn war ein liberaler Freigeist, der sich schwertat mit der von alten Nazis durchsetzten westdeutschen Bundesrepublik. Er kam aus Berlin und sah immer mit einer gewissen Verachtung auf das kleine Bonn am Rhein herab. Seine Frau hatte bald ihren Beruf an den Nagel gehängt und sich nur noch um Heim und Haushalt gekümmert. Das Gehalt des Gatten ermöglichte die feste Anstellung einer Haushaltshilfe.

Heinrich spielte ziemlich gut Gitarre und ein wenig Klavier. Er liebte Bach und die Beatles und trat als Laienspieler auf der Bühne seiner Schule auf. Eine Zeit lang liebäugelte er sogar mit dem Gedanken, sich ganz dem Theater zu widmen und Schauspieler zu werden, nachdem er in der Theater-AG seines Gymnasiums in der Rolle des Spielleiters in Thornton Wilders »Unsere kleine Stadt« geglänzt hatte. Er hatte nämlich auch die Gabe, Leute nachzuahmen und in fremde Rollen zu schlüpfen. Besonders gut konnte er Koch, den Mathelehrer, imitieren. Seine Klassenkameraden bogen sich vor Lachen, wenn Sauerborn in der Pause nach vorn an die Tafel eilte und, im Koch'schen Singsang dozierend, eine von dessen Gleichungen reproduzierte.

Heinrich konnte sich wie ein Chamäleon seiner jeweiligen Umgebung anpassen. Sprachen lernte er scheinbar mühelos durch bloßes Zuhören. Seit er als Schüler ein paar Wochen in London gewesen war, sprach er derart akzentfreies Englisch, dass die Londoner ihn für einen Einheimischen hielten. Auch Französisch lernte er auf diese Weise, da er mit seinem frankophilen Vater viele Sommerurlaube in Südfrankreich verbracht hatte. Er konnte perfekt Rheinisch reden, aber ebenso perfekt berlinern.

Sein Vater Gustav, in Kreuzberg aufgewachsen, hatte die typische Tonfärbung seiner alten Heimat nie abgelegt.

Als er am Bonner Beethoven-Gymnasium mit neunzehn Abitur machte, folgte er dem väterlichen Rat, zunächst einmal etwas Handfestes zu studieren, nämlich Jura.

An den Universitäten gärte es bereits. Die jungen Leute rebellierten gegen ihre Väter und ihre Professoren. Heinrich sympathisierte mit ihnen, aber er beteiligte sich nie an ihren Aktionen.

Weil ihn das Jura-Studium langweilte, absolvierte er es zügig. Innerhalb kürzester Zeit machte er beide Staatsexamen. Auch dabei half ihm sein fotografisches Gedächtnis. Gesetzestexte hatte er ebenso parat wie die dazugehörigen Kommentare. Er brauchte nie einen Repetitor. Er konnte in den Klausuren fehlerfrei ganze Gerichtsurteile aus dem Gedächtnis zitieren.

In den Semesterferien hatte er als studentische Aushilfskraft manchmal im Bundeshaus gejobbt und dabei Kurt Kulick kennengelernt, der ihn an die SPD und ihre linken Vordenker von Karl Marx über Karl Kautsky bis Herbert Marcuse heranführte. Allerdings interessierten ihn diese Geistesgrößen wenig. Um Kulick zu imponieren, tat er nur so, als ob er ihre Werke gelesen und verstanden hätte.

Kulick hatte ihn für die SPD geworben, und da Kulick aus Beuel kam, wurde auch Heinz, obwohl er eigentlich in der Bonner Südstadt wohnte, Mitglied des Ortsvereins Beuel. Jeden zweiten Dienstag trafen sich die Jusos in der Gaststätte »Tante Clara«, und bald schon war Heinz einer ihrer Wortführer. Sie gehörten zum linkeren Teil der Bonner SPD und hielten zum Beispiel nichts von der strikten Abgrenzung zur DKP, die damals von der SPD-Führung verfügt worden war. Heinz fand Thesen und Theorien der DKP und deren ständige Verherrlichung der DDR zwar nervig. Aber er ließ sich den Umgang mit ihnen nicht verbieten.

Auf Kulicks Empfehlung und auch dank des Einflusses, den der Personalratsvorsitzende auf die Stellenbesetzungen hatte, fing er am 1. April 1970 bei der Bundestags-Verwaltung im Bonner Bundeshaus an.

Kulick war ursprünglich Drucker. Er war gewerkschaftlich organisiert und hatte beste Kontakte in die »Baracke«, wie man damals den in einem provisorischen Flachbau untergebrachten Sitz der SPD-Führung nannte. Im Bundeshaus war er Vorsitzender des Gesamtpersonalrats, in der Partei ein Linker. Nach dem Fall der Mauer kam heraus, dass er viele Jahre ohne Honorar für die DDR spioniert und regelmäßig SPD-Interna nach Ostberlin verraten hatte.

Heinrich war ein elastischer Linker. Wenn es ihm nützte, verbündete er sich von Fall zu Fall mal mit den ganz Rechten in der Partei, mal mit den orthodoxen Linksaußen-Jusos, die an die in der DDR gepflegte »Theorie vom Staatsmonopolistischen Kapitalismus« glaubten und deshalb ständig vom Parteiausschluss oder Berufsverboten bedroht waren. Am Abend des 20. Oktober 1971 führte er den Fackelzug der Bonner Jungsozialisten an. Als sie in den Kiefernweg einbogen, wo der Bundeskanzler seit seiner Zeit als Außenminister wohnte, sah er, dass sich die Nachricht vom Fackelzug offenbar herumgesprochen hatte. Vor dem Haus stand ein Kamerateam. Heinrich Sauerborn wurde gefilmt, als er Willy Brandt die Hand schüttelte.

SPIEGELUNGEN

Hauptmann Alexander Bock saß wie so oft nach Büroschluss noch an seinem Schreibtisch. Sein Chef, Markus Wolf, war unterwegs. Draußen war es bereits dunkel. Das Wetter war den ganzen Tag herbstlich trüb gewesen. Und so war auch seine Stimmung.

Emma, eine alleinerziehende Lehrerin und seit einem halben Jahr seine Freundin, hatte ihn rausgeschmissen. Neben der Tür zum Flur stand die kleine Tasche mit seinen Klamotten. Er hatte sie am Morgen dort abgestellt.

Bock war nicht nur Adjutant, sondern auch eine Art Ziehsohn des Spionagechefs Markus Wolf. Sein verstorbener Vater Kuno Bock war um ein paar Ecken verwandt mit Wolf. Sie kamen beide aus dem schwäbischen Hechingen, und wenn Wolf redete, hörte man das immer noch.

Aus irgendeinem Grund hatte der Adjutant den General nicht nach Ungarn begleiten können, wo das Jahrestreffen der Spionagechefs des Warschauer Paktes stattfand. Bevor er allein abgereist war, hatte Wolf ihm eine etwas unangenehme Aufgabe übertragen. Es gab Ärger mit der Rechnungsstelle, und Bock sollte versuchen, die Gemüter mit einem beschwichtigenden Brief zu besänftigen.

Die Buchhalter des Ministeriums für Staatssicherheit monierten eine hohe Spesenrechnung, die der General von einer abendlichen Stippvisite aus Westberlin mitgebracht hatte. Dort hatte er, was außer Bock niemand wusste, eine Affäre. Da sein Konterfei im Westen damals noch unbekannt war, er stets eine Sonnenbrille trug und niemand wusste, wie er aussah, konnte Wolf es sich leisten, die Dame erst in ein Restaurant auszuführen, bevor er mit ihr ins Bett ging.

Die Rechnung des exklusiven Italieners in Zehlendorf war aber offenbar in der Chefetage des Ministeriums für Staatssicherheit gelandet und hatte dort Stirnrunzeln ausgelöst. Anders konnte Bock sich nicht erklären, warum die Pfennigfuchser aus dem dritten Stock, die den Chef der Hauptverwaltung Aufklärung normalerweise in Ruhe ließen, nun um eine Stellungnahme gebeten hatten. Vermutlich steckte Mielke selbst dahinter.

Bevor er das Büro verließ, hatte Wolf seinem Adjutanten noch zugerufen, er solle das Übliche schreiben, es sei ein Treffen mit einer amerikanischen Quelle gewesen. Topsecret und so weiter, blablabla. Namen könne er selbstverständlich nicht nennen.

Jetzt saß Bock an seinem Schreibtisch und versuchte, der Sekretärin Verena Gutzke den Antwortbrief zu diktieren. Aber er war nicht richtig bei der Sache. Er verhaspelte sich ständig und musste mehrmals neu anfangen. Immer wieder kam ihm Emma in den Sinn und die Szene, die sie ihm am Morgen gemacht hatte.

Sie sei es leid, ständig auf ihn warten zu müssen. Sie wolle das Leben genießen, mit ihm und ihrem Sohn spazieren, mit ihm und Freunden tanzen oder ins Kino gehen, aber dazu habe er nie Zeit. »Such dir eine andere!«, hatte sie gesagt und den Hausschlüssel zurückverlangt, den sie ihm vor drei Monaten gegeben hatte.

Mit hochgezogenen Beinen hatte sie auf dem Bett gesessen. Die Arme um die angewinkelten Beine geschlungen, den Kopf auf die Knie gelegt, hatte sie stumm zugeschaut, wie er seine Uniform anzog und die paar Klamotten einpackte, die er bei ihr deponiert hatte, zum Schluss im Bad die Zahnbürste und die Rasiersachen. Grußlos hatte er die Wohnung in dem bröckelnden Altbau am Kollwitzplatz verlassen.

Jetzt musste er abends wieder in seinen Plattenbau fahren. Der Gedanke missfiel ihm. Denn in dem Plattenbau bröckelte zwar kein Putz, aber es stank im Eingangsbereich, weil der Müllschlucker entweder von den Bewohnern des zehnstöckigen Neubaus falsch befüllt oder von der Müllabfuhr nie richtig entleert wurde.

Und es gab noch einen anderen großen Nachteil. Der Kollwitzplatz am Prenzlauer Berg lag wenigstens in der Stadt, mitten im Leben. Das sogenannte Punkt-Hochhaus aber, das man ihm als die neueste Errungenschaft der sozialistischen Wohnraumbewirtschaftung angepriesen hatte, lag in Marzahn. »Jottwede«, wie die Berliner zu sagen pflegten, »janz weit draußen«. Er bewohnte dort im siebten Stock eine kahle, lieblos eingerichtete Zweiraumwohnung mit Bad, Küche und einem winzigen Balkon zur Nordseite.

Dieter Feller riss ihn aus seinen trüben Gedanken. Es war kurz nach achtzehn Uhr, als Bocks Assistent mit einem Blatt Papier wedelnd in das Chefbüro im zehnten Stock stürmte.

»Sie haben ihm den Friedensnobelpreis verliehen!«, rief Feller.

Der Adjutant verstand nicht. »Wer hat wem den Nobelpreis verliehen?«

»Das Nobelkomitee in Oslo hat Willy Brandt den diesjährigen Friedensnobelpreis zuerkannt«, antwortete Feller und reichte Bock die Ticker-Meldung des Allgemeinen Deutschen Nachrichtendienstes. Mit einem Kopfnicken entließ der Adjutant die Sekretärin in den Feierabend. Sie hatte schon die ganze Zeit ungeduldig auf die Uhr geschaut. Bock studierte die Erklärung von Aase Livnäs. Die Vorsitzende des Verteilungskomitees des norwegischen Parlaments hatte die Auszeichnung mit wenigen, einfachen Sätzen umfassend begründet: Willy Brandt habe seine Hand zur Versöhnung zwischen verfeindeten Völkern ausgestreckt und somit Europa dem Frieden nähergebracht.

»Das ist ein Hammer«, sagte Bock.

Feller nickte. Er sah das genauso. Aber er hatte ein Problem. Er war Fußballfan und wollte das Europapokalspiel zwischen Borussia Mönchengladbach und Inter Mailand nicht versäumen, das um acht Uhr beginnen sollte. Leider hatten sich das Westfernsehen und die Borussen nicht einigen können, wer die Übertragungskosten von sechzigtausend D-Mark plus elf Prozent Mehrwertsteuer übernehmen sollte. Das DDR-Fernsehen war ohnehin nicht dabei. Er würde das Spiel also nicht am Bildschirm, sondern lediglich im Rundfunk verfolgen können.

Aber auch das wollte Feller sich nicht entgehen lassen. Deshalb schaute er ständig auf die Uhr.

»Kann ich jetzt gehen, Genosse Bock?«, frage er schließlich.

Bock nickte. Und nachdem sein Assistent das Büro verlassen hatte, schaltete er den Fernsehapparat ein. Er ging gleich ins West-Programm. Dort war der Nobelpreis für Brandt auf beiden Kanälen das Top-Thema. Im Ersten wurde gezeigt, wie Bundestagspräsident Kai-Uwe von Hassel kurz nach siebzehn Uhr die Haushaltsberatungen des Bonner Parlaments unterbrochen und die Nachricht verkündet hatte. Alle Abgeordneten der SPD und der FDP und auch einige der Opposition, darunter zum Beispiel der CSU-Politiker Hermann Höcherl, hatten sich erhoben und applaudiert.

Das ZDF berichtete live von einem Fackelzug der Bonner Jungsozialisten. Sie waren auf den Venusberg zum Kiefernweg marschiert, um Brandt zu gratulieren. Die Kamera zeigte fröhlich lachende Gesichter. Ein Mann an der Spitze des Fackelzugs gab Brandt die Hand.

Man sah ihn nur zwei oder drei Sekunden. Dann war er verschwunden.

Bock stutzte.

Hatte er sich getäuscht?

»Nein«, stammelte er, »das kann nicht sein!«

Aufgeregt schaltete er zurück ins erste Programm.

Kein Fackelzug.

Stattdessen ein Interview mit Kanzleramts-Chef Horst Ehmke, der sagte, der Friedensnobelpreis sei eine Ermutigung für Brandt, jetzt erst recht seine Friedens- und Entspannungspolitik fortzusetzen, trotz aller Proteste von Vertriebenen-Verbänden und der CDU/CSU-Opposition.

Auch das ZDF zeigte nur noch Interviews, aber keinen Fackelzug. In der Aktuellen Kamera des DDR-Fernsehens kam die Nachricht von Brandts Ehrung an fünfter Stelle. Aber kein einziges Bild vom Fackelzug der Jusos.

Alexander war verwirrt.

Der Mann mit der Fackel hatte ihn aus dem Gleichgewicht gebracht.

Ihm war schwindelig geworden. Er musste sich aufstützen.

Was er gesehen hatte, konnte nicht sein. Oder doch?

Er mochte es einfach nicht glauben.

Wie betäubt stand er auf. Er ging ans Fenster und sah hinaus in die Dunkelheit. In der Scheibe spiegelte sich sein Konterfei. Er sah sich doppelt.

Er konnte es nicht fassen.

ONKEL MISCHA

Am nächsten Tag gleich morgens um neun besuchte er seine Mutter Annemarie Bock in Pankow. Sie freute sich, als sie ihn sah. Zugleich aber wunderte sie sich, weil er um die Zeit noch nie bei ihr aufgekreuzt war.

»Wie geht es Onkel Mischa?«, fragte sie, nachdem sie ihn in den Arm genommen und gedrückt hatte.

»Der ist in Ungarn, auf irgendeiner Konferenz. Es geht ihm gut.«

Markus Wolf kam wie Alexanders verstorbenen Vater Kuno Bock aus Hechingen. Als Kuno 1956 ganz plötzlich starb, hatte sich der Spionagechef wie ein Vater um Annemaries elfjährigen Sohn gekümmert. Er hatte ihn häufig nach Moskau mitgenommen, wo er viele alte Freunde hatte und Alexander sehr viele neue Freundschaften mit jungen Russen schloss.

Auch später war Alexander mal mit, mal ohne Wolf noch sehr oft dort gewesen. Und er hatte sich im Laufe der Jahre die Landessprache so perfekt angeeignet, dass jeder ihn für einen Moskowiter hielt. Der General und sein Adjutant hatten im Moskauer KGB fast mehr einflussreiche Freunde als in der Ostberliner MfS-Zentrale.

Auch um die Witwe hatte Wolf sich sehr gekümmert. Alexander wusste, dass die beiden sich mochten. Vielleicht war sogar einmal mehr gewesen.

Der sprachbegabte Sohn hatte nach der Schule und dem Dienst in der Armee die Dolmetscherschule und die Hochschule des MfS in Potsdam-Golm und danach die Spionage-Akademie in Belzig absolviert. Anschließend war er zwei Jahre lang diensthabender Offizier an der GÜSt, der Grenzübergangsstelle, am Checkpoint Charly gewesen, über die alle in der DDR akkreditierten Diplomaten ein- und ausreisten. Seine Sprachkenntnisse hatten ihm auch dort sehr oft geholfen, mit komplizierten Situationen fertigzuwerden. 1970 hatte Onkel Mischa ihn dann als seinen Adjutanten und Büroleiter an die Spitze der HVA geholt.

»Was führt dich zu mir, mitten in der Woche?«, fragte Annemarie. Sie hatte Tee gekocht. Sie saßen in ihrer kleinen Küche.

»Nichts Besonderes«, sagte er. »Ich wollte einfach nur wissen, wie es dir geht.«

Das stimmte nicht. Er hatte die ganze Nacht schlecht geschlafen und war nur gekommen, um sie auszuhorchen.

»Hast du gehört, Brandt kriegt den Friedensnobelpreis?«, begann er vorsichtig.

»Ja, das weiß ich. Das finde ich auch völlig in Ordnung«, sagte sie.

»Er weiß wenigstens noch, was Krieg bedeutet.«

»Hast du gestern ferngesehen?«

»Ja natürlich. Aber in der ›Aktuellen Kamera‹ spielte der Nobelpreis keine so große Rolle. Manchmal verstehe ich die Genossen in Adlershof nicht.«

Adlershof war der Sitz des DDR-Fernsehens. Sie hatte offenbar nur die »Aktuelle Kamera« und nicht das Zweite Deutsche Fernsehen geguckt. Das war gut.

»Wer heute noch glaubt, er könne mit Krieg irgendetwas erreichen, gehört eingesperrt«, sagte Annemarie. »Deshalb bin ich wirklich froh, dass sie dem Brandt jetzt den Nobelpreis geben. Der Mann hat es verdient. Er hat begriffen, worauf es wirklich ankommt.«

Sie schwiegen und tranken Tee.

»Wieso bist du eigentlich damals mit uns nach Dresden gefahren?«, fragte Alexander unvermittelt.

Diese Wendung schien Annemarie nicht erwartet zu haben. »Warum fragst du?«

»Du hast es mir noch nie genau erzählt.«

»Weil du es nie hören wolltest. Du hast dir schon als Kind immer die Ohren zugehalten, wenn ich davon anfing. Du wolltest es nicht hören. Ich glaube, du warst immer eifersüchtig auf Bruno.«

Sie hatte recht. Er hatte es nicht mehr hören können, das ewige Gejammer um den toten Bruder. Er hatte manchmal das Gefühl gehabt und hatte es eigentlich immer noch, dass der verlorene Sohn der Mutter mehr wert und wichtiger war als er, der überlebende.

»Dresden«, fuhr sie fort, »war damals noch weitgehend unzerstört, und ich wusste nicht, wohin mit euch beiden.« Sie schwieg.

»Sahen wir beide uns eigentlich sehr ähnlich?«

»Wie ein Ei dem anderen.«

»Und wie hast du uns unterscheiden können?«

»Es war ganz einfach. Dein Bruder Bruno hatte ein bläuliches Muttermal unter seinem Bauchnabel. Dieses Muttermal hatte nur er. Du hattest und hast es nicht. Und damit ich euch auch im Schlaf unterscheiden konnte, habe ich dir einen roten Wollfaden um das rechte Handgelenk gebunden und Bruno einen blauen um das linke.«

»Wurde das Muttermal in der Geburtsurkunde erwähnt?«

»Nein, wurde es nicht. Aber im Geburtenbuch der Charité gibt es eine Rubrik mit der Überschrift ›Besondere Merkmale‹. Da haben sie es eingetragen, auf Lateinisch: *Naevus caeruleus infra venter felis* hat der diensthabende Arzt es genannt.«

»Geburtenbuch? Nie gehört. Was ist das?« Annemarie erklärte es ihm.

»Verstehe! Es war also eine interne Dokumentation.«

»Das einzige Dokument übrigens, aus dem hervorging, dass ich in der besagten Silvesternacht zwei Kinder geboren hatte. Es gab sonst keinen Beweis dafür. Nach dem Krieg habe ich versucht, an dieses Geburtenbuch zu kommen, weil ich nachweisen musste, dass ich wirklich Mutter von Zwillingen war. Es war leider verschwunden. Kriegswirren, hieß es.«

»Du hattest aber doch die Geburtsurkunden. Wenn man

die nebeneinanderlegte, konnte jeder sehen, dass du Zwillinge bekommen hattest.«

»Nein, beide Geburtsurkunden hatte ich eben nicht. Ich hatte nur noch deine.«

»Wie das?«

»Das gehörte auch zu dem schrecklichen Tohuwabohu von Dresden.« Als er sie fragend ansah, fuhr sie fort: »Ich hatte jedem von euch seine Geburtsurkunde auf den Bauch geklebt. Ja. Du hast richtig gehört: auf den Bauch geklebt. Deine Urkunde war noch da, als alles vorbei war. Ich habe sie herausgepuhlt, glatt gebügelt und wieder in das Familienbuch gelegt, wo sie hingehört. Die Urkunde von Bruno ist mit ihm in der Bombennacht von Dresden verschwunden, vermutlich pulverisiert, verkohlt, verbrannt ...« Sie schnäuzte sich und trocknete ihre Tränen.

»Was genau ist in dieser Bombennacht vom 13. auf den 14. Februar 1945 passiert?«

»Du wolltest es ja nie hören. Aber es waren wirklich nur fünf Minuten, die ich ihn aus den Augen gelassen habe. Und als ich zurückkam, um ihn zu holen, stürzte das Haus ein. Das habe ich mir nie verziehen ...«

Sie stockte. Tränen flossen über ihr Gesicht. Alexander stand auf und nahm sie in den Arm.

»Ich konnte doch nie mit dir darüber reden«, schluchzte sie. »Ich merkte jedes Mal, wie du innerlich starr und wütend wurdest, wenn ich davon anfing. Du wolltest es nicht hören. Du glaubtest, dein toter Bruder Bruno bedeute mir mehr als du. Aber das stimmte nie und stimmt immer noch nicht.«

Alexander war gerührt. Er spürte, wie auch seine Augen feucht wurden. »Ich weiß doch, dass es eine schwere Zeit für dich war«, sagte er und drückte sie an sich.

Das Gespräch hatte ihn mitgenommen.

Im Büro erwartete ihn bereits der Fußballfan Feller, der ihm freudestrahlend erzählte, sein Verein habe am Vortag gewonnen. »Sieben zu eins!«, rief er. »Wir haben die Itaker auseinandergenommen.« Er war völlig aus dem Häuschen und gab sich keine Mühe, seine Sympathie mit der westdeutschen Mannschaft vom Niederrhein zu verbergen. Er hielt die Truppe um Netzer, Heynckes, Bonhof und Co. für zehnmal besser als die Jungs von Dynamo Berlin, die, was jeder wusste, von Stasi-Chef Erich Mielke persönlich gefördert und auch mit Stasi-Geldern gepäppelt wurden.

»Ich saß am Radio«, schwärmte Feller, »es war wie in alten Zeiten. Ein Super Spiel!« Er verstummte erst, als er merkte, dass Bock mit seinen Gedanken ganz woanders war. Der Adjutant bat seinen Assistenten mit einer Handbewegung, die Tür zu schließen.

»Was ich dir jetzt sage«, begann er, »muss unter uns bleiben. Ich verlasse mich darauf.«

Feller erschrak. Wenn Bock so redete, war mit ihm nicht zu spaßen.

Als Feller das Büro eine Viertelstunde später verließ, wusste er, was er zu tun hatte. Bock hatte ihn genauestens instruiert. Zum Schluss hatte er ihm einen versiegelten Umschlag gegeben und ihm aufgetragen, diesen Umschlag ungeöffnet der MfS-Kundschafterin zu geben, die er für die heikle Mission in Bonn aussuchen würde. Darin befinde sich das Foto eines Mannes, hatte er gesagt, den sie in Bonn suchen und aufklären solle. Alles andere habe er auf einen Zettel geschrieben, der ebenfalls in dem Umschlag stecke.

»Nur damit du Bescheid weißt: Du musst dir von ihr schriftlich bestätigen lassen, dass sie den Umschlag versiegelt, also verschlossen, übernommen hat. Und öffnen darf sie ihn erst, wenn sie ganz allein ist.«

Welchen Lockvogel er nach Bonn schicken wolle, könne er selbst entscheiden, hatte Bock zum Schluss gesagt und hinzugefügt: »Du wirst schon die Richtige finden.«

WAFFENHÄNDLER

Konrad Köhler langweilte sich. Auf Gut Waldhof im Siebengebirge bei Bonn war nichts los. Ein paar Springer-Journalisten hingen am Tresen herum, die ihn mit ihren Frauengeschichten langweilten. Sein Freund Julius Steiner, mit dem er sonst immer soff, saß heute mit Dr. Hausmann zusammen. Die beiden flüsterten miteinander und hatten ihm signalisiert, dass sie nicht gestört zu werden wünschten. Und Martini, der Hausherr, war schon so besoffen, dass er sich kaum noch auf den Beinen halten konnte.

Der dürre Kettenraucher Konrad Köhler, genannt KK, war im Gästehaus des Waffenhändlers erst seit einem Jahr Stammgast. 1968 war er, getarnt als DDR-Flüchtling, mit einem festen Auftrag des DDR-Ministeriums für Staatssicherheit nach Bonn gekommen. Er sollte die rechte Szene in der Bundeshauptstadt auskundschaften. Seine Leute in Ostberlin wollten wissen, welchen Einfluss alte Nazis und kalte Krieger in der CDU/CSU auf die Außen- und Deutschlandpolitik der Union hatten.

Als er anfing, hatte noch der CDU-Kanzler Kurt Georg Kiesinger regiert. Brandt war damals Vizekanzler und Außenminister. Aber es war klar, welche Ziele er und Egon Bahr mit ihrer neuen Ost- und Entspannungspolitik verfolgen würden, wenn man ihnen nur freie Hand ließe. 1969 hatten sie begonnen, ihre Pläne umzusetzen. Die CDU/CSU, inzwischen in der Opposition, tobte. KK bekam Weisung, sie noch genauer zu beobachten.

Nach seiner angeblichen Flucht in den Westen war er von den Abwehrspezialisten des BND und des Verfassungsschutzes unter die Lupe genommen worden. Er hatte ihnen erzählt, die Liebe zu einer Frau, die er auf der Leipziger Messe kennengelernt hatte, und der Hass auf die SED-Diktatur hätten ihn in den Westen getrieben. Die Frau, schwadronierte er, sei aus dem

Ruhrgebiet gewesen. Er wäre ihr gerne gefolgt, aber das verbrecherische Regime in Ostberlin habe ihn mit Mauer und Stacheldraht daran gehindert. Und so sei die große Liebe leider erkaltet.

Das war eine wacklige Legende, die leicht zu erschüttern gewesen wäre. Köhler hatte mit Frauen nie etwas im Sinn gehabt. Er war in Köln schon einmal kontrolliert worden, als die Polizei ein Schwulen-Lokal aushob. Aber das wussten die ihn vernehmenden Abwehrspezialisten nicht. Sie nahmen ihm die Geschichte von der Frau aus dem Westen ab, ohne nachzufragen, wie sie denn geheißen habe und wo sie wohne. Sie fanden seinen Hass auf das Regime so nachvollziehbar, dass sie nicht weiterbohrten. Köhler ließ keine Gelegenheit aus, sich als hasserfüllter Feind der SPD-Regierung zu profilieren.

Samstags stieg er manchmal auf dem belebten Marktplatz auf eine Holzkiste. Er verwickelte Passanten in Gespräche und hielt Hetzreden gegen die Architekten der neuen Ostpolitik. Er nannte sie »Volksverräter« und »Verzichtpolitiker«. Er lärmte und lamentierte so lange, bis der Kölner Verfassungsschutz auf ihn aufmerksam wurde. Aber anstatt ihn zu observieren oder vor ihm zu warnen, warben ihn die Schlapphüte als Informanten an.

Fortan war er in ihrem Auftrag in linken Studentenkneipen unterwegs. Er bespitzelte Kommunisten, Sozialdemokraten und Jungsozialisten für den Verfassungsschutz, dem er unter dem Decknamen »Tanne« zu Diensten war. Gleichzeitig berichtete er als Quelle »Intimus« regelmäßig der Stasi-Zentrale in Berlin, was er erlebt hatte.

Und bald begann sich auch der BND für ihn zu interessieren.

Dr. Hausmann aus Pullach nahm ihn persönlich unter seine Fittiche. Der Mann legte großen Wert auf seinen Doktortitel. Deswegen waren alle Decknamen, unter denen er im Laufe seines Berufslebens beim BND aufgetreten war, stets akademisch verbrämt. Mal hieß er Dr. Meyerhoff, mal Dr. Harmsdorf, mal Dr. Küster.

Der »Doktor«, wie sie ihn deshalb nannten, hatte jahrelang die Waffengeschäfte in sogenannte Spannungsgebiete organisiert, die zwar verboten, aber mit Hausmanns Hilfe in der Mitte der Sechzigerjahre trotzdem abgewickelt worden waren. Auch der Waffenhändler Gerhard Martini hatte davon profitiert. Von dem Geld, das er dabei verdiente, konnte er sich locker den alten Gutshof im Siebengebirge nebst den dazugehörigen Wiesen, Feldern und Waldstücken kaufen.

Hausmann wohnte in Bayern. Sein schwarzes, glattes Haar war so straff nach hinten gekämmt, dass sich seine Geheimratsecken und damit der Beginn einer Glatze unübersehbar abzeichneten.

Selbst in geselliger Runde trug er einen Schlips. Er trank am liebsten Bier und zu vorgerückter Stunde gern einen Enzian-Schnaps. Seit vielen Jahren war er CSU-Mitglied und ein treuer Gefolgsmann seines Vorsitzenden Franz Josef Strauß.

Im Mai 1969, kurz bevor die Sozialdemokraten in Bonn das Ruder übernahmen, war er von der Zentrale in Pullach beurlaubt und mit einem Sonderauftrag nach Hamburg geschickt worden. Er trat, ausgestattet mit dem Kapital, das ihm der BND aus Steuermitteln zur Verfügung gestellt hatte, als neuer Partner in die Exportfirma Dobberkahn ein, die seit 1961 mit dem BND zusammenarbeitete. Dort betrieb er dann Waffenhandel in großem Stil. Da wurden, so las man später im SPIEGEL, dicke Dinger verscheuert, einfach alles, an das Martini nicht mehr rankam – Flugzeuge, Panzer und ausgemusterte Haubitzen der Bundeswehr.

Auf Martinis Gutshof war er ein gern gesehener Gast. Denn obwohl die beiden Waffenhändler geschäftlich oft Konkurrenten waren, verband sie der gemeinsame Hass auf die Sozis. Besonders verhasst war Horst Ehmke, der neue Chef des Kanzleramts, zu dessen Pflichten es gehörte, den Auslandsnachrichtendienst in Pullach zu kontrollieren.

Gleich nach der Übernahme des Amtes hatte der Sozialdemokrat forsch verkündet, er werde bei dem Dienst ausmisten und dafür sorgen, dass die für die illegalen Waffengeschäfte Verantwortlichen juristisch zur Verantwortung gezogen würden. Sein Vorgänger Karl Carstens, der unter Kiesinger Kanzleramts-Chef war, hatte die Waffengeschäfte des BND gedeckt. Für Dr. Hausmann und seinen Gesinnungsgenossen Martini war Ehmkes Ankündigung deshalb eine offene Kampfansage.

Auch den damals noch völlig unbekannten CDU-Bundestagsabgeordneten Julius Steiner hatte Köhler 1970 über Dr. Hausmann kennengelernt. Die beiden hatten sich rasch angefreundet. Sie soffen viel, und dabei gelang es KK, dem Hinterbänkler aus dem schwäbischen Biberach einige pikante Geschichten aus dem Innenleben der oppositionellen CDU zu entlocken, die er nicht nur an Dr. Hausmann weitergab, sondern auch an die Stasi-Zentrale in Ostberlin.

Auf Martinis Anwesen traf sich regelmäßig ein zusammengewürfelter Haufen von Agenten, Waffenschiebern, Journalisten und rechtslastigen Unions-Abgeordneten zu feuchtfröhlichen Zechgelagen. Hier konnte man ungeniert und ungestört über den Kanzler Brandt und seinen Gehilfen, den Juden Egon Bahr, herziehen, die, so sah man das hier, die verlorenen deutschen Ostgebiete verschenken, den Unrechtsstaat DDR völkerrechtlich anerkennen und durch einen Pakt mit den Kommunisten in Moskau auf alle rechtlichen und territorialen Ansprüche des untergegangenen Deutschen Reiches verzichten wollten.

Köhler hatte immer ein kleines Tonbandgerät dabei und aufgezeichnet, wer was in dieser Runde von sich gab. Zu Martinis Stammgästen gehörten einflussreiche publizistische Gegner der SPD/FDP-Koalition, angeführt von dem ZDF-Moderator Gerhard Rehberg, der jeden zweiten Mittwoch in seiner Sendung Hass und Häme gegen die Ost- und Entspannungspolitik verbreitete. Auch mit ihm hatte KK sich angefreundet. Immer mit von der Partie: die Nachrichtenhändler aus dem Hause Springer, die sich Journalisten nannten und für die es schon Landesverrat war, DDR ohne Gänsefüßchen zu schreiben.

An diesem Dienstag aber war Rehberg zu Köhlers Bedauern nicht gekommen. Mit dem Waffenhändler Martini über den Krieg zu reden, hatte er keine Lust. Er kannte inzwischen die mitternächtlichen Rituale. Gleich würde der Hausherr das Horst-Wessel-Lied anstimmen. Das tat er immer, wenn er zu viel getrunken hatte.

Er war ein unverbesserlicher Nazi, im Zweiten Weltkrieg Mitglied der Waffen-SS und Fallschirmspringer, der immer wieder mit seinen Heldentaten prahlte. Angeblich war er dabei, als ein SS-Kommando 1943 im Auftrag des Führers den aus dem Amt gejagten italienischen Duce Mussolini aus der Haft in den Abruzzen befreite. Beim Absprung über Kreta hatte der tollkühne Fallschirmjäger ein Auge verloren. Hitler selbst, behauptete er, habe ihn für seine ruhmreichen Taten dekoriert. Er zog das eine Bein nach, weil ein Granatsplitter in seinem linken Oberschenkel steckte, der ihm manchmal Schmerzen bereitete.

Konrad Köhler beschloss, nach Hause zu fahren. Er winkte Steiner und dem Doktor zu, verabschiedete sich mit einem Kopfnicken von Martini und fuhr mit seinem VW nach Bonn.

Auf der Kennedybrücke überlegte er, ob er im Hofgarten Ausschau nach einem Stricher halten sollte, der ihm einen blasen könne. Da es neblig trüb und regnerisch war, verwarf er den Gedanken. Er beschloss, in der Schumannklause noch ein Bier zu trinken.

SCHUMANNKLAUSE

In einer so fröhlichen Kaschemme war sie noch nie. Die Leute lachten, sangen, knutschten. Überall hingen in der Schumannklause Staeck-Plakate und Anti-Kriegsparolen an den Wänden. Die Musikbox war unablässig im Einsatz.

Es gab drei Flipper, zwei verschiedene Sorten Suppe, Schmalzbrote und jede Menge Bier, Wein und Sense, ein Gemisch aus Apfelsaft und Korn, das nicht nach Gläsern bestellt, bemessen und konsumiert wurde, sondern zentimeterweise nach der Länge der auf der Theke aneinandergereihten Gläser.

Vor der Theke lungerten langhaarige Gestalten, die Anita mit ihren Blicken fast auszogen, als sie hereinkam. Auch ein paar Frauen waren dabei, die sie kritisch beäugten, aber dann so taten, als wäre sie Luft für sie.

Sie war es gewohnt, von Männern angegafft und von Frauen beneidet, ignoriert oder gehasst zu werden. Sie wusste, wie sie auf Männer wirkte. Sie war zwar gerade erst neunzehn Jahre alt, aber sie hatte als Lockvogel bereits eine Menge einschlägige Erfahrungen gesammelt. Bisher jedoch nur im Osten. Dies hier war ihr erster Einsatz im Westen.

Als sie eine Weinschorle bestellte, bekam sie ein schmales Kölschglas, halb mit Mineralwasser, halb mit Wein gefüllt.

»Wie heißt du?«, fragte der schnauzbärtige Wirt.

»Anita!«

Er schrieb ihren Namen auf einen Bierdeckel und machte einen Strich daneben. Dann legte er ihn auf die Theke.

»Die älteste Kreditkarte der Welt«, quatschte sie jemand von der Seite an und deutete auf mehrere Stapel von Bierdeckeln, die hinter dem Mann am Zapfhahn in die Höhe gewachsen waren.

»Das sind die Deckel der Stammgäste, die nie bezahlt werden.« Lachend entblößte er gelbe Pferdezähne.

»Von wegen«, rief der Schnauzbärtige hinter der Theke, »deine Deckel liegen auch hier, und du bezahlst sie am besten gleich, sonst gibt's für dich nichts mehr!«

Jetzt lachten alle.

Das Pferdegebiss klappte zu. Der Mann verzog sich.

Anita war einiges gewohnt. Wenn sie jedoch dieses fröhliche Lokal mit den trostlosen Eckkneipen in der Hauptstadt der DDR verglich, wurde ihr bewusst, was ihr dort immer gefehlt hatte. Und dann sah sie ihn. Sie erkannte ihn sofort. Diesen Mann sollte sie aufklären, wie es im MfS-Jargon hieß, im Klartext, alles über ihn in Erfahrung bringen. Seinetwegen war sie nach Bonn geschickt worden.

Der Genosse Feller hatte ihr den Auftrag erteilt. »Kommt von ganz oben.«

»Von Erich Mielke?«

»Nein, eine Etage tiefer. Aus dem Büro von Generalleutnant Wolf, Chef der HVA. Du sollst aber nicht ihm, sondern nur seinem Adjutanten, dem Genossen Bock, und zwar persönlich, Bericht erstatten. Sonst niemandem, merk dir das.«

Sie deutete auf den versiegelten Umschlag, den Feller ihr in die Hand gedrückt hatte. »Und was ist hier drin?«

»Ich weiß es nicht. Ich habe den Umschlag so bekommen, wie ich ihn dir hier gebe, und du musst mir bestätigen, dass du ihn versiegelt bekommen hast. Öffnen darfst du ihn erst, wenn du allein bist. Was da drin ist, darf außer dir niemand sehen.«

Sie bestätigte ihm den Empfang des versiegelten Umschlags mit ihrer Unterschrift. Außerdem den Empfang von fünfhundert D-Mark in bar. Von dem Geld solle sie in Bonn ein Hotel und das Ticket für die Rückfahrt bezahlen. Feller hatte ihr auch noch eine geheime Telefonnummer in Berlin gegeben. »Falls irgendwas schiefläuft oder du noch mehr Geld brauchst.«

In dem Umschlag befand sich das Porträt eines Mannes, den sie noch nie gesehen hatte. Er hatte buschige Augenbrauen, das war das Erste, was ihr an ihm auffiel. Außerdem trug er eine

Brille und hatte lange Koteletten, wie es gerade Mode war. Er lächelte und sah sympathisch aus.

Sie solle herausfinden, stand auf dem beigefügten Zettel, wer dieser Mann sei. Wahrscheinlich verkehre er in der Schumannklause, wo linke Sozis, aber auch Kommunisten hingingen.

Wenn sie ihn gefunden habe, solle sie versuchen, mit allen Mitteln alles über ihn in Erfahrung zu bringen, so wie sie es in Belzig gelernt habe. Wo und für wen er arbeite, welche Verbindungen, Beziehungen, Neigungen er habe, ob er verheiratet sei und für Affären anfällig und schließlich ob und wie man ihn nachrichtendienstlich für die Ziele und Zwecke des MfS einsetzen könne.

Das Foto, dieser Satz war dick unterstrichen, müsse sie unbedingt vernichten und auch vor der Zielperson geheim halten.

Und nun hatte sie ihn gefunden. Es war nicht schwer gewesen.

Er stand, wenn man hereinkam, links neben der Tür an die breite Fensterbank gelehnt in der Ecke, wo der eine der drei Flipper ratterte. Und er sang lauthals nahezu alle Lieder mit, die aus der Musikbox kamen.

Als er sie sah, hörte er auf zu singen und sah sie an. Auch sie sah ihn an. Es war ein südländischer Typ. Etwa eins achtzig groß, schlank, athletische Figur, leicht gebräunte Haut, schwarze Haare, buschige Augenbrauen, lange Koteletten und eine große Brille, die seine Augen noch riesiger machten.

Er hieß Heinrich und war solo, wie sie schnell herausfand. Die meisten sagten Heinz zu ihm. Sie fand Heinrich schöner, und dabei blieb sie.

Sie flipperten, flirteten, tranken. Zwischendurch sangen sie: Heinz immer wieder Benny Quicks »Motorbiene« und ein rheinisches Trinklied der Bläck Fööss, das sie zwar nicht verstand, aber schön fand, und – im Chor mit anderen Gästen – sozialistische Kampflieder, die sie bei der FDJ gelernt hatte und deren Texte man, zu ihrer Verblüffung, auch hier in der Schumannklause kannte.

Kurz nach Mitternacht verließen sie die Kneipe. Vor der Tür begannen sie sich zu küssen. Den Mann, der sie dabei beobachtete und fotografierte, bemerkten sie nicht. Eng umschlungen gingen sie die Schumannstraße entlang, und schon nach ein paar Hundert Metern schräg gegenüber einer großen Kirche schloss Heinz seine Wohnungstür auf.

Der Rest war total problemlos und entspannt. Sie hatte es sich viel schwieriger vorgestellt. Es war, als kannten sie sich schon Jahre. Noch nie hatte ein Mann sie so zärtlich und erotisch geküsst.

Der erste Kerl, mit dem sie im Alter von sechzehn Jahren zum ersten Mal ins Bett gegangen war, hatte sich um sie überhaupt nicht gekümmert. Er war in sie eingedrungen, hatte sich erleichtert und hinterher zur Seite gerollt. Und die anderen, die sie danach kennengelernt hatte, waren auch nicht viel besser.

Heinrich aber war anders.

Er ließ ihr Zeit, sehr viel Zeit. Es dauerte eine Weile, bis sie sich wechselseitig entkleidet hatten und nackt nebeneinanderlagen. Als er sie streichelte und küsste, bekam sie bereits ihren ersten Orgasmus. Dann ließ er wieder ab von ihr und massierte ihren Rücken, bis sie zu schnurren anfing wie eine Katze.

Ganz langsam begannen seine Fingerspitzen danach wieder zu kreisen. Sie wanderten über ihre Brüste hinunter zu den Schenkeln und wieder hinauf zu ihren Lippen. Mäandernd, aber trotzdem zielstrebig bahnten sie sich erneut den Weg nach unten und massierten ihre empfindlichste Stelle, bis sie es vor Lust kaum noch aushalten und erwarten konnte.

Erst jetzt drang er vorsichtig in sie ein und füllte sie aus. Sein muskulöser Körper spannte und dehnte sich. Ruhig und entschlossen trieb er das Liebesspiel voran, zuerst ihren Höhepunkten zu – sie wusste nicht mehr, wie viele es waren – und erst danach, in einem furiosen Finale, seinem.

Dergleichen hatte sie noch nie erlebt. Als sie wieder zu sich kam, lag er lächelnd auf der Seite und betrachtete sie. Und wieder waren es die Augen, diese Augen, die sie nahezu wahnsinnig machten.

Sie zündete sich eine Zigarette an. Er wollte keine.

Er stand auf und lief nackt hinaus in die Küche, um einen Aschenbecher zu holen. Sie hörte, wie er mit Gläsern klapperte und eine Weinflasche entkorkte.

Während er draußen war, scannte sie die Umgebung. Die Wohnung befand sich im ersten Stock eines Stadthauses aus der Gründerzeit, und das Zimmer, in dem sie lag, war etwa fünfunddreißig Quadratmeter groß, hatte hohe, mit Stuck verzierte Decken. Zur Straße hin gab es zwei Doppelfenster und einen Erker. Alles war etwas angegilbt und renovierungsbedürftig. Von den Türen und den Fensterrahmen blätterte die weiße Farbe ab.

Es sei eine Wohngemeinschaft, hatte Heinrich gesagt. Er teile sie sich mit zwei Studenten.

Das Bett, in dem sie lag, war breit und bestand aus zwei großen Matratzen, die auf Holzpaletten lagen, die man normalerweise brauchte, um Lasten mit Gabelstaplern zu transportieren.

An der gegenüberliegenden Wand stand ein Schreibtisch, auf dem sich Bücher, Zeitungen und Papiere stapelten. Ringsum an den hohen Wänden waren Regalbretter befestigt, die sich unter dem Gewicht der vielen Bücher bogen. Es war eine gewagte Konstruktion. Die unteren Bretter lagen auf Ziegelsteinen auf, für die oberen waren Schienen an die Wand geschraubt worden, einige sogar über der Tür zum Flur. Er musste mindestens eine Lkw-Ladung Ziegelsteine und Bretter verbaut haben, so groß kam ihr seine Bibliothek vor.

Dann gab es noch eine braune Ledercouch mit zwei Sesseln aus dem gleichen Material, eine wacklige Stehlampe und neben dem Bett eine Nachttischlampe, die aus einer anderen Zeit zu stammen schien. Es war eine gebogene Lampe aus Messing, deren Kopf man mittels einer Flügelschraube verstellen und festhalten konnte. Sie befand sich auf einem wackligen Bücherstapel. Der Schirm war aus hellblauem Stoff, ein entsetzlich kitschiges Teil. Als er mit dem Aschenbecher, einer Flasche Wein und zwei Gläsern zurückkam, deutete sie lachend auf die Lampe und fragte, von welchem Trödel er die wohl geholt habe.

Sie tranken Grauburgunder. Sie rauchte. Er erzählte.

Dann fielen sie wieder übereinander her, diesmal übernahm sie die Führung. Als sie mit Zunge und Lippen über seinen Körper wanderte, hielt sie plötzlich inne.

»Was ist das?«

»Das ist mein Erkennungszeichen«, lachte er. »Hat nicht jeder. Aber halte dich da nicht so lange auf. Mach bitte weiter.«

Sie machte weiter. Sie küsste und liebkoste ihn mit ihren weichen Lippen, bis er stöhnend zum Ende kam.

»Wo hast du das gelernt?«, fragte er. »Wo, zum Teufel, hast du das gelernt?«

Und wieder schimmerten seine braunen Augen, in denen sich das Licht der komischen Nachttischlampe spiegelte.

»Das Gleiche könnte ich dich fragen«, erwiderte sie, schlang ihre Decke um sich und verschwand in Richtung Badezimmer.

Als sie zurückkam, lag er blinzelnd auf der Seite und lud sie mit großer Gebärde ein, sich neben ihn zu legen.

Dass sie Anita hieß, aus Berlin kam, dort studierte und hier nur kurz zu Besuch war, hatte sie ihm schon erzählt. Nun versuchte sie, noch mehr über ihn zu erfahren. Aber er war nicht mehr sehr gesprächig, und bald schon hörte sie an seinen festen, tiefen Atemzügen, dass er eingeschlafen war.

Der Rest war Routine. Sie zog sich leise an, holte ihre kleine Minox-Kamera aus der Tasche und durchsuchte seine Brieftasche, wie sie es in Belzig gelernt hatte.

Darin fand sie seine Ausweise, darunter den des Deutschen Bundestages, ausgestellt auf Heinrich Sauerborn. Stimmt: Er hatte ihr erzählt, dass er im Bonner Bundeshaus arbeite, Jurist sei und in einem langweiligen Referat sitze. Den Namen hatte sie nicht richtig verstanden, es klang wie »PD«.

Sie stieß außerdem auf ein Notizbuch mit vielen Adressen und Telefonnummern. Da er Sauerborn hieß, suchte und fand sie ein paar Einträge, die offenbar zu seinen Eltern oder Verwandten gehörten. Auch diese Telefonnummern und Adressen fotografierte sie.

Plötzlich hörte sie ein Geräusch hinter sich. Sie fuhr erschrocken herum.

Heinrich hatte sich umgedreht und lag leise schnorchelnd auf dem Rücken. Wenn er jetzt aufwachte, würde er sehen, dass sie angezogen war und in seinen Papieren wühlte. Sie würde ihm sagen, dass sie leider gehen müsse und nach einem Zettel gesucht habe, auf dem sie ihm ihre Nummer aufschreiben wollte. Aber zum Glück wachte er nicht auf. Er grunzte im Schlaf, murmelte irgendetwas vor sich hin und drehte sich auf seine linke Seite.

Vorsichtig inspizierte sie seine Bibliothek.

Auf einem der Regalbretter standen Aktenordner. Einer trug die Aufschrift »Zeugnisse/Verträge«. Sie nahm ihn herunter und überflog ihn. Es handelte sich um Zeugnisse, Bewerbungen und ein Anschreiben des Deutschen Bundestages. Sie fotografierte zur Vorsicht jede Seite und stellte den Ordner wieder auf seinen Platz zurück.

Heinrich rührte sich nicht.

Erneut nahm sie sich sein Adressbuch vor. Sie legte es auf den Schreibtisch unter die Lampe und fotografierte es vollständig ab, Seite um Seite, von A bis Z.

Als sie fertig war und auf die Uhr schaute, war es halb fünf. Heinrich schlief weiterhin fest.

Gern wäre sie zu ihm ins Bett geschlüpft. Aber sie fürchtete sich plötzlich davor. Sie hatte einen Auftrag, und den hatte sie zu erfüllen. Sie schrieb in ihrer schönen, schnörkellosen Schrift auf einen Zettel: »Du warst wunderbar. Bis bald. A.«

Sie löschte das Licht und schlich auf Socken zur Tür. Die Schuhe zog sie erst an, als sie draußen vor der Haustür stand.

Es war ein kalter, düsterer Novembermorgen. Sie fror.

Irgendwo fuhr ein Zug. Sie hörte aus der Ferne das leiser werdende klackende Geräusch der Räder. Dann wurde hinter ihr eine Autotür zugeschlagen. Ein Motor sprang an. Das Auto fuhr los und überholte sie. Im Scheinwerferlicht sah sie den Nieselregen, den sie bisher gar nicht wahrgenommen hatte.

Sie war plötzlich todmüde. Und unglücklich.

Warum bloß hatte sie diesen Mann verlassen? Er lag jetzt da oben in seinem Bett und schlief, und sie hätte bei ihm bleiben können. Sie hätte sich einfach neben ihn legen und bei ihm schlafen sollen. Dann wären sie irgendwann aufgewacht, und man hätte gesehen, wie es weitergeht. Sie hätte dann immer noch irgendwann im Laufe des Tages losziehen und nach Berlin fahren können.

Das ging jetzt nicht mehr.

Sie hatte den Auftrag, ihn aufzuklären, und diesen Auftrag hatte sie erfüllt. Sie war eine zuverlässige Agentin, und sie hatte sauber gearbeitet bei diesem Auslandseinsatz, ihrem ersten.

Und trotzdem glaubte sie, dass sie einen Fehler gemacht hatte. Bereits in dem Moment, als sie die Tür hinter sich zugezogen hatte, hatte sie den Drang verspürt, ihn wiederzusehen. Sie beneidete ihn um das Leben, das er hier in Bonn führte. So frei, so ungebunden und anscheinend so sorglos.

So würde sie auch gern leben, gestand sie sich ein.

Fröstelnd suchte sie in der Dunkelheit den Weg zurück zu ihrem Hotel.

Noch am gleichen Vormittag fuhr sie mit dem Zug nach Berlin. Am Bahnhof Zoo stieg sie in die S-Bahn Richtung Friedrichstraße. Sie war wieder zu Hause. Sie roch den Osten sofort. Er roch nach Lysol.

Man hatte ihr beigebracht, welchen Weg sie in dem verwinkelten Bahnhof nehmen musste, um ohne lästige Kontrollen ins Freie zu kommen. Sie hatte einen Spezialausweis, den sie nur einmal vorzeigen musste.

SCHOCKSTARRE

Eine Woche später kam Feller zu ihr. Sie hatte ihren Bericht geschrieben und, wie es vereinbart war, als vertrauliche Verschlusssache ins Büro von Markus Wolf geschickt, zu Händen des Genossen Bock.

Sie kannte Feller als stets gut gelaunten Kollegen, der immer die neuesten Witze wusste und auch dann erzählte, wenn sie Politiker oder Missstände in der DDR aufs Korn nahmen. Feller nahm nie ein Blatt vor den Mund. Heute aber wirkte er merkwürdig verschlossen.

»Was ist los?«, fragte sie.

»Ach nichts, davon verstehst du sowieso nichts.«

»Raus mit der Sprache«, beharrte sie. »Welche Laus ist dir über die Leber gelaufen?«

»Sie haben das Spiel annulliert«, sagte Feller finster.

»Welches Spiel?«

»Das Fußballspiel Mönchengladbach gegen Inter Mailand, das wir mit sieben zu eins gewonnen hatten.«

Er war empört. Und er hatte tatsächlich »wir« gesagt.

Als sie ihn fragend anguckte, erzählte er ihr, was passiert war. Am 20. Oktober hatte das Spiel stattgefunden. Es stand zwei zu eins für Mönchengladbach, als einer der italienischen Stürmer, Feller nannte einen Namen, der so ähnlich klang wie »Bonisengja«, plötzlich umgefallen und liegen geblieben war. »Er war von einer halb leeren Cola-Büchse getroffen worden und angeblich bewusstlos«, sagte Feller. Es hieß aber auch, dass er nur simuliert habe. Jedenfalls sei er von den Sanitätern vom Platz getragen und das Spiel sei nach einer kurzen Unterbrechung fortgesetzt worden. Hinterher habe man, noch im Stadion, einen Mann als Büchsenwerfer identifiziert und abgeführt.

Feller war außer sich: »Es war ein Fan der Borussia, der allerdings seine Unschuld beteuerte. Trotzdem haben sie das Spiel annulliert.«

»Na ja«, sagte Anita. »Aber davon geht die Welt doch nicht unter.«

»Die Welt vielleicht nicht, aber der Pokal«, antwortete Feller. Dann wechselte er das Thema. »Du wirst erwartet«, sagte er geschäftsmäßig knapp und forderte sie auf, ihm zu folgen. Er führte sie über den Hof in das Hochhaus, in deren oberstem Stockwerk, wie sie wusste, das Büro der HVA-Leitung lag. Der Bürotrakt wurde von zwei bewaffneten Sicherheitsleuten bewacht, die Feller und seine Begleiterin mit einem Kopfnicken passieren ließen. Sie stand im Allerheiligsten, wo normale MfS-Agenten sonst nie hingelangten.

Der General war offenbar nicht da. Die Tür zu seinem Büro stand offen. Verena Gutzke fragte, was sie zu trinken wünsche.

»Kaffee mit Milch wäre nicht schlecht.«

Feller führte sie in einen großen Raum, der anscheinend als Besprechungszimmer diente. Ein länglicher Tisch stand in der Mitte, an dessen Kopfende ein kleinerer Tisch quergestellt worden war, sodass beide zusammen ein großes T bildeten. An der Wand hing das Porträt von Erich Honecker, der erst wenige Monate zuvor Walter Ulbricht abgelöst hatte.

Auf dem kleinen Tisch am Kopfende lag ihr Bericht über Heinrich Sauerborn. Sie hatte sich viel Mühe gegeben und alles ausgewertet, was man den fotografierten Dokumenten entnehmen konnte. Besonders hervorgehoben hatte sie, dass Sauerborn im Bundeshaus arbeitete, viele SPD-Bundestagsabgeordnete, aber auch Minister und andere Mitarbeiter der Regierung kannte, dass er Mitglied der SPD und bei den Jusos war, dass er die Ost- und Entspannungspolitik der Regierung Brandt/Scheel unterstützte, aber Berufsverbote gegen DKP-Mitglieder im öffentlichen Dienst entschieden ablehnte.

Dass sie mit ihm geschlafen hatte, stand nicht in dem Bericht, aber dem Text war anzumerken, dass sie ihn sympathisch fand.

Feller salutierte, ging hinaus und zog die Tür hinter sich zu.

Der Adjutant stand mit dem Rücken zur Tür und sah zum Fenster hinaus. Er hielt ein Farbfoto in der Hand, das ihm wenige Minuten zuvor in einem versiegelten und streng geheim gestempelten Umschlag übergeben worden war. Das Foto war zwar etwas verwackelt, trotzdem war der Mann gut zu erkennen, der vor der Bonner Schumannklause eine rothaarige Frau küsste.

Sein alter Stasi-Kumpel Klaus Krombach alias Konrad Köhler, genannt KK, hatte es ihm per Kurier geschickt. Der Adjutant steckte das Foto in die Tasche und drehte sich langsam um.

Anita erschrak. Sie mochte es nicht glauben. »Du hier?« Sie erstarrte. Sie wusste nicht, ob sie träumte oder wach war, ob sie in Tränen ausbrechen, um sich schlagen oder weglaufen sollte.

Vor ihr im Büro des Spionagechefs Markus Wolf stand in der Uniform eines Offiziers der DDR-Volksarmee der Mann, mit dem sie eine Woche zuvor in Bonn geflippert, gesungen, geflirtet und geschlafen hatte.

ZWICKMÜHLEN

Der Adjutant bat sie mit einer stummen Geste, Platz zu nehmen. Anita rückte den Stuhl zurecht. Sie setzte sich und starrte zum Fenster hinaus.

»Ich kann deine Gefühle verstehen, Genossin Bauer«, hörte sie ihn sagen, und schon wieder zuckte sie zusammen. Es war auch genau seine Stimme, dieser sanfte Tonfall, diese Färbung. Nur berlinerte er etwas mehr als Heinrich.

»Ich kann deine Gefühle und in gewisser Hinsicht sogar deine Empörung verstehen«, fuhr er fort. »Es war nicht fair, dich unvorbereitet in diese Lage zu bringen. Aber es war leider notwendig.«

Verena Gutzke kam herein und brachte eine große Thermoskanne mit Kaffee, dazu Milch und Gebäck.

»Kann ich vielleicht ein Glas Mineralwasser haben?«, fragte Anita und erschrak, als sie ihre Stimme hörte. Sie klang gequetscht. Bock räusperte sich.

Die Sekretärin verließ den Raum und kam kurz danach mit Wasser und zwei Gläsern zurück. Sie stellte alles hin und verschwand.

Anita hatte sich wieder einigermaßen gefangen. »Wer sind Sie und was wird hier gespielt?«, fragte sie, ohne auf das angebotene Genossen-Du einzugehen. Es schien ihr zu vertraulich.

»Mein Name ist Alexander Bock«, sagte der Adjutant. »Und bis vor drei Wochen wusste ich nicht, dass im Bonner Bundeshaus ein Mann sitzt, der genauso aussieht, genauso alt ist und vermutlich genau die gleiche Blutgruppe hat wie ich.«

Sie schaute ihn ungläubig an.

»Ich weiß, aber Sie müssen mir glauben, ich war genauso perplex und verwirrt wie Sie, als ich es durch Zufall herausfand.«

Wenigstens duzt er mich jetzt nicht mehr, dachte sie und trank einen Schluck Wasser.

»Am 20. Oktober«, fuhr er fort, »also vor gut zwei Wochen, war ich abends allein im Büro. Es war der Tag, an dem verkündet worden war, dass Willy Brandt den Nobelpreis bekommt. Ich schalte den Fernseher ein und sehe in den Nachrichten einen Fackelzug. Die Bonner Jungsozialisten sind zur Wohnung des Kanzlers auf den Venusberg marschiert, um ihm zu dem Preis zu gratulieren, und an der Spitze des Zuges marschiere – ich!«

Er kramte eine Zigarette aus der Tasche und zündete sie an. »Wollen Sie auch eine?«

»Nein, danke!«, sagte sie, obwohl sie gern eine geraucht hätte.

Er inhalierte tief die ersten Züge, bevor er weiterredete: »Ich sehe mich also selbst und meine Gefühle fahren Achterbahn. Natürlich wusste ich, dass ich in der Silvesternacht 1944/45 nicht allein auf die Welt gekommen bin. Meine Mutter hat es mir oft genug erzählt. Mein Zwillingsbruder Bruno ist in der Nacht vom 13. auf den 14. Februar 1945 beim Bombenangriff der Alliierten auf Dresden ums Leben gekommen. Jedenfalls glaubte ich das, bis ich am 20. Oktober diesen kurzen Film im Fernsehen sah.«

Er habe, was er sah, nicht glauben wollen. Um mehr über den Mann zu erfahren, habe er sie auf ihn angesetzt. Er habe sie nur deshalb nicht selbst in seine Pläne einweihen wollen und auch vorher nicht persönlich instruiert, weil er testen musste, ob man ihn und seinen Bruder tatsächlich nicht unterscheiden könne.

Jetzt wisse er, dass das wohl so sei. Ihre Reaktion sei der Beweis. Das Foto in dem versiegelten Umschlag sei eins von ihm, von Alexander, gewesen, und seine Vermutung habe sich bestätigt. Anhand dieses Fotos habe sie in der Kneipe mühelos Heinz Sauerborn identifiziert. Daraus schließe er, dass der Mann, von dem er annehme, dass es sein Bruder sei, ihm wirklich täuschend ähnle.

Ihr schriftlicher Bericht sei ausgezeichnet, präzise, auf den Punkt. Er wisse es zu schätzen, dass sie seinen Auftrag so prompt und so gründlich ausgeführt habe. Ja, er habe private, wahrscheinlich sogar ausschließlich private Gründe gehabt, sie nach

Bonn zu schicken. Die Reise, die sie in seinem Auftrag unternommen habe, gehe allein auf seine Kappe. Sie habe keinerlei dienstlichen Hintergrund, und so solle es bitte bleiben.

Er schwieg eine Weile und zog an seiner Zigarette. Allmählich begriff sie, dass nicht nur sie, sondern auch er in emotionalen Schwierigkeiten steckte.

»Ich war«, fuhr er fort, »verwirrt und erschrocken und auch ein bisschen wütend. Wie oft hat meine Mutter darüber geklagt, dass sie ihren Bruno« – er wiederholte »ihren Bruno« und zog das Wort »ihren« dergestalt in die Länge, dass sie merkte, welche Emotionen es bei ihm auslöste –, »dass sie also ihn im Dresdner Feuersturm für eine kurze Zeit allein zurückgelassen hat, bloß um die albernen Familienpapiere und ihre Tagebücher zu retten. Als Kind hatte ich manchmal das Gefühl, ihr weniger zu bedeuten als der tote Bruno. Wenn sie plötzlich zu weinen anfing, habe ich mich selbst für die Ursache ihres Kummers gehalten, obwohl doch der andere ihr diesen Kummer bereitete.«

»Wahrscheinlich haben Sie sogar angefangen, ihn dafür zu hassen, oder?«, fragte sie.

»Genau so war es. Ich habe ihn dafür gehasst. Und nun stellen Sie sich das mal vor: Plötzlich ist dieser Bruder, um den die Mutter ewig trauert, nicht nur am Leben geblieben, sondern offenbar auch dabei, beim Klassenfeind in Bonn eine zumindest führende Rolle zu spielen. Wie sonst hätte er dem amtierenden Bundeskanzler so ohne Weiteres die Hand geben und zum Friedensnobelpreis gratulieren können?«

»Und«, fragte sie, »haben Sie Ihrer Mutter inzwischen erzählt, dass Sie den tot geglaubten Zwillingsbruder im Fernsehen gesehen haben?«

»Um Gottes willen, nein! Meine Mutter hat sich nie verziehen, dass sie damals auf Bruno fünf Minuten lang nicht so aufgepasst hat wie auf mich. Sie würde durchdrehen, wenn sie jetzt hörte, er lebt in Bonn und sie kann nicht zu ihm. Sie würde sich zu Tode grämen. Sie würde alle Hebel in Bewegung setzen, um ihn zu treffen.«

Und das willst du natürlich vermeiden, dachte sie. Du willst deine Mutter mit niemandem teilen. Du willst ihr einziger Sohn bleiben. Deshalb hast du die Entdeckung für dich behalten. Laut sagte sie: »Aber irgendwann müssten Sie es ihr doch sagen.«

»Nicht bevor ich es nicht hundertprozentig weiß«, erwiderte er trotzig. »Ich habe Sie nach Bonn geschickt, um das herauszukriegen. Und nachdem ich Ihren Bericht gelesen habe, bin ich zu achtzig Prozent sicher, dass er es ist.«

»Wieso nur zu achtzig Prozent?«

»In den Unterlagen, die Sie fotografiert haben, steht als Geburtsdatum der 8. Januar 1945, und als Geburtsort ist Pirna eingetragen, nicht Berlin. Meine Mutter war nie in Pirna, und sie hat mir erst kürzlich wieder versichert, dass Bruno und ich in der Silvesternacht 44/45 in Berlin zur Welt gekommen sind, und zwar im Keller des Reichstagsgebäudes.«

Bock kramte in seiner Aktentasche. Er holte ein gewelltes, ursprünglich offenbar mehrfach gefaltetes Stück Papier heraus, das in einer Klarsichthülle steckte. Er legte es auf den Tisch und versuchte es mit der Hand zu glätten.

Es war seine Geburtsurkunde. In ihr stand, dass Alexander Peter Anatol Schmidt am 31. Dezember 1944 in Berlin im Reichstagsgebäude geboren wurde, und zwar als Sohn von Anna Maria Magdalena Florentine Schmidt, römisch/katholisch, ledig, die als Vater den Malergesellen Kuno Bock, ledig, evangelisch, angegeben hatte.

»Von einem Zwillingsbruder ist da aber nicht die Rede«, sagte sie.

»Sie haben recht. Aber wenn Sie mir Gelegenheit geben, Ihnen die ganze Geschichte zu erzählen, dann werden Sie nicht nur dieses Detail verstehen, sondern auch, warum diese Geburtsurkunde so zerknittert aussieht. Aber wie gesagt, das ist eine etwas längere Geschichte. Wie viel Zeit haben Sie?«

Sie sah ihm fest in die Augen. »Ich habe nichts weiter vor.«

»Dann mache ich Ihnen einen Vorschlag: Ich lade Sie zum Essen ins Café Moskau ein.«

Sie überlegte nicht lange. Café Moskau, das war ein beliebter und exklusiver Treffpunkt für Diplomaten und hochrangige Genossen. Aber auch Schauspieler, Künstler und Musiker verkehrten in dem weitläufigen Atrium-Haus, das 1964 an der Karl-Marx-Allee vierunddreißig, direkt gegenüber dem großen Kino International, eröffnet worden war. Sie war noch nie dort gewesen.

»Einverstanden«, sagte sie.

CAFÉ MOSKAU

Die großen Kandelaber an der Karl-Marx-Allee waren schon erleuchtet, als die schwarze Tschaika-Limousine, der Dienstwagen des Generals, durch den spärlichen Ostberliner Straßenverkehr glitt und vor dem Café hielt. Der Adjutant hatte dem Chauffeur den Weg nicht erklären müssen. Und auch drinnen kannte man ihn. Alexander speiste häufig in einem der Separees im ersten Stock, mit Wolf und befreundeten Gästen, manchmal auch allein.

Über dem Gebäude schwebte weithin sichtbar die auf eine lange Eisenstange montierte, originalgetreue Kopie des ersten russischen Sputnik. Der russische Botschafter hatte das kugelige Ding dem Haus 1964 zur Eröffnung geschenkt.

Aus dem Nachtlokal im Untergeschoss drang leise Musik. Eine Combo spielte dort zum Tanz auf. Im Erdgeschoss waren neben einer Bildergalerie drei verschieden große Salons und eine Bar mit Wintergarten untergebracht, im ersten Stock ein großer und zwei kleinere Salons, die Moskau, Kaukasus und Riga hießen.

Bock hatte keine Mühe gehabt, trotz der bereits vorgerückten Stunde zwei Plätze in einer Nische des Salons Kaukasus zu bekommen. Zu ihrer Verblüffung sprach er fließend und akzentfrei Russisch. Schon in seinem Büro war ihr das aufgefallen, als er mit der Leitung des Hauses telefoniert hatte. Und als er jetzt im Foyer den Geschäftsführer und ein paar Bekannte begrüßte, hörte sie es wieder.

»Das verdanke ich dem General«, sagte Bock, als sie ihn fragte, woher er so gut Russisch könne.

Der Kellner brachte zuerst ein Tablett mit kleinen kalten Vorspeisen: eingelegter Hering und Sprotten, gefüllte Teigtaschen, Eiersalat mit viel Mayonnaise, verschiedene Sülzen, auch Wurst und belegte Brötchen oder dunkles Brot. Dazu gleich am Anfang Kaviar, abwechselnd Wodka und Wasser aus großen Gläsern.

Als Hauptgericht hatte sie sich, Alexanders Rat folgend, für Bœuf Stroganoff entschieden, auf den Punkt gegart, mit grünen Bohnen und Piroggen. Dazu hatte er ihr einen samtweichen georgischen Rotwein empfohlen.

Schon der erste Schluck hüllte sie ein wie ein warmer Mantel. Aber sie blieb vorsichtig. Alexander hatte zu den Vorspeisen mindestens drei, wenn nicht vier Gläser des klaren Schnapses gekippt, sie an ihrem Glas nur genippt.

Er war neugierig und fragte sie aus. Nicht so oberflächlich, wie sie es von den Männern gewohnt war, mit denen sie es in ihrem Leben als Lockvogel zu tun gehabt hatte. Er schien sich wirklich für sie zu interessieren, hörte aufmerksam zu und fragte nach, wenn er etwas nicht genau verstanden hatte. Er wollte tatsächlich alles über sie wissen. Das überraschte und überwältigte sie.

Sie öffnete sich ihm vorsichtig, ließ ihn teilhaben an ihrem Leben und erzählte viel mehr, als sie sonst über sich zu erzählen pflegte: von ihrem Vater, den sie vermisste, seit er sich, da war sie gerade acht Jahre alt, in den Westen abgesetzt hatte, von der alleinerziehenden Mutter, die nie richtig Zeit für sie hatte, weil sie in Schwerin zuerst als Verkäuferin, inzwischen als Leiterin einer HO-Filiale arbeitete, von den Jungen Pionieren, den Schulungen, den Ferienlagern ...

Auch Alexander begann zu erzählen: wie er aufgewachsen war in Pankow, wie sein Vater Kuno nach kurzer Kriegsgefangenschaft seine Mutter Annemarie wiedergetroffen und die beiden mithilfe von Onkel Mischa eine kleine Wohnung gefunden hatten, wie seine Eltern 1948 geheiratet hatten, wobei Markus Wolf ihr Trauzeuge war, wie er dann, gleich nach Schule und Armee, erst sein Dolmetscherdiplom gemacht und die Agentenschule in Belzig absolviert hatte und anschließend zwei Jahre Leiter der GÜSt am Checkpoint Charly gewesen war, bevor der General ihn zu sich an die Spitze der HVA geholt hatte.

Sie hakte nach: »In Belzig war ich auch.«
»Tatsächlich?«
»Ja, wirklich.«
»Und wann?«
»Wahrscheinlich ein paar Jahre später als du.«
»Dann kennst du ja den Donnersberg ...«
»Klar kenne ich den, und den Bielinski auch.«

Es war unfassbar. Anita kannte alle Lehrer und Dozenten, die Alexander während seiner Ausbildung gekannt hatte.

Einige knorrige Typen waren dabei, die schon während des Krieges im Untergrund gegen die Nazis gekämpft hatten und jetzt ihre Erfahrungen an die jungen Leute weitergaben. Anderen sah man von Weitem schon an, dass sie nur ihre Karriere im Blick hatten.

»Und wie kamst du nach Belzig?«, fragte er.
»Das hing mit Peter zusammen.«

Peter war der erste Kerl, mit dem sie sich näher eingelassen hatte. Einer von der Stasi war das, aber das hatte er ihr erst viel später gestanden. Na ja, wie es halt so ging. Peter hatte sich in sie verliebt und sie, wie sie es ausdrückte, zur Frau gemacht. Und später hatte er dafür gesorgt, dass sie ebenfalls bei der Stasi anheuerte. So war sie tatsächlich nach Belzig gekommen, auf dieselbe Agentenschule, auf der Alexander gewesen war, nur ein paar Jahre eher als sie. Was aus Peter geworden sei, wisse sie nicht. Es sei ihr aber egal.

So redeten sie und merkten nicht, dass sie längst vom Sie zum Du übergegangen waren. Sie fand ihn jetzt viel sympathischer als am Nachmittag in seinem Büro. Aber obwohl er genauso aussah und sich fast genauso anhörte wie sein Zwillingsbruder, blieb er ihr doch ein wenig fremd.

Und als er jetzt anfing, ihr den Hof zu machen und sie zu umwerben, wurde ihr irgendwann klar, in welche Zwickmühle sie geraten war: Sie hatte sich in Heinrich verliebt, und je intensiver Alexander sich um sie bemühte, desto mehr vermisste sie den abwesenden Bruder.

Sie durfte Alexander nicht vor den Kopf stoßen, sein Werben nicht gänzlich ablehnen. Sie musste ihn ermuntern und locken und ihn trotzdem auf Distanz halten. Sie würde Heinrich nur mit seiner Hilfe wiedersehen können. Sie musste alles daransetzen, dass er das Interesse an ihr nicht verlor.

Er hatte ihr gerade erzählt, dass er wieder ungebunden sei und offenbar nicht der Typ Mann, auf den die Frauen flögen. Danach schwieg er und sah sie mit seinen braunen Hundeaugen traurig an. Es war ein kritischer Punkt. Er wartete darauf, dass sie den Ball aufgreifen, das Spiel mitmachen und ihm Gelegenheit geben würde, ihr zu beweisen, was für ein toller Mann er sei.

Sie hätte nur seine Hand nehmen und ihm tief in die Augen schauen müssen. Stattdessen stand sie auf und sagte: »Ach, wissen Sie, das geht vorbei. Einer wie Sie findet bestimmt die Richtige.« Dann ging sie zur Toilette.

Unterwegs glaubte sie zu spüren, wie sich seine Blicke in ihren Rücken bohrten. Vor dem Spiegel probierte sie ein paar Posen. Mal guckte sie abweisend und streng, dann lächelte sie verlockend und spitzte den Mund, nachdem sie das Rouge mit dem Lippenstift erneuert hatte. Sie beschloss, in die Offensive zu gehen.

»Ich habe mich in deinen Bruder verliebt«, sagte sie, als sie wieder zu ihm zurückkam. »Das war vielleicht ein Fehler, aber es ist nun einmal passiert.«

Er schwieg und sah sie unverwandt an. Dann hob er das Glas. »Nasdarowje!«

»Prost!« Sie spürte wieder die innere Wärme, die in ihr hochstieg. Sie entspannte sich. »Und nun?«, fragte sie.

Bock beugte sich zu ihr herüber und schaute ihr tief in die Augen. »Willst du mir helfen, Genossin?«, fragte er.

»Ja«, antwortete sie, »aber was stellst du dir vor?«

»Wir müssen Gewissheit haben. Bislang deutet zwar vieles darauf hin, aber ob er es wirklich ist, wissen wir beide nicht.«

»Na ja«, sagte sie. »Ihr seht euch wirklich ähnlich wie ein Ei dem andern. Rein optisch also habe ich keinen Zweifel, dass

Heinrich Sauerborn Ihr, Entschuldigung, dein verschollener Bruder ist.«

»Gut möglich«, sagte Bock, »aber was soll's?«

Er schwieg, und sie hatte plötzlich das Gefühl, dass er die Sache nicht weiterverfolgen wollte.

So einfach wollte sie es ihm jedoch nicht machen. Sie hatte ein großes Verlangen, Heinrich wiederzusehen, unter welchen Vorwänden auch immer. Dazu brauchte sie Alexander.

»Habt ihr, also der Genosse General und du, eigentlich schon einmal darüber nachgedacht, welche Chancen diese Zwillings-Konstellation bietet, nicht nur dir persönlich, sondern dem MfS und damit auch der DDR?« Sie wunderte sich selbst, wie kühl und routiniert ihr diese Sätze über die Lippen gegangen waren.

»Der Genosse General weiß von der ganzen Sache gar nichts.«

»Wie bitte?«

Sie mochte es nicht glauben. »Er weiß nichts davon?«

»Er weiß nichts davon, und dabei soll es jedenfalls bis auf Weiteres auch bleiben.« Er klang auf einmal sehr streng.

Sie fragte nach, wollte wissen, warum er plötzlich das Interesse an der weiteren Aufklärung verloren hatte. Woraufhin er ausweichende Antworten gab.

Traute er es sich etwa nicht zu, die möglichen persönlichen und emotionalen Komplikationen und Verwicklungen dieser Konstellation zu ertragen? War auch er emotional blockiert? War er nicht in der Lage, das Persönliche zu ignorieren und alles durch die professionelle Brille zu betrachten? Sie überlegte, ob sie ihn das fragen könne, verwarf es zunächst. Aber dann tat sie es doch: »Traust du dir zu, den tot geglaubten und nun durch Zufall wiedergefundenen Bruder für die Zwecke des MfS einzuspannen?«

Alexander wirkte überrascht. Sie hatte ins Schwarze getroffen.

Genau diese Frage habe ihn auch beschäftigt, gab er zu. Und er habe sie, zu seiner eigenen Überraschung, ziemlich schnell bejaht. Ja, er sei bereit. Trotz aller möglichen emotionalen Verwicklungen und Blockaden. »Ja«, sagte er noch einmal entschlossen, »ich bin sicher, dass ich das kann.«

Nach einer kurzen Pause stellte er die Gegenfrage: »Wie siehst du das, Genossin? Wie weit bist du involviert? Schließlich habt ihr, wenn ich das richtig verstanden habe, nicht nur Kaffee miteinander getrunken und Musik gehört.«

Auch sie hatte sich die Frage schon selbst gestellt und beantwortet. »Ja, Genosse Bock, ich bin emotional involviert, aber ich habe es unter Kontrolle und ich will weitermachen.«

Sie erzählte ihm noch ein paar Details, die in ihrem Bericht nicht standen. Heinrich habe ihr erzählt, dass ihm seine Arbeit im Bundeshaus nicht mehr gefiel. Er erwäge, sich um eine Stelle bei der Ständigen Vertretung zu bewerben, die demnächst in der Hauptstadt der DDR eingerichtet werden sollte. Das stimmte nicht. Sie hatte mit Heinrich nie darüber gesprochen. Es war ihr gerade so eingefallen und es passte.

Wenn es ihr gelänge, seinen Bruder, der jetzt im Bonner Bundeshaus saß, für das MfS zu gewinnen, und dies traue sie sich durchaus zu, dann könnten sich auch und gerade im Falle der Versetzung Heinrichs nach Berlin ungeahnte geheimdienstliche Möglichkeiten eröffnen.

Das sah Bock genauso.

Sie merkte ihm allerdings an, dass er nach wie vor zögerte. Er fragte sich sicher, ob sie die Richtige für diese heikle Geschichte war, ob sie in der Lage war, die Sache unter Kontrolle zu halten. Doch wer, wenn nicht sie, könnte seinen Bruder dazu bewegen, für die Stasi zu arbeiten?

Sauerborn war eine potenzielle Quelle, von der die Stasi profitieren könnte. Immerhin saß der Mann im Bonner Bundeshaus, kannte den Bundeskanzler und viele Minister, und wenn er es wirklich in die Bonner Botschaft in Berlin schaffte, wäre er für die DDR von unschätzbarem Wert.

Bock schien unsicher. Er machte den Rücken gerade und bestellte zwei weitere Wodka. Als der Kellner die Getränke

gebracht und die beiden wieder allein gelassen hatte, stand er feierlich auf und hielt, das Glas in der Hand, eine kleine Rede.
»Liebe Genossin Anita! Wenn du es schaffst, unseren Heinrich für uns zu verpflichten, werde ich dir den Rücken freihalten und dafür sorgen, dass du unter meiner Führung, aber losgelöst von der Hierarchie operieren kannst.« Ihrer weiteren Karriere bei der Firma, setzte er hinzu, stünde dann nichts mehr im Wege. Er schaute sie nachdenklich an. »Es gibt allerdings eine Bedingung!«
»Nämlich welche?«
»Es darf einstweilen niemand, nicht einmal der Genosse General, etwas von dem Bonner Zwilling erfahren. Auch meine Mutter nicht. Und Heinrich«, betonte er, »Heinrich darf erst recht nicht wissen, dass er einen Zwillingsbruder in Berlin hat. Traust du dir das zu?«
»Ja, auch das traue ich mir zu.«
»Gut!«, sagte Bock und streckte ihr die Hand entgegen. Sie schlug ein.
Bock erhob das Glas, und jetzt nahm sie ein leichtes Schwanken an ihm wahr.
»Nasdarowje!«
»Prost, Genosse!«, erwiderte sie. Dann trank sie ihr Glas in einem Zug leer. »Er hat übrigens«, sagte sie beiläufig, »unterhalb des Bauchnabels ein bläuliches Muttermal.«

Bock erstarrte bei ihren letzten Worten. Jetzt hatte er die unumstößliche Gewissheit, um die er sich so gern gedrückt hätte.
Er schluckte.
Er schwieg.
Er sah auf die Uhr.
Da war sie wieder, die verfluchte Eifersucht auf den Bruder. Und das Gefühl, das er seit seiner Kindheit kannte, wenn die Mutter über den Verlust des jüngeren Zwillings jammerte. Bruno lebt also, dachte er. Er lebt und darf diese wunderbare

Frau lieben. Ich aber, Alexander Bock, muss wieder zurück in meinen gottverdammten Plattenbau.

Es gab keine andere Möglichkeit. KK würde schweigen über das, was er in Bonn gesehen und fotografiert hatte. Ihn hatte er bereits ermahnt, mit keinem Menschen darüber zu reden. Aber Anita konnte er nicht einschätzen. Wenn er ihr den Weg nach Bonn verbaute, könnte es sein, dass sie seine Mutter informierte.

Das wäre der Super-GAU.

»Gut, wir machen es so, wie wir es besprochen haben.« Und im Befehlston: »Kein Wort zu niemandem. Melde dich morgen bei mir im Büro.«

Er holte das Foto, das KK ihm geschickt hatte, aus der Tasche und knallte es auf den Tisch. Dann stand er auf und ließ sie stehen. Beim Hinausgehen bemerkte er, dass sie es gerade betrachtete. Das Foto zeigte sie zusammen mit Heinrich vor der Kneipe in Bonn, als sie sich geküsst hatten. Auf der Rückseite stand: »Bonn, 2. November 71, Glückwunsch zu der rothaarigen Frau. KK!«

FAMILIENANSCHLUSS

Das Wiedersehen in Bonn kurz vor Weihnachten war innig und heftig. Sie hatte vom Bonner Bahnhof aus in seinem Büro angerufen, und er hatte sofort alles stehen und liegen lassen.

Dann stand sie vor ihm in seinem Flur, den kleinen Koffer in der Hand, den sie einfach fallen ließ. Er nahm sie wortlos in den Arm, hob sie hoch, sah sie an, setzte sie vorsichtig wieder ab, und dann drückte er sie so heftig, dass sie kaum noch Luft bekam.

Er sei aufgewacht am Morgen nach ihrer ersten Nacht und habe zunächst geglaubt, alles sei nur ein Traum gewesen. Aber dann habe er ihren Zettel gefunden.

Überall in der Stadt habe er sie gesucht. Niemand habe sie gesehen, keiner auch nur eine Ahnung gehabt, wo man sie finden könne. Tagelang sei er durch Bonns Kneipen getigert. Sie war wie vom Erdboden verschluckt.

Je länger er nach ihr gesucht habe, desto überzeugter sei er gewesen, dass sie die Frau seines Lebens sei. Über beide Ohren habe er sich in sie verliebt. Und der Gedanke, sie nicht wiederzusehen, habe ihn fast verrückt gemacht.

Verzweifelt sei er gewesen. Denn er habe weder eine Adresse von ihr noch eine Telefonnummer gehabt. Er habe überlegt, sich einfach in ein Flugzeug zu setzen und in Berlin nach ihr zu suchen …

Zwischen Umarmungen und Küssen sprudelte es aus ihm heraus, während er sie und sie ihn aus den Klamotten pellte. »Wo warst du bloß?«, fragte er keuchend. »Warum hast du dich nicht gemeldet?«

Zuerst flog der Mantel auf den Boden, dann flogen die Pullover, die Hemden, die Hosen, der BH, die Socken. Erst als sie endlich nackt aneinandergeschmiegt nebeneinander lagen in diesem Bett, das ihm in den letzten Wochen, seit sie weg war, viel zu groß geworden war, erst dann hörte er auf zu reden und zu fragen, weil ihre warmen, weichen Lippen ihm endgültig den Mund verschlossen.

Und alles war wieder wie in der ersten Nacht.

Heinrich hatte einige Liebschaften hinter sich. Aber er hatte bislang nie den Wunsch nach einer dauerhaften Beziehung verspürt. Seit er Anita kannte, war das anders.

Ihr ging es ähnlich. Sie wusste, warum sie zurückgekommen war. Sie hatte ihn die ganze Zeit über vermisst.

Sie habe sich freigenommen, sagte sie. Und sie könne, wenn er nichts dagegen habe, über Weihnachten und Silvester bleiben.

Heinrich fand, dies sei das schönste Weihnachtsgeschenk.

Seine beiden Mitbewohner waren über die Feiertage zu ihren Eltern gefahren. So hatten sie die große Altbauwohnung an der Elisabethkirche für sich.

Er hatte sich ebenfalls ein paar Tage freigenommen. Er zeigte ihr die Südstadt, den Marktplatz, das Bundeshaus, den Rhein. Sie fuhren zusammen nach Köln, kauften ein, kochten zusammen in seiner WG-Küche. Es ging alles problemlos. Sie feierten lauter Premieren.

Und sie wurden nicht müde, einander zu erkunden.

Am ersten Weihnachtstag nahm er sie mit in die Buschstraße, wo seine Eltern das junge Paar aufgeregt erwarteten.

So viele Jahre hatte Carola Sauerborn vergeblich darauf gewartet, dass Heinrich endlich mal eine Freundin mitbringen würde. Er hatte seine bisherigen Damenbekanntschaften so konsequent vor ihr verheimlicht, dass sie sich gelegentlich schon Sorgen gemacht hatte, ob er sich überhaupt aus Frauen etwas mache. Auch Gustav Sauerborn, sein Vater, Professor für Romanistik an der Universität Bonn, war begeistert von Heinrichs Freundin. Da sie ihm gleich erzählt hatte, wie gern sie einmal nach Frankreich fahren und zum Beispiel Paris kennenlernen würde, zeigte er ihr in seiner Bibliothek die vielen gesammelten Bildbände mit französischen Landschaften und Sehenswürdigkeiten. Er schwärmte von Frankreich und war glücklich, dass die Freundin seines Sohnes diese Leidenschaft teilte.

Anita fühlte sich wie zu Hause. Zum ersten Mal in ihrem Leben genoss sie das Gefühl, eine Familie zu haben. Sie gehörte dazu, als habe sie schon immer dazugehört.

PETERSBERG

Drei Tage vor Silvester fuhren sie ins Siebengebirge. Der Himmel war sternenklar und es war ziemlich kalt, als sie mit der Fähre von Godesberg nach Niederdollendorf übersetzten.

Die neue Brücke, die das Regierungsviertel mit dem rechtsrheinischen Ufer verbinden sollte, war zwar schon im Bau, aber noch nicht fertig.

Heinrich wollte Anita den Petersberg zeigen, dessen Gipfel das riesige alte Hotel, das ehemalige Gästehaus der Bundesregierung, krönte, das seit zwei Jahren leer stand. Die Regierung hatte dem alten Gemäuer 1969 den Rücken gekehrt und auf Schloss Gymnich bei Köln ein neues Gästehaus gepachtet.

Während der Überfahrt stand Anita eng an Heinrich gelehnt auf dem Deck der Fähre und sah zu den Sternen hoch.

»Hier unten ist es noch zu hell«, sagte Heinrich. »Gleich werde ich dir einen Platz zeigen, wo du die Sterne so nah und strahlend klar über dir sehen kannst, dass du meinst, sie mit Händen greifen zu können.«

Kurz vor Königswinter bog er auf die Straße nach Ittenbach ab, die er nach einem Kilometer mitten im Wald wieder verließ. Er fuhr jetzt über einen asphaltierten, kurvenreichen Waldweg zum Petersberg hoch.

Oben angekommen stiegen sie aus und umrundeten das alte Gemäuer, das schwarz und schweigend im Wald stand wie ein verwunschenes Schloss. An einigen Stellen konnte man durch die Fenster hineingucken. Heinrich hatte eine Taschenlampe dabei und leuchtete in die verlassenen Räume, in denen einst die Reichen der Welt verkehrten.

Man ahnte noch die Pracht, die sich früher hier entfaltet hatte. In der großen Eingangshalle hingen riesige Kristalllüster von der holzgetäfelten Decke. Die Möbel waren alle mit weißen

Laken verhüllt, aber sie erkannten die Konturen der gepolsterten Sessel und Sofas und im Hintergrund die verhüllte Theke der Rezeption. Jeden Moment hätte ein livrierter Diener aus dem Dunkel treten und sie hineingeleiten können. Aber es rührte sich nichts in dem alten Kasten. Nur ein dunkler Vogel flatterte lautlos vorbei.

»Vielleicht eine Eule«, sagte Heinrich.

»Hier ist die Zeit wirklich stehen geblieben«, flüsterte Anita.

Sie fühlte sich etwas unheimlich, zugleich aber in Heinrichs Nähe geschützt und geborgen. Sie traten aus dem Wald und kamen auf die riesige Terrasse, von der man einen weiten Blick auf das Rheintal und in den Himmel hatte. Anita konnte sich nicht entsinnen, den ganzen Sternenhimmel jemals so hell, so überwältigend nah vor sich gesehen zu haben.

Der Strom glitzerte im fahlen Licht des halben Mondes. Unten im Tal sah man die Scheinwerfer einiger Autos, die auf der Uferstraße entlangfuhren.

»Dort hinten siehst du die Lichter von Bonn.« Heinrich deutete auf eine gelbliche Lichtwolke, die über der Stadt hing. Auf dem Petersberg war der Blick ungetrübt. Keine Straßenlaterne, kein Autoscheinwerfer, kein erleuchtetes Fenster störten den Blick in das Weltall.

»Das Licht, das wir in diesem Moment sehen, ist viele Millionen Jahre unterwegs gewesen«, sagte er. »Wir wissen nicht, ob die Galaxien, von denen es kommt, überhaupt noch existieren.«

Sie blickten schweigend auf die Milchstraße, die sich wie ein weißes Nebelband quer über den Himmel spannte.

Ob es auf einem dieser Milliarden Sterne nicht doch Leben wie auf der Erde gab? Heinrich erzählte ihr, dass er sich diese Frage oft gestellt hatte. Schon als Kind, wenn er abends mit seinem Vater im Kottenforst spazieren ging, hatten sie manchmal in den Himmel geschaut und sich vorgestellt, dass es irgendwo einen Planeten geben müsse, so beschaffen wie die Erde, eine ferne Kopie der Welt, vielleicht sogar von Lebewesen bevölkert.

Er sprach von seinem Vater, der ihm alle Sternbilder gezeigt und erklärt hatte, sodass Heinrich zu fast jeder Konstellation die entsprechende Geschichte aus der griechischen Mythologie wusste. Zuerst zeigte er Anita den Großen Wagen, dessen Hinterachse, viereinhalbmal verlängert, zum Polarstern führt. Der wiederum war das Endstück der Deichsel des Kleinen Wagens. Dann schwenkte er hinüber zur Kassiopeia.

Diese, der Sage nach die Gattin des äthiopischen Königs Cepheus und Mutter der Andromeda, habe einst den Zorn des Meeresgottes Poseidon auf sich gezogen, weil sie behauptete, sie sei schöner als die Nereiden, die Nymphen des Meeres, berichtete Heinrich.

»Nun hängt ihr Sternbild neben dem ihres Gatten wie ein großes schräges W am Himmel. Sie fährt immer und ewig Karussell und dreht sich genau wie der Große und der Kleine Wagen um den Polarstern.«

Anita blickte nach oben, ihr wurde fast schwindelig dabei. »Welches sind denn die beiden da, die fast senkrecht übereinanderstehen, der eine heller als der andere.«

»Das sind die Dioskuren, Kastor und Pollux, die Zwillinge.«

»Kastor und Pollux? Warum heißen die so?«

»Interessiert es dich wirklich?«, fragte er. »Das ist eine längere, aber auch eine ziemlich spannende Geschichte!«

Und er begann, von Kastor und Pollux zu erzählen, den legendären Geschwistern, die nicht nur von den Griechen, sondern später auch von den Römern als Schutzgötter der Schifffahrt verehrt worden waren. Er erzählte die Geschichte genau so, wie Gustav Schwab sie im neunzehnten Jahrhundert in den »Schönsten Sagen des klassischen Altertums« aufgeschrieben hatte.

»Leda«, begann er, »war die Königin von Sparta. Sie hatte eine Tochter, die später berühmt gewordene Helena, derentwegen der Krieg um Troja entbrannte. Und zwei Zwillingssöhne: Kastor und Pollux. Allerdings hatten diese Zwillinge zwei Väter: Kastor war von Tyndareos gezeugt worden, dem

König von Sparta, Pollux aber von Zeus, der sich der schönen Leda in Gestalt eines Schwans genähert hatte.«

»Na ja«, unterbrach ihn Anita. »Das ist ja nun eigentlich unmöglich.«

»In den alten Sagen der Griechen ist alles möglich«, antwortete Heinrich und küsste sie. »Soll ich trotzdem weitererzählen?«

»Oh ja, erzähl weiter!« Sie drückte sich gegen ihn. Es war kalt, aber sie merkte es nicht.

»Die beiden Zwillingsbrüder waren unzertrennlich. Der Sage nach war Pollux als direkter Sohn des Zeus ein Halbgott und damit unsterblich. Kastor hingegen war sterblich. Und als er bei einem Gemetzel schwer verwundet wurde und im Sterben lag, bat Pollux seinen Vater Zeus, er möge ihn zusammen mit dem Bruder sterben lassen. Da schwebte der Götterkönig zu ihm herab und sprach: Du bist unsterblich, denn du bist mein Sohn. Dieser aber entstammt einem sterblichen Vater. Wohlan, du hast die Wahl: Du kannst auf ewig leben und im Olymp der Götter wohnen, jedoch ohne Kastor. Wenn du aber alles mit ihm teilen möchtest, so kannst du mit ihm zugleich die Hälfte der Zeit in der Unterwelt, die andere im goldenen Himmelssaal verbringen. Pollux zögerte keinen Moment. Er wählte das gemeinsame Schicksal mit dem Bruder und wurde wie dieser sterblich.«

Heinrich machte eine kleine Pause und küsste Anita, ehe er fortfuhr.

»Zeus aber, beeindruckt und gerührt von so viel Bruderliebe, verschaffte Kastor und Pollux einen dauerhaften Platz am Sternenhimmel. Die Menschen beten zu ihnen in allen Nöten des Lebens, denn sie verehren die Dioskuren als gnädige Helfer in der Gefahr. Im Getümmel der Schlacht erscheinen die Brüder als leuchtende Sterne dem bedrängten Helden und führen ihn zum Sieg. Auf tobender See, in Sturm und Wetter schweben sie auf goldenen Flügeln herab, den verzweifelten Schiffbrüchigen zu helfen. Sankt-Elms-Feuer nennt jetzt der Seemann die wundersame heilkündende Lohe, welche in der Finsternis des

Unwetters an Masten, Segeln und Tauen plötzlich aufleuchtet und in der die Griechen die hilfreichen Zwillinge herniedersteigen sahen.« Er schwieg.

»Eine schöne Geschichte«, flüsterte Anita. »Fast zu schön, um wahr zu sein.« Sie wusste nicht, was sie mehr bewunderte und beeindruckte: Heinrichs Gabe, seitenweise aus Büchern zitieren zu können. Oder die Sage, die er erzählt hatte. Die Dioskuren gingen ihr nicht mehr aus dem Kopf.

»Mein Pollux«, flüsterte sie, als Heinrich sie nachts zu Hause im Bett in die Arme schloss.

Fortan wohnte sie, wenn sie nach Bonn kam, bei ihm. Er gab sich damit zufrieden, dass sie in Berlin studierte und im Prinzip auch in Berlin bleiben wollte.

Er sagte, er habe Freunde in Berlin, er könne sich durchaus vorstellen, dorthin zu ziehen. Sein Job im Bundeshaus langweile ihn. Er hatte ihr bereitwillig erzählt, was er dort machte. Er fühlte sich unterfordert in seinem Referat. Immer nur Sitzungen vorbereiten und Wortprotokolle redigieren, das sei auf Dauer nichts für ihn. Schließlich sei er ein fertig ausgebildeter Jurist. Er könnte sich also jederzeit auch in Berlin als Rechtsanwalt niederlassen.

Sie fragte ihn, ob er sich vorstellen könne, sich an der westdeutschen Botschaft in Ostberlin zu bewerben.

Das könne er sich sehr gut vorstellen, sagte er. Jetzt aber komme es erst einmal darauf an, die Ostverträge unter Dach und Fach zu bringen. Die Aussichten, dass dies gelinge, würden leider von Tag zu Tag geringer.

SCHWABENSTREICH

Gut gelaunt, aber ein wenig benommen stand Markus Wolf am Nachmittag des 1. März 1972 am Fenster des Café Moskau in Ostberlin. Er schaute hinaus und sah zu, wie sein Landsmann, der CDU-Bundestagsabgeordnete Julius Steiner aus dem schwäbischen Biberach, versuchte, in den vor dem Haus parkenden Dienstwagen des DDR-Generals zu klettern. Der Mann war betrunken. Er hatte fast drei Stunden mit Wolf zusammengesessen und dabei kräftig zugelangt.

Die beiden Herren hatten viel geredet, ausgiebig gegessen und reichlich getrunken, der Gast immer ein paar Gläser schneller als der Gastgeber, zuerst Krimsekt, dann Wein und zum Kaffee Cognac. Zum Schluss hatten sie sich feierlich angeschaut und auf die alte, gemeinsame Heimat angestoßen.

»Prost Biberach!«

»Prost Hechingen!«

Dann hatte sich der rundliche Herr aus dem Westen mit schwerer Zunge verabschiedet. Er müsse leider unverzüglich zurück nach Bonn.

»In meinem Auto und mit meinem Chauffeur«, sagte der General, »werden Sie es wie auf dem Hinweg ohne lästige Kontrollen über den Grenzübergang Checkpoint Charlie schnell zurück nach Westberlin zum Flughafen schaffen.«

Gerade noch rechtzeitig fing Wolfs Chauffeur den korpulenten Mann auf, der sich torkelnd der geöffneten Wagentür näherte. Er griff ihm unter die Arme und warf ihn seitwärts auf den Rücksitz. Anschließend hob er Steiners Hut auf, der dabei auf den Gehweg gefallen war, säuberte ihn und warf ihn ebenfalls ins Wageninnere. Danach schloss er die Tür und sah nach oben, wo er Wolf am Fenster stehen sah.

Der Chauffeur salutierte.

Wolf grüßte zurück und lächelte.

Der Chauffeur setzte sich ans Steuer, wendete und fuhr in Richtung Alexanderplatz davon.

Wolf ging an den Tisch zurück, an dem sie gegessen und getrunken hatten. Eine Bedienung mit weißer Schürze und einem Spitzenhäubchen hatte das Geschirr und die Gläser schon abgeräumt. Der General zeichnete die Rechnung ab, die auf einem kleinen Silberteller lag. Dann winkte er dem Kellner, der im Hintergrund stand, und bestellte noch einen Kaffee.

Als der Kellner zurückkam, gab er ihm zwanzig D-Mark Trinkgeld, wofür sich der Mann überschwänglich bedankte, bevor er katzbuckelnd verschwand.

Der General war mit sich zufrieden. Er hatte einen guten Fang gemacht. Noch einmal zog er das Blatt hervor und studierte den kurzen Text, den er dem Gast aus dem Bonner Bundeshaus am Ende ihrer Unterhaltung diktiert und den dieser nach anfänglichem Zögern handschriftlich zu Papier gebracht und unterschrieben hatte. Darin stand, dass er, Julius Steiner, bereit sei, unter Wahrung der Konspiration mit dem Ministerium für Staatssicherheit der DDR zusammenzuarbeiten und es durch personen- und sachverhaltsbezogene Informationen, die der Sicherung des Friedens dienten, zu unterstützen.

Steiner, so hatten sie mündlich vereinbart, werde regelmäßig über Interna aus der CDU/CSU und aus dem innerdeutschen Ausschuss berichten und dafür angemessen bezahlt werden.

Als Decknamen hatte der neue informelle Mitarbeiter des DDR-Ministeriums für Staatssicherheit »Theodor« gewählt, eine kleine Verbeugung vor dem ersten Bundespräsidenten, der ja, wie die beiden Herren einander lächelnd bestätigten, ebenfalls aus dem Schwabenland kam.

Nun also: IM Theodor.

Wolf hatte zunächst misstrauisch reagiert, als ihm Anfang Februar über die Quelle »Intimus« aus Bonn signalisiert worden war, es gebe einen CDU-Hinterbänkler namens Julius Steiner, der empfänglich für Bares und mit dem scharfen Oppositionskurs seiner Partei gegen die Ostverträge nicht einverstanden sei. Er hatte diesen Namen noch nie gehört. Steiner, so hieß es weiter in der kurzen Notiz, sei Mitglied im Ausschuss für innerdeutsche Fragen und habe den dringenden Wunsch geäußert, Kontakt zu einflussreichen Leuten in der DDR aufzunehmen.

Der General hatte daraufhin die Abwehrspezialisten der HVA konsultiert. Die waren skeptisch. Steiner sei kein unbeschriebenes Blatt. Im MfS gebe es Akten über ihn. Der Mann habe in den Fünfzigerjahren engste Kontakte zum BND und zum Verfassungsschutz gehabt. Außerdem verkehre er, worauf auch die Quelle »Intimus« hingewiesen hatte, im Siebengebirge auf dem Gutshof des Bonner Waffenhändlers Martini, wo sich die heftigsten Gegner der Ost- und Entspannungspolitik der neuen Bundesregierung regelmäßig trafen.

Sie warnten Wolf. Der Wunsch nach Kontaktaufnahme könnte eine Falle sein.

Andererseits wussten sie aber auch, dass gerade in Steiners Wahlkreis Biberach einige Unternehmen saßen, die mit Moskau und mit Ostberlin ins Geschäft kommen wollten und deshalb für die Verträge waren, darunter ein Maschinenbauer, der seine Baukräne unbedingt in den Ostblock zu exportieren beabsichtigte. Mit dem Geschäftsführer dieses Unternehmens, einem aktiven CDU-Mitglied, sei der Hinterbänkler befreundet, hieß es. Der Mann habe entscheidend mit dafür gesorgt, dass Steiner überhaupt für den Bundestag nominiert und auf der Landesliste platziert worden war.

Es sei also durchaus möglich, dass der CDU-Abgeordnete aus Biberach zwar kein Freund der SPD und schon gar nicht der DDR, aber trotzdem daran interessiert sei, dass die Ostverträge nicht scheiterten.

»Man muss es ausprobieren«, hatte Wolf entschieden und der Quelle Intimus ausrichten lassen, Steiner solle ihm einen Brief schreiben und darin um eine Unterredung bitten.

Drei Wochen später war der Brief gekommen und der 1. März als Termin vereinbart worden. Dieter Feller hatte den Gast aus Bonn am Flughafen in Westberlin in Empfang genommen und ohne Grenzkontrollen im Dienstwagen des Generals nach Ostberlin ins Café Moskau begleitet.

An Gesprächsstoff war kein Mangel. Zuerst hatten sie über die Gegend gesprochen, aus der sie stammten. Biberach, Steiners Wohnsitz, und Hechingen, Wolfs Geburtsstadt, lägen, so stellten sie fest, nur etwa anderthalb Autostunden auseinander.

»Und auf halbem Wege liegt Sigmaringen«, sagte Steiner, »wo ich nach dem Krieg dem Fürsten von Hohenzollern Sigmaringen gedient habe.«

»Ja«, antwortete Wolf, »es ist eine ziemlich adelige Gegend. Mein Hechingen erstrahlt ja auch immer noch in königlichem Glanz. Ich habe als Kind immer zu dem Schloss hochgeschaut, dem Stammsitz der Hohenzollern.«

Er war fünf Jahre alt, als sein Vater, der jüdische Arzt und Schriftsteller Friedrich Wolf, nach Stuttgart zog, und zehn, als die Familie vor den Nazis bei Nacht und Nebel aus Deutschland fliehen musste.

Steiner, anderthalb Jahre jünger als Wolf, war im Land geblieben. Seine Familie hatte keine Probleme mit den Machthabern. Aber über dieses Kapitel sprachen sie nicht. Ansonsten ließen sie nichts aus. Sie redeten über Gott und die Welt. Über die Politik im Allgemeinen und die Bonner Koalition im Besonderen. Über Willy Brandt und Rainer Barzel. Über Krieg und Frieden. Über die kleine DDR und die mächtige BRD. Aber erst nach dem Dessert, bei Kaffee und Cognac, kamen sie zur Sache.

»Ich bin zu Ihnen gekommen«, begann Steiner, nachdem er den dritten Cognac gekippt hatte, »weil ich mir Sorgen um die Ostverträge mache.«

»Die Sorgen teile ich«, erwiderte der Spionagechef, »dieser Hupka ist ja wohl leider kein Einzelfall.«

Herbert Hupka, Präsident der Landsmannschaft Schlesien,

der schon oft damit gedroht hatte, er könne Brandts Ostpolitik nicht länger unterstützen, hatte einen Tag zuvor endgültig erklärt, er verlasse die SPD-Fraktion und werde Mitglied bei der CDU/CSU. Der Vertriebenen-Funktionär empfand die von Brandt beabsichtigte völkerrechtliche Anerkennung der Westgrenze Polens entlang der Flüsse Oder und Neiße als Verrat, weil dies den endgültigen Verzicht auf die einst deutschen Gebiete Schlesien und Oberschlesien bedeutete.

»Wurde der Mann gekauft?«, fragte Wolf.

»Glaube ich nicht. Das ist ein Überzeugungstäter. Den hätten seine Vertriebenen gesteinigt, wenn er bei den Sozis geblieben wäre.«

»Werden weitere Abgeordnete aus der SPD folgen?«

»Ich denke, als Nächster wird der Münchener SPD-Abgeordnete Günther Müller die Seite wechseln«, sagte Steiner. »Mir wurde erzählt, dem habe die CSU schon einen sicheren Wahlkreis angeboten, wenn er zu ihnen komme.«

Wolf notierte: »Unsicherer Kantonist Günther Müller, SPD.«

»Und wie sieht es bei der FDP aus?«

»Nicht sehr viel besser. Da gibt es auch einige Wackel-Kandidaten. Hinter vorgehaltener Hand haben sie in meiner Landesgruppe erzählt, man versuche, den FDP-Abgeordneten Wilhelm Helms aus Niedersachsen zum Austritt aus seiner Partei zu überreden. Der Mann habe einen hoch verschuldeten Hof und brauche Geld.«

Wolf notierte sich auch diesen Namen.

»Und was ist Ihr Motiv? Warum wollen Sie für die Ostverträge stimmen?«, fragte der General. »Sie kommen doch aus einem Bundesland, das fast genauso schwarz ist wie das benachbarte Bayern.«

»Ich will ehrlich und offen zu Ihnen sein«, antwortete Steiner. »Ich tu es nicht, weil ich die SPD mag, und auch nicht wegen Brandt. Ich tu es vor allem, weil ich glaube, dass es der Wirtschaft in meinem Wahlkreis nützt.«

Und dann erzählte er ohne Umschweife, wie wichtig es zum Beispiel für den befreundeten Kranbauer sei, neue Märkte in der Sowjetunion und in der DDR zu erschließen. Wie viele Arbeitsplätze daran hingen und wie beide Seiten letztendlich davon profitierten.

»Wer Handel treibt, schießt nicht aufeinander«, beendete er seinen Vortrag und schenkte sich noch einen Cognac ein.

»Da haben Sie allerdings recht«, erwiderte der DDR-General. »Wer Handel treibt, schießt nicht aufeinander.« Und nach einer kleinen Pause fügte er hinzu: »Ich bin Ihnen sehr dankbar, dass Sie mit uns gemeinsam dieses Friedensprojekt unterstützen. Wie ich höre, waren Sie auch gleich nach dem Abitur im Krieg und wissen, wie sinnlos es ist, aufeinander zu schießen.«

»Allerdings!«, bestätigte Steiner. »Das war eine Scheißzeit! Ich will alles tun, damit sich dergleichen nie mehr wiederholt.«

»Das begrüße ich sehr.« Wolf deutete eine Verbeugung an. »Wenn Sie jetzt nur noch die Güte hätten, mir das, was wir eben besprochen haben, ganz kurz schriftlich zu bestätigen.«

Steiner zog die Augenbrauen hoch. »Aber das muss man doch nicht schriftlich machen. Unter Ehrenmännern gilt doch ein Ehrenwort.«

»Sie haben ja recht«, sagte der General. »Mir persönlich würde es reichen. Aber ich habe misstrauische Vorgesetzte und ein noch misstrauischeres Politbüro, und vor allem haben wir äußerst misstrauische Freunde in Moskau. Und die sind alle daran interessiert, dass die Ostverträge nicht scheitern.«

»Ja und?«

»Wenn ich denen jetzt sage: Ich kenne da einen Abgeordneten aus der Bonner CDU/CSU-Fraktion, der will uns mit Informationen unterstützen, die der Sicherung des Friedens dienen, dann werden die sagen: Lieber Genosse Wolf, da kann ja jeder kommen. Das glauben wir erst, wenn er uns schriftlich zusagt, dass er uns mit Informationen unterstützen will, die der Sicherung des Friedens dienen. Und weil meine Vorgesetzten und unsere Freunde in Moskau auf dieser kleinen Formalie bestehen, möchte ich Sie bitten, es jetzt hier aufzuschreiben und Ihren Namen darunterzusetzen. Das ist nur für meine Oberen wichtig, sonst für niemanden.« Er schwieg und schaute Steiner an, der sich noch ein Glas Cognac einschenkte.

»Also gut!« Steiner holte einen Füllfederhalter aus der Innentasche seines Sakkos und sah Wolf erwartungsvoll an.

Wolf breitete vor ihm auf dem Tisch ein weißes Blatt Papier aus und glättete es mit dem Handrücken. Dann las er ihm die beiden entscheidenden Sätze zuerst am Stück vor, um den Text langsam Wort für Wort zu wiederholen. Steiner schrieb alles auf wie ein braver Schüler beim Diktat und besiegelte es mit seiner krakeligen Unterschrift. Danach füllten sie erneut die Schnapsgläser und erhoben sich.

»Prost Biberach!«, sagte der General.

»Prost Hechingen!«, sagte der Abgeordnete.

ABGEKARTET

Siebeneinhalb Wochen später war genau das eingetreten, was Steiner prophezeit hatte. Die einst komfortable Mehrheit der SPD-FDP-Koalition war dahingeschmolzen wie Schnee in der Frühjahrssonne.

Es roch nach Kanzlersturz und Regierungswechsel.

Am Nachmittag des 24. April 1972, einen Tag nach einer für SPD und FDP vernichtenden Landtagswahl in Baden-Württemberg, ließ sich Oppositionsführer Rainer Barzel von den CSU-Anführern Strauß und Richard Stücklen dazu überreden, den Kanzlersturz zu wagen. Seine Fraktion stellte den Antrag, der Bundestag möge dem Bundeskanzler Willy Brandt das Misstrauensvotum aussprechen und Rainer Barzel zu seinem Nachfolger wählen.

Wolf hatte es kommen sehen.

»Wir müssen Brandt schützen!«, sagte er zu seinem Adjutanten Bock.

»Aber wie?«

»Es gibt in der Union einige unsichere Kantonisten«, sagte der General.

Er zeigte Bock eine Liste mit mehreren Namen.

Ganz oben standen Julius Steiner und Leo Wagner.

»Bei den beiden müssen wir es versuchen. Steiner steht bei uns schon unter Vertrag. Und Leo Wagner ist zwar ein ganz enger Gefolgsmann von dem Strauß und schwarz wie die Nacht. Aber er braucht dringend Geld, um seine Ausflüge in das Bonner und Kölner Rotlichtmilieu zu finanzieren. Und außerdem ist er erpressbar.«

»Woher weißt du das alles?«

»Ich habe meine Quellen«, antwortete der General.

»Wie viel können wir bieten?«, fragte Bock.

»Je fünfzigtausend D-Mark. So ist es mit Mielke und Honecker besprochen. Es gibt allerdings ein massives Problem, die Wahl ist geheim. Wie können wir sicher sein, dass die beiden wirklich so abstimmen, wie es vereinbart ist?

»Ich hätte da eine Idee«, sagte der Adjutant. Er erzählte seinem Chef den Plan.

Anita hatte ihn darauf gebracht. Wolf war beeindruckt.

»Doppelte Stimmkarten, großartig!«, lobte er. »Man könnte auch sagen«, fügte er lächelnd hinzu, »ein abgekartetes Spiel!«

AUSGEDRUCKT

Für das Referat PD, in dem Sauerborn arbeitete, bedeutete die Entscheidung der CDU/CSU-Fraktion, am 27. April den Kanzlersturz zu wagen, unendlich viel Arbeit. Alles musste für die geheime Abstimmung vorbereitet werden.

Am Nachmittag des 24. April, gleich nach der Entscheidung der CDU/CSU, das Misstrauensvotum zu beantragen, bekam Sauerborn von seinem Vorgesetzten, dem Abteilungsleiter Rudolf Schnur, den Auftrag, sich um die Stimmkarten zu kümmern.

»Ich verlass mich auf Sie«, sagte Schnur. »Ich muss noch so viel anderes Zeug regeln. Sie machen das mit den Stimmkarten. Kulick ist in der Druckerei, und der weiß, wie es geht. Wir haben fünfhundertachtzehn Abgeordnete, also brauchen wir fünfhundertachtunddreißig Stimmkarten, zwanzig mehr für alle Fälle, falls irgendjemand Mist baut und einen neuen Stimmzettel braucht.«

»Was heißt das, falls irgendjemand Mist baut?«

»Na ja, wenn einer zum Beispiel die Stimmkarte außerhalb der Wahlkabine in den Umschlag schiebt oder sie außerhalb der Kabine beschriftet, dann muss er den Stimmzettel abgeben und sich einen neuen abholen.«

»Verstehe.«

»Es sind vierhundertsechsundneunzig voll stimmberechtigte Abgeordnete und zweiundzwanzig Berliner mit eingeschränktem Stimmrecht. Die Stimmkarten der Berliner werden mit einem großen ›B‹ gekennzeichnet. Von diesen brauchen wir zweiundzwanzig plus fünf Ersatzkarten. Für die voll Stimmberechtigten brauchen wir vierhundertsechsundneunzig plus fünfzehn, also fünfhundertelf Exemplare. Kulick wird es Ihnen zeigen.«

»Pass auf«, sagte Kulick. »Um fünfhundertachtunddreißig Stimmkarten im Format DIN-A7 herzustellen, brauchen wir achtundsechzig DIN-A4- oder vierunddreißig DIN-A3-Blätter, die jeweils acht- beziehungsweise sechzehnmal bedruckt und hinterher im halben Postkartenformat passgerecht zugeschnitten werden.«

Sauerborn rechnete nach. »Acht mal achtundsechzig oder vierunddreißig mal sechzehn macht jedes Mal fünfhundertvierundvierzig, also haben wir immer sechs überm Durst. Was passiert mit den Überzähligen?«

Kulick beugte sich vor und flüsterte: »Die behalten wir. Als Andenken. Offiziell müssen wir sie ja vernichten. Aber wer hat schon solche Stimmkarten? Gib mir vier, und die restlichen zwei lässt du unauffällig verschwinden, damit sie nicht in falsche Hände fallen.« Er grinste vieldeutig.

Am Abend fragte Schnur, ob alles in Ordnung sei.

»Alles ist okay«, meldete Sauerborn. »In diesem Umschlag befinden sich fünfhundertachtzehn Stimmkarten, zwanzig Reservekarten liegen in diesem Kuvert. Die passenden Umschläge sind ebenfalls fertig. Und hier sind die Stimmkarten für die Berliner.«

»Sehr gut«, sagte Schnur.

»Die überzähligen sechs habe ich übrigens vernichtet«, log Sauerborn.

Schnur runzelte die Stirn. »Die hätten Sie mir geben müssen.«

»Hat mir keiner gesagt.«

»Wie haben Sie die vernichtet?«

»Im Schredder. Kulick war dabei, und der sagte, das sei so in Ordnung.«

Schnur gab sich damit zufrieden.

Abends zeigte Sauerborn Anita die beiden Stimmkarten.

»Darf ich die haben?«

»Wozu brauchst du die?«

»Als Souvenir. Wer kann schon sagen, dass er zwei Stück dünner Pappe besitzt, die über das Wohl und Wehe einer ganzen Regierung entscheiden?«, sagte Anita.

»Okay«, entschied Heinrich. »Ich lege sie hier in die Schublade. Eine für dich und eine für mich.«

AUSGETRICKST

Zwei Tage vor der historischen Abstimmung über das Misstrauensvotum sorgte der Journalist Zink mit einem Aufmacher für Wirbel in Bonn.

Am Montag hatte die CDU/CSU die Abstimmung beantragt. Es war das Top-Thema in allen Zeitungen.

Zink aber hatte darüber hinaus durch einen Zufall erfahren, was sich die SPD ausgedacht hatte, um die Attacke der Union abzuwehren und die eigenen Reihen zu schließen. Es war ein Geheimplan, mit dem die Sozis die Gegenseite überrumpeln wollten. Davon hatte nur Zink Wind bekommen. Walter Koch, genannt »Walko«, ein langjähriger enger Mitarbeiter von Karl Wienand, hatte ihm die Geschichte gesteckt.

Walko kam aus dem Dorf, in dem auch Wienand wohnte, und er sprach das gleiche Platt wie dieser. Er war ein kleiner, kugeliger Mann mit kurzen Bürstenhaaren und flinken Augen, ein Gemütsmensch, der es aber faustdick hinter seinen fleischigen Ohren hatte. Man sah ihm an, dass er abends in seiner Stammkneipe gern mehr als nur zwei Kölsch zu sich zu nehmen pflegte.

Zink hatte ihn am frühen Montagnachmittag vor dem Fraktionssaal der SPD getroffen, als Wienand die dort wartenden Journalisten gerade darüber informierte, wie sich die SPD auf das von der CDU/CSU beantragte konstruktive Misstrauensvotum vorbereiten wollte.

Wienand hatte dies und das erzählt. Aber das Wichtigste hatte er für sich behalten.

»Komm mal mit«, flüsterte Walko und zog Zink ein paar Schritte zur Seite, wo niemand sie sehen und sie ungestört reden konnten. »Wat ich dir jetzt sage, dat haste nit von mir«.

»Okay«, sagte Zink. »Nit von mir« hieß, die Quelle musste geschützt bleiben.

»Wir werden am Donnerstagmorgen bei der Abstimmung sitzen bleiben«, sagte der Gehilfe.

»Wie *sitzen bleiben*?«

»Die SPD-Fraktion wird im Saal sein, sich aber an der Abstimmung über das Misstrauensvotum nicht beteiligen.«

»Warum das denn?« Zink glaubte, er habe sich verhört. »Denk mal drüber nach! Da kannste von allein draufkommen«, sagte Walko und grinste geheimnisvoll.

»Aber ihr müsst doch gegenhalten und den Antrag der CDU niederstimmen.«

»Müssen wir nicht«, triumphierte der kugelige Sozi.

»Versteh ich nicht«, sagte Zink.

»Pass op«, sagte Walko, »dat is janz einfach!« Und so wie er das intonierte, fühlte sich Zink an den Lehrer Bömmel aus der »Feuerzangenbowle« erinnert, der seinen Schülern zu erklären versuchte, was eine Dampfmaschine war und wie sie funktionierte.

»Da kannste von allein draufkommen«, wiederholte Walko. »Wer Barzel zum Kanzler machen will, der muss nach vorn gehen, sich eine Stimmkarte holen, Ja auf die Karte schreiben und diese dann in einem Umschlag in die Wahlurne schmeißen. Wer aber nicht will, dass Barzel Kanzler wird, der hat drei Möglichkeiten, dies zum Ausdruck zu bringen.«

Er schaute Zink herausfordernd an, als warte er darauf, von ihm die Lösung des Rätsels zu erfahren, das er ihm gerade aufgegeben hatte.

Zink zuckte fragend mit den Schultern. Er kam nicht drauf.

»Wer Barzel nicht will«, fuhr Walko fort, »der kann entweder mit Nein stimmen oder sich der Stimme enthalten.« Er machte eine Pause und holte tief Luft, ehe er fortfuhr: »Man kann drittens dem Kanzleraspiranten Rainer Barzel die Stimme auch dadurch verweigern, dass man bei der Abstimmung zwar anwesend ist, sich aber nicht an ihr beteiligt. Weil Barzel für sein Misstrauensvotum die absolute Mehrheit aller im Bundestag sitzenden Abgeordneten braucht, zählt jede nicht abgegebene Stimme wie ein Nein.«

Jetzt begriff Zink. »Klar!«, murmelte er. »Barzel muss beweisen, dass die Mehrheit der stimmberechtigten Abgeordneten hinter ihm steht. Das heißt, er muss zweihundertneunundvierzig Stimmen zusammenkriegen ...«

»Genau«, grinste Walko, »und die SPD muss gar nichts beweisen. Willy Brandt ist der vom Bundestag gewählte Kanzler und bleibt es so lange, bis ein anderer Kandidat die absolute Mehrheit der Stimmen bekommt. Aus die Maus. So steht es in Artikel siebenundsechzig Grundgesetz. Wir müssen Barzel beim Stimmeneinsammeln nicht helfen. Wir können in Ruhe sitzen bleiben und zuschauen, ob er es schafft oder nicht.«

»Wenn er es schafft, wird er noch am gleichen Tag vom Bundespräsidenten ernannt und im Bundestag vereidigt. Schafft er es nicht, bleibt Brandt Kanzler und Barzel Oppositionsführer«, sagte Zink. »Stimmt! Ihr könnt sitzen bleiben.«

Und nach einer kurzen Pause: »Ich verstehe nur nicht, warum das noch keiner wissen darf.«

»Weil der Onkel will, dass es eine Überraschung wird«, flüsterte Walko und zog Zink am Ärmel näher zu sich heran.

Mit »Onkel« war Herbert Wehner gemeint. Seit einigen Jahren wurde er so genannt, manchmal auch »Onkel Herbert«. Zink wusste nicht, warum. Es war einfach so.

»Die Idee«, fuhr Walko fort, »kommt vom Karl. Aber der Onkel will nit, dass wir es jetzt schon rauslassen. Er will es erst am Donnerstagmorgen verkünden, unmittelbar vor der Abstimmung. Als große Überraschung!«

»Aber das ist doch Quatsch. Das werdet ihr so lange nicht unter der Decke halten können.«

»Weiß ich doch«, flüsterte Walko, »und der Karl jlööv dat och nit. Deshalb hast du das weder von ihm noch von mir. Ich verlasse mich drauf. Wenn dat morjen bei dir en d'r Zeidung steht, wird et Ärjer geben. Aber Ärjer jitt es su oder su. Deshalb maach damit, wat de wills, nur halt mich da raus!«

Und dann war Walko genauso plötzlich wieder verschwunden, wie er vorher aufgetaucht war.

»Was machen wir damit?«, fragte Zink, nachdem er Kahlenbach im Büro eingeweiht hatte.

Kahlenbach bedeutete ihm mit einer Handbewegung, er möge die Tür schließen.

»Wenn das stimmt, ist es der Aufmacher, und wenn wir es allein haben, werden wir landauf landab damit zitiert«, sagte der Chef. »Wir brauchen aber eine zweite Quelle. Und die müssen Sie finden! Meinen Sie, das geht?«

Zink hob ratlos die Schultern. »Klar, kann ich versuchen. Aber wenn die merken, dass wir es haben, werden sie dafür sorgen, dass es nicht exklusiv bleibt. Im Übrigen ist meine Quelle absolut glaubwürdig. Der hat mich noch nie geleimt.«

Kahlenbach lächelte nachsichtig. »Trotzdem: Eine exklusive Falschmeldung ist schlimmer als eine richtige Meldung, die alle haben. Versuchen Sie es doch bitte noch mal!«

Als Zink Wolfgang Jansen anrief, den Pressesprecher der SPD-Fraktion, und ihn fragte, ob es denkbar sei, dass sich die SPD am Donnerstag an der Abstimmung nicht beteilige, hörte er vom anderen Ende der Leitung zunächst nur ein langes, vieldeutiges Schweigen.

»Wie kommst du darauf?«, fragte Jansen schließlich.

»Auf dem Weg des Nachdenkens«, behauptete Zink. »Wenn man das Grundgesetz liest und die Geschäftsordnung des Bundestages dazulegt, dann weiß man doch, dass bei dieser Abstimmung nur die Ja-Stimmen zählen.«

»Das stimmt«, bestätigte der Pressesprecher. »Aber wer liest heutzutage noch das Grundgesetz oder gar die Geschäftsordnung des Bundestags?«

»Ich zum Beispiel«, sagte Zink.

Und als Jansen weiter beharrlich schwieg, fügte er hinzu:

»Deshalb wäre es doch nicht nur denkbar, sondern sogar legitim, wenn die SPD ihre Ablehnung des Kandidaten Barzel dadurch zum Ausdruck brächte, dass sie ihm demonstrativ die Stimme verweigert. Mit anderen Worten: Dass sie bei der Abstimmung sitzen bleibt?«

»Denkbar ist vieles«, flötete Jansen.

»Du würdest es also auch nicht dementieren, wenn wir es schrieben?«

»Wir würden es nicht bestätigen«, entgegnete Jansen.

»Also stimmt es?«

»Wenn wir etwas nicht bestätigen, heißt das noch lange nicht, dass es stimmt.«

»Würdet ihr es denn dementieren?«, insistierte Zink.

»Ich bleibe dabei«, wiederholte Jansen. »Wir würden es nicht bestätigen.«

»Ich habe das Gefühl, dass ihr es plant, aber nur noch nicht rauslassen wollt«, bohrte Zink. Er hoffte, Jansen damit aus der Reserve locken zu können.

Jansen jedoch schwieg.

»Könntest du denn bestätigen, dass ihr im Fraktionsvorstand darüber geredet habt?«

»Über interne Sitzungen sagen wir grundsätzlich nichts«, antwortete der Pressesprecher.

»Gab oder gibt es Meinungsverschiedenheiten darüber?« Jansen schwieg. »Du kannst es noch so oft versuchen«, sagte er schließlich. »Wer was mit wem in unseren Vorstandssitzungen beredet, das geht niemanden etwas an.«

»Ich finde doch«, beharrte Zink. Er hatte jetzt das sichere Gefühl, dass Walkos Information stimmte und Jansen in der Zwickmühle saß. Wienand hatte die Idee gehabt, alle waren einverstanden, aber Wehner hatte verfügt, dass über die geplante Sitzblockade der SPD nichts nach außen dringt. Also durfte Jansen es nicht bestätigen. Er konnte es aber guten Gewissens auch nicht dementieren, weil er wusste, dass es stimmte.

»Du würdest mir einen Gefallen tun«, sagte Jansen nach einer längeren Pause, »du würdest nicht nur mir, sondern auch der gesamten SPD-Fraktion und dem Onkel einen Gefallen tun, wenn du darüber nichts schreibst. Ich kann dich nicht daran hindern, aber besser wäre es, du ließest es sein.«

Jetzt schwieg Zink.

»Bist du noch da?«, fragte Jansen.

»Ja. Aber ich fürchte, ich kann euch diesen Gefallen nicht tun.«

»Okay«, seufzte Jansen.

Natürlich hatten sie die Geschichte gebracht. Es war der Aufmacher, der am nächsten Tag auf der Seite eins stand und überall zitiert wurde.

Kahlenbach hatte dazu einen kurzen Kommentar geschrieben. Zink erinnerte sich noch gut an die Überschrift: »Aussitzen«. In Zinks Artikel stand, es gebe nur eine Möglichkeit, Barzel zur Kanzlerschaft zu verhelfen. »Man muss sich beteiligen und mit Ja stimmen.«

Aber es gebe mindestens drei Möglichkeiten, ihn als Kanzler zu verhindern.

»Erstens: indem man mit Nein stimmt. Zweitens: indem man eine leere oder eine ungültige Stimmkarte abgibt. Und drittens: indem man sitzen bleibt und sich an der Abstimmung nicht beteiligt.«

Das liege auch in der Logik des Grundgesetzartikels siebenundsechzig, hatte Zink weiter ausgeführt. Denn der sei so konstruiert und formuliert worden, dass ein amtierender Kanzler nicht nur einfach gestürzt, sondern ausdrücklich nur durch die Wahl eines anderen Kanzlers aus dem Amt gedrängt werden könne. So stehe es im Grundgesetz. Genau aus diesem Grund spreche man von einem konstruktiven Misstrauensvotum.

»Willy Brandt«, so schloss der Artikel, »muss nicht beweisen, dass er Kanzler ist. Er ist gewählt und vereidigt. Rainer Barzel aber muss als Herausforderer den Nachweis erbringen, dass er die absolute Mehrheit des Bundestages, also zweihundertneunundvierzig stimmberechtigte Abgeordnete, hinter sich hat. Er hat die Beweislast. Er ist auf jede Stimme angewiesen und muss sich anstrengen, sie zu bekommen. SPD und FDP müssen ihm dabei nicht helfen. Die Abgeordneten der Koalitionsfraktionen können ihr Nein zu Barzel auch dadurch zum Ausdruck bringen, dass sie sitzen bleiben.«

Der Artikel machte viel Wirbel in Bonn. Von der SPD wurde nichts dementiert, aber auch nichts bestätigt. Die Partei- und die Fraktionssprecher schwiegen beharrlich.

Umso lauter zeterten die Union und ihre journalistischen Hilfstruppen.

»Sitzblockade!«, titelte BILD.

»SPD beschneidet Wahlrecht«, schimpfte die WELT.

Sie offenbare ein »gestörtes Verhältnis zur parlamentarischen Demokratie«, assistierte Leo Wagner im Pressedienst der CDU/CSU-Fraktion – ausgerechnet er.

Aber auch andere Zeitungen regten sich auf: Von »SPD kneift« bis »Wehner kettet Genossen an« lauteten die Überschriften.

Liberale Blätter monierten, wenn die SPD tatsächlich sitzen bliebe, sei die Abstimmung jedenfalls zu einem Großteil nicht mehr geheim. Jeder Abgeordnete aus den Reihen der SPD, der sein Wahlrecht wahrnehme und sich entgegen der Abrede doch beteilige, setze sich damit automatisch dem Verdacht aus, gegen Brandt und für Barzel zu stimmen.

Genau das aber war der Sinn der Übung.

»Damit haben wir sie ausgetrickst«, sagte Wienand, als Zink später mit ihm darüber sprach.

PUBLIC VIEWING

Am Tag der Entscheidung hielt Anita es in der Wohnung nicht mehr aus. Heinrich war schon um halb acht mit dem Fahrrad ins Bundeshaus gefahren. Er hatte ihr vorgeschlagen, die Abstimmung bei ihm zu Hause im Fernsehen zu verfolgen. Aber sie wollte raus, unter Leute.

Sie war aufgeregt. Schließlich hatte sie den Plan mit den Stimmkarten ausgeheckt. Jetzt war sie gespannt, ob er funktionieren würde.

Feller hatte das Technische erledigt. Er war mit einhundert Tausend-Mark-Scheinen aus Berlin angereist, hatte Steiner und Wagner am Abend zuvor zu unterschiedlichen Zeiten auf sein Zimmer im Stern-Hotel am Markt einbestellt und ihnen dort die Stimmkartendubletten und jeweils fünfundzwanzig Tausender als Anzahlung gegeben.

Den Rest, so war es vereinbart, sollten sie am Nachmittag des 27. April, wieder zu unterschiedlichen Zeiten, im Hotel bekommen. Zum Beweis, dass sie richtig abgestimmt hatten, sollten sie die leeren Stimmkarten mitbringen, die ihnen am Morgen im Plenarsaal ausgehändigt worden waren.

Anita war froh, dass ihr dieser unangenehme Teil der Arbeit abgenommen worden war.

Auf dem Münsterplatz, vor einem der Schaufenster des Kaufhofs, stand eine dichte Menschentraube. Hinter der Scheibe waren drei Schwarz-Weiß-Fernseher aufgebaut. Die Sitzung des Bundestages wurde live übertragen. Den Ton lieferten zwei Lautsprecher, die vor dem Schaufenster auf dem Pflaster standen. Es war eine Premiere. Nie zuvor hatte die Bevölkerung eine vom Fernsehen übertragene Bundestagsdebatte auf den Straßen und Plätzen der Republik verfolgen können.

Die Leute diskutierten erregt. Die meisten gaben sich als Anhänger Brandts zu erkennen und schimpften lauthals auf die CDU/CSU, die ihn stürzen wolle. Fast alle rechneten damit, dass Barzel gewinnen würde.

Anita stellte fest, dass der Oppositionsführer bei der Bonner Bevölkerung nicht sonderlich beliebt war.

Pünktlich um zehn Uhr eröffnete der Präsident des Bundestages, Kai-Uwe von Hassel, die Sitzung. Den Gesichtern der amtierenden Minister und auch des Bundeskanzlers war anzusehen, dass sie mit einem Sieg Barzels rechneten.

Zuerst begründete der 1969 von Brandt abgelöste Ex-Kanzler der CDU, Kurt Georg Kiesinger, den Antrag der Union.

Danach redete Walter Scheel. Resigniert und vom Gelingen des Kanzlersturzes offenkundig überzeugt, beschrieb der FDP-Außenminister die weltpolitische Lage. Den Antrag, Brandt das Misstrauensvotum auszusprechen, geißelte der Liberale als Versuch, die Veränderung der politischen Verhältnisse ohne Wählerentscheid herbeizuführen.

Dann wandte Scheel sich direkt an Barzel, er solle sich und dieses Land nicht unglücklich machen, indem er eine neue Regierung etabliere, die sich lediglich auf politische Überläufer stütze.

Die Leute vor dem Kaufhaus applaudierten. Der FDP-Vorsitzende hatte ihnen aus der Seele gesprochen.

Willy Brandt hatte lange gezögert, ob er sich an diesem Tag äußern sollte. Doch gegen Ende der Debatte trat er ans Rednerpult. Noch ein letztes Mal verteidigte Brandt seine Ostpolitik. Im Fernsehen klatschten SPD und FDP, auf dem Münsterplatz applaudierten die Bonner.

Dann wurde es still.

Die Menge vor dem Schaufenster rückte näher zusammen. Die weiter hinten Stehenden stellten sich auf die Zehenspitzen, um besser sehen zu können. Anita hatte einen Platz direkt an der Scheibe und konnte das Geschehen im Plenarsaal gut beobachten.

Karl Wienand lief unruhig zwischen den Bankreihen hin und her. Auf der anderen Seite des Plenarsaals saßen Hans-Dietrich Genscher, Walter Scheel und Josef Ertl, die drei Minister der FDP, umringt von ihren Parteifreunden.

Und in der Mitte, flankiert von Franz Josef Strauß und den Geschäftsführern seiner Fraktion, der CDU-Vorsitzende Rainer Barzel, weithin erkennbar an seiner glänzenden Glatze. Er wiegte den Kopf hin und her, stützte ihn mal in die rechte, mal in die linke Hand. Dabei rutschte er unruhig auf seinem Stuhl vor und zurück. Er konnte es anscheinend kaum erwarten, wirkte siegesgewiss. In wenigen Minuten würde er sich beim Bundespräsidenten die Ernennungsurkunde abholen. Sie war bereits von den Kalligrafen des Präsidialamtes auf das Feierlichste vorbereitet und fertiggestellt worden.

Barzel stand kurz vor dem Ziel.

Bevor jedoch die Abstimmung begann, zog der Präsident des Hohen Hauses das Verfahren in die Länge. Scheinbar unbeteiligt wie ein Notar, norddeutsch näselnd, aber der eigenen Bedeutung durchaus bewusst, leierte Kai-Uwe von Hassel die einschlägigen Paragrafen der Geschäftsordnung herunter.

»Paragraf 54 a unserer Geschäftsordnung bestimmt, dass die Stimmkarten erst vor Betreten der Wahlzelle ausgehändigt werden dürfen. Die aufgestellten Wahlzellen sind bei der Stimmabgabe zu benutzen. Die Stimmkarten sind dann in einen Wahlumschlag zu stecken und in die Wahlurne zu legen.« Und weiter, dass man die Stimmkarten nicht außerhalb der Wahlzelle ausfüllen oder kennzeichnen dürfe, dass für die Berliner Abgeordneten zwei kleine Urnen aufgestellt worden seien, weil sie nach dem Viermächteabkommen über Berlin im Bonner Bundestag nur eingeschränktes Stimmrecht hätten. Dass die Verwendung einer anderen als der amtlichen Stimmkarte die Stimme ungültig mache. Dies alles las der Präsident vom Blatte, als ginge es ihn selbst nichts an.

Er waltete seines Amtes.

Er betete die einschlägigen Bestimmungen derart gleichmütig herunter, dass die wichtigsten Sätze unterzugehen drohten. »Falls Sie den vorgeschlagenen Kandidaten wählen wollen, schreiben Sie ›Ja‹ oder ›Barzel‹, im anderen Fall ›Nein‹ auf die Stimmkarte. Wer sich der Stimme enthalten will, kann dies durch eine unbeschriebene Karte zum Ausdruck bringen.«

Dann endlich begann die Abstimmungsprozedur. Alle Abgeordneten wurden einzeln in alphabetischer Reihenfolge aufgerufen: von Abelein, Manfred von der CDU bis Zywitz, Werner von der FDP.

Wer sich an der Wahl beteiligen wollte, musste nach vorn gehen, sich dort eine Stimmkarte abholen, mit der Stimmkarte und dem dazu passenden Umschlag die Wahlkabine betreten, dort die Stimmkarten beschriften, in den Umschlag schieben und anschließend in die würfelförmige Urne aus Plexiglas werfen.

Die Sozialdemokraten hatten angekündigt, sie würden zwar anwesend sein, sich aber an der Abstimmung selbst nicht beteiligen. Brandt habe ihr Vertrauen, hieß es in einer Presseerklärung. Er müsse nicht um Stimmen werben. Hingegen müsse Rainer Barzel den Nachweis erbringen, dass die Mehrheit aller in den Bundestag gewählten Abgeordneten hinter ihm stehe. Beim Einsammeln der Stimmen müsse und werde die SPD ihm nicht helfen.

Damit war klar: Wer immer aus den Reihen der SPD sich an der Wahl beteiligen würde, machte sich verdächtig. Gespannt achteten die Zuschauer deshalb darauf, wer von der SPD sich erhob. Als Günther Müller aus München unter den feindseligen Blicken seiner Genossen aufstand und als einziger SPD-Mann seine Stimmkarte abholte, klickten die Auslöser der Pressefotografen und ein Raunen ging durch die Zuschauerreihen. Jeder wusste, dass Müller für Barzel stimmen würde.

Irgendwann war die Abstimmung vorbei. Der Präsident unterbrach die Sitzung und forderte die Schriftführer auf, die Stimmen auszuzählen.

Auf dem Münsterplatz und auf der Pressetribüne wurde lebhaft diskutiert. Anita stand neben ein paar Marktfrauen, die in breitem Rheinisch höchst abfällig über Barzel sprachen. Was sie sagten, verstand sie zwar nicht. Aber Gestik und Tonlage ließen keinen Zweifel, dass die Marktfrauen nicht zu den Freundinnen Barzels zählten.

Die meisten Minister und auch der Bundeskanzler hatten während der Auszählung die Regierungsbank geräumt. Willy Brandt saß in der ersten Reihe der SPD neben Herbert Wehner.

Nach zwanzig Minuten kam endlich Bewegung in die Menge. Alle drängten nach vorn an die Fensterscheibe. Denn im Plenarsaal tat sich etwas. Ein SPD-Abgeordneter, der offenbar zur Zählkommission gehörte, eilte strahlend und mit siegreich nach oben gerecktem Daumen in den Saal.

Ein CDU-Mann folgte mit hängenden Schultern und finsterer Miene. Hinter ihm ein Liberaler, freudig erregt. Der SPD-Mann ging zu Wehner und Brandt. Er flüsterte ihnen etwas zu.

Wehner erhob sich ruckartig. Er reichte Brandt die Hand, das hieß, er riss Brandts Hand an sich, schüttelte sie, verbeugte sich, ohne eine Miene zu verziehen, setzte sich wieder und blickte starr geradeaus.

Die um sich greifende Freude der Sozialdemokraten und die lähmende Depression im Unionslager ließen kaum einen Zweifel zu. Das Misstrauensvotum war gescheitert. Erste SPD-Abgeordnete sprangen auf und begannen zu klatschen.

Die Kollegen von der Union saßen konsterniert in ihren Bänken und rührten sich nicht. Rainer Barzel, umringt von Franz Josef Strauß und seinen Geschäftsführern Josef Rösing und Leo Wagner, schüttelte fassungslos immer wieder den Kopf.

Immer mehr Sozial- und Freidemokraten standen auf und rannten nach vorn. Sie umarmten sich, klopften sich auf den Rücken, blickten triumphierend zu Barzel hinüber. Einige führten, mit zwei Zeigefingern hämisch Rübchen schabend, Freudentänze vor ihm auf.

»Trotz Bestechung, trotz Bestechung!«, feixten sie.

Die Angst der vergangenen Tage, die Wut auf die Überläufer aus den eigenen Reihen und die Schadenfreude darüber, dass es die Konservativen trotz aller Bemühungen, trotz aller versprochenen oder gewährten Vorteile offenbar nicht geschafft hatten, den SPD-Kanzler zu stürzen, alles das brach sich Bahn in diesen wenigen Sekunden.

Langsam begann auch Anita zu begreifen, was geschehen war. Noch starrte sie stumm und sprachlos auf den Fernsehschirm, aber dann merkte sie, wie die Leute rechts und links von ihr angesteckt wurden. Sie realisierten, dass das, was sich vor ihren Augen im Fernsehen abspielte, kein Film, sondern die Wirklichkeit war. Sie sahen den fassungslosen Barzel und die tanzenden Sieger im Plenarsaal und fingen selbst zu jubeln und zu tanzen an. Sie applaudierten und schrien erleichtert auf. Es war, als hätte Deutschland bei einem Fußball-Länderspiel ein Tor geschossen. Wildfremde Menschen umarmten sich, hüpften vor Freude und klatschten.

»Nää, wat is dat schöön!«, sang einer. Und alle stimmten ein: »Nää, wat is dat schöön. Sujet han mer lange nit gesehn, so schöön! So schöön!«

Auch im Plenarsaal standen jetzt alle Sozialdemokraten. Sie applaudierten ihrem Kanzler, der immer noch in der ersten Reihe der Abgeordneten saß. Nur einer setzte sich wie nach getaner Arbeit: Karl Wienand.

Um dreizehn Uhr zweiundzwanzig eröffnete der Bundestagspräsident Kai-Uwe von Hassel die unterbrochene Sitzung. Er wartete, bis alle Abgeordneten wieder Platz genommen hatten. Erst dann gab er das offizielle Ergebnis bekannt, führte aus, dass von den stimmberechtigten Abgeordneten zweihundertsechzig Stimmen abgegeben worden waren, dazu elf von Berliner Abgeordneten, dass zweihundertsiebenundvierzig mit Ja, zehn mit Nein gestimmt hatten und dass es drei Enthaltungen gab.

Nun war es amtlich. Schon bei der Zahl »zweihundertsiebenundvierzig« brach ein ungeheurer Jubel los. Jeder wusste: Es waren zwei Ja-Stimmen zu wenig. Erneut sprangen Sozis und Liberale von den Sitzen, schrien, umarmten sich und klatschten. CDU und CSU saßen wie erstarrt auf ihren Bänken und rührten keinen Finger.

Mit einem Glockenzeichen bat der Präsident um Ruhe. Er hatte den alles entscheidenden Satz noch nicht gesprochen: »Ich stelle fest, dass der von der Fraktion der CDU/CSU vorgeschlagene Abgeordnete Dr. Barzel die Stimmen der Mehrheit der Mitglieder des Deutschen Bundestages nicht erreicht hat ...«

Und in dem nun wieder anschwellenden, brausenden Beifall sah man, wie Rainer Barzel in sich zusammenfiel. Während er, in der ersten Reihe sitzend, förmlich zu schrumpfen schien, eilten die ersten Gratulanten nach vorn zur Regierungsbank. Sie standen Schlange, um Brandt die Hand zu schütteln, der inzwischen wieder auf dem Chefsessel saß.

Dann sah man, wie auch Barzel aufstand und sich zögernd auf den Weg machte, um dem siegreichen Kanzler zu gratulieren. Alle Kameras waren in diesem Moment auf ihn gerichtet. Es waren nur ein paar Meter von den mit grünem Leder bespannten Klappsitzen der Opposition zum Platz des Kanzlers, dem Sessel, den eigentlich er an diesem Tag hatte einnehmen wollen – für ihn ein schwerer, ein bitterer Gang. Und es dauerte eine gefühlte Ewigkeit, bis Barzel ihn endlich zurückgelegt hatte und vor dem Kanzler stand.

Der im Amt soeben bestätigte Regierungschef erhob sich und nahm den Händedruck mit versteinerter Miene entgegen. Er schien durch Barzel hindurchzublicken. Erst als der Oppositionsführer sich umgedreht und den Rückweg angetreten hatte, löste sich des Kanzlers erstarrte Mimik. Willy Brandt schob das Kinn vor und lächelte. Sekundenlang stand er in der Regierungsbank unter dem Bundestagsadler und der Deutschlandfahne, lächelnd das Kinn gereckt, nicht triumphal, fast verwundert, wie einer, der es allen Zweifeln, auch den eigenen, zum Trotz doch geschafft hat. Und als jetzt der Jubel wieder anschwoll, machte er sogar eine Handbewegung, die wie ein Winken aussah. Spätestens jetzt lösten sich Hunderte Leitartikel, Kommentare und Features, die sich die Journalisten ausgedacht hatten, in Luft auf. Sie waren geplatzt, von den Ereignissen überholt, überflüssig geworden.

Vor dem Kaufhof in Bonn wurde gefeiert und geklatscht.

»So ein Tag, so wunderschön wie heute«, sangen die Leute und hakten sich rechts und links bei Anita ein. Man schunkelte, man sang.

Kurz vor Beginn des Wonnemonats Mai war plötzlich Karneval in Bonn.

POLITBÜROKRATEN

In der Berliner Normannenstraße ließ sich Markus Wolf mit Erich Mielke verbinden. In seinem Büro lief das West-Fernsehen mit der Live-Übertragung aus dem Bundeshaus.

Durch das Telefon hörte er, dass auch Mielke das Westprogramm verfolgte.

»War ja verdammt knapp«, maulte Mielke.

»Stimmt«, antwortete Wolf, »aber ich hatte auch meine besten Leute im Einsatz.«

»Und ganz schön viel Kohle«, ätzte der Minister. »Wie viel?«

»So wie es vereinbart war.«

»Wie viel genau?«

»Hundert«, murmelte Wolf.

»Hundert was?«

»Hunderttausend D-Mark.«

Mielke tat so, als höre er die Summe zum ersten Mal.

»Hunderttausend D-Mark«, wiederholte er scheinbar erstaunt und gab einen leisen Pfeifton von sich. Es klang, als entweiche Luft aus einem Ballon. »Dafür muss eine alte Frau ziemlich lange stricken.«

»Ja natürlich«, sagte Wolf. »Aber genau so war es besprochen.« Der Minister seufzte.

»Man kann nur wünschen und hoffen, dass dieses Geld gut angelegt ist.«

Er hatte, als die Sache zwischen ihm, Wolf und Honecker verabredet worden war, die ganze Zeit dabeigesessen und geschwiegen. Zum Schluss hatte er genickt.

Allerdings gab es nichts Schriftliches, keinen Befehl, keinen Plan, keinen Vermerk in dieser Angelegenheit mit seiner Paraphe. Die ganze Sache ging allein auf das Konto von Wolf. Wäre es schiefgegangen, hätte er seinen Hut nehmen müssen.

Es war aber nicht schiefgegangen.

Es hatte geklappt. Wolfs Leute hatten die Bonner Regierung und die Ostverträge gerettet. Und nicht dieser Hornochse Mielke, der sein Vorgesetzter war.

Jetzt reitet er auf dem Geld rum, dachte Wolf. Und wenn ich nicht aufpasse, wird er es mir immer wieder aufs Butterbrot schmieren. Er verachtete Mielke. Dieser war zwar der Minister und als zweiter Mann im Politbüro nahezu allmächtig. Doch er, Wolf, war das Gehirn des MfS. Und er wusste genau, wie man die hinterhältigen und tückischen Angriffe dieses Schwadroneurs an der Spitze parieren musste. Man durfte sich in solchen Augenblicken nicht wegducken und schweigen. Sondern man musste sofort in die Offensive gehen. Denn Mielke war nicht nur hinterhältig. Er war auch feige. Wenn jemand ihm Kontra gab, knickte er meistens ein.

»Habe ich das richtig verstanden«, begann Wolf, »du bezweifelst, dass das Geld gut angelegt ist?«

»Ich bezweifele gar nichts. Ich sagte, man kann nur hoffen und wünschen, dass es gut angelegt ist«, verteidigte sich Mielke.

Er war schon auf dem Rückzug. Aber Wolf setzte nach: »Die Zeiten, in denen das Wünschen noch geholfen hat, stehen im Märchenbuch. Wir mussten handeln. Wir haben gehandelt. Und wir haben richtig gehandelt. Das sieht der Genosse Generalsekretär genauso.«

»Hast du schon mit ihm darüber geredet?«, fragte Mielke. Er klang etwas nervös.

»Bisher noch nicht. Bisher gab es keinen Anlass. Denn wir drei haben ja – auch du warst dabei – beschlossen, dass wir es so machen, wie wir es gemacht haben. Aber wenn du im Nachhinein bezweifelst, dass wir richtig entschieden haben, dann müsste ich das dem Genossen Generalsekretär natürlich mitteilen.«

Der Hieb saß.

Mielke antwortete nicht. Wolf hörte ihn nur unwillig schnaufen.

»Ich werde dem Genossen Generalsekretär vorschlagen, dass die Leute, die das vor Ort bewerkstelligt haben, geehrt werden«, fuhr Wolf fort. »Sie haben einen Orden verdient. Ohne sie säßen Barzel und Strauß jetzt im Kanzleramt.«

»Mindestens«, sagte Mielke vieldeutig und legte auf.

»Arschloch«, murmelte Wolf.

»POLLUX«

An diesem Abend zogen sie nicht mit den Jusos auf den Venusberg. Anita erklärte, sie müsse am nächsten Morgen ganz früh raus und nach Berlin zurück.

Sie verließen vorzeitig die Siegesfeier in der Gaststätte Tante Klara und fuhren mit der Straßenbahn von Beuel in die Südstadt.

Es war geschafft.

Die Ostverträge waren gerettet.

»Ohne dich wäre es nicht gegangen«, sagte Anita, als sie an seinem Küchentisch saßen und zum Abschluss des Tages Wein tranken. »Ohne deine Stimmkarten wäre es nicht gegangen. Du bist wirklich wunderbar. Ich glaube, ich liebe dich.« Dabei liefen ihr Tränen übers Gesicht. Sie weinte.

Dass sie ihn liebte, hatte sie noch nie zu ihm gesagt. Aber was hatte das mit den Stimmkarten zu tun?

Und warum weinte sie?

Er sah sie mit großen Augen an. Sie rührte sich nicht.

Und er begriff. »Wo sind die Stimmkarten?«

Er sprang auf und durchwühlte die Schublade seines Schreibtisches. Die Karten waren verschwunden.

»Wo sind die Stimmkarten?«

»Dort, wo sie hingehören, im Bundeshaus.«

»Was hast du damit gemacht?«

Sie schaute ihn unverwandt an. »Ich muss dir etwas sagen«, begann sie endlich und trocknete ihre Tränen. »Ich bin eine Agentin des Ministeriums für Staatssicherheit der DDR und ich war auf dich angesetzt. Du bist einem Lockvogel der Stasi auf den Leim gegangen.«

Heinrich sagte nichts.

»Ja, ich weiß, es ist schrecklich. Es war kein Zufall, dass wir uns trafen, sondern ein Auftrag. Ich sollte herausbekommen, wer du bist und was du machst, und als ich es herausbekommen hatte, haben wir mit deiner Hilfe die Ostverträge gerettet. Die beiden Stimmkarten, die du mir gegeben hast, haben es möglich gemacht.«

Er spürte, wie er innerlich zufror.

Er war einer Agentin ins Netz gegangen. Sie hatte ihn ausgenutzt. Alles war ein abgekartetes Spiel.

»Ich weiß, wie dir jetzt zumute ist«, sagte sie. »Ich weiß es nur zu gut. Denn ich habe einen Fehler gemacht.«

»Welchen Fehler?«

»Ich habe den Fehler gemacht, den eine Tschekistin niemals machen darf. Ich habe mich in dich verliebt. Ich liebe dich und weiß jetzt nicht, wie ich ohne dich weiterleben soll.«

»Und das soll ich dir jetzt glauben? Du hast mich betrogen, ausgenutzt. Hinter meinem Rücken hast du die Stimmkarten geklaut. Und jetzt kommst du und gestehst, das alles sei aus lauter Liebe zu mir geschehen.«

Er war wütend. Aber er konnte ihr nicht böse sein.

»Du hättest es mir sagen müssen. Du hättest es nicht hinter meinem Rücken tun dürfen.«

»Wenn ich es dir gesagt hätte, hättest du alles versucht, um mich davon abzuhalten.«

»Woher willst du das wissen?«, fragte er. »Woher willst du wissen, dass ich nicht mitgemacht hätte?« Er schenkte sich ein Glas Wein ein und leerte es in einem Zug. Allmählich kehrten seine Lebensgeister zurück. Sie saß vor ihm wie ein Häufchen Elend, und das war nicht gespielt. Sie war auf ihn angesetzt worden, aber offenbar stimmte es wirklich, dass sie sich in ihn verliebt hatte.

Das änderte alles.

»Nun trink erst mal einen Schluck«, sagte er und füllte ihr Glas. »Prost Misstrauensvotum! Wir haben gewonnen«, sagte er. Wieder füllte er sein Glas und leerte es in einem Zug.

»Wir haben gewonnen, verstehst du das?« Sie verstand gar nichts mehr.

»Wir haben gewonnen, und du hast mir gestanden, dass du mich liebst. Was wollen wir mehr! Und wieso glaubst du eigentlich, dass du ohne mich weiterleben musst?«, fragte er. »Das verstehe ich nicht.«

»Heinrich, Liebster«, sagte sie. »Du weißt offenbar nicht, in welcher Lage du bist. Wenn herauskommt, dass du mir zwei leere Stimmkarten des Bundestags gegeben hast, dann bist du geliefert. Dann wird man dich wegen geheimdienstlicher Tätigkeit zum Nachteil der Bundesrepublik Deutschland anklagen und verurteilen. Ich kann morgen nach Berlin zurückfahren, mir passiert nichts. Aber du sitzt in der Tinte. Und ich bin schuld daran.«

Heinrich überlegte. Als Jurist durchschaute er seine Lage schnell. Wenn das herauskäme, hätte er in der Tat ein ernsthaftes Problem.

»Aber es muss doch nicht herauskommen«, sagte er. »Wieso sollte es herauskommen? Oder wolltest du mir andeuten, dass deine Leute mich jetzt jederzeit in die Pfanne hauen und erpressen könnten?«

Sie nickte bekümmert. »Ja, das könnten sie in der Tat.« Heinrich trank ein halbes Glas Wasser. Er war nicht nur ein guter Jurist, sondern er hatte auch politischen Verstand. Er hatte sich angewöhnt, bei Konflikten die Rechtslage der beteiligten Parteien zu analysieren und gleichzeitig die unterschiedlichen Interessen mitzudenken.

Cui bono, nannten das die Lateiner. Wem nützte es?

»Wem sollte es nützen, wenn jetzt bekannt werden würde, dass vor der Abstimmung über das Misstrauensvotum Stimmkarten entwendet und Abgeordnete geschmiert wurden?«, fragte er. Und gab sogleich die Antwort: »Mit Sicherheit nicht der DDR.«

»Wem würde es nützen«, fuhr er fort, »wenn das Leck in der Bundestagsverwaltung möglichst lange unentdeckt bliebe? Auch wieder nur der DDR! Deshalb wäre es sowohl unnütz als auch töricht, wenn deine Leute mich jetzt in die Pfanne hauten.«

Sie hatte aufmerksam zugehört. »Niemand will dich in die Pfanne hauen«, sagte sie nach kurzem Nachdenken. »Und schon gar nicht, nachdem du uns heute so grandios geholfen hast.«

»Was heißt *uns*?«, fragte Heinrich. »Ich habe nicht euch geholfen, sondern meiner Regierung. Und das kann ja nun eigentlich kein Landesverrat sein.«

»Es geht nicht um Landesverrat«, erwiderte Anita.

»Sondern?«

»Es geht darum, dass du dich eigentlich mit mir nie hättest einlassen dürfen. Du hättest die beiden Stimmkarten nicht aus deinem Referat schmuggeln dürfen. Und geben hättest du sie mir schon gar nicht dürfen.«

Jetzt musste er lachen. Wie sie vor ihm auf dem Boden seiner Küche kniete und ihm, dem examinierten Einser-Juristen, erklären wollte, welche Straftat er mit ihr begangen habe, das fand er einfach komisch.

»Am besten ist es, wir heiraten. Dann musst du vor Gericht wenigstens nicht gegen mich aussagen.« Er nahm sie in den Arm und küsste sie.

»Heiraten?«, fragte sie. »Das ist jetzt nicht dein Ernst, oder?«

»Warum eigentlich nicht?«

Er war jetzt wieder so entspannt wie vorher. So als hätte sie sich ihm nie offenbart.

»Im Ernst!«, wiederholte er. »Wenn wir heirateten, dann wäre vieles leichter.«

»Nein«, sagte sie entschieden, »mit dem Heiraten warten wir lieber noch ein wenig.«

»Aber so wie bisher können wir auch nicht weitermachen. Ich weiß nicht, wo du wohnst in Berlin und was du so treibst, wenn du nicht bei mir in Bonn bist. Ich weiß noch nicht einmal, ob du nicht längst verheiratet und Mutter zweier Kinder bist.«

Sie lachte. »Das musst du mir einfach glauben, wie auch ich dir glaube, dass du neben mir nicht noch tausend Weiber vögelst. Hat ja bisher ganz gut geklappt.«

»Nee«, sagte er. »Das ist mir alles zu unverbindlich. Ich möchte mit dir zusammenbleiben. Warum sollte das nicht gehen?«

»Es gibt ein ziemlich gravierendes Hindernis. Mit dir zusammenbleiben kann ich leider nur, wenn meine Leute es erlauben. Und die verlangen in so einem Fall, dass auch du dich bereit erklärst, mit ihnen zusammenzuarbeiten. Mit anderen Worten: Mich gibt es nur im Doppelpack. Wir können nur zusammenbleiben, wenn du für uns arbeitest. Sonst werden sie nicht erlauben, dass ich dich noch einmal treffe.«

»Und wenn du einfach in Bonn bleibst?«

»Dann werden sie den westdeutschen Behörden stecken, dass du uns die Stimmkarten besorgt hast. Sie haben dich in der Hand.«

Heinrich schwieg. Sie hatte recht. Er war in eine Falle getappt.

»Was heißt das, für euch arbeiten?«, fragte er nach einer Weile.

»Zunächst einmal gar nichts. Es kann sogar sein, dass sie dich jahrelang in Ruhe lassen. Du musst dich jetzt nur schriftlich verpflichten. Und dann entscheidet es sich von Fall zu Fall, ob und wie du uns hilfst oder nicht.«

Noch in der gleichen Nacht diktierte Anita ihm die Verpflichtungserklärung, die er von Hand schreiben und unterschreiben musste. Als Deckname schlug sie »Pollux« vor.

Ich erkläre hiermit, künftig inoffiziell unter Wahrung der Konspiration mit dem Ministerium für Staatssicherheit zusammenzuarbeiten und es durch personen- und sachverhaltsbezogene Informationen, die der Sicherheit unseres Staates dienen, zu unterstützen.

Mit diesen Informationen soll ein Beitrag geleistet werden zur Entlarvung innerer und äußerer Feinde des Sozialismus. Ich wurde darüber belehrt, dass über diese inoffizielle Zusammenarbeit strengstes Stillschweigen

zu bewahren ist und dass eine Verletzung dieser Verpflichtung strafrechtliche Folgen nach sich ziehen kann. Als Deckname wird künftig »Pollux« verwendet. Damit werde ich die inoffiziellen Informationen künftig unterzeichnen.
Bonn, 27. April 1972
Heinrich Sauerborn

ORDENSVERLEIHUNG

Drei Tage nach dem gescheiterten Misstrauensvotum, am Vorabend des Ersten Mai, lud Erich Mielke die Spitzen des MfS zur Ordensverleihung in den Festsaal an der Normannenstraße. Die drei Hauptakteure der geglückten Operation sollten gefeiert und dekoriert werden: Alexander Bock, Dieter Feller und Anita Bauer.

Mielke persönlich, so war es angekündigt, wollte ihnen für ihren unermüdlichen Einsatz im geheimen Krieg den Großen Vaterländischen Verdienstorden anheften.

Der Saal war bis auf den letzten Platz gefüllt, als Mielke in vollem Wichs mit Gefolge eintrat. Er sah in seiner Uniform mit den vielen Orden aus wie ein Operettenprinz.

Alle erhoben sich, die Offiziere salutierten. Der Minister machte eine wippende Handbewegung. Man setzte sich. Mielke erklomm die Bühne und das Rednerpult und fing an, eine Rede zu halten. Er sprach seltsam atemlos und gehetzt über den unermüdlichen Kampf der Tschekisten gegen Revanchismus und Faschismus. Er beschwor den unaufhaltsamen Sieg des Sozialismus und endete mit einer Huldigung der Deutschen Demokratischen Republik, der ruhmreichen Völker der Sowjetunion und aller Kundschafter des Friedens, die im Verborgenen für Frieden und Völkerverständigung kämpften.

Danach bat er Alexander Bock, Anita Bauer und Dieter Feller auf die Bühne. Für die beiden Männern verlief die Zeremonie ganz schnell: Mielke ergriff die Orden, die ihm ein Adjutant auf einem mit schwarzem Samt ausgeschlagenen Tablett hinhielt, er trat auf die Männer zu und steckte ihnen mit geübtem Griff ihre Orden an. Dann salutierte er. Die Männer salutierten ebenfalls und traten einen Schritt zurück. Jetzt war Anita an der Reihe. Als sie sah, wie Mielke sie anstarrte, bekam sie weiche Knie. Sie kannte dieses Augenstarren, dieses unverschämte, geile Auf- und Abtasten, dieses Taxieren ihrer Brüste, ihrer Taille, ihrer Beine. Sie war es gewohnt, so angeblickt zu werden wie ein Stück Vieh auf einer Auktion.

Mielke aber machte ihr Angst.

Er schien wie verhext von ihr, aber plötzlich lief er rot an wie ein Hummer in kochendem Wasser.

Der Minister vergaß den Adjutanten, er vergaß den Orden, er vergaß die große Welt und die kleine DDR. Er wusste nicht mehr, warum er hier oben stand und was er zu tun hatte. Er stierte, schluckte, stierte und schoss dann plötzlich mit leicht gesenktem Kopf so schnell auf sie los, dass sie fürchtete, von ihm gerammt und umgeworfen zu werden.

Erst im letzten Moment wich sie wie ein Torero zur Seite. Der Koloss stürmte an ihr vorbei und schlug mit einem dumpfen Geräusch am Boden auf.

Einen Moment war es totenstill im Saal.

Anita beugte sich zu ihm hinunter. Sie ergriff seinen Arm und versuchte, ihm auf die Beine zu helfen. Sie sah, ganz nah an ihrem, sein schweißnasses, verzerrtes Gesicht. Sie roch seine atemlose Gier, sah das Weiße in seinen Augen. Es war blutunterlaufen und gelb.

»Genosse Minister«, hörte sie sich in die Stille hineinsagen. Ihre Stimme klang, als käme sie von ganz weit her. »Ist alles in Ordnung? Haben Sie sich wehgetan?«

Und jetzt erst, schlagartig, wurde es laut im Saal. Helfer stürmten auf die Bühne, um den Gestrauchelten aufzurichten. Sie führten ihn die kleine Treppe hinunter zu einem Platz in der ersten Reihe. Zwei Sanitäter mit einer Trage und ein Arzt eilten herbei. Mielke wurde aus dem Saal getragen.

Nach ein paar Minuten erschien sein Adjutant und erklärte, der Genosse Minister fühle sich nicht wohl, habe aber befohlen, dass die Zeremonie weitergehen solle. Sein Stellvertreter, der Genosse General Wolf, werde die Feier zu Ende bringen.

Markus Wolf sprach leicht, locker, elegant aus dem Stegreif improvisierend. Er bezeichnete den Schwächeanfall des Ministers als Folge von dessen unermüdlicher Arbeit an der Spitze des MfS. Jeder wisse, dass der Genosse Minister ein zäher Bursche sei. Er werde bestimmt bald wieder auf die Beine kommen.

Dann erklärte er dem Auditorium, warum die Operation in Bonn nicht mehr »Brandtschutz« heiße, sondern in Operation »Doppelkopf« umbenannt worden sei.

Das habe damit etwas zu tun, dass die Genossin Anita Bauer ein Verfahren entwickelt habe, das es ermögliche, auch geheime Abstimmungen durchsichtig zu machen. »Ich bin stolz und glücklich, dass wir dieses Verfahren zum ersten Mal erfolgreich beim Misstrauensvotum im Bonner Parlament anwenden konnten.«

Das Auditorium applaudierte.

Und jetzt holte Wolf nach, was Mielke nicht hatte vollenden können. Unter dem Beifall des ganzen Saales heftete der Spionagechef seiner Agentin Anita Bauer den Großen Vaterländischen Verdienstorden ans Revers.

Auch er hatte die Frau noch nie gesehen, auch er war beeindruckt. Aber er verschlang sie nicht mit den Augen, sondern machte ihr den Hof, galant vom Scheitel bis zur Sohle.

Als sie hinterher bei Rotkäppchen-Sekt und Häppchen beisammenstanden, wollte er wissen, wie genau sie das Ding gedreht hätten. Feller zog die beiden leeren Stimmkarten aus seiner Jackentasche, die Julius Steiner und Leo Wagner nach der Abstimmung bei ihm abgeliefert hatten.

»Das sind die beiden Ja-Stimmen, die Herrn Dr. Barzel zu seinem großen Leidwesen gefehlt haben«, sagte er.

Alle lachten. Auch Wolf.

Anita nahm Feller die Karten aus der Hand und verstaute sie in ihrer Tasche.

Sie wolle nicht, sagte sie, dass diesen historischen Dokumenten etwas zustoße, die Karten gehörten in die Asservatenkammer des Ministeriums für Staatssicherheit. Sie werde sie dort abliefern.

Aber sie dachte gar nicht daran, die Stimmkarten ins Stasi-Archiv zu geben. Sie verschloss sie in ihrem privaten Safe.

Ihr bedeuteten diese beiden weißen Karten viel. Sie würden sie immer an ihren ersten erfolgreichen Einsatz im nichtsozialistischen Wirtschaftsgebiet und an Heinrich erinnern. Diese Trophäen hatte sie sich verdient. Sie mochte sie nicht den Kollegen überlassen. Es war ihre Idee gewesen, sie hatte die Abstimmung durchsichtig gemacht. Es war ihr erster Erfolg auf großer Bühne. Sie würde die weißen Dinger aus Pappe behalten wie ein Jäger, der das Geweih des ersten selbst geschossenen Hirsches aufhob.

Alexander war der Einzige, der sie später darauf ansprach. Als er sie fragte, warum sie das getan habe, antwortete sie: »Irgendwann werde ich sie vielleicht noch einmal brauchen.«

TEIL III: DAS KOMPLOTT

PROLOG: BONN, KANZLERAMT 1990

Verwundert betrachtet Bodo Simmerling den braunen Umschlag auf seinem Schreibtisch. Er ist sicher, dass sein Arbeitsplatz leer war, als er gestern gegen sechs Uhr das Büro verlassen und sich im Vorzimmer des Abteilungsleiters von Frau Jellinek verabschiedet hat.

Simmerling ist früh dran. Auch Frau Jellinek ist noch nicht erschienen, die eigentlich immer auf ihrem Platz sitzt und durch die geöffnete Tür den Flur bewacht. Er ist allein. Jemand muss den Umschlag am Abend oder in der Nacht bei ihm abgelegt haben. Neue Post bringt der Bote normalerweise immer erst morgens, gegen neun.

Simmerling, seit einem Dreivierteljahr Sachbearbeiter in der Geheimdienstabteilung des Bonner Kanzleramts, zieht den Mantel aus, der beim morgendlichen Fußmarsch durch den Nieselregen feucht geworden ist, und hängt ihn an den Kleiderständer neben der Tür. Draußen sieht er die von Scheinwerfern angestrahlte, nass glänzende Henry-Moore-Skulptur, die Helmut Kohls Vorgänger, Helmut Schmidt, angeschafft hat.

Er tritt an den Schreibtisch, nimmt den Umschlag, dreht und wiegt ihn in der Hand und legt ihn erst einmal wieder ab. Die Sendung ist tatsächlich an ihn adressiert:

Herrn Bodo Simmerling
c/o Bundeskanzleramt
5300 Bonn

Ein Absender fehlt. Anhand des Poststempels stellt Simmerling fest, dass sie in Berlin aufgegeben worden ist. Er überlegt, ob er erst einmal nebenan die Kaffeemaschine anwerfen, Zeitung lesen und frühstücken soll. Aber da er neugierig ist, nimmt er seinen Brieföffner und schlitzt den Umschlag auf.

Als er den Papierpacken herauszieht, weiß er sofort, womit er es zu tun hat. Er kennt das Schriftbild und das Layout. Es muss eine Stasi-Akte sein, denn die Stasi-Dokumente, die Simmerling bisher gesehen hat, sehen alle so aus. Gleiches Schriftbild, gleiches Layout und auch immer dieselbe miese Papierqualität.

Er blickt auf seinen Tischkalender. Dienstag, 9. Januar 1990. Für Helmut Kohl hat das achte Jahr seiner Amtszeit begonnen. Sein Rivale, Franz Josef Strauß – der ewige Stänkerer aus dem Süden der Republik –, der dem Pfälzer einst prophezeit hatte, er werde nie Kanzler werden, ist bei dem Versuch, selbst Kanzler zu werden, vor zehn Jahren kläglich gescheitert und nun schon zwei Jahre tot. Helmut Kohl aber ist seit dem Fall der Mauer auf dem besten Weg, als Kanzler der Einheit im Geschichtsbuch zu landen. Es sieht nicht so aus, als würde er das Regieren so bald anderen überlassen.

Und Simmerling, zuständig für die Beziehungen des Bundesnachrichtendienstes zu befreundeten Diensten in Europa und den USA, dient ihm treu als kleiner Sachbearbeiter.

Er sieht gleich, dass das, was er jetzt in der Hand hält, kein Original, sondern die Kopie einer Akte ist, weil die Lochungen des Originals sich beim Kopieren als mittelgroße schwarze Punkte abgebildet haben. Das Schriftstück umfasst fünfundsechzig Seiten und ist auf dem Deckblatt »streng geheim« gestempelt. Die ursprünglich getippte Überschrift, »OV Bonn 72«, hat jemand durchgestrichen und handschriftlich korrigiert. »OV Maskerade«, liest Simmerling.

Es handelt sich, wie der Sachbearbeiter nach flüchtiger Durchsicht feststellt, um eine stasiinterne Untersuchung der sogenannten Steiner-Wienand-Affäre vom Sommer 1973. Man hat sie ein Jahr später, offenbar für den Minister Erich Mielke, und zwar nur für ihn persönlich, angefertigt. Die Autoren der Studie haben alles zusammengetragen, was man damals in Ostberlin über das Misstrauensvotum und die Hintergründe des Korruptionsskandals gewusst und gesammelt hat.

Simmerling liest hinten zuerst die Zusammenfassung und bekommt einen Schrecken. Der Befund ist politisch brisant. Wenn das stimmt, was da steht, muss er dafür sorgen, dass der Kanzler darüber informiert wird. Noch am Nachmittag trägt er deshalb die Stasi-Akte persönlich ins Kanzlerbüro zu Henriette Müller, die er persönlich kennt.

Wenige Tage später kommt die Akte in einem verschlossenen Umschlag zu ihm zurück. Kohl hat sie nicht nur gelesen, sondern auf dem Deckblatt mit grüner Tinte seine Paraphe hinterlassen und verfügt, dass das Dokument als »streng geheime vertrauliche/private Verschlusssache« behandelt werden soll. Simmerling interpretiert das so, dass das Stasi-Papier zwar nicht vernichtet, aber auch nicht in den allgemeinen Aktenbestand des Kanzleramtes einsortiert, sondern weggeschlossen werden soll, und zwar so, dass nur Helmut Kohl jederzeit darauf zugreifen kann.

Er hat das schmale Aktenstück deshalb zwischen anderen belanglosen Schriftstücken in einem Ordner abgeheftet, der auf dem Rücken die Aufschrift »Privat« trägt. Und diesen Ordner hat er, entgegen allen Vorschriften, bei sich zu Hause in seinen Safe gelegt. Henriette Müller hat eine Hausmitteilung bekommen, in der steht, der Bundeskanzler könne sich das Dokument jederzeit über ihn, Simmerling, beschaffen. Für andere unzugänglich, sei es an einem sicheren Ort aufbewahrt.

Lediglich den Kollegen vom Verfassungsschutz und vom Bundeskriminalamt hat Simmerling die kurzen Passagen kopiert, aus denen hervorgeht, dass in der ehemaligen Botschaft in Ostberlin eine Quelle namens Pollux gesessen haben muss.

In der Kantine hat er später erfahren, dass die Ermittler des Staatsschutzes aufgrund seines Hinweises auf einen Heinrich Sauerborn aufmerksam geworden sind, der von 1974 bis zur

Wiedervereinigung in der Botschaft gearbeitet hat und danach bei der Treuhand untergekommen ist.

Offenbar ist dieser Beamte, so jedenfalls kolportiert es später der Flurfunk, während der ganzen Zeit als Spion für die DDR tätig gewesen, aber nie enttarnt worden. Angeblich ist er der ewig gesuchte Maulwurf, der von 1974 bis zum Mauerfall nahezu alle wichtigen Informationen verraten hat, die vom Kanzleramt oder aus dem Innerdeutschen Ministerium nach Ostberlin geschickt worden waren. Was aus ihm geworden ist, weiß Simmerling allerdings nicht.

Henriette Müller hat ihn noch einmal angerufen und ihm eingebläut, den Inhalt des Dossiers absolut vertraulich zu behandeln. »Es ist zwar inzwischen alles verjährt«, sagt sie ihm am Telefon, »aber wenn das der Opposition in die Hände fiele, dann wäre dennoch der Teufel los. Sieh zu, dass es dazu nicht kommt.«

Simmerling, der die Akte daraufhin noch einmal gründlich liest, muss ihr recht geben. Juristisch kann man aus dem Inhalt keinem mehr einen Strick drehen. Es ist alles verjährt. Aber er riecht sofort die politische Brisanz. Es wäre mehr als peinlich, wenn herauskäme, wer 1972 die Wahl des Kanzlerkandidaten Rainer Barzel vereitelt und auch 1973 so lang an dessen Stuhl gesägt hat, bis der Mann schließlich entnervt das Handtuch geworfen hat. Die MfS-Agenten haben alles sehr detailliert aufgeschrieben.

Ihnen ist nicht entgangen, dass nicht nur der CSU-Vorsitzende Strauß, sondern auch Helmut Kohl als stellvertretender Parteichef und Ministerpräsident von Rheinland-Pfalz damals keine Gelegenheit ausgelassen hat, gegen Barzel zu sticheln und zu intrigieren.

Nachdem dieser am 8. Mai 1973 als Fraktionsvorsitzender zurückgetreten, aber als Parteichef noch im Amt geblieben war, hatte sich Kohl in einer Krisensitzung des CDU-Parteivorstands offen an die Spitze der Barzel-Gegner gestellt. Auf seinen Antrag verbot das oberste Führungsgremium der Partei dem Noch-Vorsitzenden Barzel, eine Grundsatzrede zu veröffentlichen, die er im Parteivorstand gehalten hatte. In dieser Rede hatte Barzel nämlich begründet, warum er glaube, dass die CDU/CSU ihren harten Konfrontationskurs gegen die Ost- und Entspannungspolitik des SPD-Kanzlers Brandt aufgeben und sich auf den Boden der Verträge stellen sollte.

Für diesen von ihm angestrebten Kurswechsel, den vor allem Strauß, aber auch die Landesfürsten Alfred Dregger und Hans-Karl Filbinger bekämpften, hatte Barzel schon in der Bundestagsfraktion keine Mehrheit bekommen. Sein Vorschlag, die Opposition solle damit einverstanden sein, dass Bonn und Ostberlin am gleichen Tag ihren Beitritt zu den Vereinten Nationen erklären, wurde mit hundertdrei zu einundneunzig Stimmen abgelehnt. Daraufhin hatte er den Fraktionsvorsitz niedergelegt.

Nach Kohls Intervention hatte ihm auch die Parteiführung der CDU die Gefolgschaft versagt. Zwei Tage nach der denkwürdigen Vorstandssitzung war Barzel als Parteichef zurückgetreten. Zu seinem Nachfolger hatte ein Sonderparteitag der CDU Mitte Juni Helmut Kohl gewählt.

Dies alles und noch viel mehr haben die Lauscher aus Ostberlin für ihren Minister Mielke in dem Dossier namens »Maskerade« dokumentiert, garniert zum Teil mit wörtlichen Zitaten aus Hintergrundgesprächen oder abgehörten Telefongesprächen.

Simmerling findet es deshalb richtig, dass das brisante Dokument, wenn man es denn schon nicht vernichte, auf jeden Fall weggeschlossen gehöre. In seinem privaten Safe, meint er, sei es am besten aufgehoben.

DIE EINLADUNG

Zink war gerade damit beschäftigt, online einen ICE nach Berlin zu buchen. Vorher hatte er dem Chef des Kanzleramts schriftlich den Termin am 18. Juni bestätigt. Er hatte den Buchungsvorgang noch nicht abgeschlossen, als sein Handy klingelte.

Anita war dran.

»Können wir uns treffen?«, fragte sie. »Am besten gleich.«

Es klang sehr dringlich. Und so wie sie es intonierte, eher privat, nicht sehr geschäftlich.

»Tut mir leid. Ich erwarte ein paar Anrufe und kann jetzt überhaupt nicht weg!« Zink wunderte sich, wie leicht ihm die Lüge über die Lippen ging.

»Das ist schade«, gurrte sie. »Sehr schade.«

Sie machte eine Pause, und Zink glaubte zu hören, dass sie etwas in ein Glas füllte.

»Wo sind Sie jetzt?«, fragte er.

»Im Hotel, ich frühstücke noch, und ich dachte, es wäre schön, wenn Sie mir dabei Gesellschaft leisten könnten.«

Sie lässt nicht locker, dachte Zink. Laut sagte er: »Also, wie gesagt, ich kann jetzt leider nicht. Seien Sie mir nicht böse.«

»Wie sollte ich Ihnen böse sein, wo Sie doch gerade für mich arbeiten?«

Wieder faszinierte ihn ihre dunkle, rauchige Stimme.

»Sie arbeiten doch an unserem Fall, oder?«

Zink wusste nicht, worauf sie hinauswollte. »Ja natürlich«, erwiderte er. »Immer. Tag und Nacht.«

»Besonders nachts«, sagte sie wieder in diesem leicht amüsierten Ton, den sie schon bei ihrer ersten Begegnung gelegentlich angeschlagen hatte.

»Da Sie gerade dran sind, möchte ich Sie doch etwas fragen«, sagte er.

»Bitte sehr. Ich höre!«

»War Sauerborn dem MfS nur 1972 beim Misstrauensvotum zu Diensten oder auch später, als er in der Ständigen Vertretung in Ostberlin saß?«

Sie schwieg einen Moment. Dann antwortete sie mit einer Gegenfrage: »Woher wissen Sie, dass er später in der Ständigen Vertretung saß?«

»Recherche!«

Da sie schwieg und er ihr Gesicht nicht sehen konnte, wusste er nicht, ob sie wirklich überrascht war oder ihn nur hinhalten wollte. Jedenfalls hatte sie seine Frage nicht beantwortet. Deshalb wiederholte er sie: »War Sauerborn der Maulwurf in der Botschaft?«

»Wie kommen Sie darauf?«

»Wenn er Ihnen die Stimmkarten beim Misstrauensvotum besorgt hat und sich später an die Bonner Botschaft in Ostberlin versetzen ließ, dann liegt der Gedanke doch wohl nahe.«

Sie schwieg wieder.

Er nahm einen neuen Anlauf. »Ich weiß, dass es dort einen Spion gegeben haben muss, den sie nie erwischt haben. Das, jedenfalls, war zu meiner Zeit immer das Gerücht. Und ich habe Grund zu der Annahme, dass er derjenige war, den sie suchten, aber nie gefunden haben.« Er hörte, wie sie etwas trank.

»So, so! Und welchen Grund zu dieser Annahme haben Sie?«

»Wenn es stimmt, was ich inzwischen über ihn in Erfahrung gebracht habe, dann hatte Heinz Sauerborn ...«

»Bitte sagen Sie nicht Heinz«, unterbrach sie ihn. »Sein Name war Heinrich.«

»Schon möglich, aber wir haben ihn in der Schumannklause nur Heinz genannt, und er hatte nichts dagegen.«

»Was also haben Sie bisher über Heinrich in Erfahrung gebracht?«

»Ich weiß, dass er damals im Referat Parlamentarische Dienste im Souterrain des Bundeshauses saß, sich aber dann 1974 an die

Ständige Vertretung nach Ostberlin beworben hat, und zwar, wie man sich damals erzählte, Ihretwegen.«

»Sie sollten lieber nach dem Geburtenbuch suchen, statt nach Heinrich Sauerborn!« Sie klang plötzlich streng und geschäftsmäßig. Und nach einer Pause: »Mein Mann Alexander hat übrigens einen Rückzieher gemacht. Er will mit Ihnen nicht reden. Ich denke, unter diesen Umständen können wir die Sache mit der Biografie sein lassen.«

Zink schluckte. Insgeheim hatte er sich darauf eingestellt, den Chef von Bocks Bau- und Hobbymarkt zu treffen und auszufragen. Die hunderttausend Euro waren in seinem Kopf bereits eingeplant.

»Okay«, sagte er und bemühte sich, seine Enttäuschung zu verbergen. »Dann lassen wir das.«

»Sie können sich also auf das Geburtenbuch konzentrieren«, fuhr sie fort. »Das ist mir das Wichtigste.«

Zink schwieg. Warum ist sie bloß so scharf auf dieses Geburtenbuch, dachte er.

Wieder schien sie seine Gedanken erraten zu haben.

»Wenn Sie es gefunden haben, werden Sie verstehen, warum mir das so wichtig ist.«

»Einverstanden!«, sagte er. »Dann werde ich jetzt mal weitermachen.«

»Herr Zink«, sie klang wieder sehr weich und sehr privat, »ich würde mich trotzdem freuen, wenn Sie heute Abend mit mir essen gingen. Sagen wir: neunzehn Uhr beim Italiener in der Lennéstraße. Der Tisch ist schon bestellt.«

»Moment, ich muss gerade in meinem Terminkalender nachgucken.« Eine bessere Ausrede fiel ihm nicht ein. Er tat so, als suche er in seinem Handy.

»Neunzehn Uhr«, sagte sie.

»Neunzehn Uhr dreißig.«

»Okay. Und ich hoffe, Sie bringen dann schon erste Ergebnisse mit.« Sie beendeten das Gespräch. Zink überlegte. Es blieb ihm wohl nichts anderes übrig, als die Suche nach Heinrich Sauerborn erst einmal zurückzustellen. Sie war seine Auftraggeberin. Sie hatte das Geld. Er fing an, das erste Mal ernsthaft darüber nachzudenken, wie er es am besten anstellte, an dieses verfluchte Geburtenbuch zu kommen.

GRAUER BURGUNDER

Sie erwartete ihn bereits auf der Terrasse. Es war ein lauer Sommerabend, die Terrasse war gut gefüllt. Sie hatte sich einen Tisch zwischen zwei großen Blumenkübeln am Rande geben lassen, wo man ungestört reden konnte. Als er kam, hatte sie ein bereits geleertes Champagnerglas vor sich und ließ sich gerade ein weiteres einschenken.

»Auch ein Glas?«, fragte sie.

Zink lehnte dankend ab. Er setzte sich und bestellte beim Ober eine Flasche Mineralwasser. Sie beobachtete ihn lächelnd. Wieder hatte sie diese verführerische, pinkfarbene Bluse an.

»Finden Sie nicht, dass Sie jetzt mal wieder ein Glas nehmen dürfen?«, fragte sie, als er sich gesetzt hatte. »Schließlich ist es inzwischen doch sieben Jahre her.«

Zink fuhr zusammen. Woher wusste sie von dem Unfall, bei dem Helga ums Leben gekommen war? Seitdem hatte er nicht mehr oder nur sehr wenig Alkohol getrunken. Aber woher wusste sie das? Er hatte es ihr nicht erzählt.

»Stand damals in der Zeitung«, warf sie ein, immer noch lächelnd.

Er wusste, dass das nicht stimmte. Der Unfall war im Lokalteil erwähnt worden, aber ohne Namen. Sie musste sich in seinem Freundes- und Bekanntenkreis umgehört haben. Wieder überlegte er, ob er aufstehen und gehen sollte.

Und wieder blieb er sitzen.

Der Kellner brachte das Wasser und die Speisekarte. Er fragte Zink, ob er noch ein Getränk wünsche.

»Im Moment nicht«, sagte der Journalist. »Vielen Dank!« Er beschloss, in die Offensive zu gehen. Nachdem der Kellner eingeschenkt hatte und gegangen war, nahm er das Wasserglas in die Hand und sah sie an. »Nur damit das klar ist: Es wird sich zwar nicht vermeiden lassen, dass ich, wenn ich nach diesem Geburtenbuch suche, auch etwas über Ihr Privat- und Familienleben und das Ihres Mannes erfahre. Dafür haben Sie mich engagiert. Aus meinem Privatleben aber halten Sie sich bitte heraus. Ist das klar?«

»Aber lieber Herr Zink, ich meinte doch nur ...«

»Ob das klar ist?«

Sie zog die Augenbrauen in die Höhe, stützte den rechten Ellenbogen auf den Tisch, öffnete schwungvoll die Handfläche, als vollführe sie einen Hofknicks, und blieb mit unterwürfig gesenktem Kopf einen Moment so sitzen.

»Jawohl, Euer Hochwohlgeboren!«

»Gut, dann können wir jetzt ja über das Geschäftliche reden.«

»Wäre es nicht besser, wir wählten erst einmal aus, was wir essen wollen?«, fragte sie freundlich.

Und als er knurrend zustimmte, fügte sie hinzu: »Sie sind natürlich eingeladen.«

Er wählte als Vorspeise Melone mit Schinken und als Hauptgericht Fisch, sie entschied sich für eine Minestrone und anschließend Pasta mit Trüffeln. Und obwohl der Champagner längst noch nicht leer war, orderte sie Grauburgunder.

Der Kellner brachte Pizzabrot mit Olivenöl und Rosmarin und etwas Cremiges mit Granatapfelkernen, den Gruß aus der Küche.

»Woher kennen Sie das Restaurant?«

»Recherche«, antwortete sie, ihn imitierend, und lachte.

Und wieder hatte Zink das Gefühl, dass sie ihn, die Stadt Bonn und dieses Lokal nicht zufällig ausgesucht hatte. Bei diesem Italiener hatten Helga und er in den Neunzigerjahren oft gesessen und gegessen. Auch fiel ihm jetzt wieder ein, dass sie an dem Abend, als sie im Hotel in der Wanne lag und mit ihm telefonierte, offenbar genau wusste, wo und wie weit weg vom Hotel seine Wohnung lag.

Woher wusste sie das alles?

Sie wusste mehr über ihn als er über sie. Er musste sich vor ihr in Acht nehmen.

Der Patron, ein fülliger, wuchtiger Mann, kam auf sie zu. Er bewegte sich wieselflink zwischen den Stühlen, wobei er bei jedem Schritt die Hacken hob und die Füße mit den Zehenspitzen abfederte, sodass es aussah, als wippe er. Zink kannte ihn von früher. Sie duzten sich. Aber seit Helgas Tod war der Journalist nicht mehr hier gewesen. Der Wirt umarmte ihn schulterklopfend und sah Anita neugierig an.

»Dieser Mann hat einst die politische Elite der Bundeshauptstadt bekocht«, sagte Zink und deutete mit theatralischer Geste auf den Wirt. »Als die Regierung noch in Bonn war, verkehrten hier alle Minister und auch der Bundeskanzler.« Seine Begleiterin wiederum stellte er dem Wirt mit den Worten vor: »Die Dame kommt zwar aus Potsdam, aber der Ruf deines Lokals ist selbst bis dorthin gedrungen.«

Der Wirt lachte dröhnend und machte eine Verbeugung. Dann ging er, wippend, weiter zum nächsten Tisch.

Inzwischen waren die Vorspeisen gekommen. Bevor sie zu essen anfingen, hob Anita das Glas und prostete ihm mit ihrem Grauburgunder zu.

»Tut mir leid für eben. Nichts für ungut«, sagte sie.

Zink nahm es als Entschuldigung und nickte. Er hatte, wie es seine Art war, am Nachmittag aufgelistet, was er bisher schon in Erfahrung gebracht hatte und als Nächstes zu tun gedachte. Dies trug er ihr nun vor, als sie mit der Vorspeise fertig waren und auf das Hauptgericht warteten. Er habe beim Standesamt Berlin Tiergarten angerufen und nachgefragt, ob dort eventuell eine Kopie des Geburtenbuches aus den letzten Kriegsjahren vorhanden sei.

Leider nein.

Aber er sei mit jemandem verbunden worden, der offenbar Bescheid wisse, dass im Kriegswinter 1944/45 die Entbindungsstation der Charité tatsächlich im Keller des ausgebrannten Reichstagsgebäudes untergebracht war.

Zweitens habe ihm dieser Kundige eine sehr erfreuliche Mitteilung gemacht: Das lange verschollene Geburtenbuch sei, wie er gehört habe, tatsächlich gefunden worden, und zwar beim Umbau des Reichstages im Keller des alten Parlamentsgebäudes. Es sei zwar an den Kanten ein wenig angesengt, aber im Prinzip unversehrt. Zink müsse bei der Charité fragen, wo es geblieben sei.

Drittens habe ihm dieser Beamte verraten, er, Zink, sei nicht der Einzige, der sich für die in den Reichstag ausgelagerte Entbindungsstation interessiere. Der Präsident des Deutschen Bundestages habe ebenfalls danach fragen lassen. Wolfgang Schäuble habe offenbar vor, alle Berliner, die dort 1944 zur Welt gekommen seien und im kommenden Jahr fünfundsiebzig Jahre alt würden, in den Deutschen Bundestag einzuladen, aber das sei noch nicht spruchreif, das solle erst 2019 verkündet werden.

Viertens habe man ihn bei der Charité an das Historische Institut des Krankenhauses in Dahlem verwiesen. Wenn überhaupt jemand über die Liegenschaften Bescheid wisse, die im Krieg von der Charité genutzt worden waren, dann müsse der oder die in diesem Institut zu finden sein. Man habe ihm auch schon einen Namen genannt. Der Archivar heiße Helmut Feuchtwanger. Leider habe er ihn dort allerdings bisher noch nicht erreicht, er bleibe aber dran.

Zink unterbrach seinen Vortrag, als der Kellner das Hauptgericht und für Anita einen weiteren Grauburgunder brachte.

Beim Essen unterhielten sie sich über Belanglosigkeiten: über das häufig schwüle Wetter im Rheintal, über die wunderbaren Seen in und rund um Berlin und das dort vorherrschende kontinentale Klima.

Was sie redeten, wurde Teil des an- und abschwellenden Gemurmels, das wie eine Wolke über der sommerlichen Terrasse hing, unterbrochen hier und da durch ein besonders lautes Lachen oder einen knallenden Korken und immerzu begleitet vom Klappern der Teller und der Bestecke.

Sie fragte, wie die Bonner den Verlust der Hauptstadt verkraftet hätten; er sagte, sehr gut, trotzdem jammerten einige immer noch darüber. Aber die meisten, die er kenne, seien inzwischen froh, dass die Regierung weg sei. Einige Lokalpatrioten verübelten es Wolfgang Schäuble jedoch nach wie vor, dass der damals bei der Abstimmung mit einer fulminanten Rede im Bonner Wasserwerk die Stimmung zugunsten Berlin gedreht hatte.

Er fragte sie über die Firma ihres Mannes aus. Sie erzählte von der alten Gärtnerei in Potsdam, die zum VEB Landmaschinen- und Gerätebau gehörte, als Alexander den Betrieb und das Anwesen 1991 von der Treuhand kaufte. Damals sei der ganze Laden kaum mehr wert gewesen als die eine symbolische D-Mark, für die er ihn bekommen habe.

»Und heute?«, fragte Zink gespannt, denn er hatte auf die Frage, was Bocks Bau- und Hobbymarkt heute wert sei, bisher im Netz noch keine Antwort gefunden.

»Etwa eine halbe bis dreiviertel Milliarde«, sagte sie lässig.

Kein Wunder, dass sie für eine so simple Recherche schnell mal hunderttausend Euro lockermachen konnte, dachte Zink. Angesichts der Kohle, die sie tagtäglich umsetzten, war das wirklich ein Klacks.

Als die Teller leer waren, bestellte Zink einen doppelten Espresso Macchiato, sie einen weiteren Grauburgunder und einen Grappa.

»Ich war aber noch nicht ganz fertig mit meiner Liste«, sagte er, nachdem die Getränke gebracht worden waren.

Sie schien nicht mehr sonderlich interessiert, so als hätte sie bereits genug erfahren. Sie widmete sich zunächst dem Grappa, den sie genießerisch über die Zunge rollen ließ, bevor sie ihn hinunterschluckte. Und dann, nicht minder genießerisch, dem Wein. Sie nickte, als er seinen Zettel herauszog und sie fragend anschaute.

»Außerdem weiß ich, dass Bruno, der verloren gegangene Bruder Ihres Mannes, ein bläuliches Muttermal gehabt haben muss. Das nämlich ist die deutsche Übersetzung von ...« Er stockte, zog die Visitenkarte heraus, die sie ihm gegeben hatte, drehte sie um und las vor: »*Naevus caeruleus*. Den Zusatz *infra venter felis* hat man mir mit ›unter dem Bauchnabel‹ übersetzt.«

Anita wirkte zufrieden. Sie hatte ihm den medizinischen Fachbegriff nur vorgesetzt, weil sie testen wollte, ob er den Hinweis aufgreifen und herausfinden würde, was er bedeutet. Jetzt fühlte sie sich bestätigt. Er hatte es herausgefunden. Er hatte den Test bestanden.

»Sehr gut«, sagte sie. »Wirklich sehr gut.«

Er fuhr fort: »Schließlich habe ich gehört, dass Heinrich Sauerborn ein phänomenales Gedächtnis hatte, dass er sich Dokumente, sogar ganze Buchseiten, mit einem kurzen Blick merken, sie mit den Augen einscannen und später reproduzieren konnte ...«

»Moment«, unterbrach sie ihn. »Woher wissen Sie das?«

»Stimmt es?«, fragte er zurück. »Oder ist es falsch?«

»Ja, es stimmt«, murmelte sie. »Es stimmt alles. Aber wie, zum Teufel, haben Sie das so schnell geschafft?«

»Man muss die richtigen Leute fragen«, antwortete er angeberisch. »Und dabei genau zuhören und immer auch auf Nebensätze achten. Oft nämlich findet man die wichtigsten Informationen in solchen Nebensätzen.«

Ihre Laune hatte sich spürbar verbessert.

»Wollen wir uns nicht duzen?«, fragte sie plötzlich.

Zink zögerte.

»Ich habe nichts dagegen«, sagte er schließlich.

»Ich heiße Anita.«

»Ich weiß. Nennen Sie mich Zink, alle nennen mich Zink. Kurt klingt immer etwas komisch für mich.«

»Also gut, dann eben Zink, aber ich heiße Anita und möchte nicht, dass du Bock zu mir sagst.« Sie sah ihn eigenartig an.

»Ich verstehe«, sagte er leise. »Du hast keinen Bock auf Bock.«

»Null Bock!«, ergänzte sie. Sie kicherte.

»Und du?«, fragte sie schäkernd. »Hast du Bock?«
»Worauf?«
»Worauf! Stell dich nicht so dumm!«
»Klar habe ich Bock, besonders ...« Er stockte und schaute sie an.
»Besonders wenn der Bock in der Badewanne liegt?«, vollendete sie und lächelte anzüglich.

Zink begriff, dass er jetzt die Notbremse ziehen, seitwärts abbiegen oder den Rückwärtsgang einlegen musste. Er spielte mit dem Feuer. Einmal Lockvogel, immer Lockvogel, dachte er. Er musste sich wirklich vor ihr in Acht nehmen.

»Stimmt es«, fragte er unvermittelt, »dass der Vater deines damaligen Geliebten Sauerborn Gustav hieß und Professor an der Uni war?« Er hatte gerade noch so die Kurve gekriegt.

»Ja, das stimmt«, sagte sie erstaunt. »Und woher weißt du das?«

»Bis eben wusste ich es nicht. Ich habe es geraten, und du hast es mir bestätigt.«

»Du Schuft«, sagte sie. »Du hast mich reingelegt.«

»Nein«, wiederholte er. »Ich habe es geraten. Es gibt im Bonner Telefonbuch zehnmal den Eintrag Sauerborn. Ich habe auf Gustav getippt, und du hast es mir bestätigt, dass ich richtigliege.«

Dass Krull ihn auf die Idee gebracht hatte, im Internet gezielt nach einem Menschen zu suchen, der Sauerborn hieß, Professor war und auch in der Südstadt wohnte, aber auf der anderen Seite der Bahn, behielt er für sich.

»Du Schuft«, sagte sie erneut. Sie war beeindruckt und legte plötzlich ihre Hand auf seine. »Gustav lebt schon lange nicht mehr«, sagte sie wieder so leise, dass er Mühe hatte, sie zu verstehen. »Aber mit Carola, seiner Frau, habe ich mich damals gut verstanden. Sie wohnt auch noch da.«

»Ich würde sie gerne besuchen«, sagte Zink. »Kannst du den Türöffner spielen? Oder willst du mitkommen?«

Sie zog ihre Hand zurück und schaute ihn misstrauisch an.
»Du bist also immer noch hinter der Spionagegeschichte her!«
»Ich möchte mir nur ein möglichst genaues Bild von ihm und von der Situation 1972/73 machen. Wäre doch eine gute Idee, wenn wir beide sie besuchten.«
»Kommt nicht infrage«, sagte sie entschieden. »Ich kann da nicht mitkommen. Das geht nicht.«
»Wieso? Hat sie dir übel genommen, dass du jetzt einen anderen Mann hast?«
»Nein, das nicht. Sie mag mich und ich bin immer noch wie eine Tochter für sie. Aber ich will sie jetzt nicht sehen.«
Anita schwieg, leerte ihr Glas und sah sich suchend nach dem Kellner um.
»Ich kann und will dich nicht abhalten«, fuhr sie fort. »Und wenn du es tust, kannst du sie auch von mir grüßen. Dir wird schon eine Begründung einfallen, warum du sie sehen willst. Die Frau ist jetzt weit über neunzig. Aber wenn sie hört, dass wir uns kennen und du Heinrich früher kanntest, wird sie wahrscheinlich einverstanden sein und mit dir reden.«
Zink war erleichtert. Er wollte unbedingt mehr über Sauerborn erfahren. Wenn Anita das Gespräch mit Sauerborns Mutter torpediert hätte, wäre es schwierig für ihn geworden, zu ihr vorzudringen. Sie winkte erneut dem Kellner, und als er kam, bat sie um die Rechnung. Sie schien es plötzlich eilig zu haben.
»Ich habe nichts dagegen«, wiederholte sie, nachdem sie bezahlt und ein Taxi hatte rufen lassen. »Vielleicht ist es sogar ganz gut, wenn du mit ihr redest. Ich weiß allerdings nicht, was du dir davon erhoffst, wo doch Heinrich seit sechsundzwanzig Jahren tot ist.«
Das war ein Schlag in die Magengrube. Zink verlor vorübergehend die Fassung. »Wie, Sauerborn ist tot? Und warum erzählen Sie mir das erst jetzt?«
»Du!«, sagte sie. Und als er sie verständnislos anguckte, wiederholte sie: »Du! Wir wollten Du sagen.«

»Ach ja, du! Entschuldige«, stammelte er. »Also: Warum sagst du mir das erst jetzt?«

»Es ging nie um Sauerborn. Es ging und geht um Alexander und um das Geburtenbuch.«

Zink musste ihr recht geben. Sie hatte ihn nicht dafür engagiert, den Superspion Sauerborn aufzuspüren. Er hatte sich nur deshalb in das Thema verbissen, weil er einen Riesenknüller gewittert hatte. Und jetzt das!

Er war so enttäuscht, dass er die Frage des Kellners, ob er einen Grappa aufs Haus haben wollte, mechanisch mit einem Nicken bejahte.

Sauerborn war also tot. Die Geschichte war geplatzt. Kaputtrecherchiert.

»Wie ist das passiert?«, fragte Zink.

»Ganz plötzlich ist er tot umgefallen, 1992, am 22. Februar. Es war ein großer Schock für mich.«

»Und warum erzählst du mir das erst jetzt?«

Sie sah ihn an und lächelte. »Ich weiß ja, dass du viel lieber diesen Spionageknüller gehabt hättest. Aber glaube mir, wenn du mir das Geburtenbuch besorgst, wirst du einen noch viel größeren Knüller haben. Vergiss den Spion. Beschaff mir das Geburtenbuch.«

Sie zog einen Briefumschlag aus ihrer Tasche und legte ihn auf den Tisch.

»Das dürfte erst einmal reichen«, sagte sie und erhob sich. Auch er stand auf. Er wusste nicht, was er sagen sollte. Sie umarmte ihn plötzlich und küsste ihn auf den Mund.

»Pass auf dich auf«, sagte sie. Dann ging sie. Zink sah, wie sie sich von dem Patron verabschiedete und das Taxi bestieg, das vor dem Restaurant gewartet hatte.

In dem Umschlag steckten zehn Hunderteuroscheine und ein Zettel. »Das ist eine Anzahlung«, las Zink. »Viel Erfolg bei der weiteren Suche. A.«

Darunter stand im PS: »Es ist ein gefährliches Spiel – also pass auf dich auf! Und rühr deinen Computer nicht mehr an. Ich fürchte, er wird überwacht. Dasselbe gilt für das Handy. Schaff dir ein Prepaidmodell an, das ist sicherer!«

EIN KAPITALER FUND

Zinks Enttäuschung war tief und nachhaltig. Sie schlug ihm auch an den nächsten Tagen aufs Gemüt. So kurz vor einem richtigen Knüller hatte er gestanden – und nun das. Er überlegte, ob er den Termin im Kanzleramt absagen sollte. Was für einen Sinn sollte es haben, nach einem toten Spion zu suchen?

Andererseits wäre er blöd, wenn er sich die Chance entgehen ließe, den vor vielen Jahren geknüpften Kontakt zu reaktivieren und mit dem Chef des Kanzleramts zu reden.

Natürlich würde er hinfahren. Irgendetwas kam bei einem solchen Treffen immer heraus.

Er wusste nicht, was Anita jetzt vorhatte und wo sie steckte. Sie war abgetaucht.

Auf ihrem Handy meldete sie sich nicht. Und auch nicht im Hotel, wo Zink es anschließend versucht hatte. Sie hatte nichts mehr von sich hören lassen, seit sie vor zwei Tagen das Restaurant verlassen hatte und weggefahren war.

Vielleicht ist sie sauer, dachte Zink.

Immerhin hatte sie ihm schon tausend Euro als Anzahlung hinterlassen. Und so wie es jetzt aussah, hatte er nicht nur die Anzahlung, sondern auch den versprochenen Rest schon so gut wie sicher.

Im Historischen Institut der Charité hatte er nämlich inzwischen den Archivar Feuchtwanger erreicht, der, als er ihn endlich an der Strippe hatte, so bayerisch redete, wie sein Name klang. Feuchtwanger war für alles zuständig, was für die Charité früher einmal wichtig war, also auch für das alte Geburtenbuch. Er hatte die seltsame Angewohnheit, manchmal die letzten Worte eines Satzes zu wiederholen, besonders wenn er aufgeregt war.

Ausführlich berichtete er ihm, wie die alte Kladde gefunden worden war. Bereits Anfang der Neunzigerjahre, also vor mehr als einem Vierteljahrhundert, habe man sie beim Umbau des alten Reichstags im Keller entdeckt. Sie sei außen ein wenig angebrannt, aber innen vollständig unversehrt gewesen. Hinter einem Haufen alter Ziegelsteine in einer Nische habe man sie gefunden. Man habe sie aus grauem Bauschutt herausgezogen und zum Glück nicht weggeschmissen, sondern zu ihm, zu Feuchtwanger, gebracht.

»Das war ein kapitaler Fund«, frohlockte er. »Ein kapitaler Fund. Alles bestens erhalten ... bestens erhalten. Alle Geburten von 1925 bis 1945 fein säuberlich protokolliert, mit allem Schnick und Schnack, bis hin zu dem Gewicht der Neugeborenen und den besonderen Merkmalen ... Merkmalen.«

Er sei natürlich gleich beim ersten Durchblättern weit hinten auf diese eine historisch bemerkenswerte, ja aufregende Seite von der Silvesternacht 1944/45 gestoßen, mit dem dicken Strich in der Mitte und dem Spruch »Führer befiel, wir tragen die Folgen«. So etwas vergesse man nicht. Ein einmaliges Dokument der Zeitgeschichte sei das.

Der Mann geriet am Telefon in Wallung, und Zink kam es vor, als sei er dankbar, dass sich endlich jemand für seine Raritäten interessierte, für all die kleinen historischen Kostbarkeiten, die er im Laufe seines Berufslebens zusammengetragen, aufbewahrt, katalogisiert und, wenn nötig, auch restauriert hatte.

Nun stehe er kurz vor der Pensionierung, sagte Feuchtwanger, kurz vor der Pensionierung, wiederholte er, und ein Nachfolger für seine Planstelle sei noch nicht in Sicht. Deshalb freue er sich ganz besonders, wenn er mal einem Journalisten seine Schätze zeigen könne. Ob Zink denn schon mit der Pressestelle geredet habe, denn die legten, da für die Öffentlichkeitsarbeit zuständig, immer großen Wert darauf, eingebunden und informiert zu sein.

Ja, er habe es abgesprochen und man habe ihm erlaubt, sich direkt an ihn, Herrn Feuchtwanger, zu wenden. Insofern habe alles seine Ordnung, hatte Zink versichert und sich mit Feuchtwanger für Freitag in Berlin verabredet.

Wenigstens das scheint zu klappen, dachte er. Wenn schon kein Superspion dabei herausspringt, dann doch wenigstens der schriftliche Nachweis, dass eine Verkäuferin aus Pankow namens Annemarie Schmidt in der Silvesternacht 1944/45 Zwillinge zur Welt gebracht hat. Und dafür hunderttausend Euro zu kassieren, ist ja auch nicht zu verachten.

Dieser Gedanke vertrieb seine schlechte Laune. Zink schaltete seinen Computer ein. In seinem Adressverzeichnis wollte er Feuchtwangers Telefonnummern und in seinem elektronischen Kalender den Termin eintragen. Gerade noch rechtzeitig fiel ihm Anitas Warnung ein, die Finger vom Laptop zu lassen. Was sie ihm und er ihr erzählt hatte, das stand alles in seinem Computer. Erschrocken klappte er den Laptop zu.

Zink kramte in seinem Schreibtisch. Er fand einen noch fast unbenutzten Notizblock und nahm sich vor, ihn künftig anstelle des Computers zu benutzen. Er schlug eine neue Seite auf und trug Feuchtwangers Name und Adresse ein. Er legte den Stift weg, als Stuhl anrief.

»Du musst unbedingt kommen. Ich habe etwas, das zu deinen Stimmkarten passt.«

»Und was ist das?«, fragte Zink.

»Geht nicht am Telefon«, erwiderte Stuhl. »Es ist wirklich ein Hammer. Und wenn das stimmt, kannst du alles vergessen, was bisher zum Thema Misstrauensvotum und Korruptionsaffäre geschrieben worden ist.«

»Ich habe vorher noch etwas zu erledigen«, sagte Zink. »Ich komme aber so schnell wie möglich, wahrscheinlich schon Freitagabend. Kann ich bei dir pennen?«

»Klar!«, sagt Stuhl.

Zink grübelte über Stuhls Ansage nach. Er war sich so sicher gewesen, alle Hintergründe des Skandals zu kennen. Jetzt behauptete sein Freund, er habe etwas bekommen, das alles Bisherige in den Schatten stelle und geradezu überflüssig mache.

Wieder beschlich Zink das eigenartige Gefühl, dass Stuhl recht haben könnte. War das, was er einmal wusste oder zu wissen glaubte, wirklich die Wahrheit? Oder war er, waren alle Journalisten damals, im Skandal-Sommer 1973, auf falsche Fährten gelockt worden?

Gab es das überhaupt: die reine Wahrheit?

Hatte er in seinem langen Berufsleben nicht eigentlich immer nur einen matten Abglanz zu sehen bekommen, eine unbeglaubigte Kopie der Realität? Gab es Wahrheiten, die sich widersprachen und trotzdem gleichzeitig wahr waren? Konnte etwas, das man sah, ein Tisch, ein Stuhl ein Bild, da sein und gleichzeitig nicht da sein?

Irgendwo hatte er mal gelesen, es komme sehr oft vor, dass Polizisten, wenn sie drei Augenzeugen eines Verkehrsunfalls befragten, drei voneinander abweichende Versionen zu hören bekämen. Wobei jeder Augenzeuge fest davon überzeugt sei, seine Darstellung sei die einzig richtige.

Zink schrieb Anita eine SMS: *Vielen Dank für die Anzahlung. Ich fahre übermorgen nach Berlin und bekomme dann voraussichtlich eine Kopie von der Silvesterausgabe 44/45 des Geburtenbuchs. Alles wird gut!*

Gruß Zink

Er wollte sie gerade abschicken, als ihm Anitas Warnung einfiel. Zink löschte die SMS und legte das Handy beiseite.

UNTER VERDACHT

Das Institut für Geschichte der Medizin und Ethik in der Medizin der Berliner Charité lag im tiefsten Westen der Hauptstadt, im Stadtteil Dahlem, mitten im Grünen.

An der Pförtnerloge im Parterre des erst vor wenigen Jahren errichteten modernen Institutsgebäudes an der Thielallee hatte Zink seinen Ausweis abgeben müssen. Allgemeine Sicherheitsvorschrift, erklärte der Pförtner. Den Ausweis könne er beim Verlassen des Gebäudes wieder abholen. Danach eskortierte ihn ein Mann von der Security mit dem Aufzug in den dritten Stock, wo ihn Feuchtwanger empfing.

Zink schätzte den Mann auf Mitte oder Ende sechzig. Er war ziemlich korpulent, mittelgroß, schnaufte beim Sprechen, und Zink nahm wieder seine eigentümliche Angewohnheit wahr, die Satzenden manchmal zu wiederholen.

»Schön, dass Sie gekommen sind ... gekommen sind«, begrüßte er Zink und bot ihm mit einer Handbewegung einen Stuhl vor seinem gewaltigen Schreibtisch an. Feuchtwanger sah aus, als trüge er eine Clown-Perücke. Seinen würfelförmigen Kopf zierte ein gewaltiger, wuscheliger, inzwischen ergrauter Haarkranz, der früher einmal so schwarz gewesen sein mochte, wie es seine Brauen verrieten. Er griff zum Telefon und wählte eine Nummer.

»Er ist jetzt da!«, hörte Zink ihn sagen.

Danach schwieg er. Er schien auf jemanden zu warten.

»Haben Sie zufällig etwas mit Lion Feuchtwanger zu tun?«, fragte Zink, um die Zeit zu überbrücken.

»Das werde ich sehr oft gefragt ... sehr oft gefragt«, erwiderte Feuchtwanger. »Meistens allerdings nur von älteren Menschen, die jüngeren scheinen ihn nicht mehr zu kennen ... nicht mehr zu kennen.« Er schloss die Augen und schwieg.

Zink wartete darauf, dass er fortfahren würde. Aber da nichts mehr kam, schob er ein fragendes »Und?« in die Stille.

»Nein, nein«, sagte Feuchtwanger erschrocken, »danke der Nachfrage. Wir kommen zwar aus derselben Ecke, aber da ist der Name weitverbreitet ... weitverbreitet. Soviel ich weiß, haben unsere Familien nichts miteinander zu tun ... zu tun. Nicht verwandt und nicht verschwägert, wie man so schön sagt.«

Dann beugte er sich vor und sah Zink durchdringend an.

»Sie wollen also wissen, welche bleibenden Spuren die zeitweilige Nutzung des Reichstagsgebäudes durch die Charité in den Akten hinterlassen hat. Darf ich fragen, warum?«

»Ich bin, wie ich Ihnen am Telefon sagte, Journalist und recherchiere die Lebensgeschichte eines Menschen, von dem es heißt, er sei am 31. Dezember 1944, also in der Silvesternacht, im Gebäude des Reichstags zur Welt gekommen.«

»Ach ja, ach ja, das sagten Sie schon ... sagten Sie schon«, murmelte Feuchtwanger. »31. Dezember 44 ... 44.« Zink hatte ihm das Datum bereits am Telefon gesagt. Aber anders als bei ihrem ersten Telefongespräch, bei dem Feuchtwanger ehrlich erfreut schien, dass Zink sich für sein Lebenswerk interessierte, wirkte er nun, da sie sich gegenübersaßen, äußerst zugeknöpft.

»Kommen Sie vorbei«, hatte er am Telefon gesagt. »Ich glaube, ich kann Ihnen helfen.« Jetzt aber spürte Zink eine seltsame Anspannung bei seinem Gegenüber. Feuchtwanger wollte offenbar nicht allein mit ihm sprechen, sondern wartete angestrengt auf den Menschen, dem er Zinks Ankunft gemeldet hatte und den er wohl als Zeugen bei der Unterhaltung dabeihaben wollte.

Es entstand eine ungemütliche Stimmung, die sich Zink überhaupt nicht erklären konnte. Als die Tür aufsprang, sah Zink einen Mann mit der Statur eines Schrankes vor sich.

Mindestens zwei Meter hoch, breites Kreuz, dunkler Anzug, Sonnenbrille. Hinter ihm lugte der Mann der Security hervor, der Zink an der Pförtnerloge in Empfang genommen und nach oben begleitet hatte.

»Mach weiter!«, knurrte der Schrank und platzierte sich vor dem Fenster, allerdings mit dem Rücken zum Büro. Feuchtwanger war kurz aufgestanden, hatte sich dann aber wieder gesetzt. Er machte keine Anstalten, Zink und den Schrank miteinander bekannt zu machen.

Zink begriff nicht, was der Auftritt sollte. Das Benehmen der beiden Männer irritierte ihn. Obwohl keiner ein Wort sagte, fühlte Zink sich durch ihr Verhalten auf merkwürdige Weise verdächtigt oder beschuldigt, ohne zu wissen, welcher Tat man ihn bezichtigte.

Endlich drehte der Schrank sich um. Er nahm die Sonnenbrille ab, putzte sie mit einem Brillentuch und musterte Zink von oben bis unten. Er war jünger als Feuchtwanger, höchstens Anfang vierzig, hatte ein flaches Boxergesicht mit einer platten Nase und wässrige, hellblaue Augen. Seine riesigen Pranken hielt er vor der Brust verschränkt. Er sah besorgniserregend brutal aus.

»Die Sache ist die«, begann Feuchtwanger, »dass wir einen Zusammenhang sehen zwischen einem Einbruch, der hier vor ein paar Tagen in meinem Büro stattfand, und Ihrem Erscheinen hier und heute … hier und heute …«

Er sah etwas hilflos zu dem bulligen Mann neben seinem Schreibtisch. Der Schrank rührte sich nicht.

»Was für ein Einbruch?«, fragte Zink. »Und was soll ich damit zu tun haben?«

Feuchtwanger holte tief Luft. »Sie müssen verstehen«, versuchte er zu erklären. »Jahrelang hat niemand nach den Charité-Akten aus den letzten Tagen des Krieges gefragt … gefragt. Und nun sind Sie bereits der Zweite innerhalb kürzester Zeit, der sich dafür interessiert.« Er schwieg und blickte Hilfe suchend zu dem Mann mit dem Boxergesicht. Der aber sagte weiterhin nichts. Er lehnte an der Fensterbank und kratzte sich am Hinterkopf.

Zink bemühte sich, die Empörung zu unterdrücken, die er in sich aufsteigen fühlte. »Meine Herren, ich habe keine Ahnung, wovon Sie reden. Aber ich muss doch schon sehr bitten, mich endlich über die Hintergründe Ihres seltsamen Benehmens aufzuklären. Was für ein Einbruch soll das gewesen sein und was soll ich damit zu tun haben? Ich habe dieses Gebäude vor einer Viertelstunde das erste Mal in meinem Leben betreten.«

Die beiden Herren sahen erst sich, dann ihn, dann wieder sich an und schwiegen.

Zink unternahm einen neuen Anlauf. »Ich habe nach Charité-Unterlagen aus den letzten Kriegstagen gefragt, genauer nach dem Geburtenbuch der Charité, und Sie, Herr Feuchtwanger, haben mir am Telefon noch gesagt, bei Ihnen sei ich an der richtigen Adresse, Sie könnten mir helfen. Heute beschuldigen Sie mich des Einbruchs. Können Sie mir dies bitte einmal erklären?«

Feuchtwanger stand schnaufend auf und holte eine große Kladde aus dem Schrank, der hinter seinem Schreibtisch an der Wand stand, und legte sie auf seinen Schreibtisch.

Das Ding sah aus wie ein altes Schulklassenbuch. Auf dem schwarz-weißen, marmorierten Einband aus Pappe klebte ein Etikett, das Zink sofort an seine Schulzeit erinnerte. Auf seinen Schulheften gab es früher solche weißen Aufkleber. Diesen hatte jemand beschriftet, der noch die alte deutsche Schreibschrift Sütterlin beherrschte, die Zink nicht lesen konnte. Er glaubte, das Wort »Geburten« entziffern zu können. Darunter stand die Zeile »1925 bis 1945«. Die Kladde war am oberen Rand etwas angekohlt, als hätte sie auf einer heißen Herdplatte gelegen.

»Was ist das?«, fragte Zink.

»Das ist das Geburtenbuch aus der im Krieg zerstörten Charité–Entbindungsstation«, sagte Feuchtwanger. »Es hat den schweren Bombenangriff im Januar 1944 überstanden ... überstanden. Irgendjemand hat die kokelnde Kladde damals aus den Trümmern gezogen. Sie war unversehrt, bis auf die paar Brandspuren hier am Einband.«

»Verstehe«, sagte Zink.

»Die Entbindungsstation war zerstört. Aber das Buch war noch zu gebrauchen. Also nahm man es mit in den Keller des Reichstags, wo die Entbindungsstation provisorisch weitermachte ... weitermachte. Es ist ein Dokument der Zeitgeschichte, einmalig und von großem Wert.«

»Und was steht in diesem Geburtenbuch?«

»Hier wurden die Namen aller Neugeborenen eingetragen, außerdem die Namen der Mütter und soweit bekannt der Väter, und hier«, er schlug das Buch auf und deutete auf eine aufgeschlagene Seite, »hier, in der letzten Spalte, unter der Rubrik ›Besondere Merkmale‹, stehen Angaben über Gewicht und selbstredend besondere Merkmale der Neugeborenen ... der Neugeborenen.«

»Das ist, in der Tat, genau das, was ich suche«, sagte Zink erfreut. »Ich wüsste gern, wer am 31. Dezember 1944 und am 1. Januar 1945 im Reichstagsgebäude geboren wurde.«

»Wir auch«, mischte der Schrank sich ein. »Das wüssten wir auch gern. Aber genau dieses eine Blatt fehlt. Und es fehlt erst, seit vor ein paar Tagen dieser Kerl hier war, der sich genau wie Sie für das alte Geburtenbuch interessierte.«

»Er war hier bei mir«, ergänzte Feuchtwanger, »und wollte unbedingt die Seite mit den Geburten zu Silvester und Neujahr 44/45 kopieren. Ich habe ihm die Seite unten im Keller kopiert. Aber als ich mit der Kopie zurückkam, um sie ihm zu geben, war er verschwunden.«

»Wann war das?«, fragte Zink.

»Vor einer Woche, am Dienstag voriger Woche.«

»Und was geschah dann?«

»Am Mittwoch danach, also einen Tag später, riefen Sie an und fragten nach denselben Unterlagen und auch nach dem gleichen Jahr, Dezember 44, Januar 45. Ich dachte gleich bei mir: ist ja komisch ... komisch. Jahrelang interessiert sich niemand für das Geburtenbuch und plötzlich gleich zwei ... gleich zwei.«

Er erhob sich und schlug das Buch auf.

»Aber erst gestern habe ich es gemerkt ... gemerkt«, fuhr er fort. »Sehen Sie selbst: Der letzte Eintrag ist vom 10. Dezember 1944. Aber hier geht es erst weiter mit dem 20. Januar 1945. Die zweite Dezemberhälfte und die drei ersten Wochen vom Januar 1945 fehlen ... fehlen. Hier können Sie es sehen«, wiederholte er und hob das Buch etwas an.

Jetzt sah Zink, was passiert war. Jemand hatte ein ganzes Blatt herausgetrennt, vermutlich mit einem scharfen Federmesser, denn der Schnitt war sauber und gerade, sodass man ihn, beim flüchtigen Durchblättern, kaum wahrnahm.

Zink verstand. »Sie meinen also, nach dem Besuch dieses Herrn wurde die Seite, über die wir gesprochen haben, also die mit dem Strich in der Mitte und dem Spruch, herausgetrennt?«

»Genau so ist es«, brummte der Schrank. »Und zwar muss das am Wochenende passiert sein.«

»Jemand ist hier nachts eingebrochen, hat die Kladde aus dem Schrank geholt und das Blatt entfernt ... entfernt«, wiederholte Feuchtwanger.

»Und dieser Jemand soll ich gewesen sein?«, fragte Zink spöttisch. »Das glauben Sie doch wohl selbst nicht.«

»Nein«, antwortete Feuchtwanger. Er quälte sich ein Lächeln ab. »Das glauben wir nicht. Wenn Sie es gewesen wären, dann wären Sie heute ja bestimmt nicht hier ... nicht hier.«

»Und warum veranstalten Sie dann dieses Verhör?«

»Wir denken, dass es zwischen dem Besuch dieses Herrn und Ihrem Besuch heute vielleicht einen Zusammenhang gibt. Und diesen Zusammenhang würden wir gern mit Ihrer Hilfe aufdecken«, sagte der Schrank und streckte Zink seine rechte Pranke entgegen. »Holger Schmitt, mit doppeltem T hinten. Ich bin ein Kollege von Herrn Feuchtwanger. Die Institutsleitung weiß noch nichts von dem Einbruch. Und wenn es geht, soll sie auch nichts davon erfahren. Wir hätten die Kladde nicht einfach in den Schrank legen dürfen. So etwas Wertvolles gehört eigentlich in den Safe.«

Zink merkte, dass die beiden Amateurermittler genauso ratlos waren wie er selbst.

»Haben Sie denn nie daran gedacht, den Inhalt dieses historischen Geburtenbuchs zu sichern?«, fragte er. »Man könnte die Seiten doch einscannen ...«

»Das haben wir selbstverständlich längst gemacht ... längst gemacht«, sagte Feuchtwanger.

»Haben Sie auch das Blatt, das jetzt fehlt, also die Seite von Silvester eingescannt?«

»Ja, natürlich. Gleich nachdem die Kladde gefunden worden ist. Sie war zwar, wie gesagt, etwas angekohlt, wie Sie sehen. Aber sie war vollständig ... vollständig.«

Er holte eine reich verzierte Schnupftabakdose aus der Schublade seines Schreibtisches, nahm eine Prise, schaute ein paar Sekunden angestrengt zur Decke, holte tief Luft und sah danach etwas entspannter aus als vorher.

»Wissen Sie: Es geht uns gar nicht um die Namen«, erläuterte der bullige Schmitt. »Die Namen haben wir im Computer. Wir wollen das Original wiederhaben, und wir hatten die Hoffnung, dass wir dem Dieb mit Ihrer Hilfe vielleicht auf die Spur kommen.«

Jetzt begriff Zink, warum ihn die beiden Herren aus der historischen Abteilung mit so viel Argwohn empfangen hatten.

»Ich habe hier vielleicht etwas, das uns weiterhilft«, sagte er und kramte die Kopie der Geburtsurkunde aus dem Jahr 1945 aus seiner Tasche.

Neugierig beugten sich die beiden Männer über das Blatt. »Alexander Schmidt«, las Feuchtwanger laut vor, »geboren am 31. Dezember 1944 im Reichstagsgebäude. Mutter: Anna Maria Magdalena Florentine Schmidt, Vater: Kuno Bock ...« Er hielt inne und pfiff durch die Zähne. »Anna Maria Magdalena Florentine Schmidt, diesen langen Namen habe ich doch gelesen ... gelesen.«

Er bearbeitete die Tastatur seines Computers und holte mit

ein paar Mausklicks das eingescannte Geburtenbuch auf den Schirm.

»Hier, sehen Sie, das ist die Silvester-Seite vom Dezember 44 ... 44.« Er deutete triumphierend auf den letzten Eintrag vom 31. Dezember. Alexander Schmidt, stand da.

Mutter: Anna Maria Magdalena Florentine Schmidt
Vater: Kuno Bock, z. Zt. im Felde
Anschrift: Berlin Pankow, Wollankstraße 123.
Besondere Merkmale: keine
Gewicht: 2.530 Gramm
Uhrzeit: 23:50 h.

Die Seite war erst halb voll. Aber darunter hatte jemand mit großer Schrift geschrieben: »PROST NEUJAHR!« und einen doppelten Strich gezogen. Unter dem Doppelstrich dann, genau so, wie Anita es ihm erzählt hatte, las Zink den Spruch, der seinerzeit den Nazi-Beamten Hermann Meyer so aufgeregt hatte: »Führer befiehl, wir tragen die Folgen!«

»Hab ich's doch gewusst«, rief Feuchtwanger. »Anna Maria Magdalena Florentine! So eine ausgefallene Kombination hat man ja nicht alle Tage ... nicht alle Tage.«

Er schob mit der Computermaus die Seite etwas nach oben. Gleich unter dem Spruch tauchte sie ein zweites Mal auf: Anna Maria Magdalena Florentine Schmidt. Sie hatte um null Uhr zwanzig einen weiteren Sohn bekommen, dessen Vorname Bruno war. Er wog zweitausendachthundert Gramm, und bei ihm war sogar ein besonderes Merkmal eingetragen: »Naevus caeruleus infra venter felis«.

Feuchtwanger atmete hörbar aus, sein Kollege pfiff leise durch die Zähne.

»Das Fräulein Schmidt hat in der Nacht vom 31. Dezember 44 auf den 1. Januar 45 Zwillinge bekommen«, fasste der Schrank zusammen.

»Zwei Jungen. Der erste, Alexander, kam kurz vor Mitternacht, der zweite, Bruno, kurz nach dem Jahreswechsel.«

»Bruno hat ein Muttermal«, ergänzte Zink, der inzwischen wusste, was *Naevus caeruleus* bedeutete.

»Alexander aber offenbar nicht«, sagte der Schrank.

»Und?«, fragte Zink. »Wie hat der Mann, der bei Ihnen war, reagiert, als er das sah?«

»Er sagte, sein Chef Alexander Bock habe ihn geschickt. Der sei nämlich am 31. Dezember 1944 im Gebäude des Reichstags, zur Welt gekommen. Annemarie Schmidt, die Kindsmutter, habe aber in den Wirren des Krieges die Geburtsurkunde verloren ... verloren.«

»Moment«, unterbrach ihn Zink, »Annemarie Bock habe die Geburtsurkunde verloren? Hat er das gesagt?«

»Das hat er gesagt«, wiederholte Feuchtwanger, »genau das hat er gesagt. Und zwar schon bei seinem ersten Anruf. Die Frau habe die Geburtsurkunde verloren, und er wolle wissen, ob es bei uns noch irgendwelche andere Unterlagen über die Geburten in der Silvesternacht gibt.«

»Dann haben wir hier also die Kopie einer angeblich verschollenen Geburtsurkunde?« Zink hob das Blatt hoch.

»Sieht ganz so aus«, bestätigte der Schrank. »Name der Mutter stimmt, Name des Vaters stimmt, Datum stimmt, Reichstag stimmt. Das ist die Geburtsurkunde, die der Kerl angeblich nicht mehr hatte. Und als deren Ersatz er jetzt eine Kopie aus dem Geburtenbuch brauchte. Woher haben Sie das denn?«, fragte er und sah Zink forschend an.

Der Journalist erzählte, wie er an die Urkunde gekommen war und warum er sich überhaupt für die ganze Sache interessierte. Er erzählte die Geschichte vom Misstrauensvotum und dass Alexander Bock, der damals Willy Brandt im Auftrag der Stasi vor der Abwahl rettete, zugleich auch derjenige gewesen sei, der sich von einem Mitarbeiter im Bundeshaus namens Sauerborn die Stimmkarten aus der Druckerei besorgt habe.

»Sauerborn?«, unterbrach ihn Feuchtwanger. »Sagten Sie Sauerborn?«

»Ja, warum?«

»Sauerborn, das war der Name, unter dem sich der Mann bei mir vorgestellt hat ... vorgestellt hat. Heinrich Sauerborn. Er hat mir sogar seinen Personalausweis gezeigt.«

Zink staunte. Sauerborn war doch angeblich tot. Und jetzt kreuzte er hier in Dahlem auf und suchte genau dasselbe wie er? Hatte Anita ihn reingelegt?

»Wie sah er aus?«, fragte er.

»Sportlich sah er aus, mit leicht südländischem Teint, gut trainiert, braun gebrannt, graues Haar, und, wie ich schon sagte, er trug eine Sonnenbrille ... Sonnenbrille«, antwortete Feuchtwanger.

»Etwa so?«

Zink zeigte den Männern Sauerborns altes Passfoto aus dem Jahr 1970.

»Ja, so ähnlich sah er aus. Nur älter«, bestätigte der Archivar.

»Können Sie mir von dieser Seite eine Kopie ziehen?«, fragte Zink.

»Selbstverständlich!« Feuchtwanger nahm den Stick, den Zink ihm hinhielt, und schob ihn in seinen Rechner.

DIE AKTE

»Woher hast du das?«, fragte Zink. »Woher, zum Teufel, hast du das?«

Vor einer Stunde erst hatte er im Institut der Berliner Charité erfahren, dass der Spion Heinrich Sauerborn, hinter dem er her war, ganz offenkundig doch noch lebte. Und jetzt knallte ihm sein Freund Werner Stuhl ohne Vorwarnung den nächsten Hammer vor den Latz.

Zink hatte plötzlich weiche Knie und musste sich setzen.

Stuhl, einst eine der großen Schwimmsporthoffnungen der DDR, hatte seine mächtigen Arme wie einen dicken Panzer vor dem umfangreichen Leib verschränkt und lachte zufrieden.

Er hatte es tatsächlich geschafft, seinen Freund Zink mit einer alten Stasi-Akte aus der Fassung zu bringen.

»Das gibt's doch nicht«, stammelte Zink. »Das kann nicht sein! Du musst mir sofort sagen, wo du das herhast.«

Es war, das sah er mit einem Blick, das geheftete Original jenes losen Papierstapels, den Rainer Barzel damals vor seinen Augen aus einem braunen Umschlag gezogen und so schnell wieder weggeschlossen hatte, dass Zink nur die handschriftlich gekritzelte Überschrift auf dem Deckblatt hatte lesen können. »Maskenball« oder so etwas Ähnliches stand da drauf. Nun las er es genauer.

Die Überschrift lautete »OV Maskerade«.

Das Layout, das Schriftbild, alles stimmte. Sechzig bis siebzig Seiten hatte Zink damals geschätzt, es waren fünfundsechzig. Es gab keinen Zweifel: Stuhl hielt genau die Akte in der Hand, die er im Sommer 2004 als Kopie bei Barzel gesehen, aber nicht hatte lesen dürfen.

»Woher hast du das?«, wiederholte Zink. Es konnte doch kein Zufall sein, dass man seinem Freund Stuhl gerade jetzt, wo er sich nach so vielen Jahren wieder mit dem Misstrauensvotum beschäftigte, diese Akte geschickt hatte.

Und da Stuhl weiter beharrlich schwieg, erzählte er ihm, was er vor vierzehn Jahren bei Rainer Barzel in dessen Münchner Wohnung erlebt hatte.

»Ich habe es damals nicht geglaubt«, schloss Zink. »Ich dachte wirklich, Barzel spinnt. Es erschien mir einfach unvorstellbar, dass Strauß so blöd gewesen sein sollte, der CDU/CSU die Rückkehr an die Macht zu vermasseln, bloß um Barzel zu verhindern. Und nun biegst du plötzlich mit dieser Akte um die Ecke, in der die Beweise stecken müssen, dass Barzel doch recht hatte!«

Stuhl schwieg verdattert. Damit hatte er nicht gerechnet.

»Bist du sicher?«

»Ganz sicher! Und deshalb musst du mir jetzt sofort sagen, von wem du das Zeug hast.«

Stuhl beugte sich seufzend vor und entknotete seine Arme. Dies geschah jedoch nur, um eine noch entschiedenere Blockade-Haltung vorzubereiten. Jetzt nämlich stützte er die Ellenbogen auf den Tisch, an dem sie saßen, zog beide Arme mit nach oben geöffneten Handflächen weit auseinander und ließ sie hin und her pendeln. Dabei schloss er die Augen und schüttelte stumm den Kopf.

»Ich habe ihm mein Wort gegeben, ihn nicht zu verraten«, sagte er schließlich. »Und wenn ich mich daran nicht halte, bekomme ich nie mehr etwas von ihm.«

»Ich muss es aber wissen«, sagte Zink. »Wenn du es mir nicht sagst, lese ich es nicht.«

Das war eine Drohung, an die er in dem Moment zwar selbst nicht glaubte. Aber sie verfehlte ihre Wirkung nicht.

»Lies es doch wenigstens erst einmal«, flehte Stuhl. »Wenn du das gelesen hast, wirst du verstehen, was ich meine. Das ist der ultimative Hammer.«

Stuhl gehörte zu der unter Journalisten wirklich raren Sorte, die viel wissen und wenig erzählen. Bei den meisten, die Zink kannte, war es genau umgekehrt. Stuhl war nicht geschwätzig. Der Scheffel, unter den er sein Licht ständig stellte, war so groß, dass er selbst darunter verschwand. Stuhl machte keinen Wind, prahlte nicht mit seinen Beziehungen und hatte überhaupt keine Starallüren. Und dies, obwohl er allen Grund dazu gehabt hätte. Denn er kannte sich in der alten DDR besser aus als jeder zugereiste Besserwessi. Und die Neuigkeiten, die man ihm oft mühsam aus der Nase ziehen musste, stimmten eigentlich immer.

Es war ein stämmiger Bursche, der sich mit seiner Schwimmerei im Laufe der Jahrzehnte gewaltige Muskelpakete an Brust, Schultern und Oberarmen antrainiert hatte. So, wie er auf seinem Stuhl saß, die Arme aufgestützt, die Augen halb geschlossen, sah er gerade wieder aus wie ein schläfriger Buddha.

Dabei war er hellwach.

»Nun sag schon: Wo hast du das her?«

Stuhl schwieg.

Zink sah auf die Uhr. Er wartete.

Stuhl räusperte sich.

»Ein guter Bekannter«, sagte er endlich. »Einer, der es gut mit dir meint.«

»Wieso mit mir?«

»Als ich ihm sagte, warum ich für dich hinter diesem Sauerborn her bin, meinte er nur: ›Den kann er vergessen. Das Ding ist gelaufen. Da kräht kein Hahn mehr nach.‹ Stattdessen schickte er mir am nächsten Tag durch einen Boten diese Akte und ließ mir ausrichten, ich solle diese Akte dir zeigen, ich dürfe sie auch kopieren, aber ich müsse das Original auf dem gleichen Wege wieder zurückgeben, nämlich über den Boten.«

»Moment mal!«, unterbrach Zink ihn. »Was soll das heißen: Das Ding ist gelaufen? Kennt er diesen Sauerborn?«

»Sieht so aus«, antwortete Stuhl einsilbig.

»Und warum soll ich die Sache vergessen? Woher weiß er überhaupt, dass ich hinter Sauerborn her bin?«

»Versteh doch«, bat Stuhl. »Ich hab's ihm gesagt. Du hattest mich gebeten, mich nach einem Spion namens Sauerborn umzuhören. Das habe ich gemacht. Und er wollte von mir wissen, warum ausgerechnet ich mich für den Mann interessiere. Und da habe ich ihm gesagt: Nicht ich sei hinter ihm her, sondern du.«

»Und mich kannte er?«

»Dich kannte er offensichtlich. Aber das ist auch kein Wunder. Hast ja genug geschrieben in all den Jahren.«

»Ist es ein Kollege?«, insistierte Zink.

»Nein«, sagte Stuhl.

»War er früher bei der Stasi?«

»Davon kannst du ausgehen!«

»Wie gut kennst du ihn?«

»Sehr gut und sehr lange«, antwortete Stuhl. »Wir sind früher sehr häufig zusammen schwimmen gegangen, und zwar am liebsten im Wandlitzsee.«

Irgendwas stimmte da nicht, dachte Zink. Und wieder spürte er diesen Anflug von Misstrauen, als er den alten Freund vor sich sitzen sah, der schon wieder die Arme vor dem Leib verknotet und sich eingeigelt hatte.

»Und wieso hat er dir dann diese Akte geschickt?«

»Weiß ich auch nicht«, sagte Stuhl. »Er schickte diesen Boten, war wohl ein enger Mitarbeiter, und der sagte, dass ich dir das zeigen solle. Es werde dir mit Sicherheit mehr bringen als ...« Er brach den Satz ab.

»Mehr bringen als was?«, bohrte Zink.

»Als einen toten Gaul zu reiten.«

»Mit anderen Worten: Dein Informant wollte nicht, dass ich weiter nach Sauerborn suche, und hat dir etwas geschickt, um mich auf eine andere Fährte zu setzen.«

»Vielleicht!« Stuhl zog die Schultern hoch. »Für mich hörte es sich jedenfalls so an, als ob er mir ausrichten lassen wollte, dass der Mann gar nicht mehr lebt.«

Zink wurde sauer. Wieso hieß es überall, Sauerborn sei tot? Schon Anita hatte ihn mit dieser Bemerkung davon abhalten wollen, weiter nach ihrem ehemaligen Geliebten zu suchen, den er nach wie vor und jetzt erst recht für einen der größten Spione hielt, die je für die DDR gearbeitet hatten.

Und wieso behauptete nun sein Freund Stuhl, Sauerborn sei gar nicht mehr am Leben?

»Wenn Sauerborn tot ist«, grübelte Zink, »wieso bricht er dann am vergangenen Wochenende beim historischen Institut der Charité in Dahlem ein und klaut Dokumente?«

Er erzählte seinem Freund, was er im Historischen Institut der Charité erlebt hatte. Wenn das stimmte, was Feuchtwanger und Schmitt ihm erzählt hatten, dann war Sauerborn nicht tot, sondern quicklebendig.

Als Zink fertig war, zündete Stuhl sich seufzend eine Zigarette an. Er war sichtlich enttäuscht, dass Zink die Stasi-Akte, die vor ihm lag, bisher noch gar nicht richtig beachtet hatte.

»Aber nun lies doch erst mal, was hier drinsteht«, sagte er und klopfte, genauso wie damals Barzel, mit der Hand auf den Papierstapel.

Zink zögerte.

Warum um alles in der Welt hatte Stuhl ihn nach Berlin geholt? Warum wollte er oder sein Informant, dass er die Suche nach Sauerborn aufgab? War das alles nicht erst recht ein Grund, an der Sache dranzubleiben und weiterzubohren?

»Kannst du mir wenigstens sagen, woher dein Informant die Akte hat?«, fragte er etwas gereizt.

»Hat er nicht gesagt. Aber so wie es aussieht, stammt sie aus dem Ministerium für Staatssicherheit, und zwar direkt aus dem Panzerschrank von Erich Mielke.«

Das Dokument war offensichtlich, so jedenfalls stand es auf der ersten Seite in einer Fußnote, »für den Genossen Minister persönlich«, also für Erich Mielke angefertigt worden. Es war ein schmales Aktenstück, fünfundsechzig Seiten stark, gelocht und von einem Schnellhefter aus Pappe zusammengehalten. Auf dem grauen Deckblatt stand, rechts oben, ein großes »A« und daneben die lateinische Zahl »VII«. In der Mitte dann die Überschrift »OV Bonn 72«, wobei »Bonn 72« durchgestrichen und handschriftlich durch das Wort »Maskerade« ersetzt worden war.

Darunter der Stempel »STRENG GEHEIM«.

Zink hatte schon häufig im Lesesaal der Stasi-Unterlagenbehörde an der Berliner Karl-Liebknecht-Straße gesessen, um Akten zu lesen. Er kannte also das Layout und auch das Vokabular. Bislang hatte er allerdings noch nie eine komplette Geheimakte in der Hand gehabt. Geschweige denn ein Original.

Das Schriftstück war offenbar schon durch einige Hände gegangen. Es sah etwas zerfleddert und zerlesen aus. Auf einigen Seiten sah Zink Fettflecken und Eselsohren. Jemand hatte mit Tinte Bemerkungen an den Seitenrand geschrieben. Einige dieser Bemerkungen konnte Zink entziffern. Andere nicht.

»Sehr gut!«, las er. »Unglaublich!« An einigen Stellen standen Ausrufe- oder Fragezeichen. Die handschriftlichen Kommentare stammten, anscheinend, vom obersten Chef. Es war eine Akte, die Mielke persönlich gelesen und durchgearbeitet hatte.

Chefsache-Ost.

Zink atmete tief durch.

Entweder hielt er eine Fälschung in der Hand oder ein Dokument der Zeitgeschichte, und zwar eines aus dem Schattenreich der untergegangenen Stasi. Wenn sie echt war, dann war diese Hand-Akte wirklich ein toller Fund.

Falls sie echt war.

»Woher weiß ich, dass das keine Fälschung aus der Werkstatt der Stasi-Desinformationsabteilung X ist?«, fragte er stirnrunzelnd.

»Wenn das eine Fälschung ist, dann fresse ich einen Besen und die Putzfrau gleich mit.«

Wieder verknotete Stuhl die Arme vor der Brust.

»Was macht dich da so sicher?«, fragte Zink.

»Der Typ, der dafür gesorgt hat, dass ich sie bekomme!«

»Raus mit der Sprache«, sagte Zink. »Ich muss es jetzt wissen, sonst rühre ich das Zeug nicht an.«

Stuhl blickte ihn gequält an. »Also gut! Den Mann kenne ich seit über dreißig Jahren. Und der hat mich noch nie beschissen, obwohl er bei der Stasi war.«

»Einmal ist immer das erste Mal.«

»Versteh doch«, sagte Stuhl. »Ich kann dir den Namen nicht sagen, das geht einfach nicht.«

Zink dachte angestrengt nach. Warum nur hatte man Stuhl genau dieselbe Akte geschickt, deren Kopie vor vielen Jahren auch Barzel gehabt hatte? Und warum ausgerechnet jetzt, wo er, Zink, hinter dem Superspion Sauerborn her war?

Ob Anita dahintersteckte?

Er konnte sich nicht erinnern, ihr gegenüber seinen Freund Stuhl jemals erwähnt zu haben.

Stuhl erhob sich schwerfällig. Er schlurfte in die Küche und warf seine Espressomaschine an.

»Mit oder ohne Zucker?«, rief er.

»Mit«, antwortete Zink und begann, mit geübtem Blick die Akte Maskerade durchzusehen.

RÜCKVERSICHERUNG

Seit der Journalist Kurt Zink beim Kanzleramtsminister Mayer nach Heinrich Sauerborn gefragt hatte, war Bodo Simmerling nervös. Der Chef der für die Geheimdienste zuständigen Abteilung des Berliner Kanzleramts hütete seit vielen Jahren in seinem privaten Safe die geheime MfS-Akte »OV Maskerade«, die seinerzeit dazu geführt hatte, dass sich der Verfassungsschutz für den Botschafts-Mitarbeiter Heinrich Sauerborn interessierte.

Simmerling hatte das Dokument auf Weisung von ganz oben ja nicht vernichtet, sondern vorschriftswidrig zu Hause in seinem privaten Giftschrank gebunkert. Dem Verfassungsschutz hatte er lediglich die Passagen übermittelt, in denen von einer Quelle Pollux in der Botschaft die Rede war. Und die Kölner Beamten, die daraufhin gegen Sauerborn zu ermitteln begannen, hatten in ihren Unterlagen Simmerling als Quelle genannt. Sein Name stand dadurch in den Ermittlungsakten.

Und deswegen hatte er jetzt ein Problem.

Der Chef des Kanzleramtes wollte nämlich alle Unterlagen sehen, die mit dem Fall Sauerborn zu tun hatten. Und wenn er »alle« sagte, dann meinte er alle. Es würde also nicht genügen, ihm lediglich die Ermittlungsakte des Verfassungsschutzes vorzulegen. Er müsste seinem Chef auch die von ihm illegal aus dem Verkehr gezogene geheime MfS-Akte zeigen. Weitaus mehr beunruhigte ihn allerdings, dass der Journalist Zink, den er aus Bonner Zeiten kannte, sich nach Sauerborn erkundigt hatte. Ausgerechnet Zink, der immer ein gefährlicher Enthüllungsjournalist war, vor dem man sich in Acht nehmen musste.

Die MfS-Studie hatte nicht nur peinliche Pannen der von Markus Wolf geleiteten Spionageabteilung HVA aufgedeckt, sondern auch höchst anrüchige Verwicklungen prominenter Unionspolitiker in eine Intrige gegen den früheren Oppositionsführer Rainer Barzel. Es gab Belege, dass und wie sie das Misstrauensvotum von 1972 genutzt hatten, um Barzel als Kanzler zu verhindern. Ja, man konnte sogar annehmen, dass sie Barzel nur deshalb so heftig bedrängt hatten, das Misstrauensvotum zu wagen, weil sie genau wussten, dass er es verlieren würde.

Simmerling erinnerte sich an das in der Akte dokumentierte Telefongespräch zwischen dem CSU-Vorsitzenden Strauß und einem ehemaligen Abteilungsleiter des BND, aus dem dies eindeutig hervorging. Es war von der Stasi abgehört worden. Den Stasi-Lauschern war aber auch nicht entgangen, wie Helmut Kohl, damals noch Ministerpräsident von Rheinland-Pfalz und CDU-Parteivize, gegen seinen Parteichef Barzel intrigiert und diesen dazu gebracht hatte, das Handtuch zu werfen.

Genau das war der Grund, weswegen Simmerling die Akte seinerzeit aus dem Verkehr gezogen hatte. Er war ein treuer Gefolgsmann Kohls. Niemand sollte erfahren, wie der spätere Kanzler der Einheit Anfang der Siebzigerjahre seinen Rivalen Barzel ausgetrickst hatte, um Parteichef zu werden.

Nachdem die Sozialdemokraten 1998 das Kanzleramt übernommen hatten, war Simmerling in die Registratur des Bundespresseamts verbannt worden und erst unter Angela Merkel im Jahr 2005 wieder auf den alten Posten zurückgekehrt. Unter der CDU-Kanzlerin hatte er sich zügig nach oben gedient und war vor zwei Jahren Leiter seiner alten Abteilung geworden. Jetzt aber hatte ihn die Vergangenheit eingeholt. Zink hatte nach Sauerborn gefragt, und das konnte eigentlich nur heißen, dass er die geheime Stasi-Akte kannte.

Aufgeregt durchwühlte der Beamte seinen privaten Giftschrank. Erleichtert stellte er fest, dass die MfS-Studie noch da war, wo er sie abgelegt hatte. Und nach wie vor prangte mit grüner Schrift die Paraphe von Helmut Kohl auf dem Deckblatt.

Der Abteilungsleiter beschloss, kein Risiko einzugehen. Sein Chef hatte ihn informiert, dass Zink ihn demnächst in Berlin aufsuchen werde. Deshalb brauche er die Akte Sauerborn und alle damit zusammenhängenden Unterlagen. Außerdem solle Simmerling sich den Termin freihalten, an der Unterredung mit Zink teilnehmen und ihm, dem Minister, einen Vorschlag machen, wie das Gespräch zu führen sei.

Er wird die Akten bekommen, dachte Simmerling. Und zwar nicht nur die über Sauerborn, sondern auch das viel brisantere Dossier »OV Maskerade«. Er hatte das explosive Dokument bereits unauffällig in sein Büro zurückgebracht.

Nun beauftragte er einen Mitarbeiter, ihm aus dem Archiv auch die dort abgelegt »Akte Sauerborn« zu besorgen.

Als er den Hängeordner auf seinem Schreibtisch hatte, wies er sein Vorzimmer an, ihn in der nächsten halben Stunde nicht zu stören. Dann schloss er die Tür und holte sich den Fall Sauerborn in sein Gedächtnis zurück.

Er las zuerst, was die Fahnder am Ende ihrer Ermittlungen als zusammenfassende Bewertung zu Papier gebracht hatten: Sauerborn sei ein dicker Fisch gewesen. Dies allerdings habe sich erst nach seinem plötzlichen Ableben im Februar 1992 herausgestellt, als man seine Wohnung durchsucht und dabei Unterlagen gefunden habe, die zweifelsfrei belegen, dass er sich schon im April 1972 zur kontinuierlichen Mitarbeit für das Ministerium für Staatssicherheit verpflichtet hatte. Er habe in den sechzehn Jahren, die er in der Ständigen Vertretung in Ostberlin arbeitete, vermutlich wesentlich mehr verraten als der Kanzler-Spion Günter Guillaume und damit der Bundesrepublik Deutschland in einem weitaus größeren Maße geschadet. Sein Fall sei auch schwerwiegender als der des Top-Spions Rainer Rupp, der unter dem Decknamen »Topas« jahrelang das NATO-Hauptquartier in Brüssel ausspioniert hatte. Denn Sauerborn, der unter dem Decknamen »Pollux« arbeitete, habe von 1974 bis 1990 umfassenden Zugang zu allen geheimen und streng geheimen Dokumenten gehabt, die der Bonner Vertretung vom Bundeskanzleramt oder vom Ministerium für innerdeutsche Beziehungen übermittelt worden waren.

Ausführlich hatten die Fahnder geschildert, wie sie dem Spion auf die Schliche gekommen waren: Den Hinweis, dass er mit der Quelle »Pollux« gemeint sein könnte, habe man den Passagen einer Stasi-Akte entnommen, die der Kanzleramtssachbearbeiter Bodo Simmerling kopiert und den Ermittlungsbehörden zugeleitet habe. Die Akte selbst, aus der diese Passagen stammten, sei den Ermittlungsbehörden jedoch nicht vollständig zugänglich gemacht worden. Sie sei, wie Simmerling auf mündliche Nachfrage mitgeteilt habe, auf Weisung des Bundeskanzlers als streng geheime, vertrauliche Verschlusssache eingestuft und damit dem Zugriff der Ermittler entzogen worden.

Allerdings habe es bereits zuvor Hinweise gegeben, dass Sauerborn möglicherweise vom DDR-Rechtsanwalt Wolfgang Vogel abgeschöpft worden sein könnte, zu dem er von Amts wegen enge Kontakte unterhielt.

Ein früherer DDR-Bürger aus Berlin Mitte, der 1988 in die StäV geflohen und dort von Sauerborn verhört worden war, habe den Sicherheitsbehörden leider erst Jahre später mitgeteilt, dass er damals wohl einen Fehler gemacht habe. Er habe dem Herrn Sauerborn nämlich die Namen einiger Freunde genannt, die ebenfalls auf gepackten Koffern saßen. Nach dieser Unterhaltung seien diese Freunde und Bekannten von der Stasi verhaftet und wegen versuchter Republikflucht zu Gefängnisstrafen verurteilt worden.

Man habe allerdings erst nach dem Hinweis aus dem Kanzleramt damit begonnen, Sauerborn gezielt zu überwachen. Dabei seien Zweifel aufgetaucht, ob seine Kontakte zu Vogel und anderen DDR-Vertretern wirklich nur dienstlich begründet waren. Bevor man ihn dazu befragen konnte, sei er aber im Februar 1992 unter merkwürdigen Umständen aus dem Leben geschieden. Seine Lebensgefährtin Anita Bauer habe behauptet, er sei ganz plötzlich ohne irgendeinen Anlass tot im Flur ihrer Wohnung in der Mommsenstraße zusammengebrochen.

Dann fand Simmerling etwas, was er bisher noch nicht wusste: Wenige Tage nach Sauerborns Tod habe ein anonymer Anrufer mit einem leicht sächsischen Akzent gegenüber einem Beamten des Bundeskriminalamts namens Pütz den Verdacht geäußert, Sauerborn sei durch eine Giftspritze zu Tode gekommen. Dieser Verdacht sei aber, trotz intensiver Untersuchung der Leiche, nie bewiesen worden. Auch die intensive Befragung der Lebensgefährtin habe diesbezüglich nichts erbracht.

Sauerborns Leiche sei daraufhin von den Behörden freigegeben und eingeäschert worden. Die Urne sei in Bonn auf dem Poppelsdorfer Friedhof beigesetzt worden.

In der Anlage fand Simmerling ein paar Zeitungsartikel. Der Tod des Treuhand-Beamten hatte besonders im Osten Wellen geschlagen. Denn Sauerborn hatte sich kurz vor seinem Tod in einem Steglitzer Saunapuff mit zwei Prostituierten vergnügt, was natürlich hämische Kommentare in den Medien ausgelöst hatte. Aber nirgendwo war kolportiert worden, dass es sich bei ihm um einen DDR-Spion gehandelt haben könnte oder dass Mord im Spiel gewesen sei.

Simmerling schloss die Akte und schrieb seinem Minister eine Hausmitteilung. Er wusste jetzt, dass das Gespräch mit Zink nicht einfach werden würde. Aber er hatte eine Idee, wie man den alten Fuchs abwimmeln, auf welche Fährte man ihn locken könne:

Sollte Herr Zink tatsächlich nicht nur nach Sauerborn, sondern auch nach dem Vorgang »Maskerade« fragen, schlage ich vor, ihn darauf hinzuweisen, dass es sich hierbei vermutlich um eine typische Desinformation seitens des MfS handelt. Das Wortprotokoll des Telefongesprächs, das FJS (also vermutlich Franz Josef Strauß) im Mai 1973 mit einem Dr. H. (gemeint ist wahrscheinlich der ehemalige BND-Abteilungsleiter Dr. Hausmann) geführt haben soll, kann gefälscht sein. Wie das MfS

mit solchen Protokollen umging, haben die beiden ehemaligen Stasi-Offiziere Günter Bohnsack und Herbert Brehmer eindrucksvoll in ihrem Buch »Auftrag Irreführung« beschrieben, das ich Ihnen gern besorgen kann und zur Lektüre empfehle. Man könnte, um Zink abzulenken, dessen Interesse aber auch auf den nie restlos geklärten Verdacht lenken, dass Heinrich Sauerborn im Februar 1992 keines natürlichen Todes gestorben ist. Anhaltspunkte dafür finden sich in der Akte Sauerborn (Obduktionsbericht der Gerichtsmedizin vom 10. und Abschlussbericht des BKA vom 14. März 1992).
Gez. Simmerling

Zufrieden betrachtete der Abteilungsleiter sein Werk. Der Vermerk war seine Rückversicherung. Niemand würde jemals erfahren, dass das geheime MfS-Dossier »Maskerade« so viele Jahre lang im privaten Safe des Kanzleramtsmitarbeiters Bodo Simmerling geschlummert hatte.

Er würde an der Unterhaltung mit dem Journalisten Zink teilnehmen und darauf achten, dass sein Chef dem alten Schnüffler nicht allzu viele Details verriet.

Simmerling wies sein Sekretariat an, die beiden Akten so zu verpacken, dass kein Unbefugter sie lesen könne, und ließ sie dann per Boten direkt in das Büro des Chefs bringen. Anschließend holte er Hut und Mantel aus seinem Kleiderschrank und verließ gut gelaunt das Berliner Kanzleramt. Er sah dem Gespräch mit Zink außerordentlich gelassen entgegen.

SPINNE IM NETZ

Die MfS-Analyse der Steiner-Wienand-Affäre umfasste fünfundsechzig Seiten. Sie war im Stil einer wissenschaftlichen Arbeit verfasst und mit vielen Fußnoten versehen worden, die auf Originaldokumente und Quellen im hinteren Teil verwiesen.

Zink hatte schon einige MfS-Berichte studiert. Fast immer hatten die Stasi-Auswerter ihre Weisheiten aus Zeitungsartikeln westdeutscher Medien gewonnen.

Auch jetzt stieß er beim Durchblättern des umfangreichen Anhangs auf die Kopien einiger Artikel und Kommentare, die im Sommer 1973 zum Thema Steiner/Wienand erschienen waren, darunter auch einige, die er selbst verfasst hatte.

Er musste lachen.

Er erinnerte sich an einen Ausspruch des früheren Bundeskanzlers Helmut Schmidt. »Weißt du, was Helmut Schmidt einmal über die täglichen Lageberichte des BND gesagt hat?«, rief er in Richtung Küche, wo Stuhl an der Kaffeemaschine hantierte. »Schmidt sagte, ihm genüge das Studium der Neuen Zürcher Zeitung. Das meiste, was die BND-Analytiker streng geheim nach Bonn meldeten, könne man dort auch lesen, nur ohne Geheimstempel.« Zink lachte grimmig, weil er Schmidts Einschätzung teilte.

Er war es gewohnt, längere wissenschaftliche Analysen von hinten zu lesen und dort zu beginnen, wo ein Fazit gezogen wurde. Also begann er mit der Zusammenfassung, die auf Seite vierundvierzig begann.

Was er las, enttäuschte ihn. Es war das übliche realsozialistische Gesülze aus dem Lehrbuch des Marxismus-Leninismus. Reaktionäre Kreise in der BRD hätten versucht, die von der Deutschen Demokratischen Republik unter Führung der ruhmreichen Sowjetunion betriebene Politik der Entspannung und der Völkerverständigung zu diskreditieren. Dieser Versuch sei zum Scheitern verurteilt. Die von der Brandt-Regierung unterstützte Politik sei in der Bevölkerung der BRD auf breite Zustimmung gestoßen. Selbst das Großkapital habe erkannt, welche Chancen die Erschließung neuer Märkte im Osten bot ... So ging es über mehrere Seiten.

Zink begann schon daran zu zweifeln, ob dies wirklich das brisante Schriftstück war, das Barzel ihn nicht hatte lesen lassen. Er kannte das Vokabular zur Genüge und klappte die Akte zu.

»Wenn das alles ist«, sagte er, als Stuhl mit zwei gefüllten Espresso-Tassen aus der Küche kam, »wenn das wieder nur die Wiederholung der bekannten DDR-Floskeln und eine Auswertung westlicher Presseartikel ist, dann hätte ich mir die Reise sparen können. Gut und schön, es ist eine Originalakte des MfS, gelesen und handschriftlich kommentiert von Erich Mielke persönlich, ein wertvolles Stück fürs Museum, aber mehr auch nicht.«

»Da muss ich dir ausnahmsweise widersprechen«, sagte Stuhl. Er nahm Zink die Akte aus der Hand. »Hier, lies das.« Er zeigte ihm die letzte Seite der Zusammenfassung. Und was dort stand, unterschied sich von dem vorherigen Wortgeklingel:

Das Scheitern des Misstrauensvotums lag also auch im Interesse des CSU-Vorsitzenden Franz Josef Strauß. Er hat es benutzt, um seinen Rivalen Rainer Barzel als Kanzler zu verhindern. Er selbst hat, wie er einer von uns abgeschöpften Quelle anvertraute, Barzel die Stimme versagt, indem er eine weiße Stimmkarte einwarf.

Die beiden anderen als Enthaltungen gewerteten Stimmkarten, die wie zwei Nein-Stimmen zu Buche schlugen, kamen vom CSU-Fraktionsgeschäftsführer Leo Wagner, einem engen Gefolgsmann von Strauß und von dem baden-württembergischen CDU-Abgeordneten Julius Steiner. Strauß wusste, dass Wagner wegen seiner ständigen Ausflüge ins Bonner und Kölner Rotlichtmilieu in Geldnöten und erpressbar war. Beides war

auch uns durch einen Gewährsmann aus dem Umfeld Wagners signalisiert worden.
Steiner, ein langjähriger BND-Agent, wurde von seinem früheren Führungsoffizier Dr. Hausmann angewiesen, sich vom MfS anwerben und für seine Stimmenthaltung bezahlen zu lassen. Sowohl Steiner als auch Wagner handelten im Auftrag und mit Wissen des CSU-Vorsitzenden (siehe Seite sechsunddreißig im Anhang dieser Dokumentation).
Fazit: Die Korruptionsaffäre Steiner/Wienand, die ein Jahr später gezielt publik gemacht wurde, war ein von westdeutschen Geheimdienstagenten langfristig geplantes Ablenkungsmanöver, um der Regierungspartei SPD zu schaden und um zu verschleiern, was wirklich am 27. April 1972 passiert ist. Die Hauptverwaltung Aufklärung (HVA) hat zwar erfolgreich den Versuch der Reaktion abgewehrt, die Friedens- und Entspannungspolitik der DDR zu stören. Dabei hat das MfS mit harten Devisen allerdings eine westdeutsche Parteiintrige finanziert, die möglicherweise auch ohne Bezahlung funktioniert hätte. Wir raten deshalb dringend davon ab, das Ergebnis dieser Untersuchung publik zu machen. Es muss im Interesse des MfS unbedingt geheim gehalten werden. Dies dürfte im Übrigen auch im Interesse aller im Bonner Parlament vertretenen westdeutschen Parteien sein.

»Donnerwetter!«, sagte Zink. »Genau das hat Barzel gemeint. Aber wo sind die Beweise?«

»Seite sechsunddreißig im Anhang«, sagte Stuhl.

Zink blätterte, bis er das Dokument fand – und als er es sah, hatte er ein Déjà-vu-Erlebnis der besonderen Art. Das auf Seite sechsunddreißig abgedruckte Protokoll eines abgehörten Telefongesprächs sah genauso aus wie das Ding, das ihm im Dezember 1977 anonym mit der Post geschickt worden war, als er noch beim Blatt arbeitete.

Damals handelte es sich um ein Telefongespräch, das Strauß im Herbst 1976 mit dem Chefredakteur des Bayernkurier, Wilfried Scharnagl, geführt hatte. Sie hatten besprochen, wie man bestimmten Journalisten, die im gerade zurückliegenden Bundestagswahlkampf allzu intensiv nach Akten des Lockheed-Konzerns gesucht hatten, das Maul stopfen könne, wie Strauß es bayerisch-derb ausgedrückt hatte. Das Gespräch war vom Autotelefon des CSU-Chefs geführt, von der Stasi abgehört und das Wortprotokoll Zink anonym zugeschickt worden.

In dem Gespräch, dessen Abschrift er jetzt vor sich hatte, ging es nicht um Akten des Lockheed-Konzerns. Es war im Mai 1973 geführt worden und drehte sich um das Misstrauensvotum gegen Willy Brandt ein Jahr zuvor. Das Namenskürzel für den CSU-Vorsitzenden war geblieben: »FJS«. Aber statt mit Wilfried Scharnagl, abgekürzt »W. Sch.«, hatte er diesmal mit einem »Dr. H.« gesprochen.

Es war nicht schwer zu erraten, dass es sich bei dem Teilnehmer am anderen Ende der Leitung nur um Dr. Hausmann gehandelt haben konnte, den ehemaligen Führungsoffizier von Julius Steiner. Auch war das Gespräch, was die ersten Sätze vermuten ließen, offenbar ebenfalls über das Autotelefon des CSU-Vorsitzenden geführt worden:

FJS: Ich bin da wohl gerade in ein Funkloch geraten. Wo waren wir stehen geblieben?
Dr. H.: Bei dem Steiner.
FJS: Kenne ich nicht.
Dr. H.: Julius Steiner. Sie werden ihn kennenlernen. Er kommt aus Biberach, gehört zur CDU, ist aber einer von uns.
FJS: Was heißt einer von uns?
Dr. H.: Er war beim BND.
FJS: Verstehe. Was ist mit ihm?
Dr. H.: Ich habe ihn viele Jahre beim BND geführt. Er arbeitet auch für Köln. Zuverlässiger Mann.
FJS: Und warum soll ausgerechnet ich den jetzt kennen?
Dr. H.: Erinnern Sie sich an den 27. April voriges Jahr?

FJS: Misstrauensvotum?
Dr. H.: Ja. Wir beide haben uns ein paar Tage vor der Abstimmung getroffen. Sie sagten: Der Barzel glaubt, er hat mich im Sack. Aber er wird sich wundern. Der Mann darf niemals Kanzler werden. Ich allein schaffe das nicht. Einen aus unseren Reihen habe ich bereits überzeugt, dass es besser ist, Barzel nicht zu wählen. Ich brauch aber noch mindestens einen weiteren, der gegen ihn stimmt.
FJS: Ja und?
Dr. H.: Ich habe Ihnen damals zugesagt, dass ich Ihnen diesen einen weiteren liefern werde.
FJS: Ach ja?
Dr. H.: Es hat ja auch funktioniert.
FJS: Und warum erzählen Sie mir das jetzt alles?
Dr. H.: Es liegt mir fern, Sie mit Details zu behelligen, Herr Dr. Strauß. Aber ich fühle mich verpflichtet, Sie darauf vorzubereiten, dass eben dieser Julius Steiner demnächst mit seiner Geschichte an die Öffentlichkeit gehen wird.
FJS: Mit welcher Geschichte, verdammt noch mal. Machen Sie es nicht so spannend.
Dr. H.: Mit der Geschichte, dass er sich mit fünfzigtausend D-Mark von der SPD hat bestechen lassen, damit er Barzel nicht wählt.
FJS: Da schau her. Und? Stimmt das denn?
Dr. H.: Na ja, ganz so stimmt es nicht.
FJS: Wieso sollte er dann so saublöd sein, so etwas von sich aus zu behaupten?
Dr. H.: Weil wir ihn in der Hand haben.
FJS: Wieso in der Hand?
Dr. H.: Ich wusste, dass er aus dem Osten bezahlt wird, ich selbst hatte ihn beauftragt, Kontakt mit Ostberlin aufzunehmen. Die haben ihm fünfzigtausend gegeben, und ich habe ihn damals angewiesen, genau diesen Betrag einen Tag nach dem Misstrauensvotum in bar bei der Deutschen Bank im Bon-

ner Tulpenfeld einzuzahlen. Den Einzahlungsbeleg haben wir. Außerdem wissen wir, dass er sich tatsächlich mehrmals mit Karl Wienand getroffen hat. Er hat es mir selbst erzählt.
FJS: Ach ja.
Dr. H.: Außerdem weiß ich aus guter Quelle, dass der Chef des Kanzleramts ...«
FJS: Der Ehmke?
Dr. H.: Genau, Horst Ehmke. Wir wissen, dass er zwei Tage vor dem Misstrauensvotum genau diese Summe, nämlich fünfzigtausend D-Mark, in bar von der Bundeshauptkasse hat abheben lassen.
FJS: Hochinteressant!
Dr. H.: Und wir finden, es ist jetzt genau der richtige Zeitpunkt, wo Barzel weg ist und Kohl sich gerade auf den Weg nach Bonn macht, die Sache publik zu machen. Das ist doch auch in Ihrem Sinne.
FJS: Mich lassen S' da, bitt' schön, ganz raus, Hausmann. Ich weiß von gar nichts. Ich habe mit der Sache nichts zu tun. Im wahrsten Sinne des Wortes nichts zu tun. Ist das klar?
Dr. H.: Aber Herr Dr. Strauß ...
FJS: Ob das klar ist?
Dr. H.: Jawohl, Herr Dr. Strauß. Wir haben nie darüber gesprochen.

»Unglaublich!«, stand am Seitenrand. »Und dafür haben wir auch noch gezahlt!«

Das also war's, dachte Zink. Das hat Barzel gemeint.

Nicht Markus Wolf oder Alexander Bock hatten beim Misstrauensvotum Regie geführt, sondern Strauß und ein ehemaliger Abteilungsleiter des Pullacher Geheimdienstes, Dr. Hausmann, genannt der »Doktor«.

»Ich habe ihn erlebt«, berichtete Zink, »ich war dabei, als sie diesen Dr. Hausmann im Sommer 1973 im Untersuchungsausschuss zur Affäre Steiner-Wienand vernommen haben. Und zwar ohne nennenswerte Ergebnisse.«

»Und du meinst, er war das Gehirn?«

»Absolut! Er war die Spinne im Netz. Wenn dieses Telefongespräch wirklich so stattgefunden hat und das Wortprotokoll keine Fälschung ist, dann hat der Doktor die ganze Affäre von Anfang bis Ende durchgeplant – wie ein Schachspieler, der seine Züge vorauskalkuliert.«

»Ganz so blöd waren die Schlapphüte also doch nicht?«, bemerkte Stuhl.

»Ja, offenbar«, gestand Zink. »Was den Doktor betrifft, habe ich mich jedenfalls geirrt. À la bonne heure! Der Mann hat, aus seiner Sicht, hervorragende Arbeit geleistet, und er hat Markus Wolf und das MfS an der Nase herumgeführt.«

»Deshalb steht ja auch hier, dass das Ergebnis dieser Studie auf keinen Fall veröffentlicht werden dürfe«, sagte Stuhl.

»Klar, weil dann die Blamage des MfS und der HVA publik geworden wäre«, bestätigte Zink.

Gemeinsam gingen sie das Wortprotokoll noch einmal durch.

»Hier siehst du, wie der Doktor die Affäre plante«, erläuterte Zink. »Er wusste schon 1972 irgendwoher, dass Ehmke zwei Tage vor dem Misstrauensvotum fünfzig Tausender von der Bundeshauptkasse hatte abheben und bar ins Kanzleramt holen lassen. Deshalb hat er seinen ehemaligen Agenten Steiner angewiesen, genau diese Summe, nämlich fünfzig Riesen, am Tag nach dem Misstrauensvotum bei der Bank im Bonner Regierungsviertel einzuzahlen. Daraus bastelte er dann eine Indizienkette: fünfzig Riesen für das Kanzleramt abgehoben, fünfzig Riesen von Steiner eingezahlt.«

»Und Steiner musste dann nur noch behaupten, er habe das Geld von Karl Wienand bekommen. Ziemlich genial«, staunte Stuhl.

»Ich habe mich immer gefragt, warum Steiner erst ein Jahr nach dem Misstrauensvotum und nicht schon vor der Bundestagswahl im Herbst 1972 mit seinen Bekenntnissen an die

Öffentlichkeit gegangen ist«, bekannte Zink. »Jetzt ist mir der Zusammenhang klar. Hier steht es.«

Er deutete auf die Passage im Wortprotokoll und las vor: »*Und wir finden, es ist jetzt genau der richtige Zeitpunkt, wo Barzel weg ist und Kohl sich gerade auf den Weg nach Bonn macht, die Sache publik zu machen.*«

Und da Stuhl ihn jetzt fragend anschaute, weil er die Ereignisse von damals nicht so präsent hatte, erzählte ihm Zink, was damals in Bonn abgelaufen war.

»Die Affäre kam Ende Mai 1973 hoch. Zwei Wochen zuvor war Barzel als Fraktions- und auch als Parteivorsitzender zurückgetreten, und sein Vize Helmut Kohl sollte zwei Wochen später zum Parteivorsitzenden gewählt werden.«

»Warum ist Barzel zurückgetreten?«, fragte Stuhl.

»Er trat am 8. Mai 1973 zurück, weil seine Fraktion mit hunderteins zu dreiundneunzig Stimmen seinen Vorschlag abgelehnt hatte, damit einverstanden zu sein, dass die Bundesrepublik Deutschland und die DDR gleichzeitig Mitglied der Vereinten Nationen werden.«

»Wegen so einer Lappalie?«, fragte Stuhl erstaunt.

»Das war aus Sicht der Hardliner in der Union, also aus Sicht von Leuten wie Strauß, Dregger oder Filbinger, eben keine Lappalie. Sie fanden die Vorstellung unerträglich, dass die kommunistischen Schmuddelkinder aus der Zone am gleichen Tag und ausgestattet mit den gleichen Rechten und Pflichten wie die westdeutsche BRD in das UN-Gebäude am Hudson River einziehen sollten.«

»Aber so war es doch, wenn ich mich recht entsinne, im Grundlagenvertrag mit der DDR ausgehandelt und vereinbart worden«, sagte Stuhl.

»Und durch ein eindrucksvolles Wählervotum bestätigt«, ergänzte Zink. »Wegen der Ostverträge hatte Willy Brandt im November 1972 haushoch die Wahl gewonnen und die CDU/CSU wegen ihres Widerstandes gegen die Verträge eine krachende Niederlage eingefahren. Und nun versuchte Barzel ganz vorsichtig, Konsequenzen daraus zu ziehen und seine Fraktion zu überreden, die durch die Verträge und die Wahlen geschaffenen Realitäten anzuerkennen.«

»Also war Barzel gescheitert, weil er die Opposition auf einen gemäßigten Kurs bugsieren wollte?«

»Genau so war es«, sagte Zink. »Sie haben ein Exempel an ihm statuiert. Aus Sicht von Strauß und Konsorten war er ein Weichei. Und so wie ihm würde es jedem Vorsitzenden der CDU ergehen, der ohne den Segen des CSU-Fürsten Strauß glaubte, sich in der Außen- und Deutschlandpolitik mit der Regierung arrangieren und einen weichen Oppositionskurs fahren zu können. Barzels Sturz war also auch ein Warnsignal an seinen designierten Nachfolger Kohl, den Strauß ebenfalls für ein Weichei hielt.«

»Das leuchtet ein.«

»Deshalb ließ der Doktor genau in dieser Phase des Übergangs seine von langer Hand geplante Affäre platzen«, fuhr Zink fort. »Sie explodierte wie eine Stinkbombe. Die Leute hielten sich die Nase zu und waren entsetzt. Brandt, der überall in der Welt geachtete Friedensnobelpreisträger, sollte nur durch Korruption im Amt gehalten worden sein? Die SPD, angeblich die Partei der kleinen Leute, ihre Macht erkauft haben? Es war der dreiste Versuch, der Abstimmung vom 27. April, aber auch dem Ergebnis der Bundestagswahl im November 1972 im Nachhinein die Legitimation abzusprechen und das Wählervotum vergessen zu machen. Wenn alles mit rechten Dingen zugegangen wäre, so die vergiftete Botschaft, dann wäre die Union heute an der Regierung. Und es gab nicht wenige in der CDU/CSU, aber auch in den Zeitungs- und Fernsehredaktionen der Bonner Republik, die auf diese Propaganda hereinfielen.« Er reichte Stuhl seine leere Tasse und bat um einen neuen Espresso.

»Eins verstehe ich trotzdem nicht«, sagte Stuhl, als er aus der Küche zurückkam. »Wenn der Doktor doch ein so glühender

Anhänger der CDU/CSU war, warum hat er dann mitgeholfen, ihr die Tür zum Kanzleramt vor der Nase zuzuschlagen? Warum hat Strauß Barzel scheitern lassen? Er hätte doch mitregieren können, wenn die Opposition das Misstrauensvotum gewonnen hätte.«

»Richtig!«, sagte Zink. »Aber dann wäre Barzel Kanzler geworden und es vielleicht viele Jahre geblieben, und das hätte Strauß nicht ertragen. Er musste ihn als Kanzler unbedingt verhindern, weil er selbst Kanzler werden wollte. Deshalb hat er später auch den Kanzlerkandidaten Kohl zu verhindern versucht. Es ging ihm dabei nie um Deutschland. Es ging ihm immer nur um Franz Josef Strauß. Und an den Ostverträgen störte ihn nur, dass nicht er sie als Kanzler unterschreiben konnte.«

»Nicht schlecht«, sagte Stuhl. »Der Doktor hat, wenn er das wirklich alles von Anfang bis zum Ende durchdacht und geplant hat, beim Misstrauensvotum drei Fliegen mit einer Klappe geschlagen: Barzel wurde als Kanzler verhindert, die Zeche für den Verrat zahlte der Osten, und der SPD konnte man eine Korruptionsaffäre andichten.«

»Das Problem ist nur: Woher wissen wir, ob das Wortprotokoll wirklich echt ist?«, gab Zink zu bedenken.

»Warum sollte es gefälscht worden sein?«

»Gute Frage! Aber die kann dir eigentlich nur derjenige beantworten, von dem du sie hast.«

Stuhl nickte. »Ich werde es versuchen!«, versprach er. »Aber eines musst du doch einfach mal zugeben: Was dieser Intimus damals nach Ostberlin geschickt hat, das konntest du so weder in der Neuen Zürcher Zeitung nachlesen noch sonst in irgendeinem westdeutschen Medium, nicht einmal im Blatt oder im SPIEGEL.«

»Aber sag mir: Wer ist eigentlich dieser Intimus?«, fragte Zink. Er hatte die Akte noch nicht gründlich genug studiert.

Und Stuhl erklärte ihm, dass Intimus der Stasi-Spion war, der damals in Bonn ganz nah dran und dem es offenbar gelungen war, sich in den geheimen Freundeskreis eines rechtsradikalen Bonner Waffenhändlers einzuschleichen. Der Waffenhändler hieß Gerhard Martini und war, wie Stuhl jetzt aus der Akte vorlas, ›»ein bekennender Alt-Nazi und früherer SS-Offizier, der enge Kontakte zum BND und zur CIA unterhielt. Im September 1973 war er, nach uns vorliegenden Informationen, an der Finanzierung des Militär-Putsches in Chile beteiligt.‹«

»Diesen Martini kannte ich«, unterbrach ihn Zink. »Das war wirklich ein schlimmer Finger mit tiefbrauner Vergangenheit. Ein fanatischer Kommunisten- und Sozi-Hasser. Auf seinem Gutshof im Siebengebirge wurde damals die publizistische Begleitmusik zur Affäre Steiner/Wienand komponiert.«

»Stimmt«, bestätigte Stuhl. »Und genau das kannst du alles im Detail hier nachlesen. Dieser Intimus saß nämlich mitten unter den Komponisten dieser Begleitmusik. Und er war gleichzeitig auch einer der Akteure. Er hat, ebenfalls im Auftrag des Doktors, dafür gesorgt, dass Steiner im Mai 1973 zum SPIEGEL rannte und sich als der CDU-Mann outete, der 1972 nicht für Barzel gestimmt hat.«

Zink horchte auf. »Woher weißt du das?«

»Es steht alles haarklein hier in der Akte.«

»Intimus schreibt, er habe Steiner zum SPIEGEL geschleppt?«

»Nein«, präzisierte Stuhl, »alle glaubten, dass er es war, der ihn zum SPIEGEL geschleppt hat, und er selbst hat sogar damit geprahlt, um den Doktor und den BND aus der Sache herauszuhalten. Tatsächlich aber war es wohl so, dass Steiner ohne sein Zutun dorthin gerannt ist und Intimus deswegen später Probleme mit Ostberlin bekam.«

»Dann weiß ich, wer Intimus ist«, sagte Zink. »Der Typ hieß Konrad Köhler und ließ sich von allen KK nennen.«

Er erzählte seinem Freund, wie er den ZDF-Moderator Rehberg und besagten KK am Tag des Misstrauensvotums nebeneinander auf der Pressetribüne im Bundeshaus hatte sitzen sehen und wie Rehberg dem gerade wiedergewählten Brandt mit drohend gereckter Faust zugerufen hatte: »Wir kriegen dich noch!«

Später stand dann im SPIEGEL, KK habe seinen Freund Steiner überredet, mit seiner Geschichte an die Öffentlichkeit zu gehen.

Nie im Leben wäre Zink auf die Idee gekommen, dass Köhler, den alle für einen Rechtsradikalen hielten, für die Stasi arbeitete. »Wenn KK die Stasi-Quelle Intimus war«, sagte er, »dann wäre das wirklich ein tolldreistes Ding. Dann hätte die Stasi damals tatsächlich einen Top-Spion in einen der reaktionärsten Bonner Oppositionszirkel eingeschleust.«

»Es war aber so!«

»Dann verstehe ich aber nicht, warum dieser Stasi-Spitzel, obwohl er doch ganz dicht dran war, nicht bemerkt haben soll, dass sein Freund Julius Steiner im Auftrag von Strauß und Konsorten unterwegs war«, antwortete Zink.

»Vielleicht hat er es ja gemerkt«, sagte Stuhl.

»Du meinst, er hat es gemerkt und zugeschaut, wie das MfS dem BND auf den Leim gegangen ist?«, fragte Zink.

»Warum nicht?«, konterte Stuhl. »Auch im MfS gab es Intrigen, und das nicht zu knapp. Mielke hasste Wolf, und der verachtete Mielke, weil der zwar Minister, aber er der eigentliche Kopf des MfS war. Du könntest auch fragen: Warum hat Mielke die Akte Maskerade in Auftrag gegeben? Bestimmt nicht, um das Loblied auf Markus Wolf zu singen.«

»Vielleicht war Intimus alias Köhler, genannt KK, sogar sein Informant?«

»Durchaus möglich«, antwortete Stuhl und zündete sich eine Zigarette an. »Was da steht, liest sich wie ein Dossier, das jemand anfertigen ließ, der etwas gegen Wolf in der Hand haben wollte.«

»Eines dürfte jedenfalls klar sein«, erwiderte Zink. »Solange ich nicht weiß, von wem du die Akte hast, kann ich, können wir kein Wort davon verwerten.«

PUFF - PAFF - TOT

Am Montagnachmittag, pünktlich um zehn vor vier, meldete Zink sich am Haupteingang des Kanzleramtes. Man war auf ihn vorbereitet, trotzdem musste er die übliche Prozedur über sich ergehen lassen, ehe er eingelassen wurde. Eine Frau Wagner aus dem Vorzimmer des Kanzleramts-Chefs brachte ihn in den siebten Stock.

Zink war gespannt, was sie ihm erzählen würden. Er hatte die Akte Maskerade dabei, war sich aber noch nicht sicher, ob er sie vorzeigen würde.

Der Minister empfing ihn in seinem Arbeitszimmer in der Nordostecke des Kanzleramts. Er stellte Zink dem für die Geheimdienste zuständigen Abteilungsleiter des Amtes vor, einem Herrn Simmerling, der, wie Zink fand, aussah, als ob er in Wahrheit Kümmerling hieße.

Sie nahmen in den schwarzen Bauhaus-Ledersesseln vor dem Fenster Platz. Zink konnte direkt auf den Reichstag sehen. Es gab Kaffee, Säfte und Kekse. Der Minister kam gleich zur Sache.

Ein Heinrich Sauerborn habe in der Tat von 1974 bis zur Auflösung der Ständigen Vertretung im Jahr 1990 gearbeitet. Er sei mit dem ersten Ständigen Vertreter, Günter Gaus, nach Ostberlin gegangen und habe schnell Karriere gemacht. Er habe allen Nachfolgern von Bölling bis Bräutigam gedient, und alle hätten ihn als fleißig, zuverlässig und verschwiegen bewertet.

Besonders Bräutigam habe ihn sehr geschätzt und mit verschiedenen Aufgaben betraut. Gerade in den letzten Jahren der DDR sei Sauerborn der Kontakt- und Verbindungsmann zum Ostberliner Rechtsanwalt Wolfgang Vogel gewesen.

»Es war die Zeit«, erläuterte der Minister, »als immer wieder DDR-Bürger in die Bonner Botschaft flohen, um in die Bundesrepublik ausreisen zu können.«

Er schwieg und wartete darauf, dass Zink sich dazu äußerte. Aber der Journalist sagte nichts.

Er malte sich lediglich aus, welchen Schaden Heinrich Sauerborn in dieser Zeit angerichtet haben könnte, wenn er alles, was er erfuhr, an die Stasi weitergab.

»Was heißt das: Er war der Kontaktmann zum Rechtsanwalt Vogel?«, fragte Zink nun.

»Das heißt«, mischte Simmerling sich ein, »dass er mit jedem DDR-Bürger, der es in die Botschaft, also in die Ständige Vertretung, geschafft hatte, ausführlich geredet und von ihm auch erfahren hat, wer noch in der DDR auf gepackten Koffern saß, um bei nächster Gelegenheit in die Vertretung zu fliehen. Auch wurden auf diese Weise die Namen von Personen genannt, die bei der Flucht geholfen hatten.«

»Und?«, fragte Zink. »Gab es irgendwelche Hinweise, dass Heinrich Sauerborn damals der Stasi Informationen über solche Ausreisewillige oder Fluchthelfer geliefert hat?«

»Nicht vor dem Mauerfall«, antwortete der Minister vieldeutig.

»Was soll das heißen?«

»Vor dem Mauerfall gab es eine Menge Indizien, dass in der StäV ein Maulwurf saß. Aber es gab keinen konkreten Verdacht gegen irgendjemanden.«

»Und was waren das für Indizien?«

»Wir haben uns oft gewundert, wie gut die DDR-Leute, mit denen wir über Reiseerleichterungen, Autobahnprojekte oder neue Kredite verhandelten, von vornherein über unsere Optionen und Verhandlungspositionen Bescheid wussten. Sie waren in unsere Pläne eingeweiht und wussten genau, wie weit sie gehen konnten und wo unsere Grenzen lagen. Sie guckten uns also ständig in unsere Karten. Das war für Bonn ein großer Nachteil.«

»Wurde Sauerborn denn damals überprüft?«

»Alle Mitarbeiter wurden laufend überprüft, alle vom Hausmeister, den Putzfrauen und den Sekretärinnen bis zu den Referatsleitern, auch Sauerborn. Immer wieder wurden die Taschen von Botschaftsmitarbeitern durchsucht, wenn wieder mal ein Verdacht hochkam. Aber man fand nichts.«

Klar, dachte Zink. Sauerborn musste keine Kopien rausschmuggeln, er hatte sie im Kopf.

»Und nach dem Mauerfall?«

»Nach dem Mauerfall, als die StäV schon aufgelöst war, gab es einen einzigen gezielten Hinweis auf Heinrich Sauerborn, der inzwischen für die Treuhand arbeitete.«

Der Abteilungsleiter räusperte sich nervös. Er blickte den Chef des Kanzleramts flehend an, als wolle er ihn beschwören, nicht allzu sehr ins Detail zu gehen. Aber der Minister redete unbekümmert weiter.

»Ein ehemaliger DDR-Bürger, der 1988 in die StäV geflohen war, meldete sich bei unseren Leuten und beklagte sich darüber, er habe in der Vertretung mit einem Herrn Sauerborn über einen anderen DDR-Bürger gesprochen, der ebenfalls abhauen wollte. Dieser andere DDR-Bürger sei wenige Tage später von der Staatssicherheit abgeholt und verhört worden. Er habe den Namen dieses Fluchtwilligen damals nur Sauerborn genannt, sonst keinem in der StäV.«

Simmerling atmete erleichtert auf. Sein Chef hatte die Akte Maskerade nicht erwähnt.

»Und was haben Sie daraufhin gemacht?«, fragte Zink.

»Wir haben verdeckt gegen Sauerborn ermittelt. Wir haben ihn ein paar Wochen rund um die Uhr observiert. Wir haben nichts Verdächtiges entdeckt, wollten ihn allerdings noch einmal selbst befragen. Aber dann wurde der Vorgang abgebrochen.«

»Warum abgebrochen?«

»Weil die Zielperson, also Sauerborn, plötzlich verstarb. Herzinfarkt in seiner Wohnung.«

»Wann war das genau?«

Der Minister öffnete eine Mappe, auf der »streng geheim« stand.

»Das war ... Der Hinweis auf das Leck in der StäV ging Ende Dezember 1991 beim Berliner Landesamt für Verfassungsschutz ein. Ab dem 7. Januar 1992 haben wir Sauerborn beobachtet. Und am 22. Februar fiel er plötzlich in seiner Wohnung tot um.« Er blätterte in der Mappe und zog ein Foto raus. »Hier, sehen Sie. Das ist Sauerborn am 7. Januar 1992.«

Das Foto zeigte einen Mann mit Vollbart, der auf irgendeinem Parkplatz etwas in einem Auto verstaute. Das Auto war ein alter Daimler mit dem Kennzeichen »B – HS 900«. Neben dem Auto stand Anita. Der Mann schaute direkt in die Kamera.

Zink stellte sich ahnungslos. »Wer ist das neben ihm?«

»Das ist seine damalige Lebensgefährtin«, sagte der Minister. »Anita Bauer hieß sie.«

Simmerling schickte seinem Chef einen verzweifelten Muss-das-sein-Blick.

»Haben Sie noch mehr Bilder?«

Der Minister nickte. »Natürlich haben wir damals Sauerborns Personalakte unter die Lupe genommen. Hier, sehen Sie, das ist das Foto aus dem Jahr 1974, mit dem er sich bei der Ständigen Vertretung bewarb.«

Das Foto sah fast genauso aus wie das Porträt im Ausweis des Bundestages.

»Da hatte er aber keinen Bart.«

»Richtig! Da trug er keinen Bart. Den Bart legte er sich nach Auskunft eines ehemaligen Kollegen aus der StäV erst Ende der Siebzigerjahre zu. Der Kollege, mit dem er damals zusammenarbeitete, berichtete unseren Leuten, Sauerborn sei Mitte September 1977 aus dem Sommerurlaub mit Bart zurückgekommen.«

Merkwürdig, dachte Zink, wieso kann sich jemand so genau daran erinnern, wann ein Arbeitskollege oder Freund sich einen Bart zugelegt hat? Er sah den Minister mit gerunzelter Stirn skeptisch an. Und der schien seine Gedanken zu erraten.

»Der Kollege hieß übrigens Wollenweber und war mit Sauerborn befreundet. Er konnte sich deshalb so genau an die Jahreszahl erinnern, weil damals gerade Hanns Martin Schleyer von der RAF entführt worden war und alle Sicherheitsbehörden nervös waren. Sauerborn musste alle seine Papiere ändern, und überall kam ein aktualisiertes Foto mit Bart rein, in den Personalausweis, den Führerschein, den Diplomatenpass. Der Vorgang wurde damals sogar extra in der Personalakte protokolliert, das war Vorschrift.«

»Wann, sagten Sie, ist er gestorben?«

»Das war am 22. Februar 1992 in seiner Wohnung. Vorher war er in einem Sauna-Puff in Steglitz. Den Bart hatte er übrigens abrasiert. Er hatte wohl bemerkt, dass wir ihn observierten, und hatte vielleicht gehofft, uns abzuhängen, wenn er keinen Bart mehr trug. Aber unsere Leute blieben trotzdem an ihm dran.«

»Waren Ihre Leute denn auch in der Sauna?«

»Natürlich. Zwei unserer Leute waren mit drin. Es ging locker zu, ein paar Damen des horizontalen Gewerbes waren dabei. Und nachdem sich zwei von ihnen mit Sauerborn hinter einen Paravent zurückgezogen hatten, ging es wohl gleich zur Sache. Er ist danach unter die Dusche und mit einem Taxi direkt in die Mommsenstraße gefahren. Zwei Stunden später kam dann der Notruf. Seine Freundin hatte einen Notarzt angefordert. Einer unserer Leute ist, als der Notarzt vorfuhr, sofort aus dem Auto gesprungen. Und als er von dem Arzt hörte, dass der zu einem Herrn Sauerborn gerufen worden sei, ist er mit ihm hoch in die Wohnung.«

»Und was geschah dann?«

»Die ziemlich verwirrte Freundin erzählte, Sauerborn sei plötzlich tot umgefallen. Daraufhin gaben sich unsere Leute zu erkennen und haben die Leiche beschlagnahmt. Sie kam in die Gerichtsmedizin, die Wohnung wurde versiegelt und hinterher gründlich kriminaltechnisch untersucht. Dabei fanden wir auch Hinweise darauf, dass er tatsächlich für die Stasi gearbeitet hat.«

»Welche Hinweise?«

»Das kann und darf ich Ihnen nicht sagen. Steht in dieser Akte, aber die ist streng geheim und der Vorgang ist abgeschlossen.«

»Kann ich denn wenigstens das Foto bekommen, das Ihre Leute von ihm gemacht haben, als sie ihn observierten?«

Der Minister schaute fragend seinen Abteilungsleiter an. Der schüttelte verneinend den Kopf.

»Oder den Totenschein mit der Todesursache?«

Wieder schüttelte Simmerling den Kopf.

»Wozu brauchen Sie das?«, fragte der Minister.

»Ich weiß gar nicht, ob ich es wirklich brauche. Denn nun weiß ich zwar, dass Sauerborn der Maulwurf in der StäV war, aber ob sich dafür noch irgendjemand interessiert, weiß ich leider nicht. Wenn aber doch, dann würde ich die Geschichte natürlich schreiben, und für diesen Fall hätte ich das Foto sehr gern.«

»Geht leider nicht.«

»Schade«, sagte Zink.

Es entstand eine kleine Pause.

»Gibt es noch etwas, das wir besprechen müssen, Herr Simmerling?«, fragte der Chef des Kanzleramts.

Der Abteilungsleiter verneinte. Er erhob sich, gab Zink die Hand und verschwand.

Der Minister holte zwei Dokumente aus der Mappe und legte sie zu dem Foto auf den Tisch.

»Das ist der Totenschein und der Observierungsbericht von Sauerborns letztem Ausflug in die Sauna.« Er grinste. »Hier sind ein paar Zeitungsartikel. Der Boulevard ließ sich die Geschichte natürlich nicht entgehen.« Er zeigte Zink ein paar Überschriften: »Puff-Paff-Tot« titelte die BILD-Zeitung. »Beamter starb nach Saunabesuch«. Und der Kurier dichtete: »Puffbesuch mit Todesfolge«. Unterzeile: »Untreuer Treuhand-Beamter erlitt Herzstillstand«.

Wieder grinste der Minister.

»Für seine Freundin Anita war dies alles andere als angenehm. Sie musste sofort die Wohnung verlassen und in ein Hotel ziehen und erfuhr dabei natürlich auch, wo und was ihr Freund Sauerborn vorher getrieben hatte. Seltsamerweise hat sie sich von einigen Journalisten interviewen lassen, obwohl die Situation für sie mehr als peinlich war.«

»Wer hat denn damals die Presse informiert?«

»Wir waren es jedenfalls nicht«, sagte der Politiker. »Wir waren froh, dass damals niemand dahinterkam, dass uns einer der erfolgreichsten DDR-Spione durch die Lappen gegangen war.« Er rief seine Sekretärin herein und bat sie, Kopien zu machen: vom Observierungsbericht, von den Zeitungsberichten und vom Totenschein. Als sie wiederkam, warf er einen prüfenden Blick auf alles. Dann gab er es Zink, der die Dokumente in seinem kleinen Rucksack verstaute.

»Dann hat sich die Reise zu Ihnen wenigstens gelohnt«, bedankte sich Zink.

»Aber von mir haben Sie das Zeug nicht, ich verlass mich drauf.«

»Klar, ich werde mir doch meine Quelle nicht verstopfen.«

»Diese Anita Bauer war übrigens auch bei der Stasi«, sagte der Minister leise. »Aber die konnten wir nicht belangen. Sie war DDR-Bürgerin. Ihn hätten wir allerdings vermutlich an die Hammelbeine kriegen und auch vor Gericht stellen können. Denn damals waren seine Straftaten noch nicht verjährt.« Und nach einer kleinen Pause, die er benutzte, um auf seine Uhr zu schauen: »Sie haben es mir am Telefon zwar gesagt, aber ich habe es schon wieder vergessen. Wie sind Sie eigentlich auf ihn gestoßen?«

Zink erzählte ihm, wie Anita ihn für die Lebensgeschichte ihres Ehemannes Alexander Bock engagiert und wie er erst über sie erfahren hatte, wer den Stasi-Leuten damals die Stimmkarten aus der Bundesdruckerei besorgte. »Und da habe ich einfach zwei und zwei zusammengezählt. Wenn Heinrich Sauerborn der Stasi 1972 half, warum nicht später auch, als er in der StäV in Ostberlin saß?«

»Sie hatten einen guten Riecher«, bestätigte der Minister. »Herzlichen Glückwunsch!«

»Nur nützt mir das heute nichts mehr«, antwortete der Journalist. »Sie sagen jetzt ja auch, dass Sauerborn tot ist. Und für einen toten Spion interessiert sich keine Sau.«

Der Minister nickte. Erneut sah er auf seine Uhr und erhob sich. »Hat mich wirklich gefreut, mal wieder mit Ihnen zu reden.«

Zink blieb sitzen. »Eine Frage hätte ich noch!« Er öffnete seinen Rucksack, holte die Akte Maskerade heraus und legte sie auf den Tisch. Dann nahm er die Lesebrille von der Nase. Er sah den Chef des Kanzleramts an und ließ die Brille kreisen.

ABGEHÖRT

Der Minister setzte sich wieder. Obwohl Simmerling ihn vorgewarnt hatte, war er überrascht, dass Zink tatsächlich im Besitz der Geheimakte »OV Maskerade« war. Er hatte noch keine Zeit gehabt, sie genau zu lesen. Aber sein Abteilungsleiter hatte ihm, kurz bevor der Journalist ins Kanzleramt gekommen war, in wenigen Worten das Wichtigste erklärt. Er wusste also, dass es sich um eine Stasi-Analyse der Steiner-Wienand-Affäre handelte, um eine Akte, die irgendwann in den Siebzigerjahren für Erich Mielke persönlich angefertigt und Anfang der Neunzigerjahre anonym an das Kanzleramt geschickt worden war.

Der Chef des Kanzleramtes hüstelte verlegen. »Woher haben Sie das?«, fragte er lächelnd. Er wusste, dass Zink es ihm nicht verraten würde.

Zink lächelte zurück. »Ich nehme an, Sie kennen den Inhalt«, sagte er.

Der Minister hob die Augenbrauen und wiegte den Kopf hin und her, was alles oder nichts bedeuten konnte. Er entschloss sich zur Vorwärtsverteidigung.

»Natürlich kennen wir das Pamphlet. Es wurde ganz offensichtlich von Mielke persönlich in Auftrag gegeben, um seinem Stellvertreter und ewigen Rivalen Markus Wolf eins auszuwischen. Wolf hatte Steiner engagiert und bezahlt und sich hinterher im Politbüro dafür feiern lassen, dass er Brandt und die Ostverträge gerettet habe. Gegen ihn richtet sich das Pamphlet. Und dieses Machwerk wollen Sie doch wohl nicht etwa veröffentlichen?«

Er hat gewusst, dass er die Akte besaß, dachte Zink. So wie er jetzt darüber redete, hat er es gewusst.

Laut sagte er: »Was spräche eigentlich dagegen? Bisher habe ich nirgendwo gelesen, dass Herr Strauß im April 1972 den

CDU-Vorsitzenden Barzel bewusst ins Messer laufen ließ und dass das Ganze mithilfe eines vom Dienst suspendierten BND-Abteilungsleiters eingefädelt wurde.«

»Ach wissen Sie«, gab der Chef des Kanzleramtes treuherzig zurück, »als das passierte, war ich noch gar nicht auf der Welt. Wieso glauben Sie, dass das überhaupt noch jemanden interessiert?«

»Na ja«, sagte Zink, »wenn man heute das Telefonprotokoll von damals liest – das ist ja schon ein starkes Stück. Kennen Sie das hier?« Er schlug die Akte an der Stelle auf, die er mit einem Lesezeichen markiert hatte.

Der Chef des Kanzleramtes las das Wortprotokoll des abgehörten Telefongesprächs. Zink beobachtete ihn dabei genau. Er schien es tatsächlich noch nicht gekannt zu haben. Aber er verzog keine Miene.

»Na und?«, fragte er schließlich. »Woher wissen Sie, dass das keine Fälschung ist? Wir wissen doch, dass Mielke das hier in Auftrag gegeben hat, um seinem Rivalen Wolf zu schaden.«

»Aber glauben Sie denn im Ernst, dass das MfS seinem obersten Dienstherrn ein gefälschtes Telefonprotokoll unterjubelt?«, erwiderte Zink.

»Vielleicht wurde das Protokoll ja hinterher erst auf Weisung Mielkes gefälscht.«

Der Minister erhob sich. Er ging zu seinem Schreibtisch und las noch einmal aufmerksam den Vermerk, den Simmerling ihm geschrieben hatte.

»Okay!«, sagte er, als er damit fertig war. »Was haben Sie jetzt vor? Wollen Sie tatsächlich ein illegal aufgezeichnetes Telefongespräch veröffentlichen, das ein bayerischer Politiker mit einem durchgeknallten illoyalen Ex-Abteilungsleiter des Bundesnachrichtendienstes geführt hat?«

Zink antwortete mit einer Gegenfrage: »Sind Sie wirklich sicher, dass der Superspion Sauerborn tot ist?«

Jetzt blickte ihn der Chef des Kanzleramtes irritiert an. Er schien ehrlich überrascht. »Wie um Himmels willen kommen Sie denn da drauf?«

Zink erzählte ihm, was er im Historischen Institut der Charité erlebt hatte. Der Chef des Kanzleramtes hörte schweigend zu. Dann öffnete er erneut die immer noch vor ihm liegende Akte Sauerborn.

»Nach allem, was unsere Leute, die Ärzte, die Ermittler vom Bundeskriminalamt und vom Verfassungsschutz seinerzeit herausbekommen haben, ist Sauerborn plötzlich tot umgefallen. Herzstillstand! Exitus! Er war mausetot. Allerdings gab es, wenige Tage später, und das muss hier auch irgendwo in der Akte stehen ...« Simmerling hatte es ihm erzählt und die Stelle markiert, sodass sie leicht zu finden war.

»Hier steht es«, sagte der Minister. Er nahm eine Seite aus dem Ordner und las vor: »›Am 26. Februar 1992 meldete sich beim Bundeskriminalamt ein Anrufer, der seinen Namen nicht nennen wollte. Er behauptete, der DDR-Spion Sauerborn, Deckname Pollux, sei von einem früheren KGB-Agenten namens Solokov, der inzwischen als Killer sein Geld verdiene, mit einer Giftspritze erledigt worden.‹«

Der Minister heftete das Blatt wieder ein und blätterte weiter in dem Ordner. »Das Erstaunliche daran war«, sagte er, »dass damals außer den Behörden niemand wusste, dass Sauerborn DDR-Spion und sein Deckname Pollux war. Jedenfalls stand das in keiner Zeitung.«

Dem BND sei damals allerdings tatsächlich ein russischer KGB-Agent namens Solokov bekannt gewesen, auf den die Beschreibung des Anrufers passte. Diesen Solokov habe man aber weder vernehmen noch seine Auslieferung beantragen können, da Russland niemanden ausliefert.

»Der anonyme Anrufer«, schloss der Minister seinen Bericht, »war also offenbar ein Insider, der vieles über Sauerborn wusste. Aber seine Aussagen waren nicht belastbar, weil man Solokov nicht befragen konnte. Und für die von dem Anrufer behauptete

Fremdeinwirkung durch eine Giftspritze haben die Gerichtsmediziner keinen Anhaltspunkt gefunden, auch nach einer zweiten, daraufhin angeordneten Untersuchung der Leiche nicht. Es gab vom Kopf bis zu den Fußzehen weder an den Armen noch an den Beinen, am Bauch, am Rücken oder am Hintern irgendeinen Einstich, der von einer Spritze hätte herrühren können. Punkt.«

Der Minister schwieg.

»Mehr kann ich im Moment wirklich nicht für Sie tun«, sagte er. Und fuhr fort: »Ich verlass mich darauf: Alles, was Sie jetzt wissen, haben Sie nicht von mir. Wenn sich jetzt herausstellen sollte, dass Sauerborn doch ermordet worden ist oder wir damals den Falschen beerdigt haben, dann liefe irgendwo ein Mörder rum, und das wäre wirklich ein dicker Hund.«

Der letzte Satz des Ministers hallte in seinem Kopf nach wie ein Echo, als Zink das Kanzleramt verließ.

Was meinte der Minister damit? Glaubte er jetzt auch, dass Sauerborn noch lebte und man damals den Falschen beerdigt hatte? Aber wer sollte dieser Falsche gewesen sein?

Zink hatte plötzlich eine verrückte Idee.

Er winkte sich ein Taxi und fuhr direkt zu Stuhl.

»Was weißt du über Alexander Bock?«, fragte er statt einer Begrüßung.

Stuhl verlor vorübergehend die Fassung. »Du hast es also herausgefunden! Du hast es tatsächlich herausgefunden!«

»Was habe ich herausgefunden?«

»Tu nicht so ahnungslos. Du hast herausgefunden, dass Alexander Bock der Mann ist, von dem ich die Akte Maskerade habe.«

»Nein«, sagte Zink wahrheitsgemäß. »Das wusste ich wirklich noch nicht. Das höre ich jetzt von dir zum ersten Mal.«

Stuhl setzte sich und zündete sich eine Zigarette an.

»Wie lange kennst du Alexander Bock?«, fragte Zink.

Stuhl dachte nach. »Na ja, das ist wirklich lange her. Ich schätze mal seit Mitte der Siebzigerjahre.«

»Sah er damals so aus?«, fragte Zink und holte ein Foto aus seinem Rucksack.

»Ja, genau so sah Alexander aus«, sagte Stuhl.

»Bist du sicher?«

»Ganz sicher!«

»Es ist aber nicht Alexander Bock«, sagte Zink. »Es ist Heinrich Sauerborn.«

TEIL IV: DIE MÜTTER

PROLOG: POTSDAM FRÜHJAHR 2018

An seine Mutter denkt Alexander Bock mit zwiespältigen Gefühlen zurück. Sie hat ihm das Leben geschenkt, das schon. Aber sie hat das, was er aus diesem Leben gemacht hat, immer abgelehnt, und zwar je älter sie wurde, desto entschiedener.

Er vermisst sie nicht. Er empfindet keinen Schmerz über ihren Tod. Er ist erleichtert, dass Annemarie Bock im Alter von achtundneunzig Jahren gestorben ist. Er muss sie jetzt nicht mehr im Seniorenheim besuchen und so tun, als habe er sie vermisst. Er ist froh, dass es vorbei ist.

Sie sind einander in den letzten Jahren fremd geworden. Das hatte viele Gründe.

Es fing an, als sie vor siebenundzwanzig Jahren vollständig erblindete, weil die Ärzte der Charité eine zu spät diagnostizierte Netzhautablösung nicht mehr hatten aufhalten können. Damals war Alexander zu sehr mit seiner Firma beschäftigt. Er hatte keine Zeit, sich um seine Mutter zu kümmern. Er musste die kleine Klitsche in Potsdam, die er gerade von der Treuhand übernommen hatte, entrümpeln, musste Leute entlassen, neue einstellen, die alte Gärtnerei umbauen, Werbekampagnen organisieren, mit den Banken über Kredite verhandeln, die Regale mit Waren füllen und diese möglichst günstig verkaufen. Kurz: Er musste den alten, verrosteten DDR-Betrieb langsam in ein Unternehmen umwandeln, das Geld abwarf. Da blieb nicht viel Zeit für sie.

Aber das war nicht der einzige Grund. Die eigentliche Ursache der Entfremdung lag tiefer, und Alexander kennt sie.

Er weiß, dass und warum zwischen seinem Leben und dem seiner Mutter Welten lagen.

Es war eine grundsätzliche Meinungsverschiedenheit, die sich, je älter sie wurde und je erfolgreicher er als Unternehmer agierte, immer weiter verfestigte und sogar ein Klima des Misstrauens schuf, das sich in Sticheleien, Vorwürfen, Unterstellungen und gelegentlich auch offenen Anfeindungen entlud.

Sie trauerte bis zuletzt der alten DDR nach. Und sie war tief gekränkt und enttäuscht, dass der einzige Sohn, der ihr geblieben war, nach dem Mauerfall die Front gewechselt und ins Lager des Klassenfeindes übergelaufen war. Ausgerechnet er, den sie zu einem ordentlichen Kommunisten erziehen wollte, gehört nun zu den Kapitalisten, zu den Ausbeutern und Blutsaugern, vor denen die DDR ihre Bürger doch fast drei Jahrzehnte lang mit Mauer, Schießbefehl und Stacheldraht beschützt hat, wie sie es auszudrücken pflegte.

Das nahm sie ihm übel. Das ließ sie ihn auch spüren, wenn er sie im Seniorenheim besuchte.

Schon das Begrüßungsritual war jedes Mal eine Qual. Alexander hat nicht vergessen, wie er sich von der alten blinden Frau immer ertappt und durchschaut fühlte, wenn sie zur Begrüßung seinen Kopf in beide Hände nahm und sein Gesicht abtastete. Als müsse sie sich überzeugen, dass er es wirklich war.

Trotz ihrer Erblindung hatte Annemarie gelernt, sich wie eine Sehende zu bewegen. Früher war sie täglich mit dem Blindenstock in ihrem Pankower Kiez unterwegs gewesen. Alle Nachbarn in der Straße kannten sie. Sie war beliebt, jeder half ihr, wenn es nötig war.

Sie hatte innerhalb kürzester Zeit die Blindenschrift Braille gelernt und konnte die Zeichen inzwischen so schnell ertasten und verstehen, wie eine Sehende Buchstaben und Sätze las. Dank einer neuen Technik, die das Fernsehen für Blinde entwickelt hatte, war es ihr sogar möglich, bestimmte Spielfilme zu verfolgen. Sie hörte neben den Dialogen eine Stimme, die alles, was sich auf dem Bildschirm abspielte, genau beschrieb.

Im Sommer 2013 hatte sie dann einen Schlaganfall erlitten. Seitdem war sie auf den Rollstuhl und auf tägliche Pflege angewiesen. Sie wäre am liebsten in ihrer alten Wohnung geblieben.

Aber das ging schon deshalb nicht, weil es dort keinen Fahrstuhl gab.

Ihre letzte Begegnung ist Alexander gut im Gedächtnis geblieben.

Es war im März, wenige Tage vor ihrem Tod. Als er ihr Zimmer betrat, saß sie vor der offenen Terrassentür im Rollstuhl und hatte ihren Kopfhörer auf. Sie hatte ihn nicht bemerkt.

Er räusperte sich und berührte die alte Frau leicht an der Schulter. Sie fuhr erschrocken hoch und nahm den Kopfhörer ab.

»Ich bin's, Mutter.«

Als sie seine Stimme hörte, drehte sie den Rollstuhl mit zwei energischen Armbewegungen zu ihm um. Sie ließ den Kopfhörer auf den Boden fallen und breitete beide Arme aus.

»Du hier?«, fragte sie ungläubig. »Du bist es wirklich? Da freue ich mich jetzt aber. Ich habe gar nicht mit dir gerechnet.«

Ihre Freude war echt. Und zugleich spürte er den alten Vorwurf. Er hatte sich monatelang nicht bei ihr blicken lassen.

»Wie geht es dir, mein Junge?«

Er beugte sich über sie, um ihr einen Kuss auf die Stirn zu geben. Sie nahm seinen Kopf in beide Hände und fuhr tastend über sein Gesicht.

»Du hast dich heute noch gar nicht rasiert.«

Bock nickte. Er hatte es tatsächlich vergessen.

Von einem Spielplatz im Park hörte man den Lärm und das Gekreische spielender Kinder. Annemarie liebte Kinder, und sie bedauerte sehr, dass sie, anders als nahezu alle anderen Mitbewohner des Seniorenheims, keine Enkel hatte und wohl auch keine mehr haben würde.

»Du warst seit einem halben Jahr nicht mehr hier«, sagte sie vorwurfsvoll. »Ich dachte schon, du hast mich endgültig vergessen.« Es folgte das bekannte Klagelied: »Du weißt doch, dass ich mich freue. Schließlich bist du der Einzige, der mir geblieben ist.«

Annemarie Bock trug eine dünne schwarze Sommerhose und darüber eine schwarze hochgeschlossene Bluse. Die schwarze Kleidung verschärfte den Kontrast zu ihrem blassen Gesicht. Sie sah krank und gebrechlich aus in ihrem Rollstuhl. Trotz der frühlingshaften Temperaturen hatte sie eine dünne Decke über ihre Beine gelegt. So sah man nicht, wie dürr und abgemagert sie waren.

Sie drehte sich wieder zur offenen Terrassentür und tastete auf der niedrigen Fensterbank nach dem CD-Player, der immer noch lief. Sie schaltete ihn aus, öffnete ihn und zog die silberne Scheibe heraus. Dann suchte sie die Fensterbank ab, bis sie die dazugehörige Hülle gefunden hatte. Sie klappte sie auf und versorgte die CD. Es war ein Hörbuch.

»Sei so nett und leg mir das bitte auf meinen Nachttisch«, bat sie.

»›Das steinerne Brautbett‹«, las Bock auf dem Cover der Kassette, »›nach dem Roman von Harry Mulisch‹.«

Klingt wie ein Liebesroman, dachte er und wunderte sich.

Von Liebesromanen hielt seine Mutter normalerweise nichts. Er nahm das Hörbuch, den CD-Player und den Kopfhörer und legte alles vorsichtig auf den Nachttisch.

Sie bewegte den Rollstuhl zielsicher an den Tisch, auf dem eine Teekanne, eine Tasse und ein Teller mit einem Stück Kuchen standen.

Er zog den Stuhl heran und setzte sich neben sie.

»Du hast den Tee ja kalt werden lassen.«

»Er schmeckt mir einfach nicht.«

»Aber den Kuchen hättest du doch essen können.«

»Kein Hunger«, sagte sie. »Iss du ihn.«

Ihr weißes Haar war straff zurückgekämmt und hinten zu einem Knoten gebunden. Ihre Arme waren so dünn, dass man die Knochen zu sehen glaubte. Ihre Unterarme und Hände waren übersät mit braunen Altersflecken.

Früher war sie eine dunkelhaarige, fast exotisch anmutende

junge Frau gewesen. Auf einem kleinen gerahmten Foto, das bei ihr auf dem Regal stand, sah man, wie hübsch sie einmal gewesen war. Da blickte sie als fescher Teenager vor dem mit Hakenkreuzfahnen geschmückten Brandenburger Tor in die Kamera. Sie spitzte kokett die Lippen, als wolle sie den Fotografen küssen. Es war im Sommer 1936 während der Olympischen Spiele entstanden. Da war sie gerade siebzehn geworden. Ein Kollege aus dem Labor hatte das Foto gemacht. Er hieß Willi, war drei Jahre älter als sie, hatte ein Auge auf sie geworfen und schon ein paarmal versucht, sie zu küssen. Sie wollte aber nie.

Neben dem Jugendbildnis stand ein Foto ihrer Eltern auf dem Regal. Für den Fotografen hatten sie sich fein gemacht. Alexander Bruno Schmidt sah mit seinem schwungvoll gezwirbelten Oberlippenbart aus wie eine Kopie von Wilhelm II. in der Sommerfrische. Er trug einen leichten, hellen Sommeranzug, dazu einen kreisrunden Strohhut. In der rechten Hand hielt er eine dicke Zigarre. Er machte ein ernstes Gesicht. Seine Frau Clara stand neben ihm und lächelte. Sie hatte sich bei ihm eingehakt und hielt einen mit Spitzen besetzten geöffneten Sonnenschirm wie ein Gewehr lässig über ihre linke Schulter. Sie trug eine weiße Bluse, darüber einen grob gehäkelten Schal und auf dem Kopf einen unglaublich großen, mit Strohblumen geschmückten Hut.

Das Foto stammte aus dem Jahr 1913. Drei Jahre zuvor war das Ehepaar Schmidt aus Eichsfeld in Thüringen nach Berlin gekommen. Die beiden waren streng katholisch. Als 1919 ihre Tochter geboren wurde, zwei ältere Zwillingsbrüder, Friedrich und Wilhelm, waren kurz nach der Geburt an Diphtherie gestorben, wurde sie auf den Namen Anna Maria Magdalena Florentine getauft, aber von Anfang an Annemarie gerufen.

Es waren schwere Jahre. Erst der Krieg, den der Vater an der Westfront glimpflich überstand. Er war im Februar 1916 bei Verdun durch einen Streifschuss verletzt und nach Hause geschickt worden. Später war er nur noch in der Etappe eingesetzt worden. Dann die Inflation, die der Krämerfamilie alle Ersparnisse nahm. Ein Onkel des Vaters, der um die Jahrhundertwende nach Nordamerika ausgewandert und in Chicago zu Wohlstand gekommen war, half ihnen auf die Beine. Mit seiner Hilfe konnten sie den Krämerladen wiedereröffnen. Trotzdem blieben die Zeiten unruhig.

Die Straßenkämpfe zwischen Nazis und Kommunisten hatte Annemarie als Zehnjährige miterlebt. Der Vater redete wenig über Politik. Aber wenn er sich sonntags nach dem Mittagessen aufs Kanapee zurückzog und sie bei ihm kuscheln durfte, erzählte er ihr Geschichten vom Kaiser, den er ein paarmal selbst in Berlin gesehen hatte. Er trauerte ihm immer noch nach. Für die Sozialdemokraten hatte er nichts übrig. Die Kommunisten verachtete er. Und von den Braunen hielt er auch nichts. Er wählte das katholische Zentrum.

Sie war dreizehn, als Hitler an die Macht kam und der Reichstag brannte. In ein paar Monaten sei der Spuk vorbei, prophezeite der Vater sonntags beim Mittagessen. Ein Jahr später war auch er in die Partei eingetreten. Als Geschäftsmann könne man es sich nicht leisten, abseits zu stehen. Sein kleiner Laden lief plötzlich wieder. Die Leute hatten Arbeit und kauften ein. Auch im Hause Schmidt wurde ein Bild des Führers aufgehängt. Stolz zahlte Alexander Bruno Schmidt dem Onkel in Amerika die Schulden zurück. Es ging ihnen zum ersten Mal richtig gut.

Annemarie wäre gern aufs Gymnasium gegangen. Der Vater war dagegen. Er meinte, sie werde sowieso irgendwann heiraten und bräuchte das alles nicht. Nach der Volksschule lernte sie auf der Handelsschule Stenografie, Schreibmaschine und doppelte Buchführung. Sie sollte Sekretärin werden, entdeckte dann aber ihre Liebe zur Fotografie und ließ sich als Porträtfotografin ausbilden.

An einem schönen Sommertag des Jahres 1939, noch im Frieden, war ihr Vater plötzlich im Alter von gerade mal neunundvierzig Jahren tot umgefallen. Seine Frau fand ihn im Laden hinter der Theke. Fortan musste sie das Geschäft führen. Annemarie half ihr dabei. Sie machte die Buchführung und organisierte den Einkauf der Ware. Es lief auch in den ersten Kriegsjahren überraschend gut. Sie konnten es sich sogar leisten, einen Lehrling und zwei Verkäuferinnen zu beschäftigen.

Seit aber Berlin immer häufiger bombardiert wurde und es allen Parolen zum Trotz immer schwieriger wurde, die Waren zu besorgen, ging es bergab. Die beiden Frauen waren wieder allein. Die Verkäuferinnen und den Lehrling konnten sie nicht mehr finanzieren.

Und dann hatte sie Kuno kennengelernt.

Kuno Bock hatte bei ihnen eingekauft. Er sprach Schwäbisch und kam aus einem Kaff namens Hechingen. Dort gebe es immer noch ein großes Schloss, sagte er, es sei der Stammsitz der Hohenzollern.

Sie musste an ihren Vater denken, der immer vom Hohenzollern-Kaiser Wilhelm geschwärmt hatte. Es war ein Gefühl von Vertrautheit. Annemarie mochte den jungen Mann aus dem Schwabenland. Sie verabredete sich mit ihm in Clärchens Ballhaus. Sie gingen spazieren. Er küsste sie. Sie schlief mit ihm. Und Ende März 1944, als er gerade zur Front eingezogen worden war, merkte sie, dass sie von ihm schwanger war.

»Sei froh, dass dein Vater das nicht mehr erleben muss«, zeterte die Mutter, als sie es ihr schließlich gestand. »Was sollen die Leute denken?«

An einem Freitagnachmittag schloss Clara Schmidt den Laden vorzeitig ab. Sie fuhr mit der Tochter zur Sankt-Hedwigs-Kathedrale hinter der Oper. Annemarie musste einem Priester ihren Sündenfall beichten, hinterher eine Kerze aufstellen und einen Rosenkranz beten.

Als dann die Ärzte zu allem Überfluss auch noch feststellten, dass die sündige Leibesfrucht sich geteilt hatte und Zwillinge entstanden waren, geriet die Mutter erst recht außer sich. »Da hast du's. Das ist die Strafe!«

Auch der Standesbeamte Hermann Meyer hatte darauf bestanden, dass Alexander und Bruno, die sie in der Silvesternacht 1944/45 zur Welt brachte, nicht den Familiennamen des Vaters trugen. Sie hießen Schmidt wie die ledige Mutter. Strafe musste sein. Mutter und ledig zu sein galt damals als Schande. Und diese Schande war in den amtlichen Urkunden vermerkt. Sie wurde erst 1948 getilgt, als Annemarie ihren aus dem Krieg heimgekehrten Kuno Bock wiedergefunden und geheiratet hatte.

Ihre Zwillinge hatte sie ganz bewusst nach dem Vater benannt: Alexander und Bruno. Allerdings hatte Kuno seinen zweiten Sohn Bruno nie gesehen.

Annemarie fror, wenn sie an die Jahre im Krieg und die danach zurückdachte. Sie war wütend über die frommen Sprüche ihrer Mutter und über die doppelte Moral der katholischen Kirche. Zum Entsetzen ihrer mütterlichen Verwandtschaft war sie gleich nach dem Krieg aus der Kirche ausgetreten und Mitglied in der kommunistischen Partei geworden. Und dies nicht nur, weil ihr neun Jahre älterer Mann ein Vetter von Markus Wolf und schon in der Weimarer Zeit bei den Kommunisten gewesen war. Sie war zornig darüber, wie man sie in Nazi-Deutschland als ledige Mutter behandelt hatte.

Nach dem Fall der Mauer wählte sie aus alter Anhänglichkeit die Linkspartei und fand Sahra Wagenknecht großartig. Jedes Mal, wenn sie das sagte, rastete Alexander aus. Er war, was das betraf, ziemlich humorlos.

Annemarie sprach selten vom Krieg, aber von den ersten Jahren danach redete sie viel. Markus Wolf, Jahrgang 1923, dreizehn Jahre jünger als sein Vetter Kuno und vier Jahre jünger als sie, hatte wohl einen Narren an ihr gefressen. Ob sie was mit ihm gehabt hat?, fragte sich Alexander manchmal, wenn sie anfing, von ihm zu schwärmen.

Alexander hatte es zuletzt immer vermieden, mit seiner Mutter über das Geschäft oder über Politik zu reden. Das endete immer im Streit. Deshalb war er froh, als sein Blick auf die CD-Hülle fiel, die er seiner Mutter auf den Nachttisch gelegt hatte.

»Was ist das eigentlich für ein Hörbuch?«, fragte er und nahm die Hülle in die Hand. »›Das steinerne Brautbett‹ klingt frivol, fast wie ein Liebesroman.«

Annemarie schwieg.

Er bemerkte zuerst ein leises Zittern ihrer Lippen, und dann sah er, dass sie errötete. Das eben noch blasse Gesicht hatte plötzlich Farbe bekommen.

»Es ist in gewisser Hinsicht auch eine Liebesgeschichte«, sagte sie. »Allerdings nicht so, wie du vielleicht denkst.«

Auf der Rückseite der Hörbuch-Kassette fand Bock eine Inhaltsangabe. Er las halblaut vor: »›Der US-Amerikaner Norman Corinth reist 1956 zu einem Dentisten-Kongress nach Sachsen. Er ist Zahnarzt, erlebt aber nun, von Erinnerungen bedrängt, die Rückkehr an einen Ort des Schreckens. Als ehemaliger Navy-Pilot war Corinth 1945 an der Bombardierung Dresdens beteiligt ...‹«

Erschrocken hörte er auf zu lesen und blickte seine Mutter an.

»Lies weiter!«, befahl sie.

Er wusste zwar nicht, warum. Aber er fuhr fort: »›Von der tosenden Glasnase des Flugzeugs aus sah er die brennende Stadt: Ein Fest, weißer als die Sonne, stieg in der Ferne aus der Nacht empor. Während die Maschine ihre Nase drehte und langsam anfing zu steigen, sah er hinüber zu der aufgerissenen Dunkelheit, ein Sommertag im Tal unter dem Schnee der Leuchtkugeln, eine Stadt der weißen Angst an einem Fluss aus Magnesium ...‹«

Warum um alles in der Welt hörte sie sich solche Geschichten an? Warum musste es ausgerechnet dieses Hörbuch sein?

Er las nicht weiter, sondern sah zu ihr hinüber. Sie saß reglos in ihrem Rollstuhl und lächelte.

»Woher hast du das?«

»Es kam mit der Post.«

»Wann?«

»Vor zwei Tagen. Isolde hat es mir geschickt.«

»Wer ist Isolde?«, fragte er.

»Aber ich bitte dich, du kennst doch Tante Isolde.«

Er konnte sich nicht erinnern.

»Isolde und ich waren nach dem Krieg gemeinsam ausgebombt worden und haben dann eine Zeit lang zusammen in dem kleinen Krämerladen deiner Großeltern gewohnt. Später ist sie mit ihrem Hubertus in den Westen gezogen.«

»Und sie hat dir das jetzt geschickt?«

Er verstand nicht, wie jemand auf die Idee kommen konnte, einer alten Frau, die mit Mühe die Bombardierung Dresdens überlebt und dabei einen sechs Monate alten Säugling verloren hatte, ein Hörbuch zu schenken, das an dieses traumatische Erlebnis erinnerte.

Bock blickte seine Mutter an.

Sie sah nicht so aus, als sei sie entsetzt darüber, an die alten Geschichten erinnert zu werden. Er war viel betroffener als sie. Sie saß reglos in ihrem Rollstuhl, und wieder fühlte er sich von ihr durchschaut.

AUF DER LAUER

Klaus Krombach war seit 1974 nicht mehr in Bonn gewesen. Nach der Verhaftung des Kanzler-Spions Günter Guillaume hatte er die Stadt Hals über Kopf verlassen müssen.

Jetzt war er zurückgekehrt, um Anita zu holen. Bock hatte befohlen, sie so schnell wie möglich einzufangen und notfalls mit Gewalt nach Potsdam zu schleppen, »tot oder lebendig«, wie er hinzugefügt hatte.

Nie zuvor hatte er seinen Chef derartig wütend und erregt gesehen. Bock hatte einen USB-Stick in der einen und einen Zettel in der anderen Hand gehalten und war wie ein gefangenes Raubtier in seinem Büro hin und her gelaufen. Es war nicht klar, ob die Verwünschungen, die er dabei ausstieß, nur der verschwundenen Gattin galten oder dem Stick, oder auch Krombach, der Anita immer verteidigt hatte.

»Sie hat uns reingelegt!«, schrie Bock. »Sie hat dich und mich reingelegt!«

Krombach verstand nicht, worum es ging.

Mit seinen Klempnern war er vor ein paar Nächten ins Institut der Charité eingebrochen. Er hatte im Büro des Archivars Feuchtwanger das Geburtenbuch gefunden und mit einem Federmesser die eine Seite herausgeschnitten, die Bock ihm beschrieben hatte. Hatte er etwa die falsche Seite erwischt?

»Nein, nein«, beruhigte ihn Bock. »Das ist schon genau die richtige Seite. Darum geht es nicht. Das Geburtenbuch ist es nicht. Es ist dieser verdammte Stick.«

Anita sei seit ein paar Tagen verschwunden und habe ihm einen Umschlag mit dem Stick und eine mit Schreibmaschine getippte Botschaft hinterlassen, die er aber erst vor einer halben Stunde in seiner Schreibtischschublade entdeckt habe. »Sie hat uns reingelegt!«, wiederholte er und reichte Krombach den Zettel.

»›Alles, was du am 7. Januar 1992 mit KK am Telefon besprochen hast, ist auf diesem Stick gespeichert. Selbstverständlich ist dies nur eine Kopie der Audio-Datei. Das Original und eine beglaubigte Abschrift eurer Unterhaltung sind bei einem Notar hinterlegt worden. Sollte mir irgendetwas zustoßen, wird alles der Polizei zugänglich gemacht. A.‹«

»Scheiße«, murmelte Krombach. »Das ist wirklich eine große Scheiße!«

Krombach schien sofort zu wissen, welches Telefongespräch Anita meinte. Es musste sich um diese Unterhaltung handeln, als er am Telefon mit Bock darüber gesprochen hatte, was es wohl kosten würde, wenn der KGB-Killer Michail Solokov, sein ehemaliger Lover, den West-Bruder Heinrich Sauerborn mit einer Giftspritze erledigte. Damals war Anita noch mit Sauerborn liiert.

»Sie hat unser Gespräch nicht nur belauscht«, sagte sein Chef, »sondern alles aufgezeichnet und hier auf diesem Stick gespeichert. Und wenn das bei der Polizei landet, sind wir geliefert. Mord verjährt nie.«

Die beiden Männer analysierten ihre Lage. Sie mussten unbedingt verhindern, dass der Polizei dieser Stick in die Hände fiel. Es war zwar eher unwahrscheinlich, dass Anita ihn jetzt dort abliefern würde. Sie würde sich selbst belasten und müsste befürchten, auch belangt zu werden. Aber sie könnte, meinte Bock, den Stick als Druckmittel benutzen, um eine Gegenleistung zu verlangen. Und wenn sie ihn dem Journalisten Zink gäbe und ihm die weitere Aufklärung überließe, könnte sie sich hinterher sogar herausreden, sie habe von dem Telefongespräch nichts gewusst.

»Deshalb wirst du sie jetzt einsammeln und herbringen«, befahl Bock. »Daran führt kein Weg vorbei. Und diesen Journalisten Zink bringst du am besten gleich mit.« Er machte eine kurze Pause. »Mit dem Geburtenbuch kann sie uns nichts anhaben«, fuhr er fort. »Das weiß ich jetzt, nachdem ich diese Seite gelesen habe, die du mir besorgt hast. Aber mit diesem Stick kann sie uns rankriegen. Nicht nur mich. Sondern auch dich. Uns beide.« Er hielt den Stick hoch. »Erinnerst du dich an den Tag, an dem mein Bruder starb?«

»Ja, natürlich erinnere ich mich, wie sollte ich das je vergessen.«

»Und an das Telefongespräch, das wir vorher darüber geführt hatten?«

»Klar erinnere ich mich«, sagt Krombach. Er spürte, wie er plötzlich Angst bekam.

»Sie hat dieses Telefongespräch aufgezeichnet, Wort für Wort. Deshalb musst du sie unbedingt nach Potsdam schaffen, tot oder lebendig. Sonst hängen wir beide in der Scheiße.«

Noch am gleichen Tag war Krombach losgefahren, zuerst nach Hannover, wo eine Freundin von Anita wohnte, und dann, der Spur ihres Handys folgend, nach Bonn.

Während er jetzt im Bonner Musikerviertel auf sie wartete, dachte er an die alten Zeiten zurück, als Bocks Bau- und Hobbymarkt noch eine kleine Klitsche war. Anita hatte ihn auf dem Weihnachtsmarkt in Potsdam aufgegabelt und zu Alexander gebracht, der die Firma damals gerade gekauft hatte.

Das vergaß er ihr nie.

Er kannte sie noch aus den Siebzigerjahren, als er aus Bonn zurückgekommen und bei Wolf in Ungnade gefallen war. Sie war damals schon eine Schönheit. Das fand sogar er, obwohl er sich aus Frauen nichts machte.

Alle bewunderten sie. Auch Bock hatte ihr immer schon den Hof gemacht. Aber damals, als er sie kennenlernte, war Anita anderweitig verbandelt. Erst später erfuhr er, mit wem. Damals wusste er nicht, wie alles zusammenhing. Er bekam nur mit, dass sie oft wochenlang verschwunden war, und wenn sie wiederkam, ging sie regelmäßig zu Bock ins Büro und redete lange mit ihm.

So wie es damals aussah, war sie in seinem Auftrag für das MfS in einer besonderen Mission unterwegs und nur ihm berichtspflichtig. Krombach und sie hatten wenig miteinander zu tun damals, aber er mochte sie von Anfang an gut leiden. Denn Anita war ihm gegenüber nie arrogant. Sie behandelte ihn auch in der Zeit mit Respekt, als andere Genossen sich von ihm wegen der Bonner Geschichten abgewandt hatten.

Nachdem sie ihn auf dem Weihnachtsmarkt in Potsdam aufgegabelt und zu Alexander gebracht hatte, saßen sie oft zu dritt beisammen und redeten über die alten Zeiten auf der Spionageschule in Belzig. Anita kannte die meisten Lehrer und Dozenten, obwohl sie fünf Jahre später als Krombach und Bock dort gewesen war.

Alexander hatte den alten Gefährten sofort als seinen Assistenten und Chauffeur engagiert. Krombach erinnerte sich noch genau an das Einstellungsgespräch. »Pass auf«, sagte er, als er mit ihm über das neu erworbene Firmengelände ging, »ich kann dir noch nicht so viel zahlen, wie du es verdienst, aber ich brauch dich. Wenn du willst, kannst du bei mir anfangen.«

Die abendlichen Stunden im Kabuff waren immer auf eine besondere Weise schön. Heimelig war es, ein bisschen wie in einer Familie.

Alexander war damals solo. Ab und zu hatte er Affären mit Frauen. Aber im Prinzip war er allein, genau wie Krombach. Der trauerte immer noch seinem Moskauer Liebhaber Solokov nach, der ihn an die Luft gesetzt hatte, nachdem dieser Stricher in sein Leben getreten war. Krombach hatte es nie verwunden, dass er damals das Feld hatte räumen müssen.

Mit Anita sprach er gelegentlich darüber. Anita verstand ihn. Alexander hingegen hatte nie ein Ohr für private Sorgen. Deshalb hatte Krombach sich sehr gewundert, als er eines Tages zu ihm nach Hause kam. Es war an einem Sonntag, am 29. Dezember 1991. Er hatte sich das Datum gemerkt, weil es sein Geburtstag und Bock vorher noch nie bei ihm zu Hause aufgekreuzt war. An diesem Sonntag also stand er plötzlich vor seiner Haustür und wollte mit ihm reden. Sie gingen ins Wohnzimmer. KK holte eine Flasche Wein aus dem Kühlschrank. Aber Bock winkte ab. Es sei noch zu früh.

»Schnaps?«, fragte Krombach.

»Nein danke!«

»Darf's ein Kaffee sein?«

»Hast du eventuell auch Tee?«

Er konnte sich nicht erinnern, den Freund jemals Tee trinken gesehen zu haben. Aber er bekam es hin und fand in seiner Junggesellenküche tatsächlich Tee, Gebäck und Zucker. Für sich selbst brühte er einen schwarzen Kaffee auf.

Noch verwunderlicher war, dass Alexander die Zigarette ablehnte, die Krombach ihm anbot. Er wolle sich das Rauchen abgewöhnen, sagte er.

Er wirkte an diesem Sonntag ungewöhnlich angespannt. Er sei gekommen, begann er umständlich, weil er seinen alten Freund und Weggefährten Klaus, er sagte tatsächlich Klaus, obwohl er sonst immer »KK« oder »Krummi«, manchmal auch schon »Lederstrumpf« sagte, weil er dem Freund und Weggefährten Klaus also ein Geheimnis anvertrauen müsse, ein Geheimnis allerdings, das er, bitte, strikt für sich behalten müsse.

»Die Sache ist die«, begann der Chef, »dass mein seit dem Krieg vermisster Bruder Bruno ...«

»Du hast einen Bruder?«, unterbrach ihn Krombach. »Davon hast du mir nie etwas erzählt. Dann war der das, mit dem ich Anita damals nachts in Bonn gesehen habe?«

»Ja. Der war das«, bestätigte Alexander. »Aber damals war es eine völlig andere Lage. Die Mauer stand noch, und wir, also die HVA, der General und ich, wir brauchten ihn.«

Und dann erzählte er Krombach die Zwillingsgeschichte: Geboren im Berliner Reichstag, auseinandergerissen in der Bombennacht von Dresden, aufgewachsen in Ost- und in Westdeutschland, der eine in Pankow, der andere in Bonn. Wie er ihn im Fernsehen wiederentdeckt und Anita auf ihn angesetzt hatte und warum darüber damals niemand reden durfte. Aber nun sei, nach dem Mauerfall, alles ganz furchtbar schwierig geworden.

»Was ist furchtbar schwierig geworden?«

»Ich dachte zuerst auch, klasse, ich habe meinen Bruder wiedergefunden. Ein Grund zum Feiern. Aber die Freude hielt nicht lange. Der Herr Bruder aus Bonn fängt nun an, mir zu drohen. Er will mich hochgehen lassen. Er wisse genau, was ich im Büro von Markus Wolf gemacht habe und so weiter und so fort.« Er schwieg und blickte finster auf Krombachs Schrankwand aus Eiche. »Mit anderen Worten, wir müssen uns etwas einfallen lassen. Ich brauche deine Hilfe.«

Krombach verstand. Alexander steckte in Schwierigkeiten. Wenn der verfluchte Wessi aus Bonn den Laden hochgehen ließe, wäre auch er seinen Job los.

»Was schlägst du vor?«, fragte Krombach.

»Ich denke, du und ich haben gelernt, wie man solche Zecken loswird«, sagte Bock. »Damals in Belzig. Ich denke, wir müssen uns mal sein Auto näher angucken. Es steht, gar nicht weit von hier, auf einem Parkplatz.«

Der dürre Krombach lachte sein gackerndes Lachen. Er hatte verstanden. So einen kleinen Autounfall konnte man leicht inszenieren.

»Eigentlich müsste nur ein Marder die Bremsschläuche angefressen haben«, sagte er.

»Aber wie kriegt man das hin?«

»Ganz einfach!«

Krombach ging zu seinem Schreibtisch und holte von dort eine kleine Zange, die tatsächlich so aussah wie vier Schneidezähne eines Nagetiers.

»Mit diesem Ding entfernt man normalerweise Heftklammern«, erklärte er grinsend. »Aber wenn man damit einen Bremsschlauch bearbeitet, sieht der hinterher aus wie angenagt. Und dann heißt es: Da waren Marder am Werk. Nicht Mörder.« Wieder gackerte er laut. Er fand das Wortspiel besonders gelungen.

Eine halbe Stunde später standen sie auf dem leeren Parkplatz eines Supermarktes. »Dort, der Oldtimer ist es!« Bock deutete auf einen alten Daimler Sportwagen mit dem Nummernschild B – HS 900.

Wenige Tage nach diesem Treffen hatte Alexander die Sache allerdings wieder abgeblasen.

Krombach saß im Kabuff, als der Anruf kam. Er habe sich die Sache überlegt. Autounfall mit Marderbiss, das sei ja vielleicht doch zu unsicher, sagte Alexander.

»Wieso unsicher?«, fragte Krombach. »Du kannst dich drauf verlassen: Das funktioniert.«

»Und wenn nicht? Dann stehen wir beide blöd da.«

»Es gäbe noch eine andere Möglichkeit«, erwiderte Krombach. »Aber das sollten wir besser nicht am Telefon besprechen.«

»Was meinst du damit?«

»Kommst du heute noch mal in den Laden?«

»Nein, ich bin unterwegs. Aber was meinst du? Welche andere Möglichkeit gibt es?«

»Ich habe schon eine Idee, aber das kostet eine Stange Geld. Und ich kann es auch nicht selbst machen.«

Und dann war er so leichtsinnig gewesen, seinem Chef am Telefon in groben Zügen seinen Plan zu erzählen. Er kenne da einen Typ aus dem alten KGB-Beritt. Michail Solokov. Spezialist für besondere Fälle.

»Der pikt dich mit einer präparierten Nadel. Du denkst, das war ein Mückenstich. Und vier Stunden später hast du einen Herzinfarkt. Du bist tot. Und es gibt keine Rückstände.«

»Wie viel?«

»Was meinst du damit?«

»Na, wie viel will der Typ dafür haben?«

»Ich schätze mal zehntausend D-Mark.«

Und Bock, nach einer kurzen Pause: »Ich weiß, dass er zweimal im Monat in so eine Sauna in Steglitz geht. Du weißt schon, so eine mit Damenprogramm und allem, was dazugehört.«

»Ich dachte, der wäre in festen Händen. Weiß Anita das?«

»Keine Ahnung. Und wenn sie es weiß, dann lässt sie sich jedenfalls nichts anmerken. Der Kerl kriegt offenbar den Hals nicht voll.«

Sex in der Sauna, nicht schlecht, dachte Krombach.

»Würde dein Solokov das hinkriegen bis, sagen wir, Samstag den 22. Februar?«, fragte Bock.

»Muss ich ihn fragen. Aber ich glaube schon. Je nachdem, wo er gerade steckt, müsste das klappen.«

»Ruf ihn an! Samstag, 22. Februar. Braucht er eine Anzahlung?«

»Nein. Wir haben schon oft zusammengearbeitet. Er kennt mich und weiß, dass er sich auf mich verlassen kann. Ich brauche das Geld spätestens am 21. Februar. Ach ja, und natürlich ein Foto von ihm.«

»Wir machen es noch anders«, sagte Alexander. »Wir geben den verschlossenen Umschlag mit dem Geld und dem Foto Anita. Die soll es am 21. Februar Solokov übergeben.«

»Warum Anita?«, fragte Krombach.

»Weil dann wir beide schwören können, dass wir mit der Sache nichts zu tun haben. Voraussetzung ist allerdings, dass Anita nicht weiß, wozu das Geld ist, das sie Solokov gibt. Sicher ist sicher.«

»Und du glaubst, du schaffst das?«

»Das traue ich mir zu. Wir haben so viele Jahre zusammengearbeitet. Sie vertraut mir blind und ich ihr. Mach dir keinen Kopf. Du musst ihn jetzt nur anrufen und sagen, wo er Anita treffen kann. Den Rest kriegen wir hin.«

Sie hatten es hingekriegt.

Krombach hatte Solokov angerufen und sich danach nicht mehr gekümmert. Er wollte es gar nicht so genau wissen. Außerdem hatte Solokov gleich gesagt, er sollte sich keine Hoffnungen machen, er wolle ihn nicht treffen. Das hatte ihn wahnsinnig geschmerzt, er war rasend vor Eifersucht.

Aber alles hatte geklappt.

Dass aber Anita das Telefongespräch auf einem Stick gespeichert hatte, beunruhigte ihn sehr.

Krombach stand im Bonner Musikerviertel vor dem Hotel, in dem er Anita dank ihrer Handydaten geortet hatte, und überlegte, wie er es am besten anstellen könnte, sie freiwillig zur Rückkehr nach Potsdam zu bewegen. Er wollte ihr nichts antun. Sie hatten sich immer gut verstanden. Und sie müsste eigentlich wissen, dass er auf ihrer Seite stand und die ewigen Seitensprünge ihres Gatten immer missbilligt hatte.

Aber sie mussten Anita davon abbringen, mit diesem verfluchten USB-Stick zur Polizei zu rennen. Sie war offenbar so sauer über Alexanders Affäre mit der Portugiesin, dass es ihr egal war, ob sie sich, wenn sie zur Polizei ging, selbst belastete und ihn damit auch hineinzog. Das musste man ihr einfach klarmachen. Dann würde sie es bestimmt einsehen.

Tot oder lebendig wollte Alexander sie haben. Er würde ihr jedenfalls nichts tun, solange sie sich einsichtig zeigte, dachte KK.

Und wenn sie es nicht einsähe?

Dann würde er sie, sobald sie das nächste Mal wegfuhr, verfolgen und auf eine Gelegenheit warten, wo er sie überreden könnte, mitzukommen. Notfalls mit sanftem Zwang.

Den Peilsender hatte er, gleich nachdem sie am Samstagabend in ihrem Hotel verschwunden war, mithilfe eines Magneten unter dem Chassis ihres Mietwagens befestigt. Sicher ist sicher, hatte er gedacht. Am Sonntag hatte er vergeblich versucht, im Hotel zu erfahren, unter welchem Namen sie dort wohnte und vor allem in welchem Zimmer. Der Portier hatte nachgeschaut, aber keine Anita Bauer oder Anita Bock in dem Gästeverzeichnis gefunden. Daraufhin hatte Krombach ihm fünfzig Euro in die Hand gedrückt und ein Foto von ihr gezeigt, mit der Bitte, ihn sofort anzurufen, wenn er sie sähe.

Der Akku seines Handys war leer.

Deshalb ging er zum Telefonieren in eine öffentliche Telefonzelle beim Hauptpostamt auf dem Münsterplatz. Er wollte sich mit seinem Chef beraten.

DAS TAGEBUCH

Anita lag angezogen auf dem Bett in ihrem Hotelzimmer und blätterte im Bonner Generalanzeiger.

Auf der Titelseite sah man ein Foto der deutschen Fußballnationalmannschaft. Mit hängenden Köpfen verließen die Spieler den Platz. Sie hatten bei der Weltmeisterschaft in Moskau gleich das erste Spiel gegen Mexiko verloren.

Sie blieb im Vermischten bei den Horoskopen hängen. Es ging um das Sternzeichen der Zwillinge.

> *»Der 18. Juni fällt in die dritte und letzte Zwillinge-Dekade. Wie Wassermann und Waage gehört das Sternzeichen Zwillinge zu den Luftzeichen, denen in der Astrologie besondere Eigenschaften zugeschrieben werden. Zwillinge gelten als brillante Unterhalter, die es genießen, im Mittelpunkt zu stehen. Nicht selten wählen sie Berufe im Rampenlicht. Scharfe Beobachtungsgabe und gutes Ausdrucksvermögen prädestinieren im Sternzeichen der Zwillinge Geborene aber auch für publizistische Karrieren wie Schriftsteller oder Journalist. Darüber hinaus sind Menschen dieses Sternzeichens häufig in lehrenden und reisenden Berufen zu finden ...«*

Woher sie wohl diesen ganzen Quatsch nehmen, dachte sie. Trotzdem las sie den Bericht, denn beim Stichwort Zwillinge fiel ihr die sternenklare Dezembernacht auf dem Petersberg ein. Die Sage von »Kastor und Pollux« hatte er ihr damals auswendig aufgesagt. Er war eben ein Gedächtnisakrobat. Was er einmal gespeichert hatte, blieb in seinem Kopf. Sie hingegen mühte sich, wenigstens die wichtigsten Dinge nicht zu vergessen. Sie seufzte und nahm sich die dicke Kladde, ihr Tagebuch, vor. Auf Anhieb fand sie die richtige Seite.

28. Dezember 1971: Ausflug mit H. zum Petersberg. Dort ein herrlicher Sternenhimmel. H. zeigt mir das Sternzeichen der Zwillinge und erzählt die Sage von Kastor und Pollux. Total verliebt.

Sie blätterte weiter bis Anfang 1972 und las:

18. Februar 1972: Der General ist nervös. Sieht die Koalition in Bonn schon fast am Ende. Überläufer! Bock soll OV Brandtschutz leiten. Ich bin dabei.

20. Februar 1972: Dieses Wochenende wieder in Bonn bei H. Es ist einfach wunderbar mit ihm. Es ist, als ob wir uns schon hundert Jahre kennen. So etwas habe ich noch nie erlebt. Und er auch nicht, sagt er.

27. April 1972: Es ist geschafft. Wir haben Brandt und die Verträge gerettet. H. hat geholfen. Abends nicht zum Venusberg wie die anderen, sondern zu H. Habe ihm gesagt, was mit mir los ist. H. zunächst perplex, enttäuscht und abweisend. Dann aber, als ich ihm sagte, dass ich mich in ihn verliebt habe, wurde er wieder weich. Ich diktierte ihm die Erklärung, er schrieb sie eigenhändig. Sein Deckname ist Pollux.

30. April 1972: Mit Bock, Feller und Wolf bei Mielke. Große Ordensverleihung mit Sekt und Häppchen. Bock macht mir den Hof, aber er weiß, dass ich vergeben bin, und lässt mich gewähren. Wolf und überhaupt alle ahnungslos, was die Konstellation H. u. Bock betrifft. Habe die Stimmkarten an mich genommen.

Es hatte sich gut angelassen. Heinrich und sie waren ein Paar geworden. Es waren ihre schönsten Jahre, als er noch in Bonn war und sie ihn an fast jedem Wochenende besuchte. Unter Bocks Schutz durfte sie reisen, wann und wohin sie wollte.

Weder Markus Wolf noch Feller oder sonst irgendeiner beim MfS hatte eine Ahnung davon, was ihr Geliebter in Bonn mit Alexander Bock zu tun hatte. Sie selbst benutzte in ihrem Tagebuch immer nur das Wort »Konstellation«. Es war ein riskantes Spiel, aber sie hatte sich darauf eingelassen. Bock stand zu seinem Wort. Und Heinrich hatte keine Ahnung.

Im Sommer 1974 war es dann so weit.

Heute kam der Anruf aus dem Kanzleramt. H. fängt zum 1. Juli in der StäV an. Schmidt schickt Günter Gaus als Bonner Vertreter. Sehr gespannt, aber auch sehr optimistisch.

Ein Jahr später zogen sie nach Westberlin. Jetzt konnten sie jederzeit mit ihren Spezialausweisen zwischen den beiden Teilen der Stadt hin- und herpendeln, sie über den Bahnhof Friedrichstraße, er über den Grenzübergang Checkpoint Charlie. Er hatte auch eine Dienstwohnung in der Leipziger Straße, wo fast alle Mitarbeiter der Botschaft wohnten. Dort traf er sich allerdings nie mit Anita. Sie wussten, dass alle Wohnungen verwanzt waren.

Die Zeit nach dem Mauerfall war furchtbar. Heinrich lebte in der ständigen Furcht, enttarnt und verhaftet zu werden.

Das erste Treffen zwischen ihm und Alexander, kurz nach dem Fall der Mauer, war eine Katastrophe.

H. hat Alexander angeschaut, als sei er der Leibhaftige. Und eifersüchtig war er auch sofort. Er glaubt mir nicht, dass ich mit Alexander nur beruflich zu tun habe. Er unterstellt uns, dass wir hinter seinem Rücken schon die ganze Zeit ... Dabei ist er selbst auch kein Kostverächter. Grund zur Eifersucht hätte ich jedenfalls mehr als er.

Und an anderer Stelle:

Alexander hat mich seiner Mutter Annemarie vorgestellt. Sie ist nach einer Netzhautablösung vollständig blind, hat aber sehr schnell die Blindenschrift gelernt und bewegt sich in ihrem Viertel, als könne sie sehen. Sie ist sehr beliebt bei den Nachbarn, weil sie sich kümmert. Sie hat mir erzählt, wie allergisch Alexander darauf reagiert, wenn sie in seiner Gegenwart die schreckliche Bombennacht in Dresden erwähnt, bei der sie Bruno, den jüngeren Zwilling, verloren hat. Schon als kleines Kind habe er sich die Ohren zugehalten, wenn sie davon anfing. Er glaube wohl, dass ihr der verlorene Sohn mehr bedeute als er. Deshalb rede sie mit ihm schon seit Jahren nicht mehr darüber. Aber sie war schon sehr bekümmert darüber und ist froh, dass sie sich wenigstens mit mir über die schreckliche Zeit unterhalten kann.

Anita schreckte hoch. Sie merkte, dass sie zu träumen angefangen hatte und eingenickt war. Sie lag immer noch angezogen auf dem Bett in ihrem Hotelzimmer und hatte das Tagebuch vor sich liegen. Es war wohl das Klopfen an der Tür, was sie geweckt hatte. Es klopfte wieder.

»Herein!«, rief sie und richtete sich auf.

Eine junge Frau kam herein, die sauber machen wollte. Als sie sah, dass Anita auf dem Bett lag, entschuldigte sie sich und wollte sich zurückziehen.

»Kommen Sie ruhig herein«, sagte Anita freundlich. »Ich muss sowieso in die Gänge kommen.«

Sie sah auf die Uhr. Es war elf Uhr. Sie musste noch zwei Briefe schreiben und wollte irgendwo etwas essen gehen.

Draußen war es warm. Blauer Himmel, weiße Wölkchen, richtiges Urlaubswetter.

Am Freitag hatte sie ihr Handy stillgelegt und die SIM-Karte zerstört. Sie würde sich nachher ein Prepaidhandy kaufen.

Der Mietwagen, den sie sich besorgt hatte, stand um die Ecke in der Bachstraße. Anita überlegte, ob sie ins Siebengebirge oder in die Buschstraße zu Carola, Heinrichs Mutter, fahren sollte, einfach so als kleine Überraschung. Unterwegs könnte sie etwas Kuchen kaufen und der alten Dame damit eine Freude machen.

Sie hatte am Sonntagabend kurz mit ihr telefoniert und bei dieser Gelegenheit erfahren, dass Zink angerufen hatte. Er habe sich als alter Bekannter von Heinrich ausgegeben, Grüße ausgerichtet und gefragt, ob er sie demnächst einmal besuchen dürfe. Er müsse jetzt erst einmal nach Berlin. Aber danach, habe er gesagt, würde er sich bei ihr melden. Anita hatte es geahnt. Er war immer noch hinter der Spionagegeschichte her. Das musste sie ihm austreiben.

Dass er ihr nicht gleich auf den Leim gegangen war, sondern ihren Verführungskünsten bisher widerstanden hatte, fand sie erstaunlich. Obwohl er sie als Mann überhaupt nicht interessierte, fühlte sie sich herausgefordert. Es war, als müsste sie sich selbst beweisen, dass sie dazu immer noch und jederzeit in der Lage war. In ihrem Leben gab es bisher nur wenige Männer, denen es gelungen war, ihr zu entkommen, wenn sie es ernsthaft darauf angelegt hatte.

Insofern reizte er sie.

Auch die Hartnäckigkeit, mit der er seine Ziele verfolgte, war beeindruckend. Er war, darin ihrem Mann nicht unähnlich, offenbar nur schwer davon abzubringen, eine einmal begonnene Sache zu Ende zu bringen. Allerdings nervte sie seine pedantische Art, sein ständiges Erstens-Zweitens-Drittens, mit dem er seiner Umwelt und vermutlich auch sich selbst weiszumachen versuchte, dass alles, was er anpackte, und vielleicht sogar das Leben selbst, bis ins letzte Detail planbar sei.

Trotzdem, oder vielleicht gerade deshalb, brauchte sie ihn für ihren Rachefeldzug, den sie im Zorn begonnen, inzwischen aber ziemlich genau bis zum Ende durchdacht und geplant hatte. Sie musste ihn warnen. Auch er könnte gehackt worden sein. Vor Krombach war kein Handy und kein Computer sicher.

Während die Frau vom Zimmerservice das Bad säuberte, öffnete Anita die Hotelmappe mit Umschlägen und Briefpapier, die auf dem kleinen Schreibtisch in ihrem Zimmer lag. Sie nahm ein leeres Blatt heraus und schrieb mit ihrer schönen, klaren Handschrift einen Brief. Da sie keine Briefmarken hatte, beschloss sie, zur Hauptpost zu gehen.

Als sie die Post am Münsterplatz betrat, sah sie von hinten einen langen Kerl in der Telefonzelle. Sie erkannte ihn sofort.

Klaus Krombach war in der Stadt und suchte sie. Er hatte sich nicht täuschen lassen.

Anita verließ die Post. Niemand folgte ihr.

Am Friedensplatz kaufte sie sich in einem Elektrogeschäft ein Prepaidhandy. Anschließend bestieg sie ein Taxi und ließ sich in die Mozartstraße fahren.

Die Rezeption war leer.

Der Portier war nicht an seinem Platz. Sein Jackett hing über der Stuhllehne, aber der Stuhl sah aus, als sei er ganz plötzlich nach hinten gestoßen und nur durch die Wand daran gehindert worden, umzufallen. Vielleicht hat es pressiert, dachte Anita, und er sitzt noch auf dem Klo.

»Hallo?«, rief sie. Da sich nichts rührte, machte sie sich auf den Weg zum Fahrstuhl. Erst als sie sich von dort noch einmal umschaute, sah sie ein Foto, das auf dem Tisch des Portiers lag. Sie ging noch einmal zurück.

Es war ein Foto von ihr. Daneben lag die Visitenkarte von Krombach. Er hatte mit Kugelschreiber eine Handynummer draufgeschrieben.

Er war also nicht nur in Bonn, er wusste auch bereits, wo sie wohnte. Und er hatte dem Portier ihr Foto da gelassen, weil er vermutlich zurückgerufen werden wollte, sobald sie auftauchte.

Sie nahm die Visitenkarte und das Foto an sich und verließ das Hotel. Ihren Mietwagen, der um die Ecke in der Bachstraße stand, ließ sie stehen. In der Baumschulallee hielt sie ein Taxi an.

»Nach Bad Godesberg bitte, zur Rheinallee.«

PUZZLE

Werner Stuhl saß mit halb geschlossenen Augen in seinem Büro und schüttelte den Kopf. Was er eben erlebt hatte, mochte er einfach nicht glauben.

Vor zwei Tagen hatte er mit der Akte Maskerade seinen Bonner Kollegen Zink aus der Fassung gebracht, und der hatte sich jetzt gleich doppelt revanchiert. Er hatte ihm auf den Kopf zugesagt, dass Alexander Bock der Informant sei, von dem er die MfS-Akte Maskerade hatte. Und zweitens hatte er ihm bewiesen, dass der Spion Heinrich Sauerborn, den sie die ganze Zeit suchten, Bocks Bruder gewesen sein musste. Sauerborns Foto im Hausausweis des Bundestages ließ daran keinen Zweifel. Es hätte auch im Dienstausweis des Stasi-Offiziers Bock kleben können.

Die beiden sahen sich zum Verwechseln ähnlich.

Stuhl, der im Wasser immer noch so flink wie ein Fisch, am Land aber eher behäbig wie eine Schildkröte war, begriff allmählich, dass sie in ein deutsch-deutsches, in ein west-östliches Familien- und Spionagedrama geraten waren.

»Das glaubt uns keiner«, murmelte er. »Das nimmt uns niemand ab. Die erklären uns für verrückt! Es ist verrückt!« Er schlug mit der flachen Hand auf den Tisch und sah Zink ratlos an.

Zink hatte aus Anitas Erzählungen und den Eintragungen im Geburtenbuch eine Geschichte gebastelt, die zwar noch Lücken aufwies und auch immer noch unglaublich klang, die er aber trotzdem als Arbeitsgrundlage einigermaßen plausibel fand.

Stuhl sollte der Erste sein, dem er sie vortrug. Für Zink war es eine Art Probelauf.

»Stell dir bitte Folgendes vor: Ein Zwillingspaar aus Berlin-Pankow kommt in der Silvesternacht 1944/45 im Reichstagsgebäude zur Welt. Allein das ist doch schon einmal unglaublich.«

Stuhl nickte.

»Aber es stimmt. Du kannst es nachprüfen.«

Stuhl zündete sich eine Zigarette an.

Zink fuhr fort: »Es kommt aber noch dicker. Sechs Wochen nach der Geburt befindet sich die Mutter mit ihren Zwillingen in Dresden.«

»Warum in Dresden?«

»Vielleicht weil Dresden damals, im Unterschied zu Berlin, noch ziemlich heil war. Okay?«

»Okay.«

»Sie ist also mit ihren Zwillingen nach Dresden gefahren, und Dresden wird bombardiert ...«

»Richtig«, bestätigte Stuhl, »und zwar in der Nacht vom 13. auf den 14. Februar 1945.«

»Die Stadt wird bombardiert, und die beiden Zwillinge werden aus irgendeinem Grund getrennt.«

»Wie *getrennt*?«, fragte Stuhl.

»Was weiß ich. Als die Sirenen Entwarnung geben, schläft Bruno tief und fest. Die Kindsmutter hat nur eines im Sinn: raus, nur raus hier! Sie schnappt sich Alexander, der die ganze Zeit geschrien hat, und den Koffer und geht zur Tür. Sie hat keine Hand mehr frei, denn die gehbehinderte Tante klammert sich an ihren linken Arm. Deshalb lässt sie Bruno für ein paar Minuten im Keller zurück ...«

»Woher weißt du das?«

»Das erkläre ich dir gleich. Bruno liegt also allein in diesem verdammten Keller. Seine Mutter ist mit der Tante, dem Koffer und dem anderen Bruder rausgerannt, um alles in Sicherheit zu bringen.«

»Wissen oder Spekulation?«

»Bis hierhin Wissen«, sagte Zink. »Plötzlich taucht eine junge Frau auf, die das Kind allein im Keller findet.«

Wieder fragte Stuhl nach, ob die Frau erfunden sei.

»Es kann auch ein Mann gewesen sein. Ich habe aber Grund zu der Annahme, dass es eine Frau war, und ich weiß auch, wo ich sie finde. Sie wohnt nämlich in Bonn und heißt Carola Sauerborn.«

»Wie hast du die denn aufgetrieben?«

»Anita«, sagte Zink. »Das habe ich von Anita. Und Anita hat mir noch erzählt, was in dem Keller passierte, nachdem die Kindsmutter rausgelaufen war.«

»Okay.«

»Carola sieht Bruno im Keller, nimmt ihn an sich und verlässt den Keller. Und zwar wenige Sekunden bevor das ganze Haus krachend einstürzt, sie entkommt mit Mühe dem Inferno ...«

»Wobei es fast unmöglich ist, heil aus einem einstürzenden Haus zu kommen«, wandte Stuhl ein.

»Aber sie schafft es. Sie hat Glück und anschließend nur eins im Sinn: nichts wie weg aus dieser brennenden Stadt. So schnell wie möglich weg und ins Rheinland. Warum gerade ins Rheinland, weiß ich allerdings noch nicht. Aber das werde ich herausfinden.« Zink machte eine Pause und starrte auf seinen Notizblock. »Jetzt kommt noch etwas, was ich nicht begreife. Warum liefert die Frau das Findelkind nicht am nächsten Tag beim Roten Kreuz ab oder bei der Polizei?« Er schwieg und kritzelte etwas in seinen Notizblock.

»Vielleicht dachte sie, die Eltern sind tot«, sagte Stuhl. »Vielleicht hat sie sich immer schon ein Kind gewünscht, wer weiß?«

»Möglich«, antwortete Zink. »Es ist und bleibt aber trotzdem rätselhaft, weil die Frau sehr bald wusste, dass der Säugling, den sie gefunden hatte, mit Vornamen Bruno und mit Nachnamen Schmidt hieß und aus Berlin-Pankow kam. Bruno Schmidt aus Pankow.«

»Moment mal«, unterbrach ihn Stuhl. »Woher weißt du das?«

»Als sie den Säugling das erste Mal ganz aus den Windeln schält, findet sie eine Kunststoffhülle, die mit einem Pflaster auf seinen Bauch geklebt ist. Darin befindet sich, vier- oder fünfmal gefaltet, eine Urkunde, die aussieht wie diese.«

Zink holte die Kopien von Alexanders Geburtsurkunde und

der Geburtenbuch-Seite aus seinem Rucksack und legte beides auf den Tisch.

»Das hier ist die Geburtsurkunde des zuerst geborenen Zwillings, deines Freundes Alexander. Geboren am 31. Dezember 1944. So steht es auch hier im Geburtenbuch: Alexander Friedrich Wilhelm Schmidt. Dort stehen die Namen des Vaters, Kuno Bock, und der Mutter, Anna Maria Magdalena Florentine Schmidt.«

Stuhl verstand. »So bist du also auf den Namen Bock gekommen.«

»Nein, das hat Anita mir schon vorher erzählt«, erwiderte Zink. »Von ihr weiß ich auch, dass Annemarie, also die Kindsmutter, den beiden Zwillingen ihre Geburtsurkunden auf den Bauch geklebt hat.«

»Okay«, sagte Stuhl. »Diese Frau Sauerborn findet also auf dem Bauch des Säuglings, den sie aus dem Keller gerettet hat, eine Geburtsurkunde, aus der hervorgeht, dass es sich um Bruno Schmidt aus Berlin-Pankow handelt. Und wo ist diese Urkunde geblieben?«

»Wo Brunos Urkunde geblieben ist, kann ich nur vermuten, wahrscheinlich bei Carola Sauerborn. Vermutlich hat sie das Dokument aber weggeworfen. Das ist eine der Lücken, die ich noch schließen muss.«

»Und wie sind Heinrich und Alexander später zusammengekommen?«

»Das eben weiß ich auch nicht«, sagte Zink. »Ich weiß nur, dass es irgendwann passiert ist. Und ich glaube, es hat mit Anita zu tun. Denn die Geschichte geht weiter. Unter dem Namen Heinrich wächst Bruno in Bonn auf, wo seine Ziehmutter Carola den Romanistik-Professor Gustav Sauerborn heiratet, der ihren Sohn adoptiert. Heinrich studiert Jura, arbeitet im Bundeshaus, und zwar in dem Referat, wo auch die Stimmkarten für geheime Abstimmungen hergestellt werden.«

»Verstehe«, sagte Stuhl. »Und die Stasi beschafft sich über Sauerborn ...«

»Den sie besticht oder überredet und der dann später in Ostberlin auch für das MfS aus der Ständigen Vertretung berichtet, die beiden Stimmkarten«, ergänzte Zink.

Die beiden Freunde sahen sich an.

»Du hast recht«, sagte Stuhl. »Die Geschichte glaubt uns niemand. Die ist ja noch verwickelter als deine Theorie über die doppelten Stimmkarten.«

»Aber ohne die doppelten Stimmkarten wäre ich auf die doppelten Brüder nie gekommen.«

»Das stimmt auch wieder«, gab Stuhl zu.

»Du bist ja nun mit Alexander Bock befreundet«, sagte Zink.

Er machte eine Pause und sah Stuhl an, dem die Frage offensichtlich peinlich war. Er wand sich.

»Sagen wir mal so: Er hat mich noch nie beschissen, und er hat mich 1987, als ich meine Flucht in den Westen plante, nicht verraten, obwohl er davon wusste. Das vergesse ich ihm nicht.«

Aber Zink ließ nicht locker: »Kämst du in Loyalitätskonflikte, wenn wir beide gemeinsam die Geschichte des Ost-Zwillings Alexander Bock recherchierten?«

»Er hat mich nicht beschissen, also werde ich das auch nicht tun«, entgegnete Stuhl. »Ich werde dir helfen, so gut ich kann. Das heißt, ich kann dir erzählen, was ich jetzt schon über ihn weiß. Aber ich will nicht, dass er durch mich in Schwierigkeiten kommt.«

»Okay«, sagte Zink. »Das ist eine faire Ansage. Umgekehrt wirst du aber auch nichts tun, was meine Recherche erschwert. Mit anderen Worten: Du wirst ihm nichts von dem erzählen, was ich über ihn herausbekomme.«

»Einverstanden!«

Dann erzählte Stuhl alles, was er über Alexander Bock und seinen Baumarkt wusste: »Das war früher ein kleines Landmaschinen- und Gartenbau-Kombinat. Alexander Bock hat den Betrieb als kleine Klitsche Anfang der Neunzigerjahre von der Treuhand gekauft, zum symbolischen Preis von einer D-Mark.«

»Wie ging das denn?«

»Kann ich dir auch nicht sagen. Er bekam jedenfalls den Zuschlag, und er hat dann diese Klitsche innerhalb kürzester Zeit zu einem der größten Bau- und Freizeitmärkte der Republik ausgebaut. Mehr als fünfundzwanzigtausend Beschäftigte, Filialen in fast allen Bundesländern. Ein gut gehendes, glänzendes Unternehmen. Eine absolute Erfolgsgeschichte. Ich habe deshalb über ihn und das Unternehmen sogar schon einmal eine größere Reportage geschrieben.«

»Hast du die noch?«

»Ich glaub schon.« Stuhl suchte den Text in seinem Computer. »Hier ist er. Ich habe den Artikel damals eingescannt, sogar mit einem Foto.«

Noch einmal holte Zink den Hausausweis von Heinrich Sauerborn aus der Tasche. »So sah Heinrich Sauerborn 1970 aus. Und von wann ist das Foto, das deine Zeitung zu deinem Artikel über Alexander Bock gestellt hat?«

»Na ja, ich denke, das war 2010, vor acht Jahren.«

Auch hier war die Ähnlichkeit nicht zu übersehen.

»Kannste ihn mir ausdrucken?«, bat Zink. »Und steht da auch etwas drin über seine frühere Arbeit beim MfS?«

»Nee«, sagte Stuhl. »So genau steht das da nicht drin.«

»Und warum nicht?«

»Versteh doch!« Stuhl breitete seine Arme aus. »Es steht nur drin, dass er in der DDR viele Jahre mit Markus Wolf zu tun hatte, weil er um ein paar Ecken mit ihm verwandt war. Aber das hatte mit seiner neuen Firma eigentlich nüscht zu tun.«

»Na ja«, sagte Zink. »Ganz unwichtig war es aber auch nicht...«

»Als er den Laden kaufte, spielte Markus Wolf schon lange keine Rolle mehr. Er hat das damals gemacht, weil er sich noch nicht alt genug fühlte, den ganzen Tag rumzusitzen, Däumchen zu drehen und aufs Arbeitslosengeld zu warten. Außerdem hat er nie einen Hehl daraus gemacht, dass er bei der Stasi war. Das steht sogar in seinem offiziellen Lebenslauf.«

»Auch dass er Adjutant von Markus Wolf war?«

»Nee, das hat er mir damals mal erzählt. Und dass er ihn ›Onkel Mischa‹ nannte, weil Bocks Vater, glaube ich, ein Vetter von dem Wolf war. Die kamen beide aus dem Kaff im Schwabenland, wo die alte Burg der Hohenzollern steht. Aus Hechingen kamen die. Aber wie gesagt: Das weiß ich nur von ihm. Das habe ich damals nicht so detailliert geschrieben.«

»Und wie schätzt du ihn ein?«

»Wir sind früher, also Anfang der Siebziger, oft zusammen zum Schwimmen raus an den Wandlitzsee gefahren. Da hat er dann gelegentlich aus der Schule geplaudert, mit welchen Holzköpfen er und sein Chef Mischa Wolf teilweise zu tun hatten. Zwischen Mielke und Wolf gab es andauernd Krach. Sie konnten sich nicht leiden, keiner traute dem anderen über den Weg, aber jeder war auf den anderen angewiesen.«

»Also mochte Alexander diesen Mielke auch nicht leiden.«

»Genau so war es. Er war zwar bei der Stasi, aber er ist eine ehrliche Haut geblieben. Und er war keiner von diesen schmallippigen Ideologie-Karrieristen. Klar, er war bei der Stasi. Das kann man ihm natürlich um die Ohren hauen. Aber ich bleibe dabei: Er war eine ehrliche Haut. 1987 hat er zum Beispiel gewusst, dass ich die Schnauze vollhatte von der DDR und nicht mehr zurückkommen wollte. Und er hat mich nicht verpfiffen.«

»Was hat er denn gemacht, als Wolf wegen Mielke den Dienst quittierte?«

»Wolf hatte ihn ja bereits Anfang der Achtziger zum Leiter der Abteilung X gemacht. Und bevor er selbst seinen Posten räumte, hat er Alexander Bock zum Direktor der Juristischen Hochschule in Potsdam-Golm befördert.«

»Du glaubst also, dass er trotz allem ein anständiger Kerl geblieben ist?«

»Ja«, antwortete Stuhl. »Für Alexander Bock lege ich meine Hand ins Feuer.«

Hoffentlich verbrennt sie nicht, dachte Zink.

DER PLAN

»Und Sie sagen, sie hat es tatsächlich noch vor ihrem Tod gehört?«, fragte Isolde Hahn. Sie wischte sich die Tränen aus dem Gesicht. Die Nachricht von Annemaries Tod hatte sie unvorbereitet getroffen. Noch mehr rührte es sie, als Anita ihr versicherte, sie habe ihrer Freundin mit dem Hörbuch eine Freude gemacht.

»Sie hat es nicht nur gehört«, bekräftigte Anita. »Sie war fasziniert und hat es ganz toll gefunden. Bei meinem letzten Besuch vor ihrem Tod hat sie mich deshalb sogar ausdrücklich gebeten, Ihnen auszurichten, wie sehr sie sich darüber gefreut habe.«

Das stimmte absolut nicht.

Ihre Schwiegermutter hatte kein Wort darüber verloren und sie auch nicht beauftragt, ihrer Freundin Isolde irgendetwas auszurichten. Sie hatte sich das Hörbuch angehört, das stimmte. Aber niemand wusste, ob sie das Stück, das von der Zerstörung Dresdens handelte, gut fand. Anita selbst, nachdem sie nur wenige Minuten hineingehört hatte, bezweifelte das sogar. Den Text und die düstere Handlung fand sie ganz schrecklich.

Aber das spielte jetzt keine Rolle. Anita hatte wenig Zeit, Klaus Krombach war hinter ihr her. Deshalb war sie in großer Eile zur Post nach Bad Godesberg gefahren, um die beiden Umschläge abzuschicken. Unterwegs hatte sie sich telefonisch mit Isolde Hahn verabredet. Ihr waren Zweifel gekommen, ob das Geburtenbuch, wenn Zink es ihr denn tatsächlich irgendwann einmal beschaffte, wirklich genügen würde, um das zu beweisen, was sie beweisen wollte.

Einem cleveren Anwalt war durchaus zuzutrauen, dass er ihren Plan durchkreuzte. Er würde zwar nicht bestreiten können, dass das Muttermal nur bei Bruno eingetragen worden war. Aber war dies schon der Beweis, dass wirklich nur Bruno es hatte?

Wenn auch Alexander ein Muttermal gehabt hätte, was bei eineiigen Zwillingen durchaus möglich, wenn nicht sogar die Regel war, bestand dann nicht die Möglichkeit, dass man lediglich vergessen hatte, es bei ihm in der Rubrik »Besondere Merkmale« einzutragen? Dritte Möglichkeit: Wäre es nicht sogar vorstellbar, dass sich so ein Muttermal erst Jahre nach der Geburt ausbildet?

Viele Fragen, mit denen ein guter Anwalt die Beweiskraft des Dokuments infrage stellen und es durchlöchern könnte. Anita musste jemanden finden, der Alexander und Bruno gleich nach der Geburt gesehen hatte und bezeugen konnte, dass es sich genau so verhielt, wie es im Geburtenbuch stand, dass also nur Bruno das Muttermal hatte. Nach Annemaries Tod war Isolde die einzige dafür infrage kommende noch lebende Person.

Das Hörbuch hatte Anita nur als Türöffner benutzt. Zum Beweis, dass es sich wirklich um das Stück handelte, das Isolde vor drei Monaten ihrer Freundin geschickt hatte, zeigte sie ihr den Umschlag, in dem das Geschenk bei Annemarie in Potsdam gelandet war.

Sie hatte, um Isolde zu beeindrucken und ihr Vertrauen zu gewinnen, die Geschichte erfunden, Annemarie Bock habe, als man sie morgens tot im Bett fand, sogar noch den Kopfhörer aufgehabt und der CD-Player sei eingeschaltet gewesen. »Vermutlich war es das Letzte, was sie hörte, bevor sie starb«, schloss sie ihren Bericht. »Annemarie ist also gewissermaßen mit Ihrem Geschenk im Ohr eingeschlafen.« Sie schwieg, um ihre Worte wirken zu lassen. Und sie merkte schnell, dass ihr Kalkül aufging.

Dass das Hörbuch von Harry Mulisch ihre Freundin bis in den Tod begleitet habe, empfand Isolde als einen besonderen Trost, denn das Geschenk war auch in ihrer Familie umstritten. Ihre Tochter Inge hatte gemeint, so etwas könne sie einer Frau nicht schenken, die bei der Bombardierung Dresdens ein Kind verloren habe. Das reiße nur alte Wunden auf. Im Nachhinein waren ihr selbst Zweifel gekommen, ob ihre Tochter nicht recht hatte.

Deshalb war sie erleichtert, als sie nun hörte, dass Annemarie sich über das makabre Stück des holländischen Autors gefreut und ihrer Schwiegertochter ausdrücklich aufgetragen hatte, ihr dafür zu danken.

»Sie hat sich von Ihnen verstanden gefühlt«, wiederholte Anita.

»Das freut mich«, antwortete Isolde. »Das freut mich wirklich. Ich habe es ihr nämlich genau deshalb geschickt, um ihr zu zeigen, dass ich an sie denke und sie mit ihrer Trauer nicht allein ist.«

Sie saßen in Isoldes Wohnzimmer. Draußen schien die Sonne, die Fenster standen offen, man hörte die Vögel zwitschern, und wenn man aufstand, konnte man den Petersberg am gegenüberliegenden Rheinufer sehen. Hier wohnte Isolde seit ein paar Jahren. Ab und zu besuchten ihre Tochter Inge und deren Kinder sie. Sie fühlte sich gesund und war mit ihrem Leben zufrieden.

Sie bestand darauf, dass Anita Tee mit ihr trinken müsse. Und dann erzählte sie ihr, wie Annemarie sie im Januar 1945 aus den Trümmern ihres zerstörten Miethauses in der Pankower Wollankstraße herausgeholt und wie sie mit ihr zusammen für einige Zeit im Krämerladen Unterschlupf gefunden hatte. »Leider ist sie dann im Februar nach Dresden gefahren, wo sie in der Bombennacht ihren Bruno verlor.«

Jetzt sah Anita eine Gelegenheit, ihr Anliegen vorzubringen. »Auch ich habe mit ihr oft über Bruno gesprochen«, sagte sie. »Ich weiß, dass sie sich nie verziehen hat, dass sie ihn damals für fünf Minuten aus den Augen gelassen hatte. Aber Sie«, fügte sie nach einer kleinen Pause hinzu, »Sie haben doch beide Zwillinge noch gekannt.«

Isoldes eben noch traurige Miene hellte sich auf. »Oh ja, natürlich habe ich die beiden gekannt. Die Zwillinge waren damals, in dem Kriegswinter 1945, für mich und Annemarie ein großer Trost und das Versprechen, dass das Leben weitergeht, trotz Tod und Krieg. Deshalb war ja das, was dann mit

Bruno passierte, ein so furchtbares Unglück.« Sie schwieg und schnäuzte sich.

Auch Anita schwieg.

»Bruno«, sagte sie nach einer kleinen Pause, »Bruno ist neben dem Hörbuch der zweite Grund, weswegen ich Sie heute aufgesucht habe.«

Dann erzählte sie ihr die Geschichte, die sie sich im Taxi auf dem Weg nach Bad Godesberg ausgedacht hatte: Kurz nach Annemaries Tod sei bei ihr und Alexander ein Mann aufgetaucht, der behauptete, er sei der tot geglaubte Bruder Bruno.

»Um Gottes willen!« Isolde schlug entsetzt die Hände vors Gesicht. »Das ist ja furchtbar!«

Es gebe in der Tat gewisse Ähnlichkeiten, fuhr Anita fort. Sie und auch ihr Ehemann Alexander, Inhaber der bekannten Supermarktkette Bocks Bau- und Hobbymarkt, fürchteten aber, der Mann sei ein Betrüger. Er spekuliere womöglich darauf, dass Alexander, der ja auch nicht mehr der Jüngste und kinderlos sei, das Zeitliche segnen und er als angeblicher Bruder dann Erbansprüche geltend machen könnte.

Es gebe allerdings eine Möglichkeit, dies auszuschließen. Ihre Schwiegermutter Annemarie habe immer erzählt, Bruno, und nur er, habe ein blaues Muttermal unter dem Bauchnabel gehabt. Dies sei auch im Geburtenbuch der Charité ausdrücklich vermerkt. Leider aber sei das Geburtenbuch verschollen, und selbst wenn man es fände, könnte es sein, dass der Beweiswert dieses Vermerks vor Gericht nicht ausreiche.

Deshalb brauche sie Isoldes Hilfe.

»Sie haben die beiden doch gesehen?«

»Ja, natürlich, mehr als einmal.«

»Und dabei haben Sie gesehen, dass nur Bruno dieses blaue Muttermal hatte, Alexander hingegen nicht.«

»Ja«, bestätigte Isolde, »ich weiß sogar noch, dass wir damals darüber gescherzt haben, dass ausgerechnet Bruno, der Braune, dieses blaue Muttermal hatte. Annemarie wusste, wenn die beiden zusammen in der Zinkbadewanne saßen, immer genau, wer Bruno und wer Alexander war. Und ich wusste das auch.«

»Könnten Sie das, was Sie eben gesagt haben, vor einem Notar in Form einer eidesstattlichen Versicherung zu Protokoll geben?«, fragte Anita.

»Ja klar könnte ich das«, sagte die alte Dame freundlich. »Aber das ist doch heutzutage gar nicht mehr nötig. Wenn der Mann ein Betrüger ist, und ich zweifele nicht daran, dann kann man ihn doch mit einem einfachen Gentest überführen. Dazu brauchen Sie nur eine Zahnbürste von ihm und Ihrem Mann und keinen teuren Notar.«

Anita schwieg. Die Frau hatte natürlich recht. Wenn es so wäre, wie sie es gerade geschildert hatte, dann würde ein Gentest reichen. Aber so war es ja nicht. Deshalb musste sie sich etwas einfallen lassen, um die alte Dame zu überzeugen. Isolde war gerade neunzig geworden, aber, wie sie beteuerte, immer noch klar im Kopf und gut zu Fuß. Jeden Tag ging sie am Rhein spazieren.

»Sie haben recht«, sagte Anita. »Alexander und ich haben daran auch schon gedacht. Bisher ist es ja nur eine Vorsichtsmaßnahme. Wir wissen nicht, ob der Mann es wirklich darauf ankommen lassen will, als Betrüger entlarvt zu werden. Alexander aber ist immer übervorsichtig. Er ist Geschäftsmann und will kein Risiko eingehen. Es soll auch nicht am Geld scheitern, und ich würde dafür sorgen, dass der Notar hier bei Ihnen erscheint. Ich wäre Ihnen wirklich sehr verbunden, wenn Sie es für uns machten.«

Isolde sah sie prüfend an. »Was soll ich schreiben?«

Sie brauche nur ein paar kleine Sätze, um ihre Erbansprüche vor dem Zugriff des Betrügers zu sichern, versicherte Anita. Und da Isolde bereit war, diese Sätze aufzuschreiben, diktierte sie sie ihr. Als sie damit fertig waren, erklärte sie ihr, wie es weitergehen sollte. Ein befreundeter Journalist namens Kurt Zink werde Isolde in den kommenden Tagen anrufen und fragen, wann er in Begleitung eines Notars bei ihr erscheinen dürfe, um die eidesstattliche Versicherung notariell beglaubigen zu können. Sie selbst sei in Eile und müsse unbedingt nach Potsdam zurück. Zink habe ihr volles Vertrauen.

Anita verabschiedete sich erleichtert und ging. Unten am Rheinufer setzte sie sich in das Lokal an der Godesberger Bastei, bestellte einen Grauburgunder, sah auf den Fluss und dachte nach. Es hatte keinen Zweck, vor Krombach wegzulaufen. Es gab aber eine Möglichkeit, sich mit ihm zu arrangieren. Anita löste den USB-Stick, den sie an ihrem Schlüsselbund trug, von dem Schlüsselring und legte ihn vor sich auf den Tisch. Dann holte sie die Visitenkarte mit Krombachs Handynummer aus der Tasche und rief ihn an.

UNTREUE TREUHAND

Zum Glück hatte Stuhl die Unterlagen über den VEB Landmaschinen- und Gerätebau noch nicht weggeworfen. Er fand sie ziemlich schnell in seinem Handarchiv.

Vor acht Jahren, als er die Geschichte über den tüchtigen Ost-Unternehmer Alexander Bock und seinen florierenden Baumarkt recherchierte, war er in das brandenburgische Großbeeren südlich von Berlin gefahren. Dort wurden seit 2007 die Sach- und Personalakten aller von der Treuhandanstalt privatisierten Betriebe aus der ehemaligen DDR aufbewahrt, insgesamt zweihundertfünfzig Kilometer Akten. Stuhl kannte jemanden, der in dem riesigen Archiv beschäftigt war und ihm tatsächlich helfen konnte.

Die Treuhandakte zum VEB Landmaschinen- und Gartenbau Potsdam, die er sich damals zeigen und kopieren ließ, umfasste nur wenige Seiten.

Die Firma war von der bundeseigenen Privatisierungs-Gesellschaft 1991 zunächst für zweihunderttausend D-Mark angeboten, aber schließlich zum Symbolpreis von nur einer D-Mark verramscht worden.

Und als Stuhl jetzt die Unterlagen noch einmal genauer las, machte er eine überraschende Entdeckung. Die Aktenvermerke der Treuhand zu dieser Transaktion trugen entweder die Paraphe »HS« oder die Unterschrift Heinrich Sauerborn. Er war als Vertreter der Treuhand federführend. Über seinen Schreibtisch lief der gesamte Schriftverkehr.

Der zunächst geforderte Kaufpreis entsprach der Summe, die ein Gutachter ermittelt hatte. Außerdem war festgelegt worden, dass nur der Bieter den Zuschlag bekommen sollte, der mindestens fünfunddreißig der fünfzig Beschäftigten übernahm.

Sauerborn hatte aber alles getan, um die Verkaufssumme nach unten zu drücken. Bereits am 20. Juni 1991 hielt er in einem Aktenvermerk fest, dass der Betrieb aufgrund seiner völlig veralteten Infrastruktur unmöglich für zweihunderttausend D-Mark verkauft werden könne. Der Maschinenpark besitze allenfalls Schrottwert. Deshalb halte er eine Reduzierung um die Hälfte des Preises für angemessen.

Ein Abteilungsleiter hatte sein Einverständnis gegeben.

Ende Juli 1991 notierte Sauerborn: Auch hunderttausend D-Mark wolle niemand zahlen.

Darauf erbat der Abteilungsleiter eine aktuelle Wert-Analyse. Sauerborn antwortete am 15. August: »Eine von einem Gutachter erstellte Wertanalyse nützt in diesem Fall wenig. Die Nachfrage entscheidet über den realen Marktwert, und der tendiert gegen null. Es gibt derzeit drei Interessenten. Aber keiner will mehr als zwanzigtausend zahlen.«

Der Abteilungsleiter wollte allerdings nicht darunter gehen. Darauf wieder Sauerborn am 10. September 1991: »Nach Rückkehr aus dem Urlaub finde ich eine völlig neue Lage vor. Alle drei Interessenten sind abgesprungen. Beiliegend die Bewerbung von Alexander Bock. Er bietet eine D-Mark für das ganze Unternehmen und ist bereit, im Gegenzug viel Geld in die Infrastruktur zu investieren.«

Noch am gleichen Tag schrieb der Abteilungsleiter zurück, dass er einverstanden sei.

Daraufhin hatte Sauerborn Herrn Alexander Bock einen Brief geschrieben, in dem stand, dass die Treuhandanstalt des Bundes sich unter Abwägung aller Gesichtspunkte für ihn entschieden habe.

Zum Preis von einer Mark wurde, wie man dem in der Anlage beigefügten und von Sauerborn abgezeichneten Kaufvertragsentwurf entnehmen konnte, nicht etwa nur das verrottete Inventar verkauft. Bock bekam alle Immobilien nebst darauf befindlichen Häusern beziehungsweise Werkshallen, die der VEB Landmaschinen- und Gartenbau einst genutzt hatte. Darunter auch ein 1955 enteignetes Seegrundstück mit einer abrissreifen

Villa, ferner eine komplette Gärtnerei mit sechs Gewächshäusern nebst Wohn- und Bürohaus, Eiskeller und Fischteich, und außerdem noch ein paar andere Grundstücke am Stadtrand, die von den Mitarbeitern des Betriebs als Schrebergärten genutzt worden waren.

Die Bedingung, dass von den fünfzig früher in der Firma Beschäftigten mindestens fünfunddreißig übernommen werden mussten, tauchte in dem Vertrag nicht mehr auf. Sie war stillschweigend unter den Tisch gefallen.

Zum Notartermin am 17. September, einem Dienstag, bei dem der Vertrag unterzeichnet werden sollte, hatte sich Sauerborn krankgemeldet. An seiner Stelle erschien sein Stellvertreter Matthias Brecht beim Notar. Auch dies war in einer Aktennotiz festgehalten worden.

»Scheiße«, sagte Stuhl. »Wenn ich gewusst hätte, was ich jetzt weiß, hätte ich eine ganz andere Geschichte geschrieben. Ich dachte damals zwar schon: Donnerwetter, da hat der Bock die Treuhand ganz schön über den Tisch gezogen. Aber dass die Vertragspartner in Wahrheit Brüder waren, das habe ich nicht geahnt.«

»Konntest du ja auch nicht. Alle Verhandlungen wurden schriftlich geführt. Käufer und Verkäufer wurden nie zusammen gesehen. Nicht einmal beim Notar trafen sie zusammen ...«

»Weil sich Heinrich Sauerborn genau an diesem Tag krankschreiben ließ.«

Stuhl dachte kurz nach. »Trotzdem war es riskant, was die beiden damals machten. Auch der Stellvertreter, der anstelle von Sauerborn zum Notar kam – wie hieß er doch gleich? Brecht, Matthias Brecht, der hätte die Ähnlichkeit sofort erkennen können.«

»Nicht unbedingt«, sagte Zink und holte das Passfoto heraus, das ihm der Kanzleramtsminister überlassen hatte. »Sauerborn trug damals einen Vollbart.«

»Stimmt«, sagte Stuhl. »Sie haben an alles gedacht.«

In sein Notizbuch schrieb Zink unter die Rubrik »Sicher«: »Treuhand-Transaktion 1991 Mauschelei unter Brüdern.«

RUSSISCHES ROULETTE

Alexander Bock lief unruhig in seinem gläsernen Büro auf und ab. Bisher hatte er, dank der Hilfe von Krombachs Hintermännern, die Zinks Computer angezapft hatten, immer gewusst, was der Journalist im Schilde führte. Seit ein paar Tagen aber hatte Zink seinen Laptop nicht mehr angerührt. Bock hatte die Kontrolle über ihn verloren. Er wusste nicht, wie weit der Schnüffler mit seinen Recherchen gekommen war. Kannte er inzwischen das Geheimnis der Zwillinge? Wusste er bereits, wer Heinrich Sauerborn wirklich war?

Er hielt große Stücke auf Zink. Schließlich hatte der Mann seinerzeit als Einziger den Stimmkartentrick durchschaut, den Bock ersonnen hatte und auf den er immer noch stolz war. Deshalb hatte er anfangs die Idee seiner Frau Anita durchaus verlockend gefunden, diesen Zeitzeugen als Autor seiner Lebensgeschichte zu gewinnen. Wer sonst hätte die historische Rolle, die Bock als Adjutant des Spionagechefs Markus Wolf damals gespielt hatte, besser würdigen können als er?

Aber nun war eine neue Lage entstanden. Bock wusste nicht, was Anita plante und was sie Zink verraten hatte, um ihm zu schaden. Seine Bewunderung war der Angst gewichen, durchschaut und öffentlich angeprangert zu werden.

Zwar hatte er das verräterische Blatt in dem Geburtenbuch der Charité gerade noch rechtzeitig aus dem Verkehr ziehen können. Doch ganz sicher war er nicht. Gab es eine Kopie? Hatte man das alte Geburtenbuch bereits eingescannt? Musste er seine Leute anweisen, in die Computer des Instituts der Charité einzudringen und die verräterische Seite zu löschen?

Vor ein paar Tagen hatte der Journalist Werner Stuhl bei ihm angefragt, ob er etwas über Heinrich Sauerborn wisse, nicht für sich selbst, hatte er gleich hinzugefügt, er frage im Auftrag seines Freundes Zink. Bock kannte Stuhl. Er hatte vor acht Jahren einen schönen Artikel über ihn und den Baumarkt geschrieben. Vielleicht wusste Stuhl, wie weit sein Freund Zink inzwischen gekommen war.

Bock beschloss, ihn auszuhorchen. Er rief ihn an.

Sie waren um halb acht in einem teuren Restaurant in Potsdam verabredet, ganz in der Nähe des Schlosses, direkt am Wasser. Ein schönes Plätzchen. Bock hatte hier früher oft mit Anita gesessen. Stuhl war wie immer pünktlich. Sie saßen draußen auf der Terrasse, es war ein warmer Sommerabend und Stuhl rauchte.

Bock hatte, obwohl ihr Tisch im Schatten stand, eine Sonnenbrille auf.

Der Kellner stand erwartungsvoll neben ihnen.

»Rauchst du eigentlich nicht mehr?«, fragte Stuhl.

»Schon lange nicht mehr. Ich habe es, Gott sei Dank, aufgegeben.«

»Stimmt«, sagte Stuhl. Er erinnerte sich, dass Bock auch schon vor acht Jahren, als er ihn interviewt hatte, bereits clean gewesen war.

Er bestellte Rinderfilet mit Gemüse – ohne Kartoffeln.

Bock, der sich aus Essen nie viel gemacht hatte, überlegte nicht lange und bestellte dasselbe.

»Ich muss abnehmen«, erklärte Stuhl. »Keine Kohlenhydrate am Abend.«

»Und?«, fragte Bock. »Wein? Bier? Champagner? Du bist mein Gast.«

»Ich nehme ein Bier.«

»Das hat aber auch Kohlenhydrate«, merkte Bock an. Er lachte und bestellte Wasser.

Der Kellner verschwand.

»Früher hast du immer Bier getrunken«, sagte Stuhl und grinste. Sie hatten sich damals in den Siebzigern gern einen hinter die Binde gegossen.

»Ja, früher. Heute trink ich kaum noch«, sagte Bock. »Ab und an mal ein Glas Wein, aber kein Bier.«

Eine Weile schauten sie den Enten zu, die auf dem Wasser schwammen.

»Was macht dein Freund Zink?«, fragte Bock.

»Ich glaub, dem geht's ganz gut.«

»Woher kennt ihr euch eigentlich?«

Stuhl erzählte ausführlich, wie er Zink nach dem Mauerfall in Berlin kennengelernt hatte. Warum er mit ihm besser ausgekommen war als mit den meisten anderen Wessis, die glaubten, sie könnten ihm, dem Ossi, erklären, wie die DDR funktioniert hatte. Wie sie dann einige Geschichten zusammen recherchiert und geschrieben hatten und Freunde geworden waren. Sie hatten zum Beispiel Ibrahim Böhme, den Spitzenkandidaten der SPD, nach der Volkskammerwahl 1990 als Spitzel überführt.

Der Journalist redete, der Unternehmer hörte zu. Zwischendurch aßen sie. Stuhl bestellte ein weiteres Bier, und Bock orderte dann doch ein Glas Wein. Erst als sie mit dem Essen fertig waren, kam Bock zur Sache.

»Du wirst es nicht glauben«, begann er. »Aber ich kenne diesen Zink auch ziemlich gut, vermutlich sogar länger als du. Trotzdem frage ich mich, ob ich ihm trauen kann.«

»Du kennst ihn?«, fragte Stuhl. Er wirkte konsterniert und überrascht, dass sein Gegenüber erst jetzt damit herausgerückt war.

»Nicht persönlich«, sagte Bock. »Ich kenne ihn aus der Zeit, als er noch Journalist in Bonn war. Ich kenne ihn nur als Leser seiner Artikel.«

Zink, erläuterte er dann umständlich, habe besser als andere Bescheid gewusst, was zum Beispiel beim Misstrauensvotum 1972 gelaufen sei, bei dem ja, wie Stuhl vielleicht wisse, er, Alexander Bock, eine ganz bestimmte Rolle gespielt habe, die leider bisher nicht richtig gewürdigt worden sei. »Und ich hatte die Hoffnung«, schloss er, »dass dein Freund Zink diese meine

Rolle jetzt endlich angemessen beschreiben könnte. Deshalb wollte ich von dir wissen, was du von ihm hältst. Schließlich ist und bleibt er ein Wessi.« Er wischte sich mit der Serviette den Mund ab und fixierte Stuhl.

Der verknotete die Arme vor dem Bauch und schwieg eine Weile. Dann sagte er: »Jedenfalls gehört er zu der inzwischen ziemlich seltenen Sorte von Journalisten, die allen Informationen und allen Informanten erst einmal misstrauen. Und der erst dann etwas aufschreibt, wenn er hundertprozentig sicher ist, dass es stimmt. Er kann im Unterschied zu mir keine Geschichten erfinden.«

Bock wusste nicht genau, ob ihm diese Antwort weiterhalf.

Der Kellner fragte, ob die Herren noch Wünsche hätten. Stuhl bestellte einen Espresso und einen Obstler, Bock wollte nur einen Kaffee.

»Sag mal«, fragte Stuhl, als der Kellner wieder weg war. »Stimmt es eigentlich, dass du einen Zwillingsbruder in Bonn hast?«

Scheiße, dachte Bock. Er hat es also rausbekommen. »Wie kommst du da drauf?«, fragte er stattdessen und versuchte zu lächeln.

»Zink hat es mir erzählt. Er hat mir auch deine Geburtsurkunde und den Auszug aus dem Geburtenbuch gezeigt, die das belegen. Du und Bruno Schmidt, der später Heinrich Sauerborn hieß, ihr hattet dieselbe Mutter und denselben Vater.«

Bock schluckte. Das Geburtenbuch, dachte er. Sie hatten es also doch schon eingescannt. Nach außen behielt er seine Fassung und lächelte wieder.

»Na gut, wenn du's ohnehin weißt, warum fragst du mich dann? Ja. Es stimmt. Und das Verrückte ist, ich habe ihn durch Zufall damals in Bonn entdeckt. Er hat uns sehr geholfen beim Misstrauensvotum gegen Willy Brandt und später auch in der Ständigen Vertretung.«

»Ja, ich weiß, das hat Zink mir alles schon erzählt. Dieser Sauerborn war ja wohl einer eurer besten Spione.«

»Oh ja«, sagte Bock. »Er war der beste Spion, den wir je hatten. Er war ergiebiger als Guillaume, Topas und Kulik und wie sie alle hießen. Er hat wirklich eine Menge geliefert.«
»Ein Top Spion«, sagte Stuhl.
»Ja wirklich, ein erstklassiger Mann. Wir hatten nie einen besseren. Aber das alles ist Schnee von gestern. Die Sache ist längst verjährt, und außerdem ist Sauerborn tot. Die Akte ist geschlossen.«
»Habt ihr euch damals getroffen, als er noch bei der Vertretung war und du bei Markus Wolf?«
»Um Himmels willen, wo denkst du hin. Das wäre ja nun gar nicht gegangen. Die Zwillingsnummer konnte nur funktionieren, wenn man uns beide nie zusammen sah und wenn zumindest einer von uns ahnungslos war. Ich selbst habe ihn auch erst 1990 das erste Mal gesehen, nach dem Mauerfall. Das war eine seltsame Begegnung. Sehr seltsam.«
»Kann ich mir vorstellen«, sagte Stuhl.
»Kannst du nicht«, widersprach Bock. »Das kann sich kein Mensch vorstellen. Das ist ein Schock, wenn du plötzlich lernst, dass du nicht einzigartig bist. Dass da noch einer durch die Gegend läuft, der genau so aussieht wie du. Gleiches Gesicht, gleiche Größe, gleiche Haare, gleiche Stimme, gleiche Augen, sogar den gleichen Gen Code.«
Er sah bekümmert auf das Wasser, wo gerade ein Ruderboot vorbeiglitt.
»Nein, nein. Das macht überhaupt keinen Spaß.«
»Wer von euch beiden hat es denn eher gewusst? Du oder Sauerborn?«
»Ja natürlich derjenige, der in der Zentrale saß, also ich. Schließlich habe ich die ganze Sache angeleiert.«
»Und wie kamst du drauf?«
Erst jetzt berichtete Bock, wie er auf Sauerborn gestoßen war. Ende Oktober 1971 habe er im Büro von Markus Wolf abends im West-Fernsehen den Fackelzug der Jungsozialisten gesehen,

die Willy Brandt zum Friedensnobelpreis gratulierten. Das sei ein riesiger Schock für ihn gewesen. Er habe ja immer schon von seiner Mutter gehört, dass sein jüngerer Zwillingsbruder Bruno bei der Bombardierung Dresdens ums Leben gekommen sei. Aber da habe er gesehen, der Bruder lebte noch.

»Das war, das kannst du mir glauben, ein echter Hammer.«

»Also du hast ihn in der Glotze gesehen und dann jemand rübergeschickt, um ihn für die Stasi zu keilen?«, fragte Stuhl.

»Das war anfangs gar nicht vorgesehen. Aber ja, es stimmt, Anita, meine heutige Frau, hat damals in meinem Auftrag die Lage gepeilt. Sie hat ihn in Bonn ausfindig gemacht und ihn für uns angeworben. Es passte alles. Anita und Heinrich passten zusammen und der Job von Heinrich passte in unser Raster. Er saß nämlich im Bundeshaus und musste die Stimmkarten für das Misstrauensvotum vorbereiten. Noch Fragen?«

»Ja, doch«, sagte Stuhl. »Wie war das denn, als du deinen Bruder trafst und er dich das erste Mal sah?«

»Für mich war das eigentlich nicht so schwierig«, antwortete Bock. »Ich wusste ja, solange ich denken konnte, dass ich einen Zwillingsbruder hatte, der leider im Krieg verloren gegangen war. Ich hatte meine Überraschung schon hinter mir. Deshalb habe ich verstanden, wie schockiert er war, als wir uns viele Jahre später das erste Mal leibhaftig gegenüberstanden.«

»Wo habt ihr euch denn getroffen?«

»Anita hat das arrangiert. Anita, meine heutige Frau, und Heinrich waren damals ein Paar. Sie hatten in Westberlin eine schöne Altbauwohnung, es ging den beiden gut. Aber der Fall der Mauer war für sie die absolute Katastrophe.«

»Warum das?«

»Ganz einfach, plötzlich trampelten alle in deinem Garten herum. Jeder konnte nach Ostberlin. Jeder Arsch aus dem Westen, egal ob aus Hamburg, Bonn oder München, der früher erst mal lange anstehen musste, ehe man ihn reinließ, und der nachts um zwölf auch wieder rausmusste, verstehst du? Jeder

Idiot konnte sich da jetzt breitmachen im Osten und den dicken Max raushängen lassen. Und so tun, als sei er ein Ost-Experte. Weißt du doch selber.«

Stuhl nickte. Er wusste, dass es überall plötzlich Journalisten aus dem Westen gab, die meinten, allen den Osten erklären zu müssen.

»Als Mitarbeiter der Ständigen Vertretung warst du in Ostberlin ein gefragter Gast, ein wichtiger Gesprächspartner«, sagte Bock. »Man hatte Freunde, die sich glücklich schätzten, dich zu kennen. Du hattest Diplomatenstatus und konntest Sachen rüberbringen, von denen die im Osten nur träumten. Und alles das war plötzlich über Nacht weg. Ratzfatz weg.«

»Aber wie war denn nun euer erstes Treffen?«, fragte Stuhl. Er wirkte neugierig.

»Kann ich dir erzählen.« Bock beugte sich vor. »Die Mauer war also weg. Ich fuhr abends mit der S-Bahn bis zum Bahnhof Zoo und dann den Ku'damm hoch bis zur Mommsenstraße. Dort wohnten Heinrich und Anita. Sie hatte ihm nichts verraten. Sie hatte nur gesagt: Wird Zeit, dass du mal den Mann kennenlernst, der seit 1974 alle deine Berichte gelesen hat. Und der will dich auch kennenlernen.«

»Und Heinrich hatte wirklich keine Ahnung?«

»Nicht den blassesten Schimmer hatte der. Ich war ja vorgewarnt, aber Heinrich wusste nichts. Ich wusste alles von ihm, aber er nichts von mir. Also ist er leichenblass geworden, als er mich sah. Zuerst hat er wohl noch gedacht, da macht sich jemand einen Spaß mit ihm, mit versteckter Kamera oder so. Aber dann merkte ich, wie er innerlich zufror. Er stand vor seinem Ebenbild und war nicht mehr einzigartig. Diesen Schock hat er, glaube ich, nie verwunden.« Bock seufzte und schnäuzte sich. »Es ist auch wirklich scheiße, wenn du plötzlich deine Einmaligkeit und Einzigartigkeit verlierst. Hinzu kam bei ihm die nackte Angst. Es war absehbar, dass die Ständige Vertretung aufgelöst wird, und er wusste nicht, was aus ihm wird. Außerdem musste er fürchten, ins Visier der westdeutschen Justiz zu geraten. Die verfolgte damals unnachgiebig alle, die mit dem untergegangenen SED-Regime kooperiert hatten.«

»Gab es denn von ihm eine Akte?«

»Klar gab es die, sogar mehrere Ordner. Die hatte ich längst in den Reißwolf gesteckt. Und die Personalakte, wo alles über ihn drinstand, Deckname, Führungsoffizier, Verpflichtungserklärung und so weiter, das einzige Exemplar dieser Personalakte habe ich ihm an diesem Abend übergeben. Er hat sie zerrissen und in das Kaminfeuer geworfen. Er hieß übrigens Pollux. Das war der Deckname, den Anita ihm gegeben hatte.« Er lachte.

»War wohl für deinen Bruder eine beschissene Lage«, sagte Stuhl und nahm einen Schluck von seinem Bier.

Bock sah ihn dankbar an. »Ich sehe schon, du verstehst mich. Versetz dich mal in seine Lage. Er weiß nicht, was aus ihm werden soll. Er ist gerade vierundvierzig Jahre alt, als die Mauer fällt. In die Verwaltung des Bundestages will er nicht mehr zurückkehren. Er möchte in Berlin bleiben. Er fühlt sich zwar als Experte der untergegangenen DDR, aber niemand will seine Expertise. Auch das innerdeutsche Ministerium wird demnächst abgewickelt. Er hat Existenzangst.«

Bock bemühte sich, so empathisch wie möglich über seinen toten Bruder Heinrich zu reden.

»Und Anita? War sie keine Hilfe für ihn?«

»Nicht wirklich. Im Gegenteil. Er sah, wie Anita und ich ziemlich vertraut miteinander umgingen, und man konnte ihm ansehen, was er dachte: Wie kommt dieser Kerl dazu, so vertraut mit meiner Frau zu reden? Haben die beiden etwas miteinander? Haben sie es all die Jahre hinter meinem Rücken getrieben? War ich nur ihr Werkzeug? War ich wirklich so naiv, Anita zu vertrauen? Hat sie mir alle die Jahre etwas vorgemacht? Ist in Wahrheit dieser Alexander ihr Geliebter und ich nur ein Strohmann?«

»Ehrlich gesagt, das kann ich gut verstehen«, sagte Stuhl. Er zündete sich eine Zigarette an.

Wieder wischte Bock sich mit der Serviette den Mund ab. »Ich konnte ihn ja auch gut verstehen«, bestätigte er. »Mir ist heute noch so, als stünde ich selbst in diesem Flur und starrte mein Spiegelbild an, in einer Mischung aus Zorn, Eifersucht und Ratlosigkeit. Du musst dir das mal vorstellen: Da stehen der aus dem Nichts plötzlich aufgetauchte Bruder aus dem Osten und deine Lebensgefährtin. Und die beiden erzählen dir im Wechsel alle möglichen Geschichten. Von der Bombennacht in Dresden, in der die Zwillingsmutter dich im Keller zurückgelassen hat. Heinz hat uns angestarrt, und ich verstand in dem Moment genau, was er dachte: Meine Mutter hat mich nicht zurückgelassen? Meine Mutter ist Carola Sauerborn, und die hat mir damals das Leben gerettet.« Er machte eine Pause und starrte vor sich hin.

»Das ist wirklich eine irre Geschichte«, sagte er. »Die glaubt einem niemand.«

Und als müsse er sich selbst von dem eben Gesagten überzeugen: »Aber es war genau so. Heinrich hörte zwar zu, wie Anita und ich versuchten, ihm das Dilemma zu schildern, in das auch wir geraten sind, als wir ihn entdeckten, ihn, meinen seit dem 13. Februar 1945 tot geglaubten Bruder. Er hört von uns, wie Annemarie, seine leibliche Mutter, ihr ganzes Leben lang um ihn getrauert hat, ihren zweiten Sohn, der unter den Trümmern von Tante Mias Haus lag, wie sie dachte. Und dass sie Alexander, dem Erstgeborenen, oft das Gefühl vermittelte, weniger geliebt zu sein als der verlorene Sohn.«

»Hat Heinrich euch beiden geglaubt? Hat er euch verstanden?«

Bock schwieg eine Zeit lang und blickte aufs Wasser. Die Unterhaltung strengte ihn an. Zu lügen strengte ihn an. Früher war ihm das leichter gefallen. Er überlegte, wie er das Thema wechseln könnte. Aber Stuhl war hartnäckig.

»Hat Heinrich euch verstanden?«, wiederholte er.

»Die Wahrheit zu gestehen, es erschütterte ihn nicht. Die Schilderungen unserer Nöte lösten bei ihm eine nur noch größere Wut aus. Ich glaube, er hätte mich auf der Stelle umbringen können und Anita gleich mit. Von wegen, Blut ist dicker als Wasser. Ich war ein Fremder für ihn, einer, der ihm zwar aufs Haar glich, aber ein völlig anderer Mensch war und zudem noch einer, der ihm gefährlich werden konnte. Er verspürte, glaube ich, nicht die geringste Anwandlung von Bruderliebe. Er spürte nur noch Wut, Eifersucht und Hass.«

»Hat er dir das so gesagt?«, fragte Stuhl. »Hat er dir gesagt, dass er dich hasst?«

»Nein, natürlich nicht. Aber man sah es ihm an. Er fühlte sich missbraucht, ausgenutzt, ausgeliefert. Was, wenn wir ihn hängen ließen? Ein kleiner Wink an die westdeutsche Justiz – und schon wäre er wegen Spionage angeklagt. Nein, das hat er nicht gesagt, aber ich spürte, dass er es so empfunden hat.«

Er holte tief Luft und versuchte, die Erinnerung an die erste Begegnung mit seinem Bruder aussehen zu lassen, als würde sie ihn mitnehmen.

Aber Stuhl bezweifelte das.

Er hatte die Treuhand-Akte vor Augen. Alles sprach dafür, dass Alexander Bock bei den Verkaufsverhandlungen seinen Zwillingsbruder mehr oder weniger deutlich erpresst und auf diese Weise den Preis für die wertvollen Potsdamer Grundstücke auf eine symbolische Mark gedrückt hatte.

Dass er ein knallharter Geschäftsmann war, hatte der Chef von Bocks Bau- und Hobbymarkt in den letzten Jahren eindrucksvoll unter Beweis gestellt. Nein, dachte Stuhl, er soll sich und mir nichts vormachen. Den Treuhand-Deal hätte er nie und nimmer so günstig hinbekommen.

»War Heinrich Sauerborn, als ihr euch das erste Mal gesehen habt, eigentlich schon bei der Treuhand, oder kam er dort erst später hin?«, fragte Stuhl.

Der Hieb saß. Bock starrte ihn an. »Das weißt du also auch schon, dass er bei der Treuhand war?«

»Ja natürlich, Zink hat es herausgefunden und mir erzählt. Das ist doch nichts Besonderes. Oder?«

»Okay«, sagte Bock. »Ich gebe es zu, er war bei der Treuhand und wir haben dort, sagen wir mal so, wir haben sehr gut kooperiert.«

Er zog die Schultern und gleichzeitig die Augenbrauen hoch, öffnete beide Hände über dem Tisch und versuchte ein Lächeln.

Stuhl entknotete seine mächtigen Schwimmerarme. Er lehnte sich entspannt zurück und sah den Unternehmer an. »Was heißt das, wir haben gut kooperiert?«

»Stell dich doch nicht blöd. Du weißt es doch!« Bock schnaufte unwillig.

»Ihr habt ein Geschäft unter Brüdern gemacht, und du hast ihn dabei erpresst.«

»Erpresst! Was für ein böses Wort! Ich habe ihn nicht erpresst. Er hat von sich aus eingesehen, dass er die Klitsche zu dem Preis nicht loswerden würde. Ja gut, ein bisschen gemauschelt haben wir dabei schon, das war vermutlich nicht hundertprozentig sauber. Aber du siehst ja das Ergebnis: Die kleine Klitsche aus Potsdam ist groß geworden und kann es sich jetzt leisten, unser teures Essen zu bezahlen.« Bock winkte den Kellner heran und bestellte die Rechnung.

Während sie warteten, trank Stuhl auf Kosten des Hauses noch einen Espresso. Und er bohrte weiter.

»Und was ist dann genau im Februar 1992 passiert? Du hast es mir, glaube ich, schon einmal erzählt, als wir vor acht Jahren darüber redeten. Aber ich weiß es einfach nicht mehr. Stimmt es denn, dass dein Bruder Heinrich zuerst in einem Saunapuff war und hinterher in seiner Berliner Wohnung tot umgefallen ist?«

Wieder sah Bock ihn misstrauisch an. »Warum willst du das wissen?«

»Zink hat mir erzählt, damals sei gemunkelt worden, jemand

habe nachgeholfen. Ein Killer aus Moskau habe ihm eine Spritze verpasst, und drei Stunden später sei er tot umgefallen.«

»Und?«, fragte Bock. »Was folgerst du daraus?«

»Ich?«

»Ja, du?«

»Was soll ich daraus folgern? Ich habe dich ja nur gefragt, ob du das damals auch gehört hast?« Stuhl zündete sich wieder eine Zigarette an.

»Willst du noch einen Schnaps?«, fragte Bock.

»Okay, aber nur, wenn du einen mittrinkst.«

Sie bestellten beim Kellner zwei Wodka.

»Ich weiß, dass damals alles Mögliche und Unmögliche gemunkelt wurde«, sagte Bock. »Zum Beispiel, dass mein Bruder gestorben sei, um der Strafverfolgung zu entgehen. Der Verfassungsschutz und das Bundeskriminalamt waren ja tatsächlich hinter ihm her.«

»Na ja«, erwiderte Stuhl. »Aber man stirbt doch nicht, um der Strafverfolgung zu entgehen.«

Der Kellner brachte die beiden Schnäpse.

»Eben«, bestätigte Bock. »Man stirbt nicht, um der Strafverfolgung zu entgehen. Das wäre wie Selbstmord aus Angst vor dem Tode.« Bock war stolz über seine Formulierung. »Nastrowje!«

»Prost!«, antwortete Stuhl.

Sie standen auf.

»Was macht eigentlich Feller?«, fragte Stuhl plötzlich.

Er hatte früher häufig mit Bock und dessen Kollegen Dieter Feller Skat gespielt.

Bock sah ihn entgeistert an. »Feller?«

»Feller, mit dem wir früher immer Skat gespielt haben.«

»Eberhard?«, riet Bock.

»Dieter«, sagte Stuhl.

»Ach so, ja, Dieter«, antwortete Bock. »Was der heute macht, weiß ich nicht. Wir haben uns aus den Augen verloren.« Er zeichnete die Rechnung ab und wies den Kellner an, sie zu seinen Händen an die Firma zu schicken. Dann zahlte er ihm ein monströses Trinkgeld.

Unterwegs zu ihren Autos blieb Bock stehen und fasste Stuhl am Arm.

»Ich habe dir heute eine Menge erzählt. Kann ich denn weiterhin mit deiner Diskretion rechnen? Juristisch ist die Sache mit der Treuhand längst verjährt. Aber trotzdem würde es mir schaden, wenn du das jetzt an die große Glocke hängst. Also: Kann ich mit deiner Diskretion rechnen?«

Stuhl überlegt einen Moment. Dann antwortete er seinem alten Kumpel auf Russisch: »Слово – серебро, молчание – золото.«

Es klang wie: Slowa Serebra – Molschanje Solota.«

»Wie bitte?«, fragte Bock.

Und Stuhl wiederholte ganz langsam: »Слово – серебро, молчание – золото.«

»Und was soll das heißen?« Bock sah ihn verständnislos an.

»Das ist ein russisches Sprichwort und bedeutet: Reden ist Silber, Schweigen ist Gold.«

»Reden ist Silber, Schweigen ist Gold?«, wiederholte Bock.

»Ja, das heißt das«, sagte Stuhl.

»Ach ja, natürlich!« Bock tat so, als sei es ihm wieder eingefallen. »Das heißt das!« Er wandte sich zum Gehen.

»Und schönen Dank auch, dass du uns die Akte Maskerade überlassen hast!«, rief Stuhl ihm hinterher.

»Welche Akte Maskerade?«, fragte Bock. Er war stehen geblieben und schaute Stuhl erschrocken an.

»Na, diese MfS-Studie über das Misstrauensvotum und die Steiner-Wienand-Affäre. Die hast du mir doch vorbeibringen lassen.«

»Wer hat dir eine Akte von mir vorbeigebracht?« Bock klang besorgt und beunruhigt.

»Er hat sich mir nicht vorgestellt. Er sagte nur, du hättest ihn geschickt und ich solle Zink das zeigen, damit er nicht länger nach dem toten Spion Sauerborn sucht und endlich erfährt, was damals wirklich hinter den Kulissen gelaufen ist. Und das ist ja tatsächlich ein absoluter Hammer.«

Bock fixierte ihn. »Raus mit der Sprache! Wer hat dir das Zeug gegeben?«

»Er war lang und dürr, und sein Haar war hinten zu so einer Art Pferdeschwanz gebunden, der aber merkwürdig abstand. Ein bisschen erinnerte er mich mit seinen langen, vom Rauchen gelben Fingern an diesen Vampir aus dem Stummfilm ›Nosferatu‹.«

Bock erstarrte. Er wusste, wer gemeint war. Krombach hatte hinter seinem Rücken Stuhl das Zeug gegeben, ohne ihn zu fragen. Bock hatte es plötzlich sehr eilig. Ohne weiteren Gruß ließ er Stuhl stehen und ging zu seinem Auto.

PERSPEKTIVWECHSEL

Unterwegs im ICE von Berlin nach Bonn wagte Zink ein Experiment. Er versuchte, alles, was er bisher über das Misstrauensvotum von 1972 und die Korruptionsaffäre von 1973 wusste, von der Festplatte in seinem Kopf zu löschen und die ganze Geschichte neu zu denken.

Sein Freund Stuhl hatte recht. Wenn es stimmte, was in der Akte Maskerade stand, dann konnte und musste man alles vergessen, was bisher darüber gemutmaßt, behauptet und geschrieben worden war. Bisher hatte er immer gedacht, beim Misstrauensvotum am 27. April 1972 sei es um Brandt oder Barzel gegangen, um die Fortsetzung oder das Ende der Entspannungspolitik. Aber stimmte das wirklich?

Lief das Kräftemessen zwischen Regierung und Opposition, das politische Duell zwischen Brandt und Barzel, tatsächlich so ab, wie er es im Gedächtnis hatte und wie es seit vielen Jahren im Geschichtsbuch stand? Oder gab es etwas, das alle übersehen hatten oder übersehen wollten? Zink fiel, als er darüber nachdachte, ein anderes Duell ein, das ebenfalls ganz anders abgelaufen war, als es zunächst den Anschein gehabt hatte, der berühmte Zweikampf in dem Western »Der Mann, der Liberty Valance erschoss«.

Der Vergleich war verwegen, aber Zink machte es Spaß, ihn zu Ende zu denken.

Im Film sieht sich der gesetzestreue Anwalt Ransom Stoddard, gespielt von James Stewart, gezwungen, gegen den sauf- und rauflustigen Gangster Liberty Valance, verkörpert von Lee Marvin, anzutreten. Stoddard kennt alle Gesetze des Landes, aber er kann überhaupt nicht schießen. Bei Valance ist es umgekehrt. Er kennt kein Gesetz, aber er trifft immer, selbst wenn er volltrunken ist. Die Katastrophe ist also vorprogrammiert.

Man sieht, wie die beiden aufeinander zugehen, wie der Gangster schon zielt, während der Anwalt noch an seinem Revolver herumfummelt. Dann fallen zwei Schüsse, und zur allgemeinen Überraschung fällt der Gangster tot um.

Am Ende des Films wird dasselbe Duell noch einmal gezeigt, diesmal aus einer anderen Perspektive.

Erst jetzt sieht das Publikum, dass nicht der Rechtsanwalt getroffen hat, sondern sein Beschützer, der Cowboy Tom Doniphon – gespielt von John Wayne.

Er steht, für beide Duellanten unsichtbar, seitlich im Schatten und schießt, kurz bevor der Gangster abdrückt.

Gefeiert wird aber nicht der Cowboy, sondern der Anwalt. Er gilt als der Mann, der Liberty Valance erschoss, und ist plötzlich so berühmt, dass die Leute ihn als Repräsentanten ihres Staates nach Washington in den Kongress wählen. Jahre später erst kehrt er zurück, um dem gerade verstorbenen Cowboy die letzte Ehre zu erweisen. Und bei der Gelegenheit erzählt er einem Reporter der Lokalzeitung, was wirklich geschah, als der gefürchtete Revolverheld und Gangster Liberty Valance tot umfiel. Er enthüllt das Geheimnis, dass nicht er, sondern der Verstorbene der Meisterschütze war. So wird erst am Ende des Films klar, wer das Duell wirklich entschieden hat.

War es beim Misstrauensvotum nicht ähnlich? Wurde das politische Duell zwischen dem SPD-Kanzler Willy Brandt und seinem CDU-Herausforderer Rainer Barzel nicht auch immer nur aus dem Blickwinkel des Siegers Brandt geschildert? Wäre nicht eine ganz andere Geschichte herausgekommen, wenn man die Ereignisse aus Barzels Sicht erzählt hätte, aus der Perspektive des Verlierers? Wäre man dann nicht zwangsläufig auf die wahren, aber bisher vertuschten Gründe seines Scheiterns gestoßen?

Zink war damals, als es passierte, wie die große Mehrheit der Bevölkerung, erleichtert und froh, dass Willy Brandt das Misstrauensvotum überstand. Er hatte gehofft, dass sein Herausforderer Barzel es verlieren möge. Er war für die Ostverträge, für die neue Entspannungspolitik, deshalb hatte er mit Kahlenbach auf der Pressetribüne im Bundeshaus vor Freude getanzt, als das Ergebnis der Abstimmung verkündet worden war.

Er wäre nie auf die Idee gekommen, Barzel zu bedauern. Aber er hätte auch jeden für verrückt erklärt, der behauptet hätte, der CDU-Vorsitzende sei das Opfer einer von Franz Josef Strauß inszenierten Geheimdienstintrige geworden.

Nun aber hatten sich die alten Wahrheiten und Gewissheiten verschoben. Wenn man die Dinge aus Barzels Perspektive betrachtete oder aus dem Blickwinkel, den die Autoren der Akte Maskerade eingenommen hatten, sahen sie plötzlich ganz anders aus.

Zink hatte 1972 und 1973 als Journalist in Bonn alles aus nächster Nähe erlebt. Aber nichts davon passte mehr zu dem, was er inzwischen darüber wusste. Was Barzel ihm im Frühjahr 2004 anvertraut hatte, war anscheinend keine Spinnerei, sondern wahr und wurde durch die MfS-Akte untermauert.

Der Vorsitzende einer sich christlich und sozial nennenden Partei hatte gemeinsame Sache mit Moskau und Ostberlin gemacht. Er hatte sich ohne Skrupel mit westdeutschen Geheimdienstlern verbündet, um die demokratische Wahl eines ihm nicht genehmen konservativen Politikers zum Bundeskanzler zu vereiteln. Er hatte, um Barzel zu verhindern, zugelassen, dass korrupte Abgeordnete, ein ehemaliger BND-Agent aus dem schwäbischen Biberach und ein hoch verschuldeter Puffgänger aus dem bayerischen Günzburg – zwei Mitglieder der CDU/CSU-Fraktion –, gekauft und verpflichtet wurden, ihren Vorsitzenden nicht zu wählen. Wobei er selbst den immer noch zögernden Fraktionschef vorher angestachelt und getrieben hatte, endlich die Abstimmung gegen Brandt zu wagen.

Dass er dann ein Jahr später im Telefongespräch mit seinem katzbuckelnden BND-Gehilfen jede Mitschuld von sich wies, passte zu dem Bild, das Zink bereits vorher von ihm hatte. Dieser Riesenstaatsmann war groß nur im Intrigieren und am Rednerpult, aber klein, ängstlich und rachsüchtig, wenn jemand versuchte, ihn für das verantwortlich zu machen, was er hinterrücks angezettelt hatte.

Jahrelang hatte Zink geglaubt, Julius Steiner und Leo Wagner hätten dem CDU-Kandidaten Barzel ihre Stimmen aus reiner Geldgier verweigert. Jetzt hatte es den Anschein, als hätten sie es auch und vielleicht sogar ausschließlich getan, um Barzel politisch zu erledigen und dem CSU-Vorsitzenden, der sich selbst immer für den einzig geeigneten Kanzler gehalten hatte, den Steigbügel zu halten. Oder war das, was damals geschah, das Ergebnis einer seltsamen und nie ergründbaren Mischung aus Kalkül und Zufall?

Noch während Zink darüber nachdachte, kamen ihm nämlich neue Zweifel. Konnte er sicher sein, dass die Akte Maskerade keine Fälschung war? Stimmte es denn etwa nicht, dass Mielke sie nur zu dem Zweck hatte anfertigen lassen, seinem Rivalen Markus Wolf zu schaden? Und wenn es so war, welchen Beweiswert hatte dann das Wortprotokoll des abgehörten Telefongesprächs zwischen Strauß und dem BND-Mann Dr. H.? Galt nicht auch hier die alles relativierende Erkenntnis, dass nichts war, wie es schien, und sich alles bereits veränderte, während es geschah?

Draußen zog die Landschaft an seinem Fenster vorbei, als wäre die Erde keine Kugel, sondern tatsächlich eine sich drehende flache Scheibe. Zink versuchte, seine Zweifel niederzukämpfen.

Er schrieb auf, erstmals seit vielen Jahren mit der Hand, was ihm durch den Kopf ging, und er merkte zu seiner eigenen Verwunderung, dass er das Schreiben mit der Hand noch nicht verlernt hatte. Er füllte Seite um Seite, Blatt um Blatt, und als er in Köln über die Rheinbrücke fuhr, war er fertig.

Vielleicht interessierte sich irgendjemand mal für den alten Kram, dachte er. Vielleicht könnte er den Text irgendwann einmal ins Internet stellen. Oder dem Rheinland-Anzeiger anbieten, seiner alten Zeitung.

NOSFERATU

Zu Hause erwartete Zink eine böse Überraschung. Bei ihm war eingebrochen worden. Schon unten im Hausflur hatte er bemerkt, dass sein Briefkasten zerkratzt war und sich nicht mehr öffnen ließ. Jemand hatte versucht, ihn gewaltsam aufzubrechen. An seiner Wohnungstür im vierten Stock klebte ein amtliches Polizeisiegel der Stadt Bonn. Dazu ein Zettel mit der Telefonnummer eines Beamten aus dem Einbruchsdezernat. Frank Petermann, der Hausbesitzer, der ein Stockwerk höher wohnte, hatte ebenfalls eine Nachricht mit der Bitte hinterlassen, Zink möge sich bei ihm melden, sobald er wieder da sei.

Petermann war erleichtert, als Zink bei ihm klingelte. »Da bist du ja«, rief er, »ich habe die ganze Zeit versucht, dich am Handy zu erreichen, aber du bist nicht drangegangen, und dann kam sogar die Ansage, dass die Telefonnummer nicht bekannt ist.«

Zink hatte keine Lust, seinem Vermieter zu erklären, warum er sein Handy stillgelegt hatte. Er wäre ohnehin nicht zu Wort gekommen. Denn nun begann der andere, ohne Punkt und Komma zu erzählen, was vor zwei Tagen passiert war. Jemand hatte sich Zutritt zu Zinks Wohnung verschafft, und es war nur der alten Frau Kunze aus dem Erdgeschoss zu verdanken, dass er nicht auch noch den Briefkasten habe plündern können.

Die Kunze nämlich habe ihn gestört. Sie habe den Mann als eine lange, dürre Hungerharke beschrieben, mit einer seltsamen Frisur. Sein ergrautes Haar habe er am Hinterkopf zu einer Art Pferdeschwanz gebunden, der aber aussah wie ein etwas zu groß geratener Rasierpinsel, man könne auch sagen: Der ganze Kopf habe ausgesehen wie ein Rettich, von dem ein paar Haare abstanden. Dieser merkwürdige Mensch also habe, Flüche und Verwünschungen murmelnd, die nicht rheinisch klangen, sondern eher sächsisch oder thüringisch, jedenfalls irgendwie ostdeutsch, Reißaus genommen, als sie ihn fragte, was er hier zu suchen habe.

Die alte Kunze habe ihn alarmiert, erzählte Petermann. Und er habe sofort die Bullen verständigt und den Schlüsseldienst gerufen. Zwei Polizeibeamte hätten dann die Wohnung, nachdem sie ein paar Fotos gemacht, aber nichts verändert hatten, versiegelt und gesagt, Zink dürfe sie erst wieder in Anwesenheit der Polizei betreten.

Er solle es sich bei ihm bequem machen, schloss Petermann und fragte, ob er etwas trinken wolle.

Seine Fürsorge war überwältigend und anstrengend. Sie duzten sich, weil sie früher manchmal zusammen an irgendwelchen Theken gestanden hatten. Trotzdem war es Zink peinlich, auf Petermanns Hilfe angewiesen zu sein. Er malte sich aus und fragte dann auch, was denn gewesen wäre, wenn er spätnachts nach Hause gekommen wäre und vor seiner versiegelten und verriegelten Tür gestanden hätte.

»Deshalb habe ich dir ja die Nachricht geschrieben«, sagte Petermann beleidigt, »dass du mich jederzeit anrufen und alarmieren kannst, selbstverständlich auch mitten in der Nacht.«

Zink murmelte etwas, das wie eine Mischung aus »Dankeschön« und »Entschuldigung« klang.

Er hatte sich die Telefonnummer der Polizei aufgeschrieben und war froh, dass sich unter der angegebenen Durchwahl im Präsidium gleich der für ihn zuständige Beamte meldete, der ihm glücklicherweise erlaubte, im Beisein des Hausbesitzers das Siegel zu durchtrennen und die Wohnung mithilfe der neuen Schlüssel, die Petermann ihm geben werde, zu betreten. Was gestohlen sei, könne er dann später in Ruhe zu Protokoll geben. Aber er solle, bevor er aufräume, alles genau fotografieren.

Bevor sie hinuntergingen, sorgte Petermann für eine weitere Überraschung. Er holte einen an Zink adressierten Briefumschlag aus seinem Safe. An der Handschrift erkannte Zink, dass er von Anita stammte. Petermann versicherte ihm, dass alles seine Ordnung habe. Er habe, nachdem Frau Kunze den Einbrecher in die Flucht geschlagen hatte, im Beisein von Zinks Putzfrau den Briefkasten geöffnet und darin nur diesen einen Umschlag gefunden.

»Die übrige Post hatte sie dir einen Tag zuvor schon auf deinen Schreibtisch gelegt«, sagte der Hausbesitzer.

Zink nahm den Umschlag an sich.

Petermann stand daneben und wartete. Er hätte wohl nur zu gerne gewusst, was in dem Umschlag steckte. Aber er zügelte seine Neugier und ging mit Zink nach unten.

Vor der Wohnungstür überreichte er ihm drei neue Schlüssel, und nachdem sie das Siegel durchtrennt hatten, schlossen sie auf und gingen hinein.

Die Unordnung hielt sich in Grenzen.

Der Fernseher, die teure Stereoanlage und alle Möbel im Wohnzimmer standen an ihrem Platz. Auch in der Küche schien nichts zu fehlen. Zink stellte allerdings fest, dass er mit seinem bisherigen Schlüssel durchaus in seine Wohnung gekonnt hätte, wenn er den hinteren, den früheren Dienstboteneingang benutzt hätte. Es war eine Eisentür und in ihr steckte immer noch der alte Schlosszylinder.

Nur Zinks Arbeitszimmer sah aus, als sei jemand mit einem gewaltigen Gebläse hindurchgegangen. Alle Schubladen seines Schreibtisches waren aufgebrochen worden. Der Stapel mit den uralten, vergilbten Zeitungsartikeln über das Misstrauensvotum und die Steiner-Wienand-Affäre, den er sich vor seiner Abreise nach Berlin aus einem seiner Umzugskartons geholt hatte, war durchwühlt und überall auf dem Fußboden verteilt worden.

Die externe Festplatte, auf der Zink die Dateien seines Laptops sicherte, war verschwunden. Desgleichen fehlten alle USB-Sticks, die er gelegentlich benutzte, um kleinere Datenmengen zu archivieren.

Der Einbrecher hatte auch die Post auf seinem Schreibtisch durchsucht und einige Briefumschläge geöffnet. Was er suchte, hatte er augenscheinlich nicht gefunden und deshalb ganz zum Schluss versucht, Zinks Briefkasten aufzubrechen.

Zink ging davon aus, dass das, wofür sich der Mann interessiert hatte, in Anitas Umschlag steckte. Nachdem er alles fotografiert und Petermann, den er zum Dank für seine Mühe mit einem Schnaps verabschiedet hatte, endlich gegangen war, setzte er sich hin und öffnete das Kuvert.

Er fand einen längeren, handgeschriebenen Brief:

Lieber Zink,
ich weiß nicht, wo du jetzt steckst, aber ich habe, wie ich dir ja schon nach unserem letzten Treffen mitgeteilt habe, Grund zu der Annahme, dass alles, was du in deinen Computer schreibst, mitgelesen wird. Es ist gut möglich und sogar wahrscheinlich, dass der Sicherheitschef meines Mannes, er heißt Klaus Krombach und war von 1968 bis 1974 unter dem Namen Konrad Köhler für das MfS in Bonn unterwegs, deinen Account geknackt hat. Vielleicht kennst du ihn aus der alten Bonner Zeit. Heute ist er Alexanders IT-Sicherheitschef, und vor ihm ist kein Handy und kein Computer sicher. Deshalb bitte ich dich, lass die Finger von deinem Computer und lege dir ein Prepaidhandy zu. Sicher ist sicher.
Ich habe dir bisher noch nicht verraten, warum ich das Geburtenbuch der Charité haben will. Ich werde mich von Alexander trennen, weil er eine andere hat, und ich brauche das Charité-Buch, um beweisen zu können, dass Bocks Baumarkt nicht ihm, sondern mir gehört. Ich weiß, das klingt etwas kompliziert, ist aber einfach zu verstehen, und wenn wir uns das nächste Mal sehen, werde ich es dir erklären. Sobald mein Mann merkt, warum das Geburtenbuch wichtig für mich ist,

wird er alles daransetzen, es in seinen Besitz zu bringen. Er würde dann bestimmt versuchen, die eine Seite, die du mir besorgen sollst, in die Finger zu bekommen und zu vernichten oder den Beweiswert des Geburtenbuchs anzuzweifeln.
Es gibt allerdings noch eine Möglichkeit, meine Ansprüche geltend zu machen. Dazu bräuchte ich ebenfalls deine Hilfe, denn ich fürchte, Krombach ist schon hinter mir her, um mich aus dem Verkehr zu ziehen oder, wie mein Mann zu sagen pflegt, mich als Zeugin stillzulegen. Vielleicht hat er dich auch auf dem Kieker. Deshalb sei auf der Hut vor ihm.
Ich möchte dich also bitten, wenn du nichts mehr von mir hören solltest, Isolde Hahn aufzusuchen. Sie wohnt in einem Seniorenheim in der Rheinallee und ist eine uralte Freundin meiner verstorbenen Schwiegermutter Annemarie. Ich werde ihr deinen Besuch ankündigen. Ich brauche von ihr eine eidesstattliche Versicherung. Den Text hat sie schon, den Notar müsstest du bitte mitbringen. Die tausend Euro, die ich dir im Restaurant in Bonn gab, dürften für den Notar reichen. Bitte ruf Isolde an, sobald du dies liest (0228-223412).
Tut mir leid, dass ich jetzt noch nicht konkreter werden kann. Ich werde voraussichtlich in Köln untertauchen, das scheint mir sicherer. Du kannst mir dann unter folgender Adresse schreiben: Eva Körber, postlagernd Presse & Buch (A-Passage Rechts), Trankgasse 11, 50667 Köln.
Gruß A.

Jetzt wusste Zink, wer in seinen Computer und dann in seine Wohnung eingedrungen war. Der Kerl war ihm immer wieder in seinem Leben über den Weg gelaufen und in unangenehmer Erinnerung geblieben.

Dass er aber vom Ministerium für Staatssicherheit geschickt worden war, um den rechten Rand der CDU/CSU auszuspionieren, und unter dem Namen Intimus das MfS mit Informationen über den Freundeskreis des Bonner Waffenhändlers Martini versorgt hatte, wusste Zink erst, seit er die Akte Maskerade kannte.

Inzwischen also hieß er Klaus Krombach und war die rechte Hand des Unternehmers Alexander Bock. Und nach einem kurzen Anruf bei seinem Freund Stuhl wusste Zink, dass Krombach auch der Mann war, der diesem die Akte Maskerade vorbeigebracht hatte.

Auf die Frage, wie er ausgesehen habe, hatte Stuhl nämlich gesagt, dass es ein dürrer Kerl mit langen, vom Rauchen gelben Fingern gewesen war, der ihn irgendwie an Nosferatu erinnerte.

CAROLA

Sie hatte Kaffee gekocht und Kuchen gebacken. »Gedeckter Streusel-Rhabarberkuchen«, sagte sie stolz. »Ein altes Rezept meiner Mutter. Kommt aus dem Sudetenland. Nehmen Sie auch Sahne?«

Carola Sauerborn trug ein leichtes Sommerkleid aus blauem Leinen. Dazu ein beiges Tuch um den Hals. Ihre weißen Haare hatte sie zu einem Knoten gebunden, der ihr ein etwas altmodisches, strenges Aussehen verlieh. Sie war trotz ihres hohen Alters immer noch rüstig und gut zu Fuß. Und sie hatte sich viel Mühe gegeben, es ihrem Besucher so angenehm wie möglich zu machen.

Zink dankte höflich. »Gern ein Stück Kuchen, aber bitte ohne Sahne.«

Die alte Frau musterte ihn lächelnd. »Aber ich bitte Sie, ohne Sahne schmeckt das doch nicht.«

Zink lachte. »Na gut, überredet! Aber bitte nur einen kleinen Klecks.«

Sie saßen unter einem großen blauen Sonnenschirm mit gelben Punkten in bequemen Korbsesseln an einer festlich gedeckten Tafel. Die Luft im Garten flirrte, hier an der Westseite eines dreistöckigen Hauses in der Bonner Südstadt. Zink hatte sie angerufen, sich als einen alten Bekannten von Heinrich vorgestellt und herzlich von Anita gegrüßt. Sie hatte gefragt, woher er Heinz kenne, und er hatte erzählt, dass sie früher manchmal zusammen in der Schumannklause gestanden hätten. Heinz sei dann aber nach Berlin und sie hätten sich aus den Augen verloren. Jetzt habe Anita ihm geraten, sie in der Buschstraße anzurufen. Denn er sei Journalist, beschäftige sich vorwiegend mit historischen Themen und suche gerade nach Zeitzeugen, die das Ende des Zweiten Weltkriegs noch selbst erlebt hätten. Ob sie vielleicht ein halbes Stündchen für ihn hätte. Carola Sauerborn hatte ihn daraufhin zum Kaffee in die Buschstraße eingeladen und er war zwei Tage später mit einem großen Blumenstrauß bei ihr erschienen.

Es war ein herrlicher Sommernachmittag, ohne die sonst in Bonn übliche Schwüle. In der Nacht zuvor hatte es heftig gewittert. Aber nun war die Luft klar. Die Natur atmete durch. Ein leichter Wind ging, ein paar weiße Wolken segelten über den blauen Himmel. In der Ferne brummte ein Motorflugzeug.

»Schön haben Sie es hier auf Ihrer Terrasse bei solchem Wetter. Mitten in der Stadt und doch im Grünen, toll!«, lobte Zink. Sein Blick fiel auf den kleinen, etwas verwilderten Stadtgarten, den Frau Sauerborn, wie sie stolz berichtete, immer noch selbst bewirtschaftete. Die Züge hörte man hier wegen der dazwischenliegenden Häuser an der Kaiserstraße nur gedämpft.

In der Mitte des Gartens stand ein großer Apfelbaum, dahinter, vor der mit Efeu bewachsenen Mauer, an die sich auch ein baufälliger Schuppen lehnte, hatte sie einen kleinen Nutzgarten angelegt. Tomaten wuchsen hier, Kopfsalat, ein paar Küchenkräuter und eben auch Rhabarber.

Der Rhabarberkuchen schmeckte köstlich.

»Aus dem Sudetenland?«, fragte Zink, nachdem er gekostet hatte.

»Anita hat mir schon erzählt, dass Sie 1945, kurz nach Kriegsende, von dort hierher ins Rheinland gekommen sind.«

»Ja, das stimmt«, bestätigte Frau Sauerborn. »Ich habe mich im Januar 1945 gerade noch rechtzeitig auf den Weg gemacht. Die Russen rückten immer näher, und es war uns allen klar, dass der Krieg verloren war. Wir durften keine Zeit mehr verlieren.«

»Viele Sudetendeutsche, die damals auf der Flucht waren, landeten in Bayern. Sie aber zogen ins Rheinland.«

»Das hatte familiäre Gründe. Ich wollte zu Heinrichs Großeltern nach Königswinter. Es hat dann etwas länger gedauert, weil ich dummerweise, kurz nach der Geburt meines Sohnes, Mitte Februar 45 auch noch diesen Umweg über Dresden gemacht habe.«

»Sie haben die Bombardierung Dresdens erlebt ...«

»Und überlebt«, bestätigte sie seufzend. »Es war schrecklich!« Sie schwieg.

Zink nahm einen Bissen und trank von dem Kaffee, den er mit Milch hellbraun gefärbt hatte.

Immerhin wusste er jetzt, dass sie tatsächlich in Dresden gewesen war, als die Stadt bombardiert wurde. Aber er merkte auch, dass sie nur ungern an diese schrecklichen Tage erinnert werden wollte. Er konnte es verstehen.

Sie schwiegen.

Eine Amsel sang.

Man hörte einen vorbeifahrenden Güterzug.

Als es wieder ganz still war im Garten, seufzte Frau Sauerborn tief. Zink sah, dass ihre Augen feucht geworden waren.

»Entschuldigen Sie meine Neugier«, sagte er. »Ich wollte Sie wirklich nicht bedrängen.«

»Aber ich bitte Sie. Es ist ja gut, dass Sie sich dafür interessieren. Es gibt heute so viele Leute, die darüber am liebsten gar nicht reden. Dabei darf das nie in Vergessenheit geraten.«

Sie schnäuzte sich und trocknete ihr Gesicht mit einem Taschentuch.

»Es waren die schrecklichsten Stunden und Tage meines Lebens. Ich stand ganz allein, meinen kleinen Heinrich im Arm, der gerade erst ein paar Wochen alt war, am Ufer der Elbe. Hinter uns ein Flammenmeer, die ganze Stadt brannte. Häuser stürzten ein. Ein entsetzlicher Gestank lag in der Luft. Es roch nach verbranntem Fleisch. Überall Ruß und Dreck. Und ein entsetzlicher Sturm tobte, man musste sich festhalten, um von diesem saugenden, alles verschlingenden Wind nicht fortgerissen zu werden, zurück in das Inferno. Dieser Feuersturm war fürchterlich. Ich sah, wie einem Mann der Hut vom Kopf gerissen und in Richtung der brennenden Stadt getragen wurde. Ich fürchtete, Heinrich könnte mir entrissen werden. Ich hatte Angst, auch ihn noch zu verlieren.«

Zink überlegte, ob und wie er nachfragen dürfe, ohne die Frau zu verletzen oder zu verstören. Denn wenn sie Angst hatte, ihren Heinrich auch noch zu verlieren, wen hatte sie vorher verloren?

Sie schwieg, offenbar überwältigt von der Erinnerung.

Zink ahnte, nein, er wusste plötzlich, dass sie ihm, vielleicht ungewollt, etwas mitgeteilt hatte, was sie ihm eigentlich verhehlen wollte. Hatte sie bereits etwas verloren, was ihr lieb und teuer war, vielleicht ein Kind, vielleicht ihr Kind? Und hatte sie sich gefürchtet, die Sache könnte sich wiederholen?

So jedenfalls, und eigentlich nur so, ergab der Satz Sinn.

Er konzentrierte sich noch genauer auf das, was sie ihm erzählte. Als sie den Feuersturm erwähnte, erinnerte er sich, dass er irgendwo Berichte von überlebenden Augenzeugen gelesen hatte, die ebenfalls diesen Feuersturm beschrieben hatten, von dem Frau Sauerborn gerade sprach. Der sei selbst am folgenden Tag noch so stark gewesen, dass man auf der Elbbrücke sich am Gitter festhaltend auf dem Boden kriechen musste, um nicht von dem Sog fortgerissen zu werden. So ähnlich stand es in dem Artikel, den er gelesen hatte.

Er erzählte ihr davon und sah an ihrem dankbaren Blick, dass sie sich von ihm verstanden fühlte. Zink war ein erfahrener Interviewer. Er wusste, wie man Leute aushorchte, ohne dass sie es merkten. Manchmal brachte geduldiges Zuhören mehr als bohrende Fragen. Deshalb ließ er sie einfach weiterreden.

»Ich weiß auch nicht mehr genau, wie ich da herausgekommen bin«, sagte Frau Sauerborn. »Ich hatte das Glück, dass irgendjemand mich und das Kind in irgendeinen Unterschlupf zog und festhielt, sodass uns tatsächlich nichts passierte.«

»Jedenfalls sind Sie heil aus Dresden herausgekommen«, sagte Zink.

»Und Ihr kleiner Sohn, der hat wahrscheinlich gar nichts mitbekommen von dem großen Unglück.«

»Ja, Heinrich war mein größtes Glück in diesem Unglück. Wenn er so dalag und mich anlächelte, dann vergaß ich das ganze Elend ringsum. Viele Jahre später hat er mich ausgefragt. Er wollte ganz genau wissen, wie ich es damals geschafft hatte, aus Dresden wegzukommen. Ich habe es ihm erklärt, so gut ich konnte.«

Sie dachte nach.

»Aber ich habe ihm nie die ganze Wahrheit gesagt.«

Sie verstummte.

»Welche ganze Wahrheit?«

Carola Sauerborn schwieg. Das eben noch offene und freundliche Gesicht der alten Dame wirkte plötzlich abweisend und verschlossen.

»Wieso …?«, fragte er.

Es entstand eine ungemütliche Pause.

»Es ist eine lange Geschichte. Ich würde Sie jetzt wahrscheinlich damit langweilen.«

»Aber ich bitte Sie: Das ist alles andere als langweilig«, protestierte Zink. »Ich bin ja zu Ihnen gekommen, weil Anita mir berichtete, Sie hätten eine Menge zu erzählen. Dreiundsiebzig Jahre ist das jetzt alles her. Und es gibt bald keinen mehr, der das noch kann.«

»Ja, ja«, antwortete sie leise. »Bald gibt es keinen und keine mehr. – Noch Kaffee?«

Und als Zink ihr die Tasse hinhielt, schenkte sie nach.

Er fragte, ob er das Tonbandgerät einschalten dürfe, und als sie nickte, drückte er auf den Knopf.

»Die Sache ist die«, begann Frau Sauerborn, »dass ich in Reichenberg geboren bin. Dort kam ich 1926 auf die Welt.«

»Donnerwetter!«, rief Zink und rechnete im Kopf nach. »Dann sind oder werden Sie ja schon zweiundneunzig. Das sieht man Ihnen aber wirklich nicht an.«

Die alte Dame freute sich über das Kompliment. Sie lächelte.

»Mein Vater, Philipp Wrede, war Inhaber einer kleinen Fabrik, der Philipp-Wrede-Manufaktur, abgekürzt PWM, die sich auf die Herstellung und den Vertrieb von Kochtöpfen, Pfannen und anderen Küchenutensilien aus Edelstahl spezialisiert hatte. Das Firmenemblem PWM bürgte damals für Qualität. Die Geschäfte liefen gut. Ich hatte eine wunderbare, unbeschwerte Kindheit. Als ich zwölf Jahre jung war, marschierten deutsche Truppen bei uns ein. Ich muss der Ehrlichkeit halber sagen, wir, also die Sudetendeutschen, zu denen auch meine Familie gehörte, wir haben damals den Soldaten zugejubelt.«

Zink nickte. Die Hintergründe der Sudetenkrise waren ihm geläufig. »Ich weiß, dass die deutschen Truppen damals begeistert empfangen wurden. Mit der Besetzung und Zerschlagung der erst 1918 gegründeten tschechoslowakischen Republik hat eigentlich schon der Zweite Weltkrieg begonnen, ein Jahr vor dem Überfall auf Polen, mit dem am 1. September 1939 Adolf Hitler dann den großen Krieg entfesselte.«

»Sie sind wirklich gut informiert«, sagte Frau Sauerborn. »Mir war das damals alles nicht so klar. Ich lernte im Frühjahr 1944, da war ich achtzehn Jahre alt und beim BDM, einen gewissen Heinrich Schmitz aus Königswinter kennen. Er erzählte mir stolz, dass der Führer manchmal bei ihnen um die Ecke auf dem Petersberg oder auf der anderen Rheinseite im Hotel Dreesen gewohnt hatte. Heinrich war seit sechs Jahren in Reichenberg stationiert. Er war bei der Waffen-SS. Wir waren sehr verliebt. Aber im Mai 1944 kam der Befehl. Heinrich wurde mit seiner Einheit aus Reichenberg abgezogen. Er sollte zweihundert Kilometer östlich von Krakau den Vormarsch der Russen stoppen.«

Sie seufzte. Dann lächelte sie.

»Es war meine erste Liebesnacht. Können Sie sich vorstellen, wie mir zumute war? Der Mann, in den ich mich verliebt hatte, musste am nächsten Morgen um sechs Uhr in seiner Kaserne antreten und von dort an die langsam näher rückende Front im Osten.«

Sie griff zu ihrer Tasse und nahm einen Schluck.

»Er war fünfundzwanzig und ich achtzehn Jahre alt, als wir uns in der Wohnung einer Freundin trafen, deren Eltern verreist waren. Es war eine wunderbare Nacht. Meine Verlobungsnacht. In dieser Nacht ist es passiert. Er war weg, an der Front, und ich war schwanger.«

»Und wie ging es dann weiter?«

»Ich war also schwanger, und es war nur noch eine Frage der Zeit, dass die Russen bei uns einmarschieren würden. Meine Eltern wollten bleiben. Sie waren nicht dazu zu bewegen, mit Nachbarn und Freunden in Richtung Westen zu ziehen. Ich wollte es nicht darauf ankommen lassen. Also machte ich mich Anfang Januar 1945, inzwischen hochschwanger, mit einer größeren Gruppe von Bekannten aus Reichenberg auf den Weg nach Dresden. Und dann ist es passiert.«

Sie schwieg wieder, und Zink fürchtete, diesmal werde sie endgültig verstummen.

»Es ist in Pirna passiert«, fuhr Carola fort. »In Pirna bei Dresden kam Heinrich zur Welt. Es war eine schwere Geburt, und ohne die Hilfe von Peter hätte ich nicht überlebt.«

»Wer war jetzt gleich Peter?« Zink war sich nicht sicher, ob Carola den Namen einmal genannt und er ihn nur überhört hatte.

»Peter Rau war Sanitäts-Obergefreiter. Er hatte ein paar Semester Medizin studiert, ehe er zur Wehrmacht kam, und das hat mir wahrscheinlich das Leben gerettet. Leider haben sie ihn später erwischt und erschossen.« Wieder schwieg sie.

»Das Leben gerettet?«, fragte Zink, um die stockende Erzählung wieder in Gang zu bringen.

»Ich muss etwas ausholen«, sagte Carola. »Er hat mir das Leben gerettet, weil er eben ein paar Grundbegriffe der Medizin kannte. Es war eine schwere, eine sehr schwere Geburt. Und Peter Rau war mein Arzt und meine Hebamme zugleich. Er war auf der Flucht wie ich. Aber er floh nicht vor den Russen, sondern vor den Feldjägern der deutschen Wehrmacht. Er war desertiert. Er wusste, wenn sie ihn schnappen, würden sie ihn sofort an die Wand stellen und erschießen. Und so kam es später dann ja auch.«

»Verstehe«, sagte Zink. »Wo war das?«

»In Pirna war das. Peter hatte Freunde, die ihn dort wohnen ließen. Es war gefährlich, damals als Mann im wehrfähigen Alter ohne Papiere aufgegriffen zu werden. Aber Peter war mutig. Er hat mir geholfen und das Leben gerettet. Ich war nach der Geburt zwei Wochen bewusstlos und halb tot.«

Sie seufzte tief, und Zink sah wieder Tränen in ihren Augen.

Es war eine Totgeburt, dachte er. Wenn sie zwei ganze Wochen bewusstlos und halb tot war, kann das eigentlich nur heißen, dass das Kind entweder tot zur Welt gekommen oder gleich nach der Geburt gestorben war. Das würde dann zu dem passen, was sie vorhin gesagt hatte. Sie hatte in Pirna ihr eigenes Kind verloren und wollte den Säugling, den sie in Dresden gefunden hatte, nicht auch noch verlieren.

»Es ist einfach unglaublich, was Leute Ihrer Generation durchgemacht haben«, sagte er.

Carola schnäuzte sich. »Sie müssen mir sagen, wenn ich zu ausführlich werde.«

»Es ist weder langweilig noch zu lang«, sagte er. »Ich muss nur ab und zu ein paar Fragen stellen, wenn ich etwas nicht verstanden habe. Vor allem interessiert mich, wie und warum Sie damals von Pirna nach Dresden kamen.«

»Das ist ziemlich einfach zu erklären. Pirna liegt nicht weit weg von Dresden. Und Dresden war damals, Anfang 45, noch weitgehend unzerstört. Ein paar Häuser in der Neustadt und in den Außenbezirken waren beschädigt worden. Aber die Innenstadt war heil. Das wussten wir alle. Wir dachten, wenn wir Dresden erreichen, dann haben wir es geschafft.«

»Sie kamen aber nur bis Pirna?«

»Ja, und in Pirna ging es los. Mitten auf der Straße bin ich umgefallen, weil das Kind kam. Weit und breit kein Wasser, kein Bett, geschweige denn ein Arzt.«

»Und die anderen, die Nachbarn aus Reichenberg?«

»Die hatten Panik wegen der anrückenden Russen. Als die Wehen einsetzten und ich nicht mehr weiterkonnte, hat irgendjemand mich in Pirna vor einer Haustür abgelegt und ist dann weitergezogen. Ich hatte großes Glück. Hinter dieser Haustür wohnte besagter Peter Rau. Er hat mir das Leben gerettet. Ohne ihn wäre auch ich gestorben.« Wieder schwieg sie.

Zink sah seine Vermutung bestätigt. Sie hatte »auch ich« gesagt. Ohne Peter Rau wäre nicht nur ihr Kind, sondern wäre auch sie gestorben.

Wieder schwieg sie lange, und wieder hatte Zink das Gefühl, dass es ihr schwerfiel, die Geschichte weiterzuerzählen. Er verstand immer besser, warum.

Doch dann gab sich die alte Frau einen Ruck. Sie machte den Rücken gerade und fuhr fort.

»Peter hat mich angefleht, ich sollte bei ihm in Pirna bleiben. Die Russen rückten immer näher. Wie gesagt, er fürchtete nicht die Russen, sondern nur die Deutschen. Bei mir war es umgekehrt. Ich wollte weiter ins Rheinland, zu den Eltern meines Verlobten Heinrich Schmitz. Ich wollte zu den Großeltern meines Kindes Heinrich.«

Wieder brach sie ab.

»Also bin ich weitergezogen, über Dresden Richtung Rheinland.«

Es war ihr anzumerken, dass die Erinnerung an Dresden ihr innerlich immer noch heftig zusetzte, obwohl die Ereignisse mehr als siebzig Jahre zurücklagen.

»Und Heinrich?«

»Heinrich war der einzige Lichtblick in diesen schrecklichen Tagen und Wochen. Wenn er mich anstrahlte mit seinen Augen, schmolz ich jedes Mal dahin. Wenn man ihn auf den Bauch küsste, quiekte er vor Vergnügen.«

»Da hatte er ein blaues Muttermal, nicht wahr?«, fragte Zink.

Carola Sauerborn sah ihn erschrocken an. »Woher wissen Sie das?«

»Anita hat es mir erzählt«, log Zink.

»Ach ja, Anita. Ja natürlich, die kannte es.« Sie lachte erleichtert.

Zink überlegte, ob er weiterbohren durfte, ohne sie zu Tode zu erschrecken. Er hatte fast alles geklärt, was ihm bislang unklar gewesen war. Carola war in der fraglichen Nacht in Dresden gewesen, wahrscheinlich hatte sie kurz davor ihr eigenes Kind verloren, durch einen Zufall muss sie an dem Keller vorbeigekommen sein, in dem Bruno lag, vielleicht war er aufgewacht und sie hatte ihn gehört. Jedenfalls musste alles dann sehr schnell gegangen sein. Sie nahm den Säugling an sich und rannte weg, während hinter ihr das Haus zusammenfiel.

Wenn alles so war, wie es sich ihm jetzt erschloss, dann konnte man nachvollziehen, warum sie das Findelkind nicht mehr hergeben wollte. Nach dem Verlust des eigenen Kindes betrachtete sie Bruno als ein Gottesgeschenk.

»Hat Ihr Sohn denn irgendetwas von dem Inferno mitbekommen?«

»Natürlich nicht. Heinrich schlief die meiste Zeit, und wenn er wach wurde, schrie er so lange, bis ich ihm die Brust gab, um dann sofort weiterzuschlafen.«

Carola hatte von der eigenen Schwangerschaft noch Milch, sie konnte dem Kind die Brust geben. Niemand kam auf die Idee, dass sie nicht die leibliche Mutter war. Das erklärte auch, warum sie am nächsten Tag mit Bruno nicht zum Roten Kreuz ging, sondern ihn ins Rheinland mitnahm, wo sie ihn bei den Eltern ihres Verlobten als ihren leiblichen Sohn ausgab.

Carola stand plötzlich auf, verschwand in ihrem Wohnzimmer und kam nach kurzer Zeit mit einem Fotoalbum zurück. Auf einem etwas zerknitterten Foto gleich auf der ersten Seite des Albums war ein junger Mann in SS-Uniform zusammen mit einer jungen Frau zu sehen, die ihn anhimmelte. Die junge

Frau hatte dunkles Haar, das nach der damaligen BDM-Mode in einem Zopf rund um den Kopf gewunden war. Am Mund erkannte Zink, dass es sich um ein Jugendbild von Carola handeln musste. Auch die etwas auseinanderstehenden Augen und die schmale Nase ließen keinen Zweifel, dass es sich um sein Gegenüber handelte.

»Das ist mein Verlobter Heinrich Schmitz. Und das daneben, das bin ich. Dieses Foto habe ich 1945 bei meiner Flucht aus Reichenberg die ganze Zeit bei mir gehabt.«

Sie drehte das Foto um. Zink sah, dass dort ein Name und eine Adresse standen: »Josef Schmitz, Bahnhofstraße 10, Königswinter«.

»Die Anschrift seiner Eltern«, sagte Carola. »Das Foto und ein paar Briefe, die er mir 1944 nach Reichenberg geschickt hatte, waren der einzige Beweis, dass wir in Reichenberg ein Paar waren. Zum Glück hatte er dies auch seinen Eltern geschrieben, und auch, dass ich von ihm schwanger geworden bin, kurz bevor er an die Front musste.«

»Ihre Schwiegereltern in Königswinter wussten also vor Ihrer Ankunft, dass ihr Sohn, der SS-Mann Heinrich Schmitz, sie zu Großeltern gemacht hatte?«

»Ja, das hatte er ihnen zum Glück geschrieben. Sie waren anfangs skeptisch, als ich mit dem kleinen Kerl unmittelbar nach Kriegsende bei ihnen aufkreuzte. Aber sie haben sich sehr anständig benommen.«

»Sie haben Ihnen geglaubt, als Sie mit dem Säugling vor der Tür standen?«

»Sie haben mir nicht nur geglaubt, sondern auch auf dem Amt bei der Meldebehörde für mich ausgesagt. Heinrich war ja praktisch auf der Straße in Pirna zur Welt gekommen, deshalb hatte ich für ihn keine Geburtsurkunde. Es gab dort keinen Standesbeamten, der es hätte beurkunden können. Zum Glück hatte Peter Rau mir handschriftlich bestätigt, was am 8. Januar 1945 in Pirna passiert war. Das akzeptierten die Behörden in Königswinter dann und stellten mir für Heinrich eine Geburtsurkunde aus.«

So muss es gewesen sein, dachte Zink. So wurde aus Bruno Schmidt Heinrich Wrede und später Heinrich Sauerborn.

»Und was ist aus Heinrichs Vater geworden?«

»Ja, das ist eine sehr traurige Geschichte. Ich kam im Mai 1945 zusammen mit dem Kind in Königswinter an. Von meinem Verlobten gab es keine Nachrichten. Über den Suchdienst des Deutschen Roten Kreuzes haben wir herausgefunden, dass er zuletzt einer Einheit zugeteilt war, die in den letzten Tagen des Krieges in der Schlacht um die Seelower Höhen östlich von Berlin den Vormarsch der Russen aufhalten sollte«.

Carola machte eine Pause.

»Drei Monate später, am 20. August 1945, bekamen wir dann den offiziellen Bescheid. Heinrich Schmitz ist Ende April 1945, wenige Tage vor Kriegsende, in der Schlacht um die Seelower Höhen, im Alter von fünfundzwanzig Jahren gefallen.«

Sie legte das Foto wieder ins Album zurück und blätterte weiter. Auf der nächsten Seite sah man dieselbe junge Frau in einem offenbar selbst genähten Kleid. Diesmal hatte sie ihr langes, dunkles Haar an ihrem Hinterkopf verknotet, so ähnlich wie heute, dachte Zink, nur inzwischen waren die Haare weiß. Sie hielt einen kleinen Jungen an der Hand, der zu dem älteren Paar zu ihrer Rechten aufsah und lachte.

»Das ist das Ehepaar Schmitz aus Königswinter, die Großeltern von Heinrich. Und der kleine Junge an meiner Hand, das ist Heinrich.«

Er betrachtete aufmerksam das Foto. Der kleine Heinrich trug ein kariertes Hemd, dazu eine Lederhose mit Hirschhornknöpfen und Hosenträger mit einem Hirschgeweih vor der Brust. Die Haare waren gescheitelt. Er sah so aus, wie zehnjährige Jungen in den Fünfzigerjahren aussahen. Es gab noch viele andere Fotos von ihm. Einmal trug er einen Fußball in der Hand. Ein anderes Mal stand er vor einem geschmückten

Christbaum und hielt stolz eine kleine Spielzeuglok hoch, die er zu Weihnachten geschenkt bekommen hatte.

Die Ränder der Fotografien waren, wie es damals üblich war, nicht glatt, sondern geriffelt.

Häufig sah man das Ehepaar Schmitz mit der Schwiegertochter Carola, einmal am Rheinufer, ein anderes Mal am Fuße des Drachenfels vor der Zahnradbahn.

Dort stand Heinrich an der Hand seines Großvaters neben einem der Esel, mit denen man damals den steilen Pfad hochreiten konnte. Er lächelte scheu, und man sah ihm an, dass es eine große Mutprobe für ihn war, das Tier mit der freien Hand zu berühren. Opa Schmitz dagegen lachte fröhlich.

Dahinter entdeckte Zink einen jungen Mann mit Knickerbockern, der auf dem Kopf eine Baskenmütze trug. Er lächelte verlegen in die Kamera. Wieder eine Seite später stand Heinrich mit einer Schultüte vor einer Ziegelsteinmauer.

»Das war 1951. Da wurde er eingeschult.«

Darunter gab es ein kleines Passfoto. Es zeigte wieder den Mann mit der Baskenmütze.

»Das ist Gustav«, erläuterte Carola. »Gustav Sauerborn, später Professor der Romanistik an der Friedrich-Wilhelm-Universität zu Bonn. Wir haben uns 1948 an der Uni kennengelernt. Damals war er Assistent des Dekans und arbeitete bereits an seiner Habilitationsschrift. Ich habe ihm seine Arbeit in die Schreibmaschine getippt. Und wie es so geht im Leben ...«

Sie schaute Zink schelmisch an.

»Wie es so geht im Leben ...«, wiederholte sie.

Und Zink ergänzte: »Haben Sie sich verliebt, oder?«

»Genau so war es«, sagte Carola. »Ich musste unbedingt Geld verdienen, und da ich meinem Vater in Reichenberg bereits als Sekretärin ausgeholfen hatte, bewarb ich mich auf eine Annonce beim Romanistischen Seminar der Uni Bonn, und so schließt sich der Kreis.«

Gustav Sauerborn, erzählte sie weiter, sei gebürtiger Berliner gewesen, und das habe man ihm bis zu seinem Lebensende angehört. Er war elf Jahre älter als Carola. Als sie 1950 heirateten, adoptierte er ihren Sohn Heinrich, der fortan seinen Nachnamen trug.

»Und diese Tatsache, dass Gustav Sauerborn nicht sein leiblicher Vater war, haben Sie ihm nie erzählt?«

»Wie kommen Sie denn darauf?« Carola Sauerborn zog irritiert die Augenbrauen hoch.

»Sie sagten vorhin doch, Sie hätten ihm nie die ganze Wahrheit gesagt.«

»Ach ja?« Sie machte eine wedelnde Handbewegung, als müsse sie eine lästige Fliege verscheuchen. »Da müssen Sie mich missverstanden haben. Ich habe ihm natürlich eines Tages erzählt, dass Gustav nicht sein Vater, aber ich seine Mutter bin und dass das Ehepaar Schmitz aus Königswinter seine Großeltern sind. Doch, doch«, sagte sie mehr zu sich selbst, »das habe ich ihm selbstverständlich erzählt.«

Zink drang nicht weiter in sie. Er wusste, dass sie ihm die Wahrheit verschwieg. Aber es war auch nicht mehr nötig, ihr das Geständnis abzuverlangen, dass sie damals einen Säugling gestohlen hatte. Es war ihr Kind. Und sie hatte sich im Laufe ihres Lebens so daran gewöhnt, dass sie die Lüge inzwischen selbst für die Wahrheit hielt. Wenn Zink ihr jetzt die Kopie von Alexanders Geburtsurkunde oder die eine Seite aus dem Geburtenbuch zeigte, würde sie vermutlich zusammenbrechen und alles gestehen. Sie hatte ihm bereits alles verraten, was er wissen musste. Es war nicht mehr nötig, sie bloßzustellen.

Neugierig blätterte er weiter in dem Fotoalbum, das nun Szenen einer gutbürgerlichen Familie in den Fünfziger- und Sechzigerjahren zeigte.

Heinrich als Gymnasiast, Heinrich auf der Bühne des Schülertheaters, Heinrich mit seiner Mutter vor dem Bonner Hauptbahnhof, dann als Sechzehnjähriger mit Pilzkopf-Frisur am

Klavier. Da trug er bereits eine Brille. Dann in den verwaschenen Farben der Sechziger- und Siebzigerjahre, Heinrich beim Abschlussball der Tanzschule, Heinrich als Abiturient, Heinrich als Student. Zu jedem Bild wusste Carola etwas zu erzählen. Dazwischen immer wieder Heinrich mit seinem Vater Gustav in Frankreich, vor dem Eiffelturm in Paris, im alten Hafen von Marseille, vor den roten Felsen im südfranzösischen Roussillon.

»Wir sind oft in Frankreich gewesen«, erzählte Carola. »Mein Mann war, nicht nur von Berufs wegen, vernarrt in die Sprache. Er liebte die französische Lebensart, die Kultur. Heinrich sprach auch sehr früh fließend Französisch. Wir hatten ihn ein halbes Schuljahr bei einer Familie in Paris untergebracht. Davon hat er noch Jahre später immer wieder erzählt.«

Sie geriet ins Schwärmen. Berichtete von Heinrichs außerordentlicher Gabe, sich Sachen einzuprägen, ganze Buchseiten zu merken und hinterher fehlerfrei wiederzugeben, als habe er sie in der einen Sekunde, in der er sie mit den Augen aufnahm, auswendig gelernt. Sie erzählte, dass und wie er diese Gabe schon auf der Schule eingesetzt und sogar Geld damit verdient hatte. Und auch, mit welcher Leichtigkeit er aufgrund seines phänomenalen Gedächtnisses alle Prüfungen und Examina bestand.

Dann kam, lose in das Album eingelegt, eine ganze Seite des Bonner Generalanzeigers vom 21. Oktober 1971 mit einem großen Foto zum Vorschein: Heinrich Sauerborn, an der Spitze eines Fackelzugs, und Willy Brandt, dem er zum Friedensnobelpreis gratulierte.

»Das war ein großartiger Tag für ihn. Das Nobelkomitee in Oslo hatte Brandt den Friedensnobelpreis zuerkannt, und Heinrich trommelte abends die Jusos zu einem Fackelzug zusammen. Sie sind auf den Venusberg gezogen und haben Brandt gratuliert. Er an der Spitze. Hier sieht man es genauer«, sagte die alte Frau gerührt und schlug die nächste Seite des Fotoalbums auf. Heinrich, eine brennende Fackel in seiner Linken, gibt Willy Brandt die rechte Hand. Es war ein Foto von Georg Munker, den Zink noch aus seiner Zeit als Lokalreporter kannte.

Weiter unten sah Zink ein kleines Passfoto: Heinrich, mit halb langen Haaren, langen Koteletten, die wie ein Backenbart an beiden Seiten des Kopfes herunterwuchsen. Er trug eine große Brille. Das Foto war identisch mit dem in Sauerborns altem Hausausweis.

»So sah er damals aus«, sagte Carola.

»Wie alt war er da?«

»Da war er sechsundzwanzig und hatte gerade angefangen, im Bundeshaus zu arbeiten.«

»Was war er da? Wissenschaftlicher Mitarbeiter oder bei einem Abgeordneten?«

»Er hatte Jura studiert und saß in irgendeinem Büro im Souterrain, dort habe ich ihn einmal besucht. Er musste dafür sorgen, dass die Abgeordneten die Protokolle ihrer Reden zu lesen bekamen, bevor sie in Druck gingen. Es gefiel ihm nicht. Er fühlte sich unterfordert. 1974 ist er dann nach Ostberlin an die Ständige Vertretung gegangen. Ich glaube, es war auch wegen Anita. Die kam nämlich aus Berlin.«

»Und dort war er bis zum Mauerfall?«

»Ja«, sagte Carola. »Später war er dann dort bei der Treuhand. Er kannte sich ja bestens aus mit der DDR, und bei der Treuhand war seine Expertise sehr geschätzt. Ach ja«, seufzte sie. »Er war immer sehr beliebt, mein Heinrich.«

»Woran ist er eigentlich gestorben?«

»Mir hat man gesagt, an Herzversagen. Später war dann noch ein Polizeibeamter vom Bundeskriminalamt bei mir, der hat von mir wissen wollen, wie lange Heinrich mit Anita zusammen war und ob er irgendwelche Herzgeschichten hatte.«

»Und?«

»Ich habe gesagt, dass ich mich daran nicht erinnern könne. Ich habe Heinrich dann nur noch einmal gesehen, kurz bevor sie ihn ins Krematorium schafften. Da hatte er Gott sei Dank nicht mehr diesen fürchterlichen Vollbart, den Anita ihm irgendwann einmal aufgeschwatzt hatte. Er lag sehr friedlich in dem Sarg. Es war sehr traurig. Aber nicht zu ändern.«

Sie schnäuzte sich.

»Wissen Sie noch, wie der Polizeibeamte hieß, der damals bei Ihnen war?«

Carola Sauerborn ging ins Wohnzimmer und kam mit einer Visitenkarte zurück.

»Der Mann hieß Michael Pütz. Er erzählte mir, er sei in Bonn aufgewachsen und dass sein Vater schon bei der Bonner Kripo war.«

Zink mochte es kaum glauben. Michael Pütz musste der Sohn seines alten Freundes Peter Pütz sein, der damals die Mordkommission leitete und mit dem er in der Volksschule in einer Bank gesessen hatte. Er erinnerte sich, dass er manchmal mit Peter und dessen Familie im Kottenforst spazieren gegangen war. Da war Michael noch ein kleiner Junge gewesen.

Carola hatte wieder Platz genommen. Sie hatte die Augen geschlossen und lächelte versonnen in sich hinein.

Zink wartete.

Nach ein paar Minuten merkte er an ihren ruhigen Atemzügen, dass sie eingeschlafen war.

Der Journalist schaltete das Tonband aus, blieb noch ein paar Minuten sitzen, dann legte er seine Visitenkarte auf den Tisch. »Vielen Dank«, schrieb er auf die Rückseite, »ich melde mich«. Er erhob sich und schlich auf Zehenspitzen zur Haustür. Carola Sauerborn schien tief zu schlafen.

Er öffnete die Tür und trat hinaus. Noch einmal horchte er in die Wohnung hinein. Nichts rührte sich. Nur das Ticken einer Uhr war zu hören. Zink zog die Tür leise hinter sich zu und ging.

NETZWERKE

In den nächsten Tagen hatte Zink viel zu tun. Die Stasi-Unterlagenbehörde hatte ihm auf seinen Antrag, die Akte des früheren Stasi-Offiziers Alexander Bock lesen zu dürfen, für Anfang der kommenden Woche einen Termin in der Karl-Liebknecht-Straße hinter dem Alexanderplatz angeboten. Er könne dort zu den üblichen Bürozeiten die von ihm gewünschten Unterlagen einsehen.

Nachdem er zurückgerufen und den Termin bestätigt hatte, rief er Isolde Hahn in Bad Godesberg an und fragte, ob und wann er sie besuchen dürfe.

»Jederzeit«, sagte Isolde. »Anita hat mir Ihren Besuch angekündigt. Sie müssen keinen Notar mitbringen, ich bin gut zu Fuß und kann mit Ihnen ohne Weiteres zu einem Notar gehen.«

Bereits zwei Stunden später konnte er ihr mitteilen, dass er sie am nächsten Morgen um zehn Uhr in der Senioren-Residenz abholen und mit ihr zu dem Notar in der Alten Bahnhofstraße fahren werde, wo sie um zehn Uhr dreißig einen Termin hätten.

»Kommen Sie doch einfach ein Stündchen eher«, schlug Isolde vor. »Dann frühstücken wir hier zusammen und können uns ein wenig besser kennenlernen.«

»Einverstanden!«, sagte Zink.

Er hatte von Anita nichts mehr gehört. Deshalb schrieb er ihr postlagernd an die Kölner Adresse eine kurze Mitteilung, in der er sie darüber informierte, dass er erstens mit Carola Sauerborn geredet und sich zweitens für den nächsten Tag mit Isolde Hahn zum Notartermin verabredet habe.

Mehr konnte er nicht tun. Wenn er ihre alte Handynummer anrief, kam immer nur die Ansage, diese Telefonnummer sei nicht bekannt. Auch Stuhl war unterwegs. Zink hinterließ ihm eine Rückrufbitte. Anschließend betrachtete er die Visitenkarte des Kriminalbeamten Michael Pütz und wählte die dort angegebene Nummer.

Pütz meldete sich sofort.

Zink nannte seinen Namen und wartete, wie sein Gesprächspartner am anderen Ende der Leitung reagieren würde.

»Ja, bitte«, sagte Pütz. »Was kann ich für Sie tun?« Er hatte einen leicht rheinischen Tonfall.

»Sind Sie der Sohn des Kripobeamten Peter Pütz aus Bonn?«, fragte Zink.

»Warum wollen Sie das wissen?«

»Mein Name ist Zink, Kurt Zink. Ich bin mit Ihrem Vater in die Volksschule gegangen, und später hatten wir sehr viel miteinander zu tun, als er Chef der Bonner Mordkommission war und ich Lokalreporter. Wie geht es Ihrem Vater?«

Pütz räusperte sich. »Zink? Kurt Zink?«, fragte er. »Klar erinnere ich mich. Mein Vater hat oft von Ihnen gesprochen. Leider ist er vor zwei Jahren gestorben.«

»Das tut mir leid.«

»Bauchspeicheldrüse«, sagte Pütz. »Zum Glück ging es am Ende ganz schnell.«

Er schwieg.

»Aber was kann ich für Sie tun?«

Zink erzählte ihm von seiner Unterhaltung mit Carola Sauerborn und dass sie ihm seine Visitenkarte mit der dienstlichen Durchwahl gegeben hatte.

»Tja«, sagte Pütz. »Das war ein seltsamer Fall. Ich erinnere mich ziemlich gut. Damals war ich noch ganz frisch hier, und ich glaube sogar, es war der erste Fall, der mir übertragen worden war. Wann war das?«

»Februar 1992. Ich würde mich gerne mit Ihnen treffen und darüber reden.«

»Sie wissen ja, dass ich das nicht darf«, sagte Pütz.

»Sicher weiß ich das. Mit Ihrem Vater habe ich auch nie über irgendeinen Fall geredet.«

Sie lachten.

»Könnten Sie nach Wiesbaden kommen?«

»Jederzeit, wann immer Sie Zeit haben.«

»Aber auf keinen Fall in die Behörde. Am besten treffen wir uns in der Nähe des Bahnhofs.« Er nannte Zink die Anschrift eines Cafés und sie verabredeten sich für den übernächsten Tag.

Zink fand es toll, dass seine alten Netzwerke irgendwie nach wie vor funktionierten. Er hatte plötzlich das Bedürfnis, die Unordnung in seiner Wohnung zu beenden, die durch den Einbruch größer geworden war. Fünfzehn Umzugskartons mit Büchern und vier weitere mit der Aufschrift »Archiv« waren immer noch in seinem langen Flur gestapelt und warteten darauf, endlich ausgepackt zu werden.

Er nahm ein feuchtes Küchentuch und wischte die leeren Regalbretter ab. Dann begann er, seine Bibliothek alphabetisch nach Autoren zu sortieren und einzuräumen. Nach fünf Stunden war er fertig und betrachtete sein Werk. Endlich war er in seiner Wohnung angekommen. Er rief bei der Spedition an, die vor einem halben Jahr seinen Umzug gemacht hatte, und bat darum, die leeren Umzugskartons abzuholen.

Die vier vollen Umzugskisten mit der Bezeichnung »Archiv« schaffte er in den Keller. Das Feature, das er vor vielen Jahren über Julius Steiner und Karl Wienand geschrieben hatte, behielt er allerdings oben. Es war ein längeres Stück, das er im Sommer 1983 zur Erinnerung an das zehnjährige Jubiläum des Skandals verfasst hatte. Als er es jetzt wieder las, stellte er fest, dass das meiste, was in diesem Artikel stand, falsch oder inzwischen überholt war. Ein paar Formulierungen jedoch fand er immer noch gut. Er nahm sich vor, sie später in den neuen Text einzubauen, den er von Hand im Zug von Berlin nach Köln geschrieben hatte.

Er wollte sich gerade ein Spiegelei braten, als sein Festnetztelefon klingelte. Stuhl war dran und wollte wissen, wie weit er gekommen sei.

Zink erzählte ihm ausführlich, wie das Gespräch mit Carola Sauerborn gelaufen war. »Ich bin inzwischen sicher«, beendete er seinen Bericht, »dass Heinrich Sauerborn Alexander Bocks Zwillingsbruder Bruno war.«

»Und ich«, antwortete Stuhl, »ich weiß jetzt nicht mehr, ob mein alter Freund Alexander Bock wirklich Alexander Bock ist. Du musst kommen. Wir müssen das klären.«

DER KRIMINALIST

Zink erkannte Michael Pütz gleich, als er in Wiesbaden das Café am Bahnhof betrat. Der untersetzte, stämmige Mann mit dem schwarzen Lockenkopf saß schräg gegenüber dem Eingang am Fenster und musterte jeden, der durch die Tür kam. Er sah seinem Vater so ähnlich, dass Zink sich in seine frühen Jahre als Bonner Lokalreporter zurückversetzt fühlte.

»Damals bin ich mit deinem Vater häufig im Kottenforst spazieren gegangen, und ein paarmal warst du, Entschuldigung, waren Sie mit dabei«, sagte er, nachdem sie sich begrüßt und hingesetzt hatten.

»Sie können ruhig weiter Du zu mir sagen«, antwortete der Lockenkopf und erzählte, dass er inzwischen lange verheiratet und Vater zweier Kinder sei und dass sein Vater, der nach seiner Pensionierung zu ihm nach Sankt Augustin gezogen war, ein wunderbarer Opa gewesen sei. Über Zink habe der Alte oft gesprochen.

»Ihr wart damals richtig dicke Freunde, oder?«

»Ja, das stimmt, und ich verdanke ihm viel. Wir haben gut kooperiert. Er hat mich informiert, wenn er zum Beispiel bei einem Mord zu einem Tatort rausfahren musste.«

Pütz lachte. »Dadurch waren Sie immer schneller vor Ort als die Konkurrenz, so hat er mir das jedenfalls erzählt.«

»Du hast mich damals geduzt«, sagte Zink, »und ich fände es albern, wenn du Sie zu mir sagtest.«

»Okay, ich bin Michael, Freunde sagen auch Mike zu mir.«

»Ist in Ordnung, Mike. Ich bleibe bei Michael. Weißt du noch, wie wir manchmal mit deinem Vater Fußball gespielt haben?«

»Ja, sicher weiß ich das noch. Das habe ich später auch immer mit meinen Kindern gemacht. Das vergisst man eben nicht.«

Sie bestellten Kaffee und eine Kleinigkeit zu essen. Zink hatte noch nicht gefrühstückt und war froh, nach der Zugfahrt etwas an die Gabel zu bekommen.

Pütz schob ihm eine Mappe über den Tisch. »Am besten packst du das gleich in deinen Rucksack. Das ist alles, was ich noch finden konnte. Sie haben das ganze Material damals ›streng geheim‹ gestempelt. Mit anderen Worten, was da drinsteht, kannst du nirgendwo verwenden.«

Er sah sich vorsichtig um. Zink nahm die Mappe und verstaute sie in seinem Rucksack.

»Warum diese Geheimniskrämerei?«

»Das weiß ich auch nicht«, entgegnete Pütz. »Die Weisung, die Akte Sauerborn wegzuschließen, kam von ganz oben, es hieß, direkt aus dem Kanzlerbüro oder zumindest aus der Geheimdienstabteilung des Kanzleramts. Ich weiß es deshalb, weil mein Vorgesetzter damals zu mir sagte: ›Das ist ein ganz dicker Fisch, der ist denen durch die Lappen gegangen, deshalb wollen sie den Vorgang unter der Decke halten. Sie haben Angst, dass die Blamage publik wird.‹«

»Das deckt sich mit dem, was ich inzwischen weiß«, sagte Zink.

»Sauerborn war wirklich ein dicker Fisch ...«

»Und er ist gestorben, bevor wir ihn festnehmen konnten«, ergänzte Pütz.

»Da bin ich inzwischen übrigens gar nicht mehr so sicher. Manchmal habe ich immer noch das Gefühl, dass er lebt.«

Ausführlich breitete Zink vor dem Sohn seines Freundes das unglaubliche deutsch-deutsche Familiendrama der beiden Zwillinge aus, und zwar so, wie es sich ihm und seinem Kollegen Stuhl allmählich erschlossen hatte.

»Solange die Mauer stand«, fasste er die Geschichte am Ende zusammen, »lebten die Brüder friedlich nebeneinander, weil zumindest der im Westen von dem anderen im Osten nichts wusste. Erst nach der friedlichen Wiedervereinigung brach der

Krieg zwischen ihnen aus, und zwar auch deshalb, weil die beiden sich leider in dieselbe Frau verliebt hatten. Aber selbst das hätten sie überstanden, wenn die Mauer geblieben wäre. Die einzige Frage, die deshalb geklärt werden müsste, ist die, ob beim Tod des einen der andere Zwillingsbruder oder sonst irgendwer nachgeholfen hat. Mit anderen Worten, ob der Mann, der auf dem Poppelsdorfer Friedhof beigesetzt wurde, eines natürlichen Todes starb oder ob er ermordet wurde.«

»Ach du große Scheiße«, murmelte Pütz. »Wenn es Mord gewesen wäre, müssten wir die Ermittlungen wieder aufnehmen. Mord verjährt nicht.«

»Ich weiß«, antwortete Zink.

»Wie bist du, wie seid ihr überhaupt darauf gekommen, du und dein Freund Stuhl?«

»Beobachtung, Spekulation, Kombination, Zufall, von allem etwas. Ich hätte jetzt Mühe, jeden einzelnen Schritt noch einmal nachzuvollziehen. Es fing damit an, dass Anita, also Bocks Frau, mir die Geschichte von der Zwillingsgeburt im Reichstagsgebäude erzählte und mich beauftragte, das verlorene Geburtenbuch der Charité zu finden, in dem diese Geburt dokumentiert worden ist.«

»Geburt im Reichstagsgebäude?«

»Ja, mir war das auch nicht klar. Im Krieg wurden da auch Kinder geboren.«

»Okay, hab ich noch nie gehört.«

»Dann ging es weiter mit der Bombennacht in Dresden, in der die Kindsmutter einen der Zwillinge, nämlich Bruno, verlor, der von den Trümmern eines zusammenstürzenden Hauses verschüttet wurde ...«

»Aber, wenn ich dich richtig verstanden habe, seltsamerweise später doch noch lebte. Das habe ich begriffen.«

»Das Verrückte ist, Anita hat mir nie gesagt, sie hat sogar versucht, immer wieder zu vertuschen, dass Heinrich und Alexander Zwillinge waren. Darauf kamen wir erst, als ich meinem

Freund Werner Stuhl das Passfoto von Sauerborn aus dem Jahr 1970 zeigte und er glaubte, es sei ein Foto von Alexander Bock. Damit fing es an.«

»Hat denn Frau Sauerborn dir ausdrücklich gestanden, dass sie in Dresden den Säugling Bruno aus einem Keller gerettet hat?«

»Nein, ausdrücklich nicht. Aber sie hat ein paar Formulierungen benutzt, aus denen man heraushören oder schlussfolgern konnte, vielleicht sogar musste, dass es so war.«

»Das verstehe ich nicht«, sagte Pütz. »Was meinst du damit?«

»Stell dir vor, eine Frau sagt zu dir, ich habe Angst, dich jetzt auch noch zu verlieren. Was denkst du dann?«

Pütz überlegte nur kurz. »Ich würde denken, sie hat schon jemanden verloren und möchte nicht, dass ich der Nächste bin.«

»Genau so sehe ich das auch. Carola Sauerborn sagte mir, sie habe in Dresden Angst gehabt, den Säugling, den sie im Arm hielt, in diesem Feuersturm jetzt auch noch zu verlieren. Wörtlich so. Das klang für mich, als fürchtete sie eine Wiederholung.«

»Okay, das klang für dich so. Aber ob es wirklich so war, müsste man sie fragen, und sie müsste es ausdrücklich bestätigen.«

»Da hast du recht. Ich wollte sie nicht nötigen, das zuzugeben. Sie sollte sich nicht fühlen wie in einem Polizeiverhör. Immerhin müsste sie zugeben, im Krieg ein Kind gestohlen zu haben, das ihr nicht gehörte. Das wollte ich ihr ersparen. Aber es fiel noch ein Satz, der meine Vermutung stützt. Sie sagte, ihr kleiner Sohn habe immer vor Vergnügen gequiekt, wenn sie ihn auf sein blaues Muttermal am Bauch küsste. Genau so ein blaues Muttermal, *Naevus caeruleus* heißt der medizinische Fachausdruck, hatte Bruno.«

»Okay«, bestätigte der Kriminalist, »das würde ich auch als ein ziemlich sicheres Indiz deuten. Aber wieso glaubst du, dass Heinrich Sauerborn immer noch lebt?«

»Das ist bisher nur so ein Gefühl. Warum kommt einer, der angeblich tot ist, ins Historische Institut der Charité und weist sich dort mit einem Personalausweis als Heinrich Sauerborn aus?«

»Das ist in der Tat seltsam. Aber glaube mir, der Mann, den ich 1992 gesehen habe und an dessen Zeh ein Schild mit dem Namen ›Heinrich Sauerborn‹ hing, der war wirklich mausetot.«

»Das heißt natürlich nicht, dass es auch Sauerborn war. Es ist zwar vielleicht wirklich eine Spinnerei, aber könnte es nicht sein, dass gar nicht Sauerborn vor dir lag, sondern sein Bruder Alexander?«

»Du meinst, dass Sauerborn den Tod seines Bruders Alexander ausgenutzt hat, um dessen Identität anzunehmen?«

»Ja, zum Beispiel. Wäre doch ein schlauer Schachzug.«

»Ja«, bestätigte der Kriminalist, »in dem Moment, wo er für tot erklärt wird, wird nicht mehr gegen ihn ermittelt. Am Totenbett endet die Strafverfolgung. Wer tot ist, wird nicht mehr belangt, selbst wenn er der größte Spion aller Zeiten war.«

»Zweitens«, ergänzte Zink, »hätte es für ihn außerdem den großen Vorteil gehabt, dass er Boss einer Firma geworden wäre, die ihm nicht gehört.«

»Drittens«, fügte Pütz hinzu, »wäre er dann auch, was die Frau betrifft, als Sieger vom Platz gegangen. Er hat Anita, wenn ich es richtig sehe, bald darauf geheiratet. Du hast recht, er hätte gute Gründe gehabt, in Alexanders Leben zu schlüpfen. Kein Knast wegen Spionage, dafür Chef eines millionenschweren Unternehmens und dazu auch noch eine Frau im Ehebett, um die dich alle beneiden.«

»Wobei ich mir aber nicht sicher bin«, warf Zink ein, »ob Heiraten wirklich sein größter Wunsch war. Er hatte nebenher immer Affären. Und das ist auch der Grund, warum seine Frau Anita sich von ihm trennen möchte. Sie will sich an ihm rächen. Sie glaubt, mithilfe des Geburtenbuches beweisen zu können, dass ihr Mann nicht der rechtmäßige Besitzer von Bocks Baumarkt ist. Warum sie dazu das Geburtenbuch benötigt, weiß ich immer noch nicht genau. Es muss aber etwas mit diesem Muttermal zu tun haben. Denn auch in der eidesstattlichen Erklärung, die ich für sie bei Isolde Hahn abgeholt habe, geht es um das Muttermal. Isolde Hahn hat vor dem Notar eidesstattlich versichert, dass nur Bruno alias Heinrich Sauerborn dieses Muttermal hatte. Und genau so steht es im Geburtenbuch.«

Zink holte die Kopie der Silvesterseite des Geburtenbuches und die eidesstattliche Erklärung heraus, die Isolde Hahn einen Tag zuvor in seinem Beisein bei einem Notar zu Protokoll gegeben hatte, und legte sie vor Pütz auf den Tisch.

»Moment mal«, unterbrach ihn Pütz. »Beim Stichwort Muttermal fällt mir etwas ein. Hol doch bitte die Mappe noch einmal raus, die ich dir gerade gegeben habe.«

Zink reichte sie ihm, und Pütz begann zu blättern.

»Hier ist es.«

»Das ist der offizielle Abschlussbericht des Gerichtsmedizinischen Instituts der Charité an der Hannoverschen Straße«, erklärte er. »Und diese eine Seite hier kam später mit der Post.« Er setzte eine Lesebrille auf und las vor: »›Ergänzend zu unserem Bericht vom 28. Februar 1992 bitten wir folgenden Hinweis zur Kenntnis und zu den Akten zu nehmen: Bei der pathologischen Untersuchung des Verstorbenen Heinrich Sauerborn, geb. 10. Januar 1945 in Pirna, gestorben 22. Februar 1992 in Berlin, wurde übersehen, dass sich unterhalb des Bauchnabels ein bläuliches Muttermal (Naevus caeruleus) befand. Nach Auskunft der Lebensgefährtin des Verstorbenen, Frau Anita Bauer, Mommsenstraße 25, 10629 Berlin, hatte der Verstorbene dieses Muttermal, seit sie sich kannten, nach Auskunft seiner Mutter, Frau Carola Sauerborn, hatte er es sogar seit seiner Geburt. Berlin, 15. März 1992, gez. Prof. Dr. Andreas Paulsen.‹«

»Scheiße!«, sagte Zink.

Diese Mitteilung passte ihm gar nicht.

»Demnach war der Tote eindeutig Heinrich Sauerborn«, fasste Pütz zusammen.

»Aber wieso hatte er bei der ersten Untersuchung kein Muttermal?«, fragte Zink spitz.

»Vielleicht hat man es tatsächlich übersehen«, antwortete der Kriminalist. »So etwas kommt vor!«

»Aber wie kann man so ein Muttermal übersehen?«

»Kann ich dir nicht sagen. Als dieses Schreiben kam, war die Leiche schon verbrannt. Man konnte also nicht mehr nachsehen, ob da ein Muttermal war oder nicht. Jetzt steht es in den Akten, und das ist für jedermann der amtliche Beweis, dass es sich bei dem Toten um Heinrich Sauerborn gehandelt hat.«

»Das ist eine große Scheiße«, wiederholte Zink.

Er rührte in dem Kaffee, der längst kalt geworden war, und dachte nach.

»Was war eigentlich mit diesem anonymen Anrufer, der zwei Tage nach dem Tod etwas von einer Giftspritze erzählt hat, mit der ein russischer Killer namens Solokov Heinrich Sauerborn erledigt habe?«, fragte er plötzlich.

»Ich sehe, du bist gut informiert«, sagte Pütz. »Warum bist du eigentlich nicht zur Kripo gegangen? Ja, diesen Anruf gab es. Er ist bei mir gelandet.«

»Und?«

»Man konnte ihn schwer verstehen, er hat versucht, seine Stimme zu verstellen. Aber ein Sachse kann sich anstrengen, wie er will, man hört immer, woher er kommt.«

»Der Anrufer war also ein Sachse?«

»Hundertprozentig.«

»Dann habe ich eine Ahnung, wer es war. Das kann eigentlich nur dieser widerliche Konrad Köhler gewesen sein, der heute unter dem Namen Klaus Krombach unterwegs ist, angeblich der beste Freund und die rechte Hand des Firmenchefs Alexander Bock. Er schnüffelt auch hinter mir her und ist vor drei Tagen bei mir eingebrochen.«

»Das verstehe ich nicht«, sagte Pütz. »Wenn er ein Freund des Firmenchefs Bock ist, warum pflanzt er dann ein Gerücht, das uns zwingt, die Diagnose der Ärzte, nämlich Herzstillstand, wieder infrage zu stellen und erneut zu ermitteln? Das ist doch so, als wenn nach einer gerade überstandenen Alkoholkontrolle im Straßenverkehr der Beifahrer zu den Polizisten sagt, guckt doch mal nach, ob im Kofferraum vielleicht eine Leiche liegt.«

»Und was habt ihr daraufhin gemacht?«

»Na ja, sie haben, um beim Bild zu bleiben, den Kofferraum geöffnet und festgestellt, dass er leer war. Als der Anruf kam, lag die Leiche noch in der Gerichtsmedizin und wurde noch einmal gründlich nach irgendwelchen Einstichen untersucht. Es wurde aber nichts gefunden. Es war also wirklich kein Mord, es war Herzstillstand. Heinrich Sauerborns Lebensgefährtin Anita, die später die Ehefrau von Alexander Bock wurde, sagte aus, sie habe sich mit Heinrich gestritten, weil er nach den Weibern roch, mit denen er sich im Saunapuff vergnügt hatte. Und dann sei er plötzlich ohne jeden erkennbaren Grund tot umgefallen.«

»Und deshalb wurden die Ermittlungen eingestellt.«

»Sie wurden eingestellt, die Leiche wurde freigegeben und verbrannt. Und damit war der Fall erledigt. Warum sich das Kanzleramt dafür interessierte und darauf bestand, dass alles streng geheim gestempelt wurde, ist mir, wie schon gesagt, immer noch schleierhaft.«

»Das heißt«, fragte Zink, während er seine Sachen zusammenpackte, »solange keiner kommt und schwört, ich habe Alexander Bock umgebracht, damit Heinrich Sauerborn dessen Identität annehmen kann, können wir nichts mehr machen.«

»Ja, so ist das. Und wie die Dinge hier liegen, brauchst du mindestens zwei, die das übereinstimmend schwören.«

Aber Zink ließ nicht locker. »Also, wenn einer käme und versicherte eidesstattlich, er wisse, dass nur Bruno oder Heinrich das Muttermal hatte und Alexander keins, und wenn man dann dem Unternehmer Bock das Hemd hochhöbe und ein Muttermal sähe, wäre dann klar, dass Alexander in Wahrheit Heinrich ist?«, bohrte Zink.

»Ich fürchte, auch dann nicht«, sagte Pütz geduldig. »Einer reicht nicht. Isolde Hahn hat geschworen, nur einer von beiden, nämlich Bruno, habe es gehabt. Es müsste dann aber noch ein zweiter Zeuge kommen und ebenfalls schwören, dass Alexander niemals ein Muttermal hatte, einer oder eine müsste das sein, der oder die ihn irgendwann nackt gesehen hat und nicht mit ihm verwandt oder verheiratet wäre. Aber auch dann würde vermutlich jeder Richter den Gerichtsmedizinern von der Hannoverschen Straße eher glauben als noch so vielen Zeugen und dann einfach beschließen, dass beide Zwillinge das Muttermal gehabt haben müssen, was bei Eineiigen ohnehin die Regel ist.«

»Und Anita fiele als Zeugin aus?«

»Vermutlich ja, wegen möglicher Befangenheit. Aber wenn zwei kämen und bei Gott und allem, was ihnen heilig ist, beeideten, sie wüssten, wer am 22. Februar 1992 den Mann getötet hat, der als Heinrich Sauerborn in der Gerichtsmedizin landete, und wenn diese zwei auch noch bewiesen, wie es passierte, dann, aber auch nur dann, müssten die Ermittlungen wohl wieder aufgenommen werden.«

Zink schaute auf die Uhr. Es wurde Zeit. Sie riefen den Kellner, der sie lauernd umkreiste, bezahlten und verließen das Lokal. Michael Pütz brachte Zink zum Zug.

»Was hast du jetzt vor?«

»Ich muss erst mal Anita finden. Sie schuldet mir hunderttausend Euro. Wahrscheinlich finde ich sie in Potsdam oder Berlin.«

»Pass auf dich auf«, sagte der Kriminalist. »Nicht dass du nachher doch recht hattest und sie dich drankriegen wollen. Halte mich auf dem Laufenden.« Er gab ihm seine Visitenkarte, auf der auch seine Handynummer stand.

Die beiden umarmten sich.

»Es war schön, dich zu treffen«, sagte Zink.

»Fand ich auch«, sagte der Kriminalbeamte. »Du kannst mich jederzeit anrufen. Und grüß mir Bonn!«

Dann war er im Bahnhofsgewimmel verschwunden.

LESESAAL

Im Lesesaal der Stasi-Unterlagen-Behörde, an der Berliner Karl-Liebknecht-Straße, fand Zink alles bestätigt, was Stuhl ihm über Alexander Bock erzählt hatte. Zwei hohe Aktenstapel lagen auf seinem Tisch. Auch Bocks Kaderakte war dabei.

Alexander Bock, geboren am 31. Dezember 1944 in Berlin, hatte im MfS und in der SED eine steile Karriere gemacht. Schon während seiner Zeit bei der Armee war er den Grenztruppen zugeteilt. Er besuchte die Dolmetscherschule des MfS und wurde bald wegen seiner hervorragenden Sprachkenntnisse – neben Russisch sprach er fließend Französisch, Englisch und Spanisch – Leiter der GÜST Checkpoint Charlie, wo zu DDR-Zeiten die Diplomaten abgefertigt wurden.

Im Jahr 1970 wurde er Bürochef und persönlicher Adjutant von Markus Wolf, später Chef der Unterabteilung »Desinformation« und schließlich Direktor in Potsdam-Golm, eine Bilderbuchkarriere.

Die letzte Seite in Bocks Kader-Akte weckte Zinks Neugier. Darauf standen mit Schreibmaschine getippt und doppelt unterstrichen die Worte »OV« und »Brandtschutz«. Das Wort »Brandtschutz« war durchgestrichen und handschriftlich durch »Doppelkopf« ersetzt worden. Aber die zu dem Deckblatt gehörenden nachfolgenden Seiten fehlten. Jemand hatte die Akte gesäubert.

Das Stichwort »Brandtschutz« war ein Beleg dafür, dass Anita ihm die Wahrheit erzählt hatte. Die von Markus Wolf angeordnete Stasi-Operation zur Rettung der Bonner Bundesregierung war zunächst als »Operationsvorgang Brandtschutz« deklariert worden. Nachdem Anita, entweder allein oder mit ihrem Geliebten Heinrich Sauerborn, auf die Idee gekommen war, die Kontrolle der Abgeordneten mithilfe von Stimmkarten-Doubletten sicherzustellen, hatte Alexander Bock, ihr Führungsoffizier, den ursprünglichen Arbeitstitel durchgestrichen und der ganzen Aktion den neuen Titel »OV Doppelkopf« verpasst.

»Brandtschutz« oder »Doppelkopf«, die Tatsache, dass diese MfS-Operationen in Bocks Kaderakte erwähnt waren, ließ nur den Schluss zu, dass Bock tatsächlich der verantwortliche Teamchef war.

Am 30. April 1972 war er, auch das fand Zink in der Kaderakte, von Mielke persönlich mit dem Großen Vaterländischen Verdienstorden ausgezeichnet worden, drei Tage nach der Abstimmung über das Misstrauensvotum.

Wie der Zwillingsbruder aus Pankow den Zwillingsbruder aus Bonn getroffen hatte, war in der Akte nicht vermerkt.

BEWEISNOT

»Und?«, fragte Stuhl. »Was machst du daraus?« Sie saßen in einem französischen Restaurant in Mitte. Zink hatte Stuhl zum Essen eingeladen, zum Dank für die Mühe, die der Freund sich für ihn gemacht hatte.

Auf der Fahrt von Bonn nach Berlin hatte er noch einmal gründlich die Akte Maskerade studiert und überlegt, wie er sie benutzen könne. Und je länger er darüber nachdachte, desto größer wurden seine Skrupel, ob er es überhaupt durfte.

»Ich glaube, ich kann daraus keine Geschichte machen«, sagte er.

Stuhl sah ihn ungläubig an. »Das verstehe ich nicht. Was für Beweise brauchst du denn noch? Die Tatsachen sprechen doch für sich.«

»Wer sagt mir, dass es Tatsachen sind?«

»Dein journalistischer und dein gesunder Menschenverstand«, fauchte Stuhl. Er war jetzt richtig sauer.

»Leider reicht das nicht«, sagte Zink, »und ich weiß, dass du das im Grunde auch weißt. Man darf eine Geschichte nie nur auf eine Quelle stützen. Du brauchst zumindest ein paar Zeugen, die das, was in dieser Akte steht, bestätigen können. Und das ist schwierig bis unmöglich, nach mehr als vierzig Jahren. Barzel ist tot. Wolf ist tot, und auch Strauß kann man nicht mehr befragen.«

Stuhl grummelte etwas Unverständliches. »Aber das Telefongespräch zwischen FJS und Dr. Hausmann spricht doch für sich«, sagte er schließlich. »Den Wortlaut dieser Unterhaltung hat sich niemand ausgedacht. Da ist jedes Wort genau so gefallen. Du selbst hast immer gesagt, dass du den Schlapphüten die Intelligenz nicht zutraust, so etwas zu erfinden.«

»Und trotzdem müsste ich es beweisen«, erwiderte Zink.

»Strauß ist tot, also müsste ich, um dieses Telefongespräch zu verifizieren, diesen Dr. Hausmann vom BND finden. Ich müsste ihn finden und mit der Abschrift des Telefonats konfrontieren.«

»Na gut, dann musst du das eben tun.«

»Kannst du vergessen!« Zink hatte im Internet recherchiert. Der Mann, den sie »Doktor« genannt hatten, weil bei keinem seiner vielen Decknamen der Doktortitel fehlen durfte und der in nahezu allen Geschichten auftauchte, die sich mit illegalen Waffengeschäften des BND in den Sechzigerjahren während der Zeit der Großen Koalition beschäftigten, dieser Dr. H. war im November 2002 im Alter von neunundsiebzig Jahren gestorben.

»Ihr Mann ist tot und lässt Sie grüßen«, zitierte Zink den Mephisto aus Goethes Faust.

Stuhl schüttelte immer noch verständnislos den Kopf.

»Er hätte mir sowieso nur das Blaue vom Himmel heruntergelogen«, versuchte Zink ihn zu beruhigen und sich zu rechtfertigen. »Der Mann verehrte Strauß und hätte alles dementiert. Aber fragen hätte ich ihn schon müssen, sonst kannst du das unmöglich in einem Artikel schreiben. Da verlierst du jeden Verleumdungsprozess.«

Stuhl schwieg, und auch Zink vertiefte sich erst einmal in die Speisekarte. Nachdem sie das Essen und den Wein bestellt hatten, lehnte Stuhl sich zurück und sah Zink herausfordernd an. Wieder hatte er die Arme vor der Brust verknotet.

»Du hast ja nur Schiss, dass man dir vorwirft, Stasi-Unterlagen benutzt zu haben«, sagte er.

Da war etwas dran, dachte Zink. Barzel selbst hatte ja auch darauf verzichtet, aus der Akte, die man ihm zugespielt hatte, etwas zu machen. Er fand die Quelle offenbar zu dubios. Andererseits glaubte er alles, was er dort gelesen hatte. Er war überzeugt und hatte dies Zink gegenüber auch unmissverständlich gesagt, dass er am 27. April 1972 das Opfer einer von Franz Josef Strauß angezettelten Intrige geworden war.

»Warum glaubst du wohl, dass Barzel damals nichts unternahm, nachdem man ihm die Akte zugespielt hatte?«, fragte Zink.

»Weil auch er Angst davor hatte, der CSU etwas unter Berufung auf kommunistische Stasi-Protokolle anzuhängen«, antwortete Stuhl. »Und vielleicht auch, weil er wusste, dass das Telefongespräch illegal abgehört worden war und er es deshalb nicht benutzen konnte.«

»So ist es«, bestätigte Zink. »Und für mich gilt dasselbe.« Er verstand Stuhls Ärger. Sie hatten einen Skandal ausgegraben. Und er, Zink, wollte nichts daraus machen.

Der Kellner servierte das Essen. Stuhl hatte Loup de mer geordert, Zink ein Rinderfilet. Stuhl trank dazu einen weißen Sancerre und Zink einen Rotwein aus dem Languedoc. Sie aßen schweigend.

Jeder hing seinen Gedanken nach.

Auch Zink war davon überzeugt, dass die Autoren der MfS-Studie nichts erfunden hatten. Was in der Akte stand, hatte sich vermutlich genau so zugetragen. Und es passte auch zu seinen eigenen Erinnerungen.

Zink hatte die Szene noch vor Augen. Nach der Sondersitzung der CDU/CSU-Fraktion, auf der beschlossen worden war, das Misstrauensvotum zu beantragen, war nicht Barzel vor die Kameras getreten, um das Ergebnis zu verkünden, sondern der Vorsitzende der CSU-Landesgruppe, Richard Stücklen. Hinter ihm stand, auf den Zehen wippend und zufrieden lächelnd, Franz Josef Strauß. Er hatte Barzel vor der versammelten Fraktion nicht nur ermuntert, sondern geradezu genötigt, nun endlich den Sprung zu wagen und das Misstrauensvotum zu beantragen. Er war der Antreiber. Denn er wusste um diese Zeit schon, dass Barzel keine Mehrheit bekommen würde.

Vom »Doktor« hatte er die feste Zusage, mindestens ein CDU-Abgeordneter, der früher beim BND war, werde dem Oppositionsführer die Stimme verweigern. Und auf seinen Parteifreund Leo Wagner, den Parlamentarischen Geschäftsführer der Fraktion, konnte er sich ebenfalls verlassen. Wagner war erpressbar. Weil er nachts ständig in den Rotlichtvierteln von Köln und Bonn unterwegs war, hatte er horrende Schulden. Es war also nicht schwer, dem Gefährten klarzumachen, wie er abzustimmen habe. Ein Wort über die Rotlichtausflüge, und Wagners Reputation wäre dahin gewesen. Dies alles ging Zink durch den Kopf, während er aß.

»Es gibt nur eine Möglichkeit, darüber etwas zu schreiben«, sagte er, als sie fertig waren. »Ich müsste mit diesem Widerling Krombach reden, der dir die Akte gegeben hat. Er war ja offenbar Mielkes wichtigste Quelle. Ich kenne ihn aus Bonn. Wir duzen uns sogar. Aber dieser vermeintliche Vorteil ist zugleich der größte Nachteil. Gerade weil ich ihn kenne, möchte ich am liebsten einen großen Bogen um ihn machen. Nicht nur, weil mir seine Argumente zuwider sind, das auch. Mehr als alles andere aber fürchte ich seinen Mundgeruch.«

»Na ja«, brummte Stuhl, »wir könnten ihn ja zusammen befragen.«

»Außerdem fürchte ich, dass er, wenn er mit uns redet, Probleme mit seinem Chef bekäme. Denn der glaubt immer noch, er allein habe damals Willy Brandt und die Ostverträge gerettet. Dass sein wichtigster Helfer im Hintergrund Franz Josef Strauß und er nur ein kleines Rädchen in einem großen BND-CSU-Komplott war, dürfte ihm überhaupt nicht gefallen.«

»Es gehört aber zur Wahrheit«, sagte Stuhl.

Zink blieb trotzdem skeptisch. Was könnte Krombach denn bezeugen? Er hatte damals zwar fleißig über viele Gespräche im Freundeskreis des Waffenhändlers Martini berichtet. Dabei ging es jedoch immer nur um die publizistische Begleitmusik der Affäre Steiner/Wienand, nie um das Misstrauensvotum. Und wie Strauß am 27. April 1972 abgestimmt hatte, war, solange er dabei war, im Kreis seiner Anhänger nie diskutiert worden. Jedenfalls stand davon nichts in seinen Berichten.

»Krombach wäre also allenfalls ein Zeuge vom Hörensagen. So wie auch Rainer Barzel, was Strauß betrifft, nur ein Zeuge vom Hörensagen war«, sagte Zink.

»Warum bist du eigentlich so übervorsichtig? Das warst du früher nicht.«

»Da irrst du dich«, erwiderte Zink. »Ich war und bin, was das betrifft, immer sehr vorsichtig.«

Und dann erzählte er dem Kollegen, was er mit einem von der Stasi abgehörten Strauß-Telefongespräch schon einmal erlebt hatte, als er noch beim Blatt war. Damals ging es um Lockheed-Akten. Um den Eindruck zu erwecken, Strauß habe Akten verschwinden lassen, hatten die Lauscher von der Staatssicherheit dem CSU-Vorsitzenden ein paar Worte in den Mund gelegt, die er nicht gesagt hatte. Sein Satz – »Die können mir nichts nachweisen.« – war um den Halbsatz ergänzt worden: »Denn ich habe die Akten geliftet.«

Die Fälschung flog auf und wurde zum Rohrkrepierer.

Statt der von der Stasi erwünschten Skandalüberschrift »Strauß hat Akten vernichtet« enthüllte das Blatt: »Strauß wurde abgehört«. Die missglückte Operation ging als »OV Dilettant« in die Stasi-Annalen ein. Nach dem Mauerfall hatte Zink den Bearbeiter getroffen, der das Falsifikat hergestellt und ihm anonym zugeschickt hatte. Er hieß Günter Erbsbeutel, war ein ranghoher Stasi-Offizier und arbeitete in der für Desinformation zuständigen Abteilung X. Er erzählte Zink, er habe das Zitat auf Weisung seines Abteilungsleiters fälschen müssen.

»Es ist also durchaus möglich«, schloss Zink seine Erzählung, »dass auch das Telefonat zwischen FJS und Dr. Hausmann in Ostberlin bearbeitet und verfälscht wurde. Wenn ich im Dezember 1977 die Fälschung ungeprüft übernommen und geschrieben hätte, dass Strauß die Vernichtung von Lockheed-Akten zugibt, dann wäre ich gefeuert worden, und zwar zu Recht.«

Stuhl verstand jetzt besser, warum Zink so zögerlich war. Aber er sah einen entscheidenden Unterschied: »Das Telefongespräch über die Lockheed-Akten wurde 1976 abgehört. Später wurde das Protokoll verfälscht und anonym verschickt, um dich, einen westdeutschen Journalisten, auf eine falsche Fährte zu locken. Richtig?«

Zink nickte zustimmend.

»Das Gespräch, in dem es um Barzel und um das Misstrauensvotum ging, wurde 1973 abgehört. Aber das Protokoll wurde an keine westdeutsche Redaktion verschickt, obwohl es damals großen Wirbel verursacht hätte. Richtig?«

Wieder nickte Zink. Er wusste nicht, worauf Stuhl hinauswollte, deshalb hörte er gespannt zu, wie der Freund den Faden weiterspann.

»Wenn es zum Zweck der Desinformation hergestellt worden wäre, hätte man es verfälscht und verschickt. Und zwar so, dass jeder Journalist daraus die Nachricht hätte machen können: Strauß gibt zu, dass er Barzel nicht gewählt hat. Immer noch richtig?«

Zink nickte. Allmählich begriff er den logischen Schluss, den Stuhl ansteuerte.

»Das Protokoll wurde also nicht zum Zweck der Desinformation bearbeitet. Es wurde nicht verfälscht und auch nicht verschickt. Es wurde unverändert in die MfS-Analyse der Steiner-Wienand-Affäre übernommen, die das MfS für Erich Mielke, und nur für ihn persönlich, angefertigt hat. Glaubst du etwa, dass die eigenen Leute ihrem Chef eine Fälschung untergejubelt hätten?«

»Nein, glaube ich nicht. Aber du weißt doch auch, warum Mielke die Studie angefordert hatte. Er wollte beweisen, dass sein Rivale Wolf auf eine BND-Intrige hereingefallen war. Also ist es nicht auszuschließen, dass er das Telefongespräch entsprechend verfälschen oder sogar vollständig erfinden ließ.«

»Wir müssen es trotzdem versuchen«, sagte Stuhl. »Wenn du nicht mit Krombach reden willst, tu ich es.«

Er bestellte zum Nachtisch Mousse au Chocolat, Zink wollte nur einen Espresso Macchiato.

»Du wolltest mir noch erzählen, wie deine Unterhaltung mit Alexander Bock gelaufen ist.«

Stuhl berichtete ausführlich über das Treffen in Potsdam. »Du hattest recht. Der Mann hat, als er mit seinem Zwillingsbruder, dem Treuhandbeamten Sauerborn, über den Kauf des Betriebes verhandelte, dessen Lage knallhart ausgenutzt und ihn erpresst. Ich hätte ihm so viel Kaltschnäuzigkeit ehrlich gesagt nie zugetraut.«

»Warum nicht?«

»Es ist nur ein Gefühl und ich kann mich natürlich irren«, sagte Stuhl. »Aber so kalt und berechnend, wie er sich seinem Bruder gegenüber verhalten hat, war der früher nie. Es passt nicht zu ihm. Er ist offenbar, seit er diese Firma hat, ein völlig anderer Mensch geworden.«

»Geld verdirbt den Charakter.«

»Ja, vielleicht ist es das. Ich war jedenfalls richtig entsetzt über ihn.«

»Du meinst, du legst jetzt nicht mehr für ihn die Hand ins Feuer?«

»Genau das wollte ich sagen. Ich fürchte, ich habe mich in ihm geirrt«, gab Stuhl zu.

»Am Telefon klang das vor ein paar Tagen noch etwas schärfer. Da sagtest du mir, du seist dir nicht mehr sicher, ob du wirklich mit deinem alten Bekannten Bock gesprochen hast.«

»Stimmt. Er hatte plötzlich merkwürdige Gedächtnislücken. Als ich ihn nach Feller fragte, einem Kollegen von ihm, mit dem wir früher häufig Skat gespielt haben, wusste er dessen Vornamen nicht mehr ...«

»Na ja, das passiert mir aber auch, je älter ich werde, desto häufiger«, wandte Zink ein.

»Mir auch. Aber das meine ich nicht. Er war so grundsätzlich ahnungslos, nicht nur was diesen alten Kollegen, sondern auch was ihn und mich betraf.«

»Das musst du mir erklären«, bat Zink.

»Das ist nicht einfach«, erwiderte Stuhl. »Die Kurzfassung geht so: Er hat ein russisches Sprichwort, das ich ihm in der russischen Originalfassung vortrug, plötzlich nicht mehr verstanden.«

»Was für ein Sprichwort?«

»Die deutsche Übersetzung heißt: Reden ist Silber und Schweigen ist Gold. Und auf Russisch klingt es ungefähr so: Slowa Serebra, Molschanje Solota.«

»Das würde ich auch nicht verstehen«, sagte Zink.

»Ja, weil du kein Russisch kannst. Aber der Alexander, mit dem ich früher immer zum Schwimmen gefahren bin, der Stasi-Offizier und Adjutant von Markus Wolf, der konnte Russisch, und zwar so gut, dass selbst Russen ihn für einen Moskowiter hielten.«

»Und was sollte dieses Sprichwort?«

»Alexander und ich, wir sind beide in Ostberlin aufgewachsen, und wir waren einmal, kann man sagen, richtig befreundet. Wir kannten uns schon, als wir beide noch bei den Jungen Pionieren waren, und hatten keine Geheimnisse voreinander. Das blieb auch so, als er allmählich in der Hierarchie der Partei aufstieg und ich Journalist geworden war. Er erzählte mir manchmal Sachen, die er einem Journalisten nie hätte erzählen dürfen, und zwar auch noch, als er schon Adjutant von Markus Wolf geworden war. Aber ich denke, so etwas gab es bei euch Journalisten in Bonn auch.«

»Klar gab es das«, bestätigte Zink. »Wenn ein Politiker dir etwas stecken, aber auf keinen Fall als Quelle genannt werden wollte, dann sagte er zu dir: Das ist jetzt aber ›unter drei‹, das hieß, darüber darfst du nichts schreiben.«

»Und diese Sprachregelung ›unter drei‹ haben Alexander und ich mit dem Sprichwort ›Reden ist Silber, Schweigen ist Gold‹ ausgedrückt. Wenn er also mal aus dem Nähkästchen plaudern wollte oder geplaudert hatte, dann guckte er mich an und sagte auf Russisch dieses Sprichwort. Und dann war zwischen uns klar, dass ich darüber die Schnauze halten würde.«

»Du meinst, es war so ein verabredetes Zeichen?«

»Genau! Das Sprichwort war viele Jahre eine Art Code zwischen uns beiden. Ich habe dir was erzählt, aber du hältst die Schnauze. Und plötzlich versteht dieser angebliche Alexander Bock diesen Code nicht mehr und guckt mich völlig verständnislos an, als ich ihm mit diesem Sprichwort zu verstehen gebe, dass ich das, was er mir gerade erzählt hat, für mich behalten werde.«

Zink verstand.

»Er hat dir irgendetwas erzählt, was du nicht weitererzählen sollst?«

»Genau so war es«, bestätigte Stuhl.

Zink überlegte. »Und er hat, als du ihm dies auf die zwischen euch früher übliche Art garantieren wolltest, nicht verstanden, was du meinst?«

Stuhl nickte.

»Und deshalb glaubst du, dass du nicht mit Alexander Bock zusammengesessen und gegessen hast, sondern ...«

»Mit Heinrich Sauerborn«, sagte Stuhl.

»Ja«, sagte Zink. »Das verstehe ich nur zu gut.«

Ihm war dieser Verdacht auch schon einmal gekommen. Aber spätestens seit seinem Gespräch mit dem Kriminalbeamten Michael Pütz hatte er die Idee verworfen. Und dies, obwohl er die Vorstellung, der Spion Heinrich Sauerborn könnte den Herztod seines Bruders Alexanders ausgenutzt oder vielleicht selbst mit herbeigeführt haben, um dessen Identität anzunehmen, durchaus reizvoll und sogar naheliegend fand.

Er holte den Abschlussbericht des Gerichtsmedizinischen Instituts der Charité aus seinem Rucksack und gab ihn Stuhl. Und er erklärte ihm, warum sich, nach allem, was er wusste, damit diese Spekulation erledigt hatte.

Stuhl studierte das Blatt und gab es ihm zurück.

»Diesen Professor Dr. Andreas Paulsen kannte ich«, sagte er. »Das war ein international anerkannter Fachmann. Aber diesen Bericht kann er jedenfalls nicht mehr unterschrieben haben.

Wenn ich mich nicht irre, ist er 1989, noch vor dem Fall der Mauer, gestorben. Er war also 1992 schon seit drei Jahren tot.«

»Sag das noch einmal: Er war schon seit drei Jahren tot?«

»Nach meiner Erinnerung war das so, ja.«

Sie holten Stuhls iPad und googelten den Namen.

»Da steht es.« Stuhl las vor: »Dr. Andreas Paulsen ist im Mai 1989 gestorben.«

»Mit anderen Worten, dieses Gutachten der Gerichtsmedizin ist eine Fälschung«, sagte Zink. »Das ändert aber nun in der Tat alles.«

Er zog sein neues Handy aus der Tasche und rief Michael Pütz in Wiesbaden an.

DIE CHEFIN

Alexander Bock merkte gleich, dass er schlechte Karten hatte, als Anita und Krombach grußlos sein Büro betraten und die Tür von innen verriegelten.

»Schön, dass ihr zwei wieder da seid«, log Bock. »Ich habe euch vermisst und wollte schon bei der Polizei nachfragen, ob euch etwas passiert ist.«

Anita ging nicht darauf ein. »Gib mir den USB-Stick«, befahl sie.

»Welchen USB-Stick?« Bock tat erstaunt.

»Den Stick, den du KK gezeigt hast. Auf dem angeblich das Telefongespräch vom Januar 1992 gespeichert ist.«

»Und den Zettel, den Anita dazu geschrieben haben soll, gleich mit«, krächzte Krombach. Er rauchte, obwohl das in Bocks Büro streng verboten war.

Bock tat so, als suche er. »Ich finde ihn gerade nicht«, behauptete er.

»Siehst du, KK«, sagte Anita. »Es ist genau so, wie ich es dir gesagt habe: Er hat keine Aufzeichnung des Telefongesprächs, weil es auf diesem Stick keine Aufzeichnung gibt. Er hat den Stick erfunden, um dich gegen mich aufzuhetzen.«

»Trotzdem möchte ich ihn gerne sehen«, antwortete Krombach. »Ich glaube es erst, wenn ich den Inhalt sehe.«

»Okay, Lederstrumpf, hier ist der Stick«, sagte Bock. »Seid ihr jetzt zufrieden?«

Anita nahm den Stick und steckte ihn in Bocks Computer.

Der Stick war leer.

»Und jetzt den Zettel!«

Er gab ihr das beschriebene Blatt, das sie an Krombach weiterreichte.

»Dass dies eine Fälschung ist, kannst du schon daran sehen,

dass es ein Computerausdruck ist«, erläuterte sie. »Ich habe dir ja schon unterwegs gesagt, ich hätte so eine Botschaft mit der Hand geschrieben, nicht mit dem Computer.«

Krombach studierte den Text. Dann zerriss er das Blatt und warf es in den Papierkorb.

»Und?«, fragte der Firmenchef. »Seid ihr jetzt fertig? Ich würde gern gehen.«

»Noch nicht, mein Lieber«, antwortete sie. »Du wirst dieses Büro zwar heute noch verlassen, dann aber nie mehr betreten. Und bevor du zu deiner Lilli gehst, um dich bei ihr auszuweinen, wirst du deinem Freund KK das Muttermal zeigen.«

»Muss das sein?«

»Es muss sein«, sagte Anita.

»Ich glaub's auch so«, sagte Krombach. »Du hast es mir ja genau erklärt.«

Das stimmte nicht ganz. Anita hatte ihre Karten noch nicht vollständig ausgespielt. Als Krombach zu ihr nach Bad Godesberg gekommen war – er war bereits zwanzig Minuten nach ihrem Anruf dort erschienen –, hatte sie ihm den Stick gegeben, der vor ihr auf dem Tisch lag.

»Auf diesem USB-Stick ist das Telefongespräch gespeichert, das du im Januar 1992 mit meinem Mann geführt hast und in dem ihr den Giftmord vereinbart habt«, sagte sie. »Ich gebe ihn dir und wir sind quitt.«

»Und der Stick, den Alexander hat?«

»Der ist leer, du wirst es sehen.«

»Es stimmt also, du hast unser Gespräch mitgehört und aufgezeichnet?«, fragte Krombach.

Sie nickte.

»Und wer sagt mir, dass es nicht noch eine Kopie gibt?«

»Es gibt noch eine Kopie«, sagte sie ruhig. »Das ist meine Lebensversicherung. Das Band und eine beglaubigte Abschrift liegen in einem verschlossenen Umschlag bei einem Berliner

Notar. Und sollte mir etwas passieren, landet alles bei dem Journalisten Zink. Aber dort«, fügte sie hinzu, nachdem sie an ihrem Glas nippte, »dort muss es nicht landen, wenn wir zwei uns einig werden.«

Krombach war aufgestanden. Er hatte die Rheinuferstraße überquert und den Stick, den sie ihm gerade gegeben hatte, schwungvoll in den Rhein geworfen.

Auf der Autofahrt von Bonn nach Berlin hatte sie ihm dann erzählt, wie sie es 1992 geschafft hatte, den Bonner Sauerborn in den Ostberliner Bock zu verwandeln.

Zu ihrer Verblüffung hatte Krombach geantwortet, ihm sei schon seit vielen Jahren klar gewesen, dass der Chef von Bocks Baumarkt in Wahrheit Heinrich Sauerborn sei.

»Wie, das war *dir* schon lange klar?«

»Na ja, es gab nach Sauerborns angeblichem Tod ein paar komische Veränderungen bei Alexander. Er rauchte plötzlich nicht mehr, er trank Tee, was er vorher noch nie gemacht hatte. Und er konnte sich manchmal an viele ehemalige Freunde und Bekannte nicht mehr erinnern. Du bist dann zwar, wenn du dabei warst, immer eingesprungen und hast ihm geholfen, die Gedächtnislücken zu schließen, aber mir kam das immer komisch vor.«

»Und wie hast du es herausgefunden?«

»Ich habe es ihm eines Tages auf den Kopf zugesagt.«

»Ach ja? Und wie hat er reagiert?«

»Er hat so reagiert, wie man es uns immer eingetrichtert hat: wie ein echter Kapitalist. Er hat mich gekauft. Zuerst gab er mir eine Menge Bargeld, das ich nicht versteuern musste, und später hat er mir Anteile an der Firma überschrieben.«

»Du bist stiller Teilhaber?«

»Ja. Mir gehören zehn Prozent. Ich dachte, du wüsstest das.«

Anita wusste nichts davon. Ihr Mann hatte ihr gegenüber nie angedeutet, dass Krombach Bescheid wusste, und erst recht nicht, dass er ihn mit Geld und Prozenten ruhiggestellt hatte.

»Und warum?«, fragte sie. »Warum hat er dich beteiligt?«
»Weil er nicht wollte, dass Gerede entsteht. Wenn damals herausgekommen wäre, dass er Sauerborn ist, hätten sie wieder angefangen, zu bohren und zu ermitteln. Und dann wären auch wieder die alten Mordgerüchte untersucht worden. Mord verjährt nicht. Das wollte er nicht. Und ich auch nicht.«
»Du hättest ihn also jederzeit hochgehen lassen können?«, fragte sie erstaunt.
»Ja, aber warum sollte ich? Warum sollte ich zur Polizei gehen und die Sache auffliegen lassen? So ging es doch auch. Ich kam mit ihm gut zurecht, er zahlte ordentlich, und der Laden lief.«
Gewiss, die vielen Seitensprünge seien ihm zuwider und gingen ihm immer schon gegen den Strich. Und die Liaison mit Lilli, hinter die er erst vor Kurzem gekommen sei, die finde er ganz und gar unmöglich. Aber deshalb sollten sie ihm nicht die Rote Karte zeigen. Gelb genüge. Denn kein anderer, diesen Satz wiederholte er mehrfach, kein anderer hätte aus der kleinen Klitsche in Potsdam diese profitable Warenhauskette gemacht, mit Filialen in allen Bundesländern, demnächst auch in Frankreich, in Belgien und sogar in Polen. Auch Alexander hätte nicht das Format gehabt, so einen Laden aufzubauen und zu steuern. Sauerborn sei dafür genau der Richtige gewesen. »Um ehrlich zu sein«, beendete er seinen Sermon, »er ist es eigentlich immer noch! Wir sollten es dabei belassen.«
»Ist das dein Ernst?«
»Ja, das ist mein Ernst.«
»Gut«, hatte sie geantwortet. »Dann gibt es jetzt für dich zwei Möglichkeiten: Entweder du arrangierst dich mit mir und tust, was ich dir gleich erklären werde, oder du fährst auf den nächsten Parkplatz und erschießt mich.«
»Warum sollte ich dich erschießen?«
»Um zu verhindern, dass ich zur Polizei gehe. Denn das würde ich machen, wenn alles so bliebe wie bisher.«
»Du würdest was?«

»Ja, du hast richtig gehört. Ich würde zur Polizei gehen und uns auffliegen lassen, meinen Mann, dich, mich, uns alle drei.«

»Aber warum? Es läuft doch alles bestens?«

»Nichts läuft mehr. Jedenfalls nicht, solange er noch die Firma führt.«

»Und wie willst du es hinkriegen, dass er geht?«

»Du weißt doch, wir haben ihn in der Hand.«

Krombach verstand nicht, was sie meinte. »Wie? Wir haben ihn in der Hand?«

»Ich habe euch in der Hand«, verbesserte sie sich. »Das Telefongespräch, schon vergessen? Also, wofür entscheidest du dich?«

Auf der Autobahnraststätte Michendorf, südlich von Berlin, hatte sie ihm ihren Plan erläutert. Sie selbst werde die Leitung der Firma übernehmen. Dazu brauche sie das Geburtenbuch. Und auch ihn, als Zeugen. Weil nämlich aus dem Geburtenbuch hervorgehe, dass es sich bei ihrem Mann nicht um Alexander Bock handele, sondern um Heinrich Sauerborn. Das bedeute aber, dass Alexander Bock, der juristische Eigentümer von Bocks Bau- und Hobbymarkt, tot sei.

Krombach hatte Bedenken: »Selbst wenn du jetzt nachweisen kannst, dass Alexander tot und der jetzige Firmeninhaber in Wahrheit Heinrich Sauerborn ist, gehört die Firma trotzdem immer noch dem toten Bock, aber noch lange nicht dir.«

»Das lass nur meine Sorge sein«, antwortete sie. »Ich muss jetzt erst einmal dafür sorgen, dass Alexander amtlich für tot erklärt wird. Dazu brauche ich das Geburtenbuch und möglicherweise auch dich als Zeugen. Den Rest kannst du mir überlassen.«

Nach dem zweiten Grauburgunder hatte sie ihm dann ein Angebot gemacht, das er nicht ablehnen konnte. Wenn der Laden ihr gehöre, werde sie ihm statt der bisherigen zehn insgesamt vierundzwanzig Prozent der Firmenanteile überlassen. Sie zog ein Blatt Papier heraus, auf dem sie dies bereits handschriftlich festgehalten hatte. Krombach staunte.

»Du hast wirklich an alles gedacht.«
Sie gab ihm das Papier.
»Unterschreiben werde ich es allerdings erst, wenn alles so gelaufen ist, wie wir es jetzt vereinbart haben.«
Krombach war überwältigt. Der Plan schien ihm gut durchdacht. Mit so viel Raffinesse hatte er wohl nicht gerechnet.
»Okay, so machen wir das«, hatte er gesagt und ihr die Hand darauf gegeben.

Jetzt aber, als sie in der Potsdamer Zentrale dem Firmenchef gegenübersaßen, merkte Anita, dass ihr neuer Partner schon wieder zu wackeln anfing. Er drückte sich vor dem letzten Beweis. Er wollte nicht vor seinem Chef bekennen müssen, dass er ihn verraten, die Seite gewechselt hatte. Er wollte sein Muttermal nicht sehen.

Anita aber war entschlossen, die Sache durchzuziehen.
»Also los, mach schon!«, befahl sie. Zögernd zog Sauerborn das Hemd hoch.

Als das bläuliche Muttermal sichtbar wurde, trat sie zur Seite und rief in der Pose einer Marktfrau, die ihre Ware anpreist: »Und hier, meine Damen und Herren, sehen Sie den berühmten Spion Heinrich Sauerborn aus Bonn. Er wird nun das Büro räumen und die Firma verlassen müssen, weil diese Firma von Anfang an nur seinem Bruder gehört hat, ihm jedoch nie.«

Und indem sie das sagte, hielt sie ihrem Mann die Kopie der testamentarischen Verfügung unter die Nase, die der echte Alexander Bock gleich nach dem Kauf bei einem Notar zu Protokoll gegeben hatte.

»Lies das vor!«, befahl sie.
Sauerborn setzte die Lesebrille auf und begann, leise vor sich hinmurmelnd zu lesen.
»Lauter! Ich hör nichts.«
Er warf einen verzweifelten Blick auf Krombach, der die Szene mit offenem Mund verfolgte, aber keine Neigung zeigte,

ihm beizuspringen. Sauerborn las vor: »Hiermit setze ich, Alexander Bock, geboren am 31. Dezember 1944 in Berlin, Anita Bauer, geboren am 15. Mai 1952 in Schwerin, im Falle meines Todes als Alleinerbin ein.«

Auf diesen Moment hatte sie lange gewartet. Von der Existenz dieses Testaments hatte weder ihr Mann noch Krombach eine Ahnung gehabt. Anita hatte das Papier jahrelang in ihrem persönlichen Safe verschlossen. Es war ihre Versicherungspolice, die im Laufe der Jahre immer wertvoller geworden war, ihre letzte Trumpfkarte, die sie auch Krombach noch nicht gezeigt hatte.

Und jetzt genoss sie ihren Triumph.

Sauerborn fiel ächzend in seinen Bürostuhl und starrte ins Leere. Er hatte begriffen, dass er wegen der Affäre mit Lilli alles verloren hatte und tatsächlich raus aus dem Geschäft war. Sie nahm ihm das Testament aus der Hand und gab es Krombach, der es kopfschüttelnd las und ihr zurückreichte.

Anita verstaute es in ihrer Tasche.

Krombach, der die neue Lage immer noch nicht vollständig begriffen hatte, stand ratlos an der Tür. Sein Blick irrte von ihm zu ihr und wieder zurück. Mit dieser Pointe hatte er anscheinend nicht gerechnet.

»Und du, Lederstrumpf«, sagte Anita, »wirst vor Gericht beeiden, dass der Alexander Bock, mit dem du oft genug in Belzig unter der Dusche gestanden hast, kein blaues Muttermal am Körper hatte. Du kanntest ihn besser als jeder und jede andere. Besser sogar als ich. Denn im Unterschied zu dir habe ich Alexander Bock nie nackt gesehen.«

Es war das erste Mal, dass sie Lederstrumpf zu ihm gesagt hatte. Krombach klappte den Mund zu und ging benommen hinaus. Heinrich Sauerborn folgte zerknirscht.

Die künftige Chefin von Bocks Bau- und Hobbymarkt hatte den beiden Männern mit einer stummen Geste bedeutet, dass sie allein zu sein wünsche.

DIE ABRECHNUNG

Am 17. Dezember 2018, eine Woche vor Heiligabend, erschien eine kurze Notiz im Wirtschaftsteil der Frankfurter Allgemeinen Zeitung. Unter der Überschrift: »Führungswechsel bei Bocks Baumarkt« wurde das Publikum informiert, Alexander Bock, Gründer und Inhaber der Hobbymarktkette, habe sich aus Altersgründen zurückgezogen und die Führung der Firma seiner Frau Anita übertragen. Sein langjähriger Mitarbeiter Klaus Krombach, bisher zuständig für die IT-Sicherheit des Konzerns, habe vierundzwanzig Komma neun Prozent der Firmenanteile übernommen und werde neuer Geschäftsführer des Unternehmens.

Es war Stuhl, der Zink diese Nachricht vorlas. Die beiden Freunde saßen in Berlin im Café Einstein Unter den Linden. Zink hatte seit dem Sommer nichts mehr von Anita gehört oder gesehen. Seine Briefe an den Baumarkt waren unbeantwortet geblieben, die Handynummer, die sie ihm gegeben hatte, ungültig geworden. Nun wusste er, wo er sie treffen konnte.

Gleich am nächsten Tag fuhr er mit der S-Bahn nach Potsdam und danach mit dem Taxi zur Konzernzentrale von Bocks Bau- und Hobbymarkt.

Es war kalt und es schneite, als er aus dem Taxi stieg. Nachdem er eine halbe Stunde gewartet hatte, wurde er vorgelassen.

Als er ihr Büro betrat, sah er, dass sie nicht allein war. KK saß bei ihr und begrüßte ihn mit einem schiefen Lächeln.

»Was für eine Überraschung. Dich habe ich ja wirklich Ewigkeiten nicht gesehen!«

»Dafür kennst du dich ja umso besser in meiner Wohnung aus«, erwiderte Zink eisig. »Und wenn du das nächste Mal versuchst, meinen Briefkasten zu öffnen, dann bitte mit Schlüssel. Die Reparatur hat mich fünfundsiebzig Euro gekostet.«

»Was können wir für Sie tun?«, fragte die Chefin. Sie war wieder zum förmlichen Sie zurückgekehrt.

»Ich weiß nicht, ob das, was ich mit Ihnen zu besprechen habe, Ihren Kompagnon und neuen Teilhaber Klaus Krombach etwas angeht«, sagte Zink. »Ich kenne ihn zwar länger als Sie, noch aus der Bonner Zeit, als er Konrad Köhler hieß und Busenfreund des BND-Spitzels Julius Steiner war, und ich muss sagen, tolle Karriere, KK, alle Achtung! Aber ob er wissen muss, worum es heute geht, weiß ich nicht.«

Krombach erhob sich und machte Anstalten, sich zu entfernen.

»Lederstrumpf, du bleibst!«, befahl sie. Und an Zink gewandt: »Zwischen Herrn Krombach und mir gibt es keine Geheimnisse. Was also wollen Sie von uns?«

»Ich will mein Honorar«, sagte er. Da sie so tat, als wisse sie nicht, wovon er redete, präzisierte er: »Hunderttausend Euro. Die haben Sie mir versprochen, plus Spesen und Mehrwertsteuer. Bisher habe ich keinen Cent gesehen.«

»Welches Honorar?«, fragte sie. »Wofür? Haben Sie von mir eine Unterschrift? Einen Vertrag?«

»Nein«, bestätigte er. »Sie haben mir den Auftrag mündlich erteilt. Zuerst haben Sie verlangt, ich solle die Autobiografie Ihres Mannes schreiben, später wollten Sie nur noch das Geburtenbuch der Charité.«

»Ach ja«, sagte sie spöttisch. »Das Geburtenbuch. Ich erinnere mich. Aber Sie haben mir nur eine wertlose Kopie geliefert, vor Gericht wird jedoch das Original verlangt, das dürfte Ihnen doch bekannt sein.«

»Es ändert aber nichts daran, dass Sie das Geburtenbuch von mir haben wollten, ob in Kopie oder nicht, war Ihnen egal. Sie wollten damit Ihren Mann zwingen, Ihnen die Firma zu überlassen. Das hat ja allem Anschein nach geklappt.«

»Die Entscheidung meines Mannes, mir die Firmenleitung zu übergeben, hat mit dem Geburtenbuch nichts zu tun«, behauptete sie, »und für die eidesstattlichen Versicherungen, die Sie für mich abgeholt haben, habe ich schon gezahlt. Was also wollen Sie von mir?«

»Ich will mein Honorar, wie es vereinbart war.«

Sie lachte. »Hast du gehört, Lederstrumpf? Er will hunderttausend Euro für eine wertlose Kopie und weil er für mich eine eidesstattliche Versicherung abgeholt hat, die ich vorher selbst diktiert habe. Hunderttausend«, wiederholte sie spöttisch, »für einen lächerlichen Botengang.«

»Okay«, sagte Zink. »Wie Sie wollen.« Er zog einen Briefumschlag hervor. Er war – eindeutig in Anitas Handschrift – adressiert an das Bundeskriminalamt in Wiesbaden.

Anita verlor vorübergehend die Fassung.

»Haben Sie diesen Umschlag beschriftet?«, fragte er.

»Ja«, bestätigte sie schmallippig, »den habe ich beschriftet.«

»Und an das Bundeskriminalamt in Wiesbaden geschickt?«

»Ja, und? Was wollen Sie damit beweisen?«

Mehr an Krombach als an Anita gewandt, begann Zink zu erzählen. In dem Umschlag habe das angebliche Gutachten des Gerichtsmediziners Dr. Paulsen gesteckt, in dem stand, der Tote habe ein bläuliches Muttermal unter dem Bauchnabel gehabt. »Aber das stimmte nicht«, schloss Zink. »Er hatte kein Muttermal. Das Gutachten war von Anita Bock gefälscht worden.«

Er macht eine Pause. Anita stand auf und ging nervös in ihrem Büro auf und ab. Zink war noch nicht fertig. Er wandte sich wieder an Krombach und sprach mit ihm, als wäre Anita nicht im Raum: »Es war eine Vorsichtsmaßnahme von ihr, und die ergab damals noch Sinn. 1992 liebte sie ihren Heinrich, heute hasst sie ihn, weil er sie wegen einer anderen verlassen hat. Damals war sie froh, dass er seinen Häschern entkommen war. Er sah seinem toten Bruder täuschend ähnlich, deshalb konnte er dessen Identität annehmen. Aber Alexander hatte kein Muttermal. Der Betrug war also noch nicht hundertprozentig abgesichert. Und genau das hat sie mit ihrem gefälschten Gutachten nachträglich versucht. Sie hat dafür gesorgt, dass dem toten Alexander von Amts wegen ein Muttermal attestiert wurde, das er in Wirklichkeit nicht hatte. Sie wollte dem Identitätswechsel ihres Geliebten zusätzliche Glaubwürdigkeit verschaffen. Und das ist ihr auch gelungen. Leider hatte sie übersehen, dass Dr. Paulsen, dessen Unterschrift sie unter das Gutachten setzte, bereits seit drei Jahren tot war.«

Wieder machte er eine Pause.

Anita war zu ihrem Platz zurückgekehrt. Sie saß in ihrem Sessel und starrte Zink wütend an.

»Wie gesagt«, fuhr Zink fort, wobei er sich jetzt wieder an sie wandte, »es war eine Vorsichtsmaßnahme. Sie wollten auf jeden Fall verhindern, dass man weiter nach dem Ex-Spion Sauerborn sucht, dem das Bundeskriminalamt und der Verfassungsschutz schon auf den Fersen waren.«

Er machte erneut eine Pause und sah Krombach an.

»Aus dem gleichen Grund hast du uns im Sommer ja auch die Akte Maskerade geschickt.«

Anita fuhr hoch. »Du hast denen was geschickt?«

»Krombach hat uns die MfS-Akte Maskerade geschickt«, wiederholte Zink. »Wussten Sie das nicht?«

»Stimmt das?«, fragte Anita.

Als er bekümmert nickte, fragte sie tonlos: »Warum?«

»Vermutlich aus demselben Grund, der Sie damals bewogen hat, das Gutachten der Gerichtsmedizin zu fälschen«, antwortete Zink an seiner Stelle.

»Die Akte Maskerade sollte uns, also meinen Kollegen Stuhl und mich, davon abhalten, weiter nach dem toten Spion Sauerborn zu suchen. Die Überlegung war richtig. Das Komplott, dem Rainer Barzel 1972 zum Opfer fiel, war natürlich der viel größere Knüller als die Entdeckung eines toten Spions. Deshalb bin ich dir, KK, sogar dankbar dafür, obwohl deine Beweggründe ganz andere waren.«

Krombach war peinlich berührt. Er hatte Anita nichts von der Akte erzählt und fühlte sich nun von Zink kalt erwischt und vorgeführt. Aber auch Anita war äußerst unwohl zumute. Sie ahnte sicher, worauf Zink hinauswollte.

Der fuhr ungerührt fort: »Anita Bock hat das Gutachten gefälscht. In den Akten steht jetzt, dass der Tote Heinrich Sauerborn war. Und es ist inzwischen schwer bis unmöglich, das Gegenteil zu beweisen. Sauerborns Tod ist ein für alle Mal amtlich festgestellt worden. Und genau das«, fügte er boshaft hinzu, »genau das könnte Ihnen jetzt zum Verhängnis werden. Denn wenn Heinrich tot ist, muss Alexander noch leben. Und wenn Alexander lebt, können Sie nicht seine Erbin sein. Ihr Ehemann könnte also, wenn er Wind davon kriegt, vor Gericht ziehen und Ihnen das Erbe streitig machen.«

Anita atmete schwer. Damit hatte sie nicht gerechnet. Auch Krombach war völlig überrascht und wusste nicht, was er sagen sollte. Anita versuchte sich herauszureden: Ihr Mann habe ihr die Firma freiwillig übergeben. Er habe ohnehin keine Lust mehr gehabt und habe sich mit seiner Lilli ins Privatleben zurückziehen wollen.

»Er wird seine Entscheidung bestimmt nicht widerrufen.«

»Weil er keine Lust hat, dass die Mordgerüchte wiederaufgerollt werden, nicht wahr?«, fragte Zink.

»Ja«, bestätigte sie, »dieses Gerede kann einen ja auch wirklich krank machen.«

»Mir scheint, Sie wissen, wovon Sie reden«, sagte er. Und da sie schwieg, setzte er hinzu: »Sie wissen genau wie ich, dass es diesen Mord nie gegeben hat.«

Jetzt sprang Krombach auf.

»Setz dich wieder hin«, sagte Zink. Und zu Anita: »Irgendwann musste er es ja erfahren.«

Krombach fiel in seinen Sessel zurück. Er war jetzt völlig verwirrt. Dass Anita ihn so hinters Licht geführt haben sollte, wollte er nicht wahrhaben. Zink erläuterte es ihm: »Es gab den

Plan, ja, aber der wurde nie ausgeführt. Das Geld, das Anita dem Killer Solokov übergeben sollte, hat sie selbst eingesteckt. Ihren Mann und später auch dich hat sie in dem Glauben gelassen, Solokov habe das Geld bekommen und den Mord wie bestellt ausgeführt.«

»Stimmt das?«, fragt Krombach drohend. »Oder saugt er sich das aus den Fingern?«

Statt KK zu antworten, wandte Anita sich an Zink. »Woher wollen Sie das wissen?«

»Woher soll ich was wissen?«

»Dass Solokov das Geld nie bekommen hat?«

»Weil er vom 15. bis zum 28. Februar 1992 in Stockholm in U-Haft saß. Mithin konnte er am 22. Februar 1992 nicht in Berlin sein und Alexander Bock ermorden.«

Jetzt zog er ein Schreiben hervor, das er ebenfalls erst bei erneuter gründlicher Lektüre in der Ermittlungsakte von Michael Pütz gefunden hatte.

Absender war Polismyndighet in Stockholm, die Zentrale der schwedischen Reichspolizei, vergleichbar mit dem Bundeskriminalamt in Deutschland.

Die schwedischen Kollegen hatten den deutschen Ermittlern auf deren Anfrage mitgeteilt, ein russischer Staatsbürger namens Michail Solokov sei ihnen bekannt. Wegen verschiedener ihm zur Last gelegten Delikte im Bereich der Rauschgiftkriminalität habe der Mann in der fraglichen Zeit im Februar 1992 in U-Haft in Stockholm gesessen, exakt vom 15. bis zum 28. Februar.

»Mit anderen Worten«, beschloss Zink seinen Vortrag, »Michail Solokov kommt als Täter nicht infrage. Und einen anderen Verdächtigen kenne ich nicht.«

»Woher hast du das?«, krächzte Krombach.

»Aus den Ermittlungsakten«, sagte Zink einsilbig. Anita sah schweigend zum Fenster hinaus.

»Und der Stick mit dem Telefongespräch?«, fragte KK.

»Ich würde darauf wetten, dass es einen solchen Stick nicht gibt«, sagte Zink.

»Oh doch«, erwiderte KK, »den gibt es.« Und zu Anita gewandt, fast flehend: »Du hast doch gesagt, der liegt beim Notar.«

Anita antwortete nicht. Krombach zündete sich eine Zigarette an. Seine Hände zitterten.

Zink sah Anita an: »Seit ich das weiß, habe ich mir vorgestellt, wie Ihnen zumute gewesen sein muss, als Alexander Bock plötzlich tot umfiel. Sie müssen doch zu Tode erschrocken gewesen sein, als das passierte. Schließlich wussten Sie, aber nur Sie, dass Solokov nicht gekommen war und der geplante Giftanschlag deshalb nicht stattgefunden haben konnte. Dass Alexander aber trotzdem plötzlich tot war, muss Ihnen einen höllischen Schrecken eingejagt haben.« Er schwieg und sah Anita an, die ihn immer noch mit weit aufgerissenen Augen anstarrte.

Krombach schien vergessen zu haben, dass seine Zigarette brannte. Er merkte nicht, wie die Asche auf den Fußboden fiel.

»Und was hast du jetzt vor?«, fragte Anita. Sie war wieder zum Du übergegangen. »Willst du mich jetzt erpressen? Willst du Heinrich alles erzählen? Was willst du von mir?«

»Ich will mein Honorar, sonst nichts«, sagte Zink. »Hunderttausend Euro plus sieben Prozent Mehrwertsteuer macht einhundertsiebentausend Euro, plus vierhundertsechzig Euro sechzig Reisespesen. Abzüglich der Anzahlung von eintausend Euro, die Sie mir in bar im Restaurant gegeben haben und von der fünfhundertfünfzig Euro beim Notar geblieben ist, alles in allem einhundertsiebentausendzehn Euro und sechzig Cent. Hier sind Rechnung und Belege.«

Er gab ihr einen Umschlag und wandte sich Krombach zu. »Von dir bekomme ich fünfundsiebzig Euro für den kaputten Briefkasten, damit ich die Anzeige gegen Unbekannt zurückziehen kann, die beim Polizeipräsidenten in Bonn liegt.«

Anita stand wortlos auf und ging zu ihrem Safe. Sie schloss ihn auf und kam mit einem Haufen gebündelter Scheine zurück, die sie vor Zink auf den Tisch legte.

»Einhundertzehntausend«, sagte sie.

»Ich kann leider nicht wechseln«, antwortete Zink.

»Der Rest ist für dich«, sagte sie kalt.

Zink stopfte die Scheine in seinen Rucksack und verließ das Büro.

Als er draußen war, schaute er zurück. Sie stand am Fenster und sah ihm nach. Krombach stand hinter ihr und rauchte.

Zink schlug den Mantelkragen hoch.

Er hatte gesehen, als er mit dem Taxi vorgefahren war, dass es gleich um die Ecke eine Bushaltestelle gab.

NACHWORT

Am 4. September 2006 erschien im SPIEGEL in der Rubrik »Gestorben« ein Nachruf auf Rainer Barzel, der so begann: »Er war einer der Großen in der damals noch jungen Bonner Republik – nur knapp verfehlte er 1972 beim konstruktiven Misstrauensvotum gegen Willy Brandt die Kanzlerschaft. Von der Stasi bezahlte Überläufer, aber auch bis heute unbekannte Verräter aus den eigenen Reihen – er selbst zählte Franz Josef Strauß dazu – hatten ihm die Stimme verweigert.« (SPIEGEL 36/2006) Der Kurz-Nekrolog stammte von mir. Die Redaktion wusste, dass ich Barzel ein paarmal begegnet war, und hatte mich deshalb gebeten, den Nachruf auf ihn zu verfassen. Ich übernahm diese Aufgabe deshalb besonders gern, weil ich seit zwei Jahren ein Geheimnis mit mir herumtrug, das zu lüften mir erst nach Barzels Tod gestattet war. Da der Platz begrenzt war und ich nicht sehr viel Zeit zum Schreiben hatte, feilte ich so lange an der Botschaft, die ich loswerden wollte, bis sie in diese sieben Worte passte: »Er selbst zählte Franz Josef Strauß dazu.«

Nun wartete ich gespannt, welche Wirkung diese kleine zwischen zwei Gedankenstrichen versteckte Bombe entfalten, ob sich irgendjemand rühren, Anstoß nehmen oder mit juristischen Schritten drohen würde. Es passierte – nichts! Es gab kein Echo, keine Reaktion, auch nicht von der Strauß-Familie, die sonst jeden mit Prozessen überzog, der Abfälliges über FJS verbreitete.

Zwei Jahre vor seinem Tod hatte Rainer Barzel mir in einem langen Vier-Augen-Gespräch die Sensation anvertraut. Er wisse inzwischen, dass Strauß ihn am 27. April 1972 beim Misstrauensvotum gegen Willy Brandt nicht gewählt habe. Erst habe der CSU-Chef ihn bedrängt, ihn geradezu genötigt, das Misstrauensvotum endlich zu wagen, dann habe er ihn ins Messer laufen lassen und sich der Stimme enthalten. Neben Julius Steiner und Leo Wagner sei er also der dritte Abtrünnige aus dem Lager der CDU/CSU gewesen. Barzel wörtlich: »Das meine ich nicht nur, sondern das weiß ich genau. Aber wenn Sie das zu meinen Lebzeiten schreiben, werde ich Sie durch alle Instanzen verklagen.«

Ich mochte das Gehörte kaum glauben. Ausgerechnet Strauß, der den Verlust der Regierungsmacht nach 1969 nie verwunden hatte, sollte die Chance ungenutzt gelassen haben, den SPD-Kanzler Brandt zu stürzen und selbst wieder Macht und Einfluss in Bonn zu gewinnen? Ausgerechnet er, der Kommunistenhasser, sollte plötzlich gemeinsame Sache mit Moskau und Ostberlin gemacht haben, nur um Barzel als Kanzler zu verhindern?

Es schien mir auf den ersten Blick absurd, wenn auch, auf den zweiten, nicht völlig ausgeschlossen.

Strauß hatte immer eine hohe Meinung von sich selbst und eine entsprechend geringe von allen anderen möglichen Kandidaten und Aspiranten der CDU/CSU. Das ist hinreichend belegt. Nie hat er Barzel verziehen, dass der zu den Ostverträgen kein klares Nein, sondern nur ein halbherziges »So nicht!« sagen mochte. Er hielt ihn für ein Weichei. Und den Nachfolger im Parteiamt, Helmut Kohl, erst recht. Dem prophezeite er 1976 nach der hauchdünn verlorenen Bundestagswahl sogar, er werde nie Kanzler werden. Strauß meinte, Kohl sei total unfähig, ihm fehlten die charakterlichen, die geistigen und die politischen Voraussetzungen. Ein Irrtum, wie man inzwischen weiß.

Gut möglich also, dass er auch die Wahl Barzels zum Kanzler hintertrieben hat. Aber da dieser nicht bereit war, seine Verdächtigung in einem Interview zu wiederholen, da er mir sogar mit Klage gedroht hatte, sollte ich sie publik machen, ließ ich es sein. Ich hatte keine Beweise. Strauß war seit sechzehn Jahren tot. Zeugen gab es nicht. Das Tonband, das während unserer Unterhaltung lief, hatte ich auf Barzels Geheiß ausstellen müssen, als wir auf das Misstrauensvotum von 1972 zu sprechen kamen. Ich konnte den Verrat nicht an die Glocke hängen. Es gab kein Dokument, das die Nachricht hätte stützen können. Barzel war mein einziger Zeuge, meine einzige Quelle.

Die sieben Worte im Nachruf waren also das Äußerste, was journalistisch möglich und vertretbar war. Trotzdem ließ mich die Sache nicht los. Zumal das Misstrauensvotum selbst und die damit verknüpfte Steiner-Wienand-Affäre zu den wenigen ungelösten Rätseln der Bonner Republik zählen, die mich mein ganzes Berufsleben immer irgendwie beschäftigt haben. So jedenfalls, wie es im Sommer 1973 dargestellt und beschrieben worden war, kann es mit Sicherheit nicht gewesen sein. Und auch das, was später anhand von Stasi-Akten bekannt wurde und, ergänzt durch die Äußerungen des früheren DDR-Spionagechefs Markus Wolf, inzwischen in den Geschichtsbüchern steht, ist bestenfalls die halbe Wahrheit.

Die ganze kann auch ich nicht liefern. Ich glaube aber, dass das, was sich meiner Romanfigur Zink am Ende erschließt, der historischen Wahrheit am nächsten kommt. Wären seine – und meine – Schlussfolgerungen beweisbar, dann wäre dies kein Roman geworden, sondern ein journalistischer Report oder eine wissenschaftliche Dokumentation.

Es ist aber ein Roman, eine fiktive Erzählung, die allerdings in einem realen, historisch-politischen Umfeld spielt. Einige Personen, die in dem Roman auftauchen, haben tatsächlich gelebt, andere wiederum sind erfunden. Wieder andere, zum Beispiel der Bonner Waffenhändler Martini, heißen nur im Roman so. Vieles, was dort passiert, hat auch in Wirklichkeit stattgefunden. Anderes wiederum nicht.

Die Ereignisse am und im Umfeld des 27. April 1972 sind historisch verbürgt, ebenso ein Jahr später die Lügengeschichten des Julius Steiner. Den Spion Heinrich Sauerborn, die Zwillinge Alexander und Bruno, die Stasi-Agentin Anita und den düsteren Spitzel Konrad Köhler gibt es aber nur im Roman. Und auch die Akte Maskerade, darauf muss nachdrücklich hingewiesen werden, ist eine Erfindung. Es gibt sie nicht. Sie befand sich weder in Barzels Besitz, noch habe ich sie jemals gesehen. Ich habe sie erfunden, um Zinks Verdacht zu unterfüttern, dass Barzels Scheitern vom CSU-Chef Strauß durchaus gewollt, wenn nicht sogar geplant war. Die Akte Maskerade verleiht dieser naheliegenden, öffentlich bislang jedoch nie beachteten Vermutung, die der Journalist beweisen müsste, der Romancier jedoch ungestraft verbreiten darf, jenes Maß an Plausibilität, die es braucht, um Leserinnen und Leser zu fesseln und zu überzeugen.

So entstand zwar kein Enthüllungsroman. Wohl aber der Roman einer Enthüllung.

Bonn, im Frühjahr 2020 Hartmut Palmer

PERSONENVERZEICHNIS

Fiktive Personen

Kurt Zink, dreiundsiebzig, einst erfolgreicher Enthüllungsjournalist in Bonn. Er hat 1972 das Misstrauensvotum gegen Willy Brandt und ein Jahr später den Steiner-Wienand-Skandal aus nächster Nähe erlebt und lässt sich dazu überreden, die alten Geschichten neu zu untersuchen.

Alexander Bock, dreiundsiebzig, Ex-Stasi-Offizier, nach der Wende Gründer der erfolgreichen Supermarktkette Bock's Bau und Hobbymarkt in Potsdam.

Annemarie Bock (1920–2018), geb. Schmidt, Alexanders Mutter aus Berlin-Pankow.

Kuno Bock (1910–1956), Annemaries Ehemann. Er ist ein Vetter des späteren DDR-Spionagechefs Markus Wolf.

Isolde Hahn, geb. Deichmann, Jahrgang 1928, Annemaries Nachbarin in der Wollankstraße in Pankow, die inzwischen in Bonn-Bad Godesberg lebt.

Anita Bock, Jahrgang 1952, seit 1994 Alexanders Ehefrau. Geboren unter dem Namen Petra Cramer in Schwerin, Decknamen: Eva Körber und Anita Bauer. Sie war einst Lockvogel der Stasi und von 1971 bis 1992 die Geliebte des Bundestagsmitarbeiters Heinrich »Heinz« Sauerborn.

Heinrich »Heinz« Sauerborn (1945–1992), Einser-Jurist mit fotografischem Gedächtnis, von 1970 bis 1974 Mitarbeiter im Bonner Bundeshaus, später Mitarbeiter des Ständigen Vertretung und der Treuhand in Berlin.

Klaus Krombach, Alexander Bocks Vertrauter, war in den Siebzigerjahren unter dem Namen Konrad Köhler als Stasi-Spitzel in Bonn unterwegs.

Werner Stuhl, Zinks Kollege aus Berlin, mit dem er viele Jahre eng zusammengearbeitet hat.

Historische Personen

Willy Brandt (1913–1992) war von 1969 bis 1974 der vierte Bundeskanzler der Bundesrepublik Deutschland. Von 1964 bis 1987 führte er die SPD und von 1976 bis zu seinem Tod 1992 die Sozialistischen Internationale als deren Präsident.

Rainer Candidus Barzel (1924–2006), CDU-Politiker. Ab 1969 war er Oppositionsführer im Bundestag gegen Bundeskanzler Willy Brandt, ab 1971 auch Vorsitzender der CDU-Bundespartei. 1972 wollte er Willy Brandt als Kanzler stürzen, scheiterte aber beim Misstrauensvotum, weil ihm zwei Stimmen aus der eigenen Fraktion fehlten.

Franz Josef Strauß (1915–1988), Politiker der CSU, deren Vorsitzender er von 1961 bis zu seinem Tod war. Er saß in fast allen

Kabinetten des ersten Bundeskanzlers Konrad Adenauer. Belog das Parlament in der SPIEGEL-Affäre und musste als Verteidigungsminister zurücktreten. 1980 scheiterte er bei der Bundestagswahl als Kanzlerkandidat der Union.

Markus »Mischa« Wolf (1923–2006), leitete von 1952 bis 1986 die Hauptverwaltung Aufklärung (HVA), die Spionagezentrale der DDR.

Julius Steiner (1924–1997), von 1969 bis 1972 CDU-Bundestagsabgeordneter. Beim Misstrauensvotum 1972 verweigerte er seinem Parteichef Barzel die Stimme. Dafür bekam er von der Stasi fünfzigtausend D-Mark, behauptete aber, die SPD habe ihn bezahlt.

Karl Wienand (1926–2011), langjähriger Geschäftsführer der SPD-Bundestagsfraktion.

Weitere Titel finden Sie auf den folgenden Seiten und im Internet:
WWW.GMEINER-VERLAG.DE

Martina Parker
Aufblattelt
Gartenkrimi
458 Seiten, 13,5 x 21 cm,
Premium-Klappenbroschur
ISBN 978-3-8392-0326-2
€ 18,50 [D] / € 19,00 [A]

»Hast schon gehört?«
»Was meinst?«
»Na die Sache mit dem jungen Grafen.«
»Was ist mit dem? Jetzt sag schon.«
»Er heiratet ein Mädchen von hier. Isabella Kirnbauer.«

Jeder im Bezirk wusste, wer der Isabella ihr Vater war. Der alte Säufer. Und ihre Großmutter – über die sprach man besser gar nicht. Das ist ja wie in der »Neuen Post«. Nur besser, weil man im Südburgenland ist und die Leute persönlich kennt. Und dass dann die Gegenbraut auf der Hochzeit Blut spuckend zusammenbricht, ist erst der Anfang der Katastrophe …

GMEINER SPANNUNG

WWW.GMEINER-VERLAG.DE
Wir machen's spannend

Katharina Eigner
Diva del Garda
Gardasee-Krimi
281 Seiten, 13,5 x 21 cm,
Premium-Klappenbroschur
ISBN 978-3-8392-0348-4
€ 16,00 [D] / € 16,50 [A]

Haus verloren, Herz gebrochen: In Riva am Gardasee rappelt sich Restauratorin Rosina wieder auf.
Ab jetzt residiert sie im Wohnmobil, und zwar solo. Soweit der Plan. Aber dann überfährt sie beinahe Mario, den gutaussehenden Ex-Kardinal, und wirft ihre Vorsätze schnell über Bord. Ihre Camper-WG entwickelt sich rasch zur Arbeitsgemeinschaft, denn ein Kunstwerk hat den Besitzer gewechselt. Rosina will das Gemälde aufspüren und schaltet in den Ermittler-Modus.
Freie Fahrt für die Diva del Garda!

GMEINER SPANNUNG

WWW.GMEINER-VERLAG.DE
Wir machen's spannend

Anne Nørdby
Rot. Blut. Tot.
Thriller
512 Seiten, 13,5 x 21 cm,
Premium-Klappenbroschur
ISBN 978-3-8392-0430-6
€ 17,00 [D] / € 17,50 [A]

»Da war der Wolf. Er kam jede Nacht. Nebelgrau, mit gelben Augen und mächtigen Pfoten. Er konnte seine Krallen durch den Stoff seines Hemdes spüren. Sie drangen in ihn ein. Der ganze Wolf drang in ihn ein ...«

Nach 30 Jahren Haft kehrt ein entlassener Mörder in seine alte Heimat auf die Insel Møn zurück. Alle wissen, was der „Wolf von Møn" damals getan hat. Als Leichen mit brutal auseinandergerissenen Kiefern auftauchen, beginnt für die Super-Recognizerin Marit Rauch Iversen und ihre Kollegen von der Kopenhagener Mordkommission eine Menschenjagd.

GMEINER SPANNUNG

WWW.GMEINER-VERLAG.DE
Wir machen's spannend

DIE NEUEN Lieblingsplätze

ISBN 978-3-8392-0154-1
AM INN

ISBN 978-3-8392-2730-5
AUGSBURG UND BAYERISCH-SCHWABEN

ISBN 978-3-8392-0155-8
FÜNFSEENLAND

ISBN 978-3-8392-0158-9
HARZ

ISBN 978-3-8392-0160-2
NORDSEEKÜSTE NIEDERSACHSEN mit Hund

ISBN 978-3-8392-0159-6
LÜNEBURGER HEIDE

ISBN 978-3-8392-0161-9
NIEDERRHEIN

ISBN 978-3-8392-0163-3
OSTSEE MECKLENBURG-VORPOMMERN

ISBN 978-3-8392-0164-0
OSTSEE SCHLESWIG-HOLSTEIN

ISBN 978-3-8392-2626-1
SACHSEN

ISBN 978-3-8392-0156-5
BODENSEE für Senioren

ISBN 978-3-8392-0157-2
NORDSEE SCHLESWIG-HOLSTEIN für Senioren

ISBN 978-3-8392-0166-4
SÜDLICHE WEINSTRASSE UND PFÄLZERWALD

ISBN 978-3-8392-0166-4
SÜDTIROL

ISBN 978-3-8392-2838-8
USEDOM

ISBN 978-3-8392-0168-8
WIESBADEN RHEIN-TAUNUS RHEINGAU

GMEINER KULTUR

WWW.GMEINER-VERLAG.D
Mensch, Kultur, Region